LE TEXTE ET L'IMAGE

Le Français en BTS

Nouvelle édition

Nouvelles épreuves
Nouveau programme

Anne-Marie Brémond
Marc Guillaumie
Patrice Rosenberg
Alain Sage

Nathan
TECHNIQUE

ISBN 978-2-09-179897-4

Avant-propos

L'ouvrage s'adresse aux étudiants de première et seconde année de BTS. C'est à la fois un instrument de culture et un outil méthodologique, un guide complet pour la préparation des nouvelles épreuves du BTS.

La culture générale et l'expression

Une première partie, composée de douze chapitres, parcourt les **grands thèmes qui permettent d'interroger le monde contemporain** en inscrivant ceux-ci dans une perspective historique, littéraire et artistique.

Chaque chapitre s'ouvre sur une introduction qui expose de manière simple les principales problématiques abordées. Celles-ci sont ensuite déclinées à travers des textes longs, des textes courts qui se font écho, des **documents divers** (graphiques, photographies, peinture...) empruntés à des registres différents : littéraires, sociologiques, philosophiques... Leur étude conduit l'étudiant à dégager une thèse, à confronter des points de vue, à relier une problématique actuelle à une interrogation plus ancienne... Les **notions importantes** sont éclairées par un encadré évoquant l'origine d'un mot ou son inscription dans l'histoire culturelle.

Dans chaque chapitre, des œuvres picturales sont l'objet d'une interrogation en relation avec le thème. Elles sont aussi l'occasion de mettre en pratique une méthode pour l'analyse de l'image. Des doubles pages « perspective » replacent le thème dans un contexte historique et culturel.

Chaque chapitre s'achève sur une fiche **Capacités et compétences**. Celle-ci aborde les **techniques d'expression** qui contribuent à une communication efficace. Des exercices variés et progressifs concourent à cette maîtrise.

L'épreuve de culture générale et expression du BTS

Une seconde partie aborde la **nouvelle épreuve** du BTS : la **synthèse** et l'**écriture personnelle**. Des fiches méthodes, accessibles et détaillées envisagent toutes les possibilités auxquelles le candidat peut être confronté.
Des sujets modèles illustrent clairement les exigences de **la synthèse** et de **l'écriture personnelle** et des sujets complets servent d'entraînement. De nombreuses applications progressives, en lien avec les fiches méthodes, s'articulent autour des **compétences à acquérir**.

Instructions officielles

Enseignement supérieur, recherche et technologie

BREVET DE TECHNICIEN SUPÉRIEUR

Objectifs, contenus de l'enseignement et référentiel des capacités du domaine de la culture générale et expression pour le BTS

Annexe I

CULTURE GÉNÉRALE ET EXPRESSION

Objectifs et contenus

Le but de l'enseignement du français dans les sections de techniciens supérieurs est de donner aux étudiants la culture générale dont ils auront besoin dans leur vie professionnelle et dans leur vie de citoyen et de les rendre aptes à une communication efficace à l'oral et à l'écrit.

Culture générale

La culture générale est développée par la lecture de tout type de textes et de documents (presse, essais, œuvres littéraires, documents iconographiques, films) en relation avec les questions d'actualité rencontrées dans les médias, les productions artistiques, les lieux de débat.
En première année, le choix des thèmes de réflexion, des textes et documents d'étude est laissé à l'initiative du professeur qui s'inspire des principes suivants :

- créer une culture commune chez des étudiants arrivant d'horizons scolaires variés ;
- développer la curiosité des étudiants dans le sens d'une culture générale ouverte sur les problèmes du monde contemporain (questions de société, de politique, d'éthique, d'esthétique) ;
- développer le sens de la réflexion (précision des informations et des arguments, respect de la pensée d'autrui, formation à l'expression d'un jugement personnel) en proposant des textes et documents de qualité en accord avec les compétences de lecture du public concerné.

En deuxième année, deux thèmes sont étudiés. Ces thèmes, dont l'un est renouvelé chaque année, font l'objet d'une publication au B.O. Cette publication précise un intitulé, une problématique et des indications bibliographiques qui orientent et délimitent la problématique de chaque thème.

Expression

Une communication efficace à l'oral et à l'écrit suppose la maîtrise d'un certain nombre de capacités et de techniques d'expression. Cette maîtrise suppose, à son tour, une connaissance suffisante de la langue (vocabulaire et syntaxe) et une aptitude à la synthèse pour saisir avec exactitude la pensée d'autrui et exprimer la sienne avec précision.

Des exercices variés concourent à cette maîtrise : débat oral, exposé oral, analyse des interactions verbales ; analyse et résumé d'un texte, comparaison de textes plus ou moins convergents ou opposés, étude logique d'une argumentation, constitution et analyse d'une documentation, compte rendu d'un livre lu, composition d'une synthèse à partir de textes et de documents de toute nature, rédaction d'un compte rendu, d'une note, d'une réponse personnelle à une question posée, d'une argumentation personnelle.

Annexe II

Capacités et techniques

Cette annexe se présente sous la forme d'un répertoire des capacités et techniques dont la maîtrise constitue l'objectif de l'enseignement du français dans les sections de techniciens supérieurs. Il comprend une analyse de ces capacités et ces techniques, un recueil de situations dans lesquelles il est possible d'acquérir, d'exercer et d'évaluer ces compétences, un recensement de critères spécifiques d'évaluation.
Les situations proposées sont des situations de formation. Certaines d'entre elles peuvent servir de supports à une évaluation (par exemple, l'exercice de synthèse). D'autres ne figurent pas en tant que telles dans les épreuves de certification mais sont essentielles dans un parcours de formation (l'exercice de résumé, par exemple, ou encore les activités d'expression orale).
Ces situations ne constituent pas un catalogue exhaustif ou impératif, elles ne définissent pas un itinéraire obligé, mais il importe de rappeler qu'une progression bien étudiée ne suppose pas réalisables d'emblée les épreuves imposées pour la délivrance du diplôme et au niveau requis en fin de formation.
Chaque professeur de français conserve la responsabilité de définir son projet pédagogique, en déterminant ses priorités et sa progression. Il prend en charge, selon les horaires dont il dispose, les exigences professionnelles propres aux sections où il enseigne et répond aux besoins recensés chez ses étudiants ou ses stagiaires.
Chaque fois que cela est possible, il veille à établir des liens entre l'enseignement qu'il dispense et les enseignements généraux et professionnels que ses étudiants reçoivent dans leur section.

CAPACITÉ A

Communiquer oralement

Compétences caractéristiques

Être capable de :

1. Connaître et respecter les conditions préalables et indispensables à toute communication orale (attention, écoute, disponibilité...).

2. Mémoriser et restituer par oral un message écrit ou oral.
3. Reformuler un message oral.
4. Se fixer un ou des objectifs (informer, expliquer, justifier, réfuter, convaincre, persuader) et le (ou les) faire connaître.
5. Choisir, ordonner, structurer les éléments de son propre message.
6. Produire un message oral :
   - en fonction d'une situation de communication donnée ;
   - en respectant le sujet, les données du problème, le ou les objectifs fixés ;
   - en tenant compte du destinataire.
7. Recentrer le sujet de discussion ou le thème d'un débat.

CAPACITÉ B

S'informer - se documenter

Compétences caractéristiques

Être capable de :

1. Rechercher, c'est-à-dire :
1.1 Maîtriser les outils et les techniques documentaires usuels.
1.2 Établir une problématique de la recherche envisagée.
1.3 Réduire un axe de recherche à des notions et à des mots-clés.
1.4 Fixer l'ordre des opérations documentaires.
2. Trier et traiter, c'est-à-dire :
2.1 Identifier le support de l'information et en apprécier la pertinence.
2.2 Repérer une information dans un ensemble organisé ou non.
2.3 Sélectionner, selon un ou plusieurs critères, une information, une documentation.
2.4 Analyser, classer, ordonner informations et documents en fonction d'objectifs explicités.
2.5 Relativiser les informations en fonction de leur environnement (contextes et connotations).
2.6 Préparer une conclusion.

CAPACITÉ C

Appréhender un message

Compétences caractéristiques

Être capable de :

1. S'interroger pour :
1.1 Prendre en compte les caractères spécifiques du code (écrit, oral, iconique, gestuel) ou des codes employés.
1.2 Reconnaître le statut du texte (genre, registre, type de discours, destinataire).
1.3 Situer le message dans ses contextes (histo-rique, linguistique, référentiel, idéologique...).
1.4 Discerner les marques d'énonciation.
1.5 Distinguer les idées et les mots-clés du message.
1.6 Percevoir les effets de sens dus au langage (ambiguïtés, connotations, figures de style...).
1.7 Mettre en relation les éléments d'un même document ou des éléments appartenant à des documents différents, repérer les idées convergentes et divergentes.
1.8 Découvrir le système ou les systèmes de cohérence d'un message (chronologique, logique, symbolique...).
2. Rendre compte de la signification globale d'un message
3. Restructurer un message à partir d'éléments donnés

CAPACITÉ D

Réaliser un message

Compétences caractéristiques

Être capable de :

1. Respecter les éléments constitutifs d'une situation de communication (destinataire, niveau de langue).
2. Recenser les données d'un problème.
3. Se fixer des objectifs avant de formuler ou de rédiger un message (informer, expliquer, justifier, réfuter, convaincre, persuader).
4. Rassembler des éléments d'information et des moyens d'argumentation.
5.1 Élaborer une idée à partir d'un fait, d'un exemple, d'un document.
5.2 Développer des idées à partir d'une notion, d'une question, d'une idée donnée.
5.3 Illustrer une idée à l'aide d'exemples, de citations.
6 Organiser les données et les idées en fonction des objectifs retenus.
7. Choisir les moyens d'expression appropriés à la situation et au destinataire.
8. Nuancer, relativiser, si besoin, l'expression de sa pensée.
9. Donner, si besoin, un tour personnel à un message.

CAPACITÉ E

Apprécier un message ou une situation

Compétences caractéristiques

Être capable de :

1. Apprécier les données d'une situation vécue (événement, conduite, débat, etc.).
2. Évaluer l'intérêt, la pertinence, la cohérence, la portée d'un message (y compris de son propre message) ou de certains de ses éléments.
3. Justifier son point de vue.
4. Établir un bilan critique.

Annexe III

DÉFINITION DE L'ÉPREUVE DE CULTURE GÉNÉRALE ET EXPRESSION POUR L'EXAMEN DU BTS

Épreuves ponctuelles et situations d'évaluation en cours de formation

Objectifs

L'objectif visé est de certifier l'aptitude des candidats à communiquer avec efficacité dans la vie courante et dans la vie professionnelle.

L'évaluation sert donc à vérifier les capacités du candidat à :

- tirer parti des documents lus dans l'année et de la réflexion menée en cours ;
- rendre compte d'une culture acquise en cours de formation ;
- apprécier un message ou une situation ;
- communiquer par écrit ou oralement ;
- appréhender un message ;
- réaliser un message.

Formes de l'évaluation

Ponctuelle (écrite, durée : 4 h)

On propose trois à quatre documents de nature différente (textes littéraires, textes non littéraires, documents iconographiques, tableaux statistiques, etc.) choisis en référence à l'un des deux thèmes inscrits au programme de la deuxième année de STS. Chacun d'eux est daté et situé dans son contexte.

Première partie : synthèse (notée sur 40)

Le candidat rédige une synthèse objective en confrontant les documents fournis.

Deuxième partie : écriture personnelle (notée sur 20)

Le candidat répond de façon argumentée à une question relative aux documents proposés.

La question posée invite à confronter les documents proposés en synthèse et les études de documents menée dans l'année en cours de "culture générale et expression".

La note globale est ramenée à une note sur 20 points.

Contrôle en cours de formation

L'unité de français est constituée de trois situations d'évaluation de poids identiques :

- deux situations relatives à l'évaluation de la capacité du candidat à appréhender et à réaliser un message écrit ;
- une situation relative à la capacité du candidat à communiquer oralement évaluée lors de la soutenance du rapport de stage.

1) Première situation d'évaluation (durée indicative : 2 heures)

a) Objectif général : évaluation de la capacité du candidat à appréhender et réaliser un message écrit.

b) Compétences à évaluer :

- Respecter les contraintes de la langue écrite ;
- Synthétiser des informations : fidélité à la signification des documents, exactitude et précision dans leur compréhension et leur mise en relation, pertinence des choix opérés en fonction du problème posé et de la problématique, cohérence de la production (classement et enchaînement des éléments, équilibre des parties, densité du propos, efficacité du message).

c) Exemple de situation :

Réalisation d'une synthèse de documents à partir de 2 à 3 documents de nature différente (textes littéraires, textes non littéraires, documents iconographiques, tableaux statistiques, etc.) dont chacun est daté et situé dans son contexte. Ces documents font référence au deuxième thème du programme de la deuxième année de STS.

2) Deuxième situation d'évaluation (durée indicative : 2 heures)

a) Objectif général : évaluation de la capacité du candidat à appréhender et réaliser un message écrit.

b) Compétences à évaluer :

- Respecter les contraintes de la langue écrite ;
- Répondre de façon argumentée à une question posée en relation avec les documents proposés en lecture.

c) Exemple de situation :

À partir d'un dossier donné à lire dans les jours qui précèdent la situation d'évaluation et composé de 2 à 3 documents de nature différente (textes littéraires, textes non littéraires, documents iconographiques, tableaux statistiques, etc.), reliés par une problématique explicite en référence à un des deux thèmes inscrits au programme de la deuxième année de STS, et dont chaque document est daté et situé dans son contexte, rédaction d'une réponse argumentée à une question portant sur la problématique du dossier.

3) Troisième situation d'évaluation

a) Objectif général : Évaluation de la capacité du candidat à communiquer oralement.

b) Compétences à évaluer :

- S'adapter à la situation (maîtrise des contraintes de temps, de lieu, d'objectifs et d'adaptation au destinataire, choix des moyens d'expression appropriés, prise en compte de l'attitude et des questions du ou des interlocuteurs) ;
- Organiser un message oral : respect du sujet, structure interne du message (intelligibilité, précision et pertinence des idées, valeur de l'argumentation, netteté de la conclusion, pertinence des réponses ...).

c) Exemple de situation :

La capacité du candidat à communiquer oralement est évaluée au moment de la soutenance du rapport de stage.

Chaque situation est notée sur 20 points. La note globale est ramenée à une note sur 20.

Sommaire

Chapitre 4
La construction de soi

Chapitre 5
L'amour

Chapitre 6
Le spectacle de l'information

Chapitre 7

La mort et ses représentations

Chapitre 8

Le souci de l'autre

Chapitre 9

La vie en groupe

CHAPITRE 10

La science en débat

CHAPITRE 11

Les transformations des modes de vie

CHAPITRE 12

Les chemins de la création

Les épreuves du BTS

Synthèse

Écriture personnelle

Les annexes du BTS

Pratique de la communication

L'image et la vérité

1

René Magritte, *L'Aimable Vérité,* 1966. Huile sur toile, 89 x 130 cm.

L'image et la vérité

Un croquis, un plan, une peinture, une photographie ne sont pas la réalité, mais son image. Ils permettent de conserver et de transmettre une représentation d'un objet ou d'un être qui est absent. Mais l'image peut aussi nous tromper sur la réalité.

L'une des premières images réalisée par un homme, 15 000 ans avant notre ère : les aurochs dans la grotte de Lascaux.

À quoi sert une image ?

L'image semble posséder d'indéniables qualités. Simple d'accès, elle ne suppose pas la maîtrise d'une langue et n'a nul besoin d'une traduction en passant les frontières. Concrète, elle représente directement l'objet sans passer par l'abstraction du discours. Attrayante, elle séduit notre regard par les formes et les couleurs. Les images sont ainsi un moyen commode de transmettre des valeurs fondamentales, parfois en rendant visible ce qui est absent ou invisible. Sur les parois des cavernes ou sur les murs des églises, les hommes ont depuis toujours représenté leurs plus profondes croyances. Élargissant notre vision du monde au-delà de notre environnement immédiat, les images sont aussi un moyen de connaissance. Réalistes ou imaginaires, elles sont l'occasion d'un plaisir esthétique.

Arcimboldo, *L'Automne*, 1573.

L'image n'est-elle qu'une apparence de la réalité ?

Le statut de l'image est l'objet d'un débat qui remonte à l'Antiquité. Si les images reproduisent le réel, elles ne peuvent être la réalité. Même ressemblant, un portrait n'est pas l'homme réel. Simples apparences, les images seraient donc des illusions. Pourtant, elles sont aussi un moyen d'apprendre et

Le témoignage ambigu de la photographie

Largement utilisée par la presse, la photographie apparaît souvent comme l'image la plus fidèle de la réalité car on ne peut nier, comme le dit Roland Barthes, que « la chose a été là », devant l'objectif. Pourtant, minutieusement élaborée, la construction de la photographie peut aussi, comme sur cette image devant un décor de mer, créer un monde d'illusions.

de reconnaître, utilisé depuis l'enfance. Le monde de l'homme est fait de représentations, auxquelles il s'identifie. Il en est ainsi de certains symboles ou allégories, comme la colombe de la paix ou la balance de la justice. Par ailleurs, l'image est aussi un instrument de création, une réalité à part entière. Un tableau, loin de copier la réalité, est l'expression d'un génie créateur. L'image recèle une puissance d'évocation considérable, une vérité propre qui invite à la contemplation et à la réflexion.

Faut-il craindre un monde fait d'images ?

Photographie, cinéma, télévision, Internet... la puissance des médias modernes conduit à une prolifération ininterrompue d'images de toutes sortes qui risque de banaliser chacune d'entre elles. Issue du calcul d'un logiciel, l'image numérique montre un objet qui peut n'avoir aucun référent réel, contrairement à la photographie, même retouchée. Elle est un moyen prodigieux de recherche dans le domaine technique des images de synthèse, mais peut conduire parfois à confondre le réel et ce qui n'est que virtuel. Si « l'ère des images » dans laquelle nous vivons est le prolongement d'une histoire millénaire, leur multiplication exige un regard critique permettant de démêler le vrai du faux.

Ce dessin d'un outil agricole est une interprétation de la réalité. Il a été réalisé il y a 5 000 ans.

La prolifération ininterrompue des images ne conduit-elle pas à leur banalisation ?

SOMMAIRE

L'apparente simplicité de l'image

Contrairement au langage qui suppose un long apprentissage, l'image semble immédiatement accessible. Si « un bon dessin vaut mieux qu'un long discours », ne faut-il pas se méfier de cette apparente simplicité de l'image ?

DOCUMENT 1

David Seymour,
Soldat républicain espagnol en 1936.

L'origine du mot « image »

Le mot « image » vient du latin *imago*, qui désigne un portrait, une représentation, mais aussi un fantôme ou un simple écho. Cette idée d'apparition, réelle ou fabuleuse, se retrouve aussi dans le mot grec que l'on traduit par « image » : *phantasma*, qui a donné « fantasme ». Dès son origine, l'image semble entretenir un lien ambigu avec la réalité qu'elle est censée représenter, tiraillée entre l'idée de témoignage et celle d'illusion.

DOCUMENT 2

Distinguons entre *retouche, mise en scène* et *reconstruction*, et demandons-nous si le photojournaliste peut en toute bonne conscience reconstituer une action, voire un événement particulier, et présenter sa photo comme si elle avait été prise au moment de l'action. Sur ce point, les exigences sont très strictes. Il faut que la reconstitution soit parfaite en ce qui concerne les éléments essentiels du sujet.

Dans un village, on fête un habitant qui a gagné un concours. Le maire prononce un discours sur la place devant la mairie et se met ensuite à table avec le lauréat et les villageois. Le photojournaliste a eu une panne de voiture et est arrivé avec vingt minutes de retard. Il peut, sans scrupule, faire reconstituer la cérémonie avec le maire devant la mairie. Tout sera authentique ; le lieu, la situation, les personnes présentes, etc. Rien n'est inventé. Il s'agit de la reconstitution d'une situation qui existe dans la réalité, la photo est donc fidèle à la vérité rationnelle.

Paul Almasy, *Le Photojournalisme*, Éd. CFPJ, 1990.

DOCUMENT 3

L'image publicitaire fixe se déploie dans l'espace et n'exige qu'un temps de lecture rapide. Elle n'est pas destinée à être contemplée ou déchiffrée mais aperçue, et comprise dès qu'aperçue. Son efficacité repose en partie sur l'effet de surprise ménagé chez l'individu et grâce auquel elle fera passer un message, profitant de la courte attention consacrée au stimulus[1]. Aussi l'image publicitaire traduira-t-elle ses concepts en figures aisément accessibles. Certes, selon les niveaux culturels des destinataires, l'image aura des interprétations diverses et plus ou moins nombreuses. Mais, et c'est l'essentiel, la signification primordiale doit être reçue, même à un niveau faible de lecture connotative[2].

André Akoun, « Société et publicité », *Histoire des mœurs* II, Éd. Gallimard, 1991.

1 **stimulus :** excitation.

2 **connotative :** relative à l'interprétation.

1. Dans le document 1, relevez les éléments de la photographie qui provoquent une émotion. Analysez-les.
2. Qu'est-ce que « la vérité rationnelle » (document 2) ?
3. Dans le document 2, relevez et expliquez ce qui relève de la mise en scène et de la reconstitution.
4. Utilisez les arguments du document 2 pour élaborer une analyse du document 1.
5. À partir de l'étude du document 3, exposez les conditions d'une « bonne » image publicitaire.
6. Quels points communs et quelles différences y a-t-il entre une image reconstruite (document 2) et une image publicitaire (document 3) ?

PRÉPARATION À L'EXAMEN ► **Les épreuves du BTS** p. 252

Vers l'écriture personnelle

Développez, dans un paragraphe de dix lignes la réponse à la question suivante évoquée dans le texte 2 : selon vous, la reconstitution d'une scène est-elle identique à la scène initiale ?

La représentation du réel

Dès l'Antiquité, l'image est conçue comme une imitation de la réalité. Elle n'est donc qu'une apparence par rapport au modèle original. Mais l'art montre que l'image est aussi une création, qui possède sa propre vérité. L'image est-elle seulement une faible copie du réel ?

DOCUMENT 1

SOCRATE : La peinture est-elle une imitation de l'apparence ou de la vérité ?

GLAUCON : De l'apparence.

SOCRATE : L'art de l'imitation est donc bien éloigné du vrai, et c'est apparemment pour cette raison qu'il peut façonner toutes choses : pour chacune, en effet, il n'atteint qu'une petite partie, et cette partie n'est elle-même qu'un simulacre[1]. C'est ainsi, par exemple, que nous dirons que le peintre peut nous peindre un cordonnier, un menuisier, et tous les autres artisans, sans rien maîtriser de leur art. Et s'il est bon peintre, il trompera les enfants et les gens qui n'ont pas toutes leurs facultés en leur montrant de loin le dessin qu'il a réalisé d'un menuisier, parce que ce dessin leur semblera le menuisier réel.

GLAUCON : Oui, assurément.

Platon, *La République*, Livre X, 598 bc, IVe siècle avant J.-C., trad. par G. Leroux, Éd. Flammarion, 2002.

1 **simulacre :** simple reflet, non conforme à la réalité.

DOCUMENT 2

Imiter est [...] une tendance naturelle aux hommes – et ils se différencient des autres animaux en ce qu'ils sont des êtres fort enclins à imiter et qu'ils commencent à apprendre à travers l'imitation –, comme la tendance, commune à tous, de prendre plaisir aux représentations ; la preuve en est ce qui se passe dans les faits : nous prenons plaisir à contempler les images les plus exactes de choses dont la vue nous est pénible dans la réalité, comme les formes d'animaux les plus méprisés et des cadavres. Une autre raison est qu'apprendre est un grand plaisir non seulement pour les philosophes, mais pareillement aussi pour les autres hommes – quoique les points communs entre eux soient peu nombreux à ce sujet. On se plaît en effet à regarder les images car leur contemplation apporte un enseignement et permet de se rendre compte de ce qu'est chaque chose, par exemple que ce portrait-là, c'est untel.

Aristote, *Poétique*, IV, 1448 b, IVe siècle avant J.-C., trad. par M. Magnien, Éd. Le Livre de Poche, 1990.

La première image

Les premières images sont les signes gravés de la préhistoire. Les représentations d'êtres vivants apparaissent vers 23 000 ans avant J.-C. Selon une fable de Pline l'Ancien, le premier portrait est celui d'un jeune homme qui partait au loin, réalisé par une jeune fille amoureuse. Afin de conserver une image de lui, elle entoura d'un trait l'ombre projetée de son visage sur un mur.

DOCUMENT 3

En prétendant que l'imitation constitue le but de l'art, que l'art consiste par conséquent dans une fidèle imitation de ce qui existe déjà, on met en somme le souvenir à la base de la production artistique. C'est priver l'art de sa liberté, de son pouvoir d'exprimer le beau. L'homme peut certes avoir intérêt à produire des apparences comme la nature produit ses formes. Mais il ne peut s'agir que d'un intérêt purement subjectif, l'homme voulant montrer son adresse et son habileté, sans se soucier de la valeur objective de ce qu'il a l'intention de produire. Or, un produit tire sa valeur de son contenu, dans la mesure où celui-ci participe de l'esprit. Tant qu'il imite, l'homme ne dépasse pas les limites du naturel, alors que le contenu doit être de nature spirituelle [...].

Si l'on veut assigner à l'art un but final, ce ne peut être que celui de révéler la vérité, de représenter d'une façon concrète et figurée ce qui s'agite dans l'âme humaine.

Georg Wilhelm Friedrich Hegel, *Esthétique*, 1835,
trad. par S. Jankélévitch, Éd. Flammarion, 1979.

1. Pourquoi peut-on opposer la thèse de Platon et celle d'Aristote à propos de l'usage des images (documents 1 et 2). Justifiez précisément votre réponse en complétant le tableau suivant.

	Document 1 (Platon)	Document 2 (Aristote)
Thèse centrale	L'image est trompeuse (pour les « naïfs »).	...
Argumentation	Le bon artiste fait prendre l'image pour le réel.	...

2. Dégagez le plan du texte de Hegel (document 3).
3. Selon Hegel, que cherche l'artiste s'il ne fait qu'imiter la nature (document 3) ?
4. Quelle est la valeur d'une belle image selon Hegel (document 3) ?
5. Rédigez un texte d'une dizaine de lignes, qui présente et confronte les thèses défendues par chaque auteur.

PRÉPARATION À L'EXAMEN ► **Les épreuves du BTS** p. 252

Vers l'écriture personnelle

En l'illustrant par des exemples, développez, dans un paragraphe l'idée suivante sur le but de l'art : « Ce ne peut être que celui de révéler la vérité, de représenter d'une façon concrète et figurée ce qui s'agite dans l'âme humaine. » (document 3)

L'imaginaire et le fantastique

Certaines images traversent les siècles : elles alimentent l'imaginaire des artistes et entretiennent la réflexion des spectateurs. Depuis le Moyen Âge, les artistes proposent des représentations des tentations de saint Antoine, où se mêlent visions fantastiques et images inconscientes.

Le thème

Saint Antoine a vécu entre 251 et 356. Ermite, il est victime de visions et lutte contre les démons. Depuis le début du XVIe siècle avec Jérôme Bosch, le thème des visions tentatrices a hanté l'imaginaire occidental.

La composition du tableau

Le combat de saint Antoine et des monstres occupe le premier plan et la moitié inférieure du tableau. Au second plan, les tentations, qui forment une limite centrale. Au lointain, un paysage et le ciel, inaccessibles.

Max Ernst, *La Tentation de saint Antoine*, 1945. Huile sur toile, 108 x 128 cm.

Les symboles et les tentations

Les corps nus de femmes expriment l'une des tentations, mise en valeur par sa position centrale. Les monstres symbolisent les tourments de l'ermite. L'eau, sombre, est à l'image de l'obscurité de l'âme de saint Antoine.

La technique

Peintre surréaliste, Max Ernst a utilisé la technique de la décalcomanie pour représenter les monstres. La peinture est appliquée sur un support puis transférée sur la toile. Les formes qui apparaissent inspirent alors le dessin.

Salvador Dalí, *La Tentation de saint Antoine,* 1946. Huile sur toile, 89,7 x 119,5 cm.

La représentation de la profondeur

L'image n'a que deux dimensions, mais les artistes parviennent à rendre compte de la profondeur en jouant sur les différents plans, la grandeur des personnages ou des objets. Ainsi le tableau de Max Ernst comporte trois plans successifs dont le recouvrement partiel crée l'illusion d'une profondeur. La grandeur respective des différents personnages du tableau conforte cette vision. De même, dans le tableau de Dalí, l'opposition entre la grandeur du premier personnage et ceux situés à sa droite apporte l'illusion d'une grande profondeur.

1. Les symboles et les tentations. Quelles tentations peut-on reconnaître dans le tableau de Dalí ?
2. Décrivez l'environnement naturel représenté par Dalí.
3. Comment chaque artiste représente-t-il la puissance des tentations ?
4. Comparez l'œuvre de Dalí avec celle de Max Ernst (la composition, les éléments naturels, la représentation de saint Antoine et des monstres…).
5 Quelles différences observez-vous entre l'œuvre de Max Ernst et celle de Dalí ?

PRÉPARATION À L'EXAMEN ► Les épreuves du BTS p. 252

Vers la synthèse

À partir de la réponse à la question 4, rédigez un texte expliquant en quoi les deux artistes ont une conception différente du combat de saint Antoine.

La banalisation des images

Les moyens modernes de communication multiplient les possibilités d'accès aux images et nos sociétés de l'écran semblent parfois en être saturées. L'exceptionnel et le banal semblent se mélanger. Comment choisir dans ce flot incessant d'images ?

Pourquoi parle-t-on tant de l'« ère de l'image », de l'« accumulation des images », du « triomphe de l'image », de la « société du spectacle » ou d'un réel « virtuel » ? Parce qu'aux images journellement perçues mais fugaces s'est ajoutée une production matérielle d'images[1]. L'interrogation principale à formuler aujourd'hui n'est donc pas celle de la virtualité des images. C'est celle de leur matérialité. En fait, un individu ne consomme pas plus d'images dans son temps de veille ou de sommeil, mais il accumule beaucoup d'images potentielles qu'il pourrait consommer. Quel que soit le support, les images pèsent. Elles sont lourdes. Elles sont dépendantes de la diffusion industrielle, des processus économiques, des évolutions techniques. Leur existence devient, dans ce contexte de plus en plus fragile, terriblement liée aux sources d'énergie : si le courant électrique ne passe plus, elles disparaissent, se volatilisent.

Pourtant, l'individu retient principalement qu'il peut voir beaucoup d'images. Il croit à la multiplication des images. Il n'en voit pas plus en fait, mais il en voit d'autres. Il ne regarde plus son arbre, il regarde la photo de son arbre, le film de son arbre, le tableau de son arbre. Il s'autofilme (Webcam[2]), se projette en direct sur le « Net ». Il est filmé sans cesse par des caméras de surveillance. Il absorbe les produits d'une économie mondiale de la culture. Il tapote nerveusement sur des consoles de jeux pour vivre virtuellement les aventures de personnages. Il s'accroche à son écran et explore des mondes cybernétiques[3] comme il se promènerait en forêt. Tout s'accumule.

Il existe donc bien un problème de stock. Et d'action individuelle face au stock. Allons-nous accumuler pendant des siècles l'objet, la représentation de l'objet, la représentation de la représentation et la représentation de la représentation de la représentation ? Les instances officielles, même traditionnelles comme les bibliothèques, s'inquiètent déjà de la pérennité de la conservation et des méthodes d'indexation. Car c'est bien l'indexation qui importe et non l'accumulation. En effet, l'offre en images n'est ni égalitaire ni pertinente. Ni intéressante d'ailleurs, parce qu'elle n'a pas de sens : elle devient disproportionnée, inconsommable. Pas non plus significative, parce que ce n'est pas la nature des images qui importe, mais leur valorisation et leurs modes d'accès. L'individu ne choisit pas à travers ces images, il choisit parmi ce qu'« on » lui a choisi.

Un double phénomène se produit alors simultanément : la déqualification et la requalification. La déqualification dans la mesure où tout est mélangé, les films, comme les objets industriels, comme les temples, comme les cartes postales, comme les gouaches, comme les instantanés photographiques, comme les clips... L'écran, vecteur global, mêle les genres, art, information, variétés, fiction, sport, commerce... Partout, dans toutes les sociétés, dans tous les milieux,

1 **production matérielle d'images :** quantité d'images produites.

2 **Webcam :** caméra reliée à Internet.

3 **cybernétiques :** entretenus par la machine informatique.

de toutes les manières, les icônes dispersent leurs signes indifférenciés, l'offre croissant à la mesure de l'insatisfaction.

Il y a requalification dans la mesure où la perception devient de plus en plus dépendante du mode de présentation. Peu d'individus se promènent dans un musée, nez au vent, en s'arrêtant sur ce qui leur plaît vraiment, sans forcément connaître quoi que ce soit à cet obscur objet de leur désir. Peu d'individus flânent dans un supermarché en s'arrêtant sur les catégories de produits qui leur sont nécessaires ou les attirent, s'aidant des étiquettes techniques de composition pour arrêter leur choix. Peu d'individus épluchent les programmes de télévision et les complètent par un zapping hasardeux ou « surfent » sur Internet sans subir le tamis des indexations. Le savoir et l'appétence[4] se conjuguent rarement dans l'opération du choix. En fait, tout incite au choix obligé par une surqualification. Il faut voir *La Joconde* parce que c'est un chef-d'œuvre. Il faut acheter du Coca-Cola parce que c'est « tendance ». Il faut regarder le Bangladesh, Michael Jackson ou les Jeux olympiques parce que c'est un événement.

Laurent Gervereau, *Histoire du visuel au XXe siècle*,
Éd. du Seuil, coll. Points Histoire, 2003.

4 **appétence :** désir.

Le flot incessant des images télévisuelles

La télévision est le premier loisir des Français et équipe 93,6 % des foyers en 2001. 40 % des ménages possèdent au moins deux téléviseurs. Dans chaque foyer, les téléviseurs sont restés allumés chaque jour en moyenne pendant 5 h 28. Chaque Français âgé de plus de quatre ans la regarde en moyenne pendant 3 h 19 chaque jour.

1. Dégagez la structure du texte sous la forme d'un schéma.
2. Pourquoi peut-on parler d'une fragilité des images actuelles ?
3. Expliquez la phrase : « c'est bien l'indexation qui importe et non l'accumulation » (lignes 27-28).
4. Pourquoi l'offre d'images devient-t-elle selon l'auteur « inconsommable » (ligne 30) ?
5. À partir de la lecture attentive des deux derniers paragraphes, expliquez en quelques mots ce que signifient la « déqualification » et la « requalification » des images.

PRÉPARATION À L'EXAMEN ► **Les épreuves du BTS** p. 252

Vers l'écriture personnelle

La multiplication des images, grâce aux nouvelles technologies, a-t-elle banalisé leur force ? Répondez à cette question dans un paragraphe de quinze lignes.

Perspective

L'histoire des images

Depuis les peintures rupestres du paléolithique, les hommes ont eu recours à des images. Au cours de l'Histoire, la fonction des images et les techniques utilisées se sont transformées, accompagnant les évolutions des mentalités.

Les débuts du christianisme : les images et le divin

Dans l'Antiquité, les philosophes grecs considèrent que l'image est une imitation (*mimésis*) de la réalité : si l'image peut être nécessaire pour représenter le réel, celui-ci n'y est pas présent. Cette idée d'une distance entre l'image et son modèle s'amplifie avec les religions monothéistes : comment représenter un dieu réputé invisible ? Si le judaïsme et l'islam refusent que l'image puisse représenter l'ordre divin, le christianisme, après de nombreux débats, accepte les images religieuses, au motif que Dieu, invisible, s'est incarné dans le corps visible du Christ. Cette position explique l'essor de l'art des icônes mais a également favorisé, en Occident, le développement de la peinture, profondément marquée par les récits religieux.

L'Annonciation, peinture du XIIe siècle, icône de l'école de Novgorod.

La Renaissance : l'image à l'échelle de l'homme

À la fin du Moyen Âge, l'idéal d'une communauté chrétienne placée sous l'autorité de l'Église est progressivement concurrencé par l'émergence de l'individu. Favorisé par la précision du détail que permet

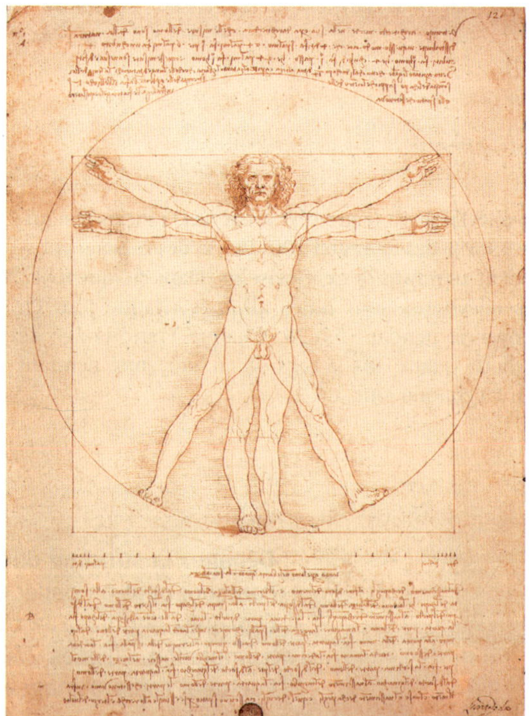

Léonard de Vinci, *Canon* (les proportions idéales), 1492.

L'art des icônes

Le mot « icône » vient du mot grec *eikon* qui signifie « image, ressemblance ». Les iconoclastes (« briseurs d'icônes ») sont les partisans des empereurs de Byzance qui, aux VIIIe et IXe siècles, interdisent le culte des images saintes, considéré comme une forme d'idolâtrie. Réunis en concile à Nicée en 787 par Constantin IV, les évêques autorisent finalement une telle vénération.

l'invention de la peinture à l'huile au début du XVe siècle, le portrait apparaît alors chez les élites. L'humanisme de la Renaissance renforce la référence à l'échelle humaine, comme le montre le travail des artistes sur les proportions du corps humain. L'utilisation d'instruments de mesure permet une plus grande maîtrise technique et la redécouverte de la géométrie débouche sur l'invention de la perspective dans le dessin et la peinture. Ces découvertes marqueront le monde de l'image pendant des siècles.

Fin du XIXe siècle : la photographie

L'invention de la photographie au XIXe siècle impose l'idée d'un accès simple et réaliste à la représentation du monde. L'art du portrait est désormais photographique, permettant à chacun d'accéder progressivement à la mémoire visuelle de son histoire. Mais le réalisme de la photographie conduit les autres créateurs d'images à abandonner l'idée d'imitation, de reproduction fidèle d'un réel éternel. L'art des images peintes ou dessinées montre désormais la manière dont les choses apparaissent. L'impressionnisme cherche ainsi à transcrire ce que les effets de lumière dévoilent aux yeux de l'artiste, à un instant donné. De son côté, Cézanne travaille les formes et les couleurs pour créer une « nouvelle harmonie parallèle à la nature » et abandonne les lois traditionnelles de la perspective.

Nadar, photographie de Sarah Bernhardt, fin du XIXe siècle.

Le XXe siècle : l'infinie variation des images

Affranchies de toute règle académique dans la peinture, les couleurs et les formes se conjuguent en des propositions multiples, découvrant les ressources infinies de l'abstraction.

Parallèlement, l'image est l'objet d'une production en nombre grâce aux progrès des techniques d'imprimerie. C'est l'âge d'or des magazines et de la publicité. Elle se fait également mouvante avec l'invention du cinéma. Dans la seconde moitié du XXe siècle, l'écran devient son espace privilégié. La vérité apparaît parfois très relative dans ce flot incessant d'images.

Times Square à New York, photographié par Alan Schein. La photographie montre des couleurs et des formes qui rappellent le travail de l'artiste peintre.

L'image virtuelle et le réel

Grâce aux calculs informatiques et aux images de synthèse, il est possible de visualiser un objet qui n'existe pas en réalité et de modifier à l'infini son apparence. Mais l'image virtuelle va plus loin, puisque nous sommes alors immergés en elle. Comment ne pas confondre le réel et le virtuel dans « un monde devenu image » ?

En raison de nombreuses contraintes liées à la fabrication ou à la projection des images, nous étions limités jusqu'à présent à une attitude de spectateur. Nous restions postés devant les images. Les images étaient nécessairement liées à l'écran, induisant par là même un rapport limité à l'espace environnant. En focalisant notre regard sur l'écran, les images effacent le monde alentour, elles occultent l'espace pour lui substituer un trompe-l'œil, un voile sans secret, sans épaisseur propre.

En revanche, avec les techniques du virtuel, on peut entrer dans l'image. L'illusion virtuelle ne dissimule plus l'espace, elle le simule. Le virtuel devient un monde propre, à côté du monde réel. Avec l'apparition des mondes virtuels, l'image quitte l'écran, et devient elle-même un « lieu », où l'on peut se déplacer, rencontrer d'autres personnes, dans lequel on peut prendre ses aises, ses marques, dans lequel on peut finir par passer le plus clair de son temps professionnel ou de ses loisirs. Le véritable réel, le monde où l'on mange et l'on dort, devient alors peut-être une sorte de port d'attache dans lequel il faut bien revenir de temps en temps pour se sustenter avant de repartir sur les réseaux virtuels du télétravail et des communautés cyberspatiales...

Cela ne sera pas sans impact sur notre manière de nous inscrire dans le monde. Où est-on réellement ? Là où on est ou là où on pense ? On se rappelle le mot du Docteur angélique[1] : « L'âme est plus là où elle aime que là où elle anime. » Le virtuel n'a pas de position, il ne nous permet pas de nous poser en lui. Le virtuel est le contraire d'un espace réel, c'est un espace de langage : il appartient à l'univers infini des tropes[2] et des métaphores. Il n'est pas position mais mouvement, flux. On ne peut l'occuper, il se dissout sans fin. Le virtuel est héraclitéen[3]. Il nous coule dans ses flux déracinés.

Classiquement, l'image sert de substitut à la présence même de la chose. Le médaillon contenant le portrait ou le photogramme portant le visage de la star signifient sans aucune ambiguïté l'absence, la distance des sujets représentés. L'image est le contraire de la présence.

En revanche, avec la télévirtualité[4] ou la téléprésence, l'image virtuelle n'est plus une simple image, une illusion, comme celle du « présentateur » télévisé, chargé de mimer les signes de la présence. L'image télévirtuelle donne l'impression d'une « présence »

L'image de synthèse et l'image virtuelle

Toutes les deux sont issues de calculs en temps réel d'un ordinateur. Mais l'image de synthèse ordinaire modélise une réalité (un objet technique, un film d'animation) alors que l'image virtuelle, perçue à travers un système de vision stéréoscopique (en relief), apporte une illusion spatiale. Elle est un aspect de ce que l'on nomme « réalité virtuelle » et qui peut faire intervenir d'autres sens (le toucher, l'odorat...).

1 **Docteur angélique :** surnom donné au théologien et philosophe saint Thomas d'Aquin (1228-1274).

2 **tropes :** figures de rhétorique.

3 **héraclitéen :** se rapportant au philosophe antique Héraclite, selon lequel rien ne demeure.

4 **télévirtualité :** reconstitution.

réelle. Quelqu'un de vivant est bien « là », certes virtuellement par l'apparence mais bien réellement par l'attention disponible, la capacité de communiquer et d'agir. La télévirtualité, à la différence des techniques de vidéoconférence, permet de décliner diverses modalités de « présence », de multiples manières de se faire représenter symboliquement et fonctionnellement, dans le temps et l'espace.

Par leur fusion croissante avec ce qui jadis leur était le plus contraire (le langage, le modèle[5], le lieu, la présence), les images nous obligent à la critique. Il ne s'agit pas de sémiologie[6], de critique des images en tant que telles. Il s'agit d'adopter face au monde réel, de plus en plus saisi par la néoréalité des images, une attitude critique qui tienne compte de leur technicité et de leur complexité. Faire l'impasse sur l'éducation du regard et sur la critique du monde devenu image ne conduirait qu'à plus de confusion.

Philippe Quéau, *La Planète des esprits, Pour une politique du cyberespace,* Éd. Odile Jacob, 2000.

5 **modèle :** ce qui est représenté par l'image.

6 **sémiologie :** science des signes.

1. Dégagez le plan du texte.

2. Distinguez l'image traditionnelle et l'image virtuelle en complétant le tableau suivant.

	Image traditionnelle	Image virtuelle
Place de l'individu	*Frontale, devant l'écran*	
Nombre de dimensions	*Deux*	
Espace alentour	*Dissimulé*	
Déplacement dans l'image	*Impossible*	
Fixité / mouvement		
Présence / absence de l'objet		

3. Quelle confusion peut provoquer l'image virtuelle ?

4. Comment peut-on éviter d'être trompé par l'image virtuelle ?

PRÉPARATION À L'EXAMEN ► **Les épreuves du BTS** p. 252

Vers la synthèse

Résumez le contenu du premier paragraphe en deux lignes.

Identifier les éléments d'une situation de communication

Les repères de la situation

Le schéma de la communication. Quelle que soit la forme qu'elle prenne, à l'écrit comme à l'oral, à travers un texte, une image ou de la musique, la communication peut s'illustrer par le même schéma :

L'émetteur → Le référent / Le message / Le canal - Le code → Le récepteur

L'écrit et l'oral. Lors d'une conversation, d'un exposé les interlocuteurs partagent le même contexte. L'échange se déroule en continu, la communication s'ajuste dans le temps. Ces deux aspects de la situation influencent le message.
Toute communication écrite doit anticiper sur la situation de lecture. Le message comporte donc des références au cadre, au lieu et au temps et le code syntaxique et lexical doit garantir contre toute imprécision.

Le cadre de référence

La relation entre l'émetteur et le récepteur. Le statut, le groupe d'appartenance, l'âge, le sexe, agissent dans une situation de communication écrite ou orale.

➤ **Exemple**

D'égal à égal — *Recevez, Monsieur (ou Madame) l'expression de mes salutations distingués.*

De supérieur à subordonné — *Veuillez agréer, Madame, l'expression de ma considération distinguée.*

De subordonné à supérieur — *Je vous prie d'agréer, Monsieur (ou Madame), l'expression de mes salutations dévouées (ou respectueuses).*

Les représentations communes. Dans toute situation de communication, l'émetteur et le récepteur ont en commun des repères connus qui forment un cadre d'appartenance constitué de représentations familières implicite. Il s'appuie sur une même culture, une éducation, un métier, des connaissances identiques. Plus le nombre de représentations partagées est élevé, plus la communication est aisée.

Les intentions de la communication

Lorsque l'émetteur s'adresse à un destinataire précis, il est nécessaire d'inscrire la présence de celui-ci dans le discours, en l'interpellant directement à travers les pronoms (« nous », « tu », « vous »), les apostrophes, les questions oratoires et l'utilisation de l'ironie.
Émouvoir. L'émetteur fait part au récepteur de ses sentiments intimes, de ses réactions personnelles.
Impliquer. L'émetteur cherche à convaincre, à partager son point de vue ou à faire agir le récepteur.
Expliquer ou informer. L'émetteur apporte des précisions, informe, développe une idée. Il peut expliquer un fonctionnement, un mécanisme.
Produire un effet poétique. Des mots, des expressions suggèrent la beauté et créent une émotion. Dans l'image, cette intention poétique se retrouve dans le choix original des couleurs, du dessin…
Favoriser la compréhension. L'émetteur cherche à maintenir le contact avec le récepteur. À l'oral, « Allo ! » « N'est-ce pas ? » sont des mots utilisés pour maintenir le contact. À l'écrit, on utilise des techniques de mise en page et la ponctuation.

■ Exercice 1

Analysez ces extraits et expliquez la situation de communication.

Situation 1. Expliquez et discutez cette formule de Jean-Jacques Rousseau : « J'aime mieux être un homme à paradoxe qu'un homme à préjugés. »

Situation 2. « Ici, à Marseille, notre ville-port a une tradition d'ouverture au monde. »

Situation 3.

IMPRIMERIE PREMIER
Tous nos meilleurs vœux pour la
Nouvelle année.
Nous avons déménagé : 92 allée du Golf
La Montagne 97417

Situation 4. « Franchement, infliger de la prison à quelqu'un pour avoir téléchargé un film, c'est grotesque.
– Oui, mais autoriser quelqu'un à prendre tout ce qu'il veut pour 10 euros, ça ne l'est pas moins. »

Situation 5. NOUS ALCATEL BUSINESS SYSTEME DECLARONS QUE LE PRODUIT ALCATEL PREMIUM REFLEXES EST PRESUME CONFORME AUX EXIGENCES ESSENTIELLES DE LA DIRECTIVE 1999/5/CE DU PARLEMENT EUROPEEN ET DU CONSEIL.

Situation 6.

■ Exercice 2

1. Ces énoncés comportent-ils des références au contexte ? Si oui, lesquelles ?

2. À quelle situation de communication correspondent-ils ?

A. Emportez-le et mettez-le sous clé !

B. Demain les températures seront en hausse sur le quart nord-ouest du pays.

C. ***L'industrie du bateau nage dans le bonheur.***
Au moment où s'ouvre le Salon nautique à Paris, enquête en Vendée sur un secteur français en plein boom et qui, depuis six ans, crée de l'emploi.

D. « Les papiers du véhicule, s'il vous plaît. »

E. Je serai enchanté de développer avec vous ces différents points lors d'un entretien.
Dans l'attente de vous rencontrer, je vous prie d'agréer, Monsieur, l'expression de mes salutations distinguées.

F. **Madame Pernelle**
Allons, Flipotte, allons ; que d'eux je me délivre.
Elmire
Vous marchez d'un tel pas, qu'on a peine à vous suivre.
Madame Pernelle
Laissez, ma bru, laissez ; ne venez pas plus loin ;
ce sont toutes façons dont je n'ai pas besoin.
Elmire
De ce que l'on vous doit, envers vous on s'acquitte.
Mais, ma mère, d'où vient que vous sortez si vite ?

Molière, *Le Tartuffe*, acte 1, scène 1.

■ Exercice 3

Quels mots pouvez-vous associer à chaque situation de communication écrite ou orale ?

Type de situation : dissertation ; essai ; conversation ; rapport ; exposé ; journal ; roman ; réunion ; SMS ; blog.

Mots associés : paragraphe ; sommaire ; annexes ; lexique ; bibliographie ; image ; police de caractère ; clarté ; logique ; introduction ; conclusion ; orthographe ; interaction ; cadre de référence.

■ Exercice 4

Étudiez le cadre de référence dans chacune de ces situations.

A. Avec mes remerciements anticipés, je vous prie d'agréer, Monsieur, l'expression de mes sentiments respectueux.

B. Vous n'êtes pas seul à rencontrer ce problème, et en fait, il s'agit d'une panne du serveur des mises à jour. La solution est donc d'essayer de les télécharger depuis l'un des autres serveurs proposés par cette marque.

C. Bonjour. Je suis très heureuse de ton embauche. Je serai bien sûr à ta fête samedi. Peux-tu me redonner le numéro de ton portable ? Ouvre la pièce jointe. Tu reconnais les copines de classe ? La troisième à gauche, c'est toi…

À samedi, Carole

■ Exercice 5

1. Réalisez le schéma de la communication correspondant à ces introductions.

2. Quels sont leurs points communs et leurs différences ?

3. Quelles situations de communication expliquent ces différences ?

Introduction A

Cet été, j'étais en vacances dans un pays que je ne nommerais pas, pour ne pas froisser d'éventuelles susceptibilités, et j'ai voulu me connecter sur le site de mon journal français habituel. Quelle ne fut pas ma surprise de recevoir un message m'avertissant que l'accès à ce site était interdit « pour des raisons de sécurité » !
Je vais donc aborder avec vous la question de la censure sur Internet.

Introduction B

Espace de liberté, chacun peut créer un site sur Internet, à condition qu'il respecte la loi. De même, tout internaute peut consulter celui de son choix. C'est, en théorie, ce que permet Internet, et en tout cas ce qui se passe dans les pays démocratiques. Pourtant, des pays censurent certains sites de presse et emprisonnent ceux qui cherchent à s'y connecter. Comment lutter politiquement contre la censure sur Internet ? Est-il possible techniquement de la déjouer ? Nous tenterons de répondre à ces questions.

■ Exercice 6.

1. À quels types de connaissances ces textes font-ils appel ?

2. Dressez la liste des mots dont la maîtrise est nécessaire pour que la communication aboutisse.

3. Transformez le texte A pour qu'il soit compréhensible par un non-spécialiste.

A. Ogg Vorbis. Format de compression des fichiers audio libre de droits. Son code source est ouvert, ce qui lui permet d'être en permanence amélioré par ses utilisateurs. Il est entretenu comme le principal concurrent des formats MP3 et WMA.

B. Boisée, parée d'une robe légère, une bouteille qui ressemble à certaines héroïnes romantiques, délicates et fragiles, mourant jeunes, mais aimées.

C. Ma mère m'attira contre elle et, me désignant à l'assistance, elle annonça, hautement et fièrement, d'une voix qui retentit encore en ce moment à mes oreilles :

« Sales petites punaises bourgeoises ! ! Vous ne savez pas à qui vous avez l'honneur de parler ! Mon fils sera ambassadeur de France, chevalier de la Légion d'honneur, grand auteur dramatique, Ibsen, Gabriel d'Annunzio ! »

Romain Gary, *La Promesse de l'aube*, 1960.

Exercice 7

1. Réalisez le schéma de la communication qui concerne cette campagne.

Recopiez le tableau, puis complétez-le, en relevant dans l'image les indices (texte, couleurs, dessins) qui renvoient aux différentes intentions.

Intentions	Indices relevés
Informer (les informations objectives)	
Émouvoir (l'émetteur exprime ses sentiments)	
Maintenir le contact (ce qui facilite la perception du message)	
Produire un effet poétique (les éléments esthétiques)	

2
La parole et le dialogue

Roy Lichtenstein, *La Conversation,* 1977. Peinture, 131 x 180 cm.

La parole et le dialogue

L'usage de la parole semble être au cœur même de la nature humaine. Nos pensées les plus intimes se formulent en mots. Or, cette pratique individuelle est un fait social : toute langue est la langue d'un groupe. Par le dialogue, l'individu n'échange pas seulement avec les autres de simples informations ; il peut donner ou recevoir des ordres, communiquer des émotions, évoquer des images mentales.

La parole, le geste, la mimique, le vêtement contribuent aux échanges.

Dérivant les unes des autres, les langues buissonnent à l'infini. En effet, les locuteurs innovent sans cesse, empruntent des mots à d'autres langues, simplifient, abrègent, créent des expressions nouvelles ou modifient le sens traditionnel des mots. Il s'agit de se faire comprendre avec le minimum d'efforts ; mais il s'agit aussi d'influencer l'interlocuteur, de l'amuser, de le surprendre, de s'imposer en employant un mot rare, un terme étranger ou une expression à la mode.

Qu'est-ce que le langage ?

Toutes les langues humaines sont des systèmes cohérents de signes, qui permettent des combinaisons en nombre indéfini. Les signes qui les composent sont conventionnels, arbitraires. À partir de là, les langues humaines se diversifient avec une incroyable richesse d'invention. Il n'y a pas de langue connue qui soit « primitive » : les prétendus « sauvages » parlent des langues aussi compliquées que les nôtres.

Dans le dialogue, utilisons-nous seulement le langage ?

L'homme partage avec certains animaux des moyens de communication extra-linguistiques : les attitudes et les gestes font signe, au-delà même de la barrière des espèces. Par ailleurs, des systèmes visuels (autres que l'écriture) se sont développés : ainsi les « logos » des marques commerciales ou les panneaux de la route. Enfin, les conventions de chaque

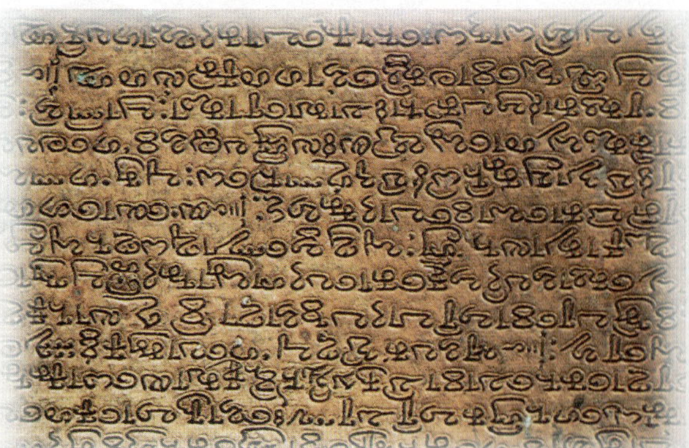

La langue et l'écrit

Toute langue peut être transcrite dans n'importe quel alphabet : on peut écrire l'arabe en alphabet latin, et inversement. Pourtant, l'écriture, comme le montre ce texte indien du IXe siècle, noue avec la langue qu'elle note des rapports profonds. Fixant le discours, elle est par nature normative. Ainsi, l'essor de l'imprimerie au XVIe siècle est allé de pair avec la multiplication des règles orthographiques. Aujourd'hui, les nouvelles technologies produisent des effets semblables : les règles d'orthographe, de présentation, de mise en page deviennent de plus en plus contraignantes et précises.

Les signes et les gestes sont des modes de communication. Aucun mode de communication animal n'est vraiment comparable au langage humain. Pourtant, comme chez les abeilles, ces modes sont nombreux et parfois très complexes. Mais le nombre et la précision des signaux ne font pas un langage.

Abraham Leon Kroll, *La Conversation*, 1962.

époque et de chaque société fixent dans les moindres détails la façon normale de s'habiller, de se maquiller, les manières de table, les salutations, les gestes de la vie quotidienne.

Le langage n'est donc ni le seul moyen de communication, ni le seul système de conventions.

Quels sont les pouvoirs de la parole ?

La parole agissante est sacralisée dans de nombreuses traditions. Dans les premiers versets de la Bible, c'est le Verbe divin qui crée le monde ; pour les Tibétains, la force cosmique est contenue en une seule syllabe imprononçable ; la magie elle aussi a recours aux formules qui sont censées agir. Aujourd'hui encore, la parole a quelque chose de sacré : « donner sa parole », c'est s'engager solennellement. D'ailleurs, certaines formules ont exactement la valeur d'un acte : par exemple « Je déclare la séance ouverte » ou « Je vous déclare unis par les liens du mariage ».

C'est la parole et le dialogue qui, à l'ONU, permettent de dénouer les conflits.

Parler, c'est donc agir sur les autres. C'est aussi agir sur soi. Nouer un dialogue, c'est accepter de se transformer soi-même : le psychanalyste ne soigne son patient que par la parole. Nommer les choses, les identifier, c'est pouvoir les transformer ou s'en libérer.

SOMMAIRE

La spécificité du langage humain

Depuis les années 1950, de nombreux spécialistes du comportement s'efforcent d'apprendre aux singes à « parler ». Ils les entraînent à utiliser des symboles le plus souvent visuels, afin de communiquer avec leurs maîtres. Les résultats sont étonnants : n'y aurait-il donc qu'une mince frontière entre les capacités de langage des hommes et celles des animaux ?

La parole
Le mot « parole » est apparu au XIe siècle, dérivé de *parabola*, qui en bas-latin d'Église signifiait « comparaison » et qui a donné le mot « parabole », doublet savant de « parole ». Les mots équivalents en latin classique (*verba*, *loquor*) ont fourni surtout en français des dérivés savants. Le mot populaire « parole » est intéressant : parler, ce n'est pas seulement énoncer des sons, c'est établir des rapprochements, élaborer des métaphores.

DOCUMENT 1

C'était un dimanche après-midi d'automne. Je regardais à la télévision un documentaire qui s'intitulait : « Kanzi, le singe aux mille mots ». On nous montrait comment des chimpanzés se servaient de plusieurs centaines de mots ; ils utilisaient pour cela un grand tableau dont chaque touche était identifiée par une icône. Lorsqu'ils appuyaient sur une des touches, le mot correspondant était automatiquement prononcé. L'un de ces singes, nommé Kanzi, particulièrement doué pour cet exercice, était parvenu à maîtriser environ un millier de ces signes et les a utilisés pour identifier des objets ou des êtres humains et parfois pour en demander l'apparition.

C'était impressionnant ! Et ma fille de cinq ans fut effectivement fort impressionnée. « Tu vois, me dit-elle, je savais bien que les animaux parlaient ; et d'ailleurs même mon chien Malik, qui est quand même moins intelligent qu'un singe, comprend ce que je dis et sait fort bien se faire comprendre. » Je me souviens combien je fus embarrassé pour lui expliquer que l'on était bien loin de la parole et que ce qu'elle avait vu n'avait que peu de chose en commun avec notre langage. J'essayais de lui montrer les limites de la communication animale ; je tentais d'illustrer, en faisant appel au monde du fantastique et de la poésie, le pouvoir singulier que donne à l'homme son langage ; je m'escrimais à lui montrer l'écart considérable qui séparait le verbe humain et l'activité de communication de l'animal. Rien n'y fit ! Elle possédait enfin la preuve scientifique et… télévisuelle que les contes, les fables et les dessins animés ne lui avaient pas menti : les animaux parlaient ; pas tout à fait comme nous, mais ils parlaient bel et bien.

Alain Bentolila, « Le Propre de l'homme : le verbe », revue *Raison présente*, n° 145, 2003.

DOCUMENT 2

L'incapacité des autres espèces à développer des langages du type des langages humains provient-elle de l'absence chez elles d'une qualité spécifique de l'intelligence plutôt que d'une limitation de l'intelligence commune, comme le pensait Descartes ? Ce débat est traditionnel. Il y a, par exemple, les condamnations dédaigneuses d'Antoine le Grand, l'un des principaux représentants des idées cartésiennes dans l'Angleterre du XVIIe siècle. Il parle de « certaines populations des Indes qui pensent que les singes et les babouins qui abondent autour d'elles sont douées d'entendement et qu'ils sont capables de parler mais ne veulent pas le faire par crainte d'être exploités et contraints de travailler ». Dans certaines vulgarisations hâtives de travaux actuels, par ailleurs intéressants, on affirme pratiquement que les singes supérieurs ont la capacité de langage mais qu'ils n'en ont jamais fait usage. Ce serait un miracle biologique surprenant, vu l'énorme avantage, du point de vue de la sélection, que constituent des capacités linguistiques même minimales ; que dirait-on d'un animal qui posséderait des ailes et n'aurait jamais pensé à voler ?

Noam Chomsky, *Réflexions sur le langage*, Éd. Flammarion, 1975.

DOCUMENT 3

Deux chimpanzés, Washoe et Sarah, classent des objets distincts selon un aspect qu'ils possèdent en commun : par exemple la pomme et la banane, série à partir de laquelle ils sont capables d'abstraire le symbole valant pour « fruit », ou inversement le rouge et le rond, série dont ils peuvent tirer « pomme ». Enfin et surtout, ces singes sont capables d'assimiler les structures abstraites qui correspondent aux phrases simples des langues humaines, et dont les éléments, agencés en séquences non aléatoires[1], peuvent être, chacun en sa position, remplacés par d'autres appartenant aux mêmes ensembles. Ainsi, Sarah est apte à combiner les unités selon une même structure, pour obtenir des énoncés comme *Mary + donner + pomme*. Sarah sait même enseigner le code à d'autres singes. Et pourtant tout cela ne suffit pas, malgré l'apparence. En effet, pour que l'on puisse parler de langue et même de langage, il faudrait qu'il n'y eût pas seulement perception unilatérale de messages, comme c'est le cas chez les singes auxquels les expérimentateurs ont appris comment réagir à des énoncés constitués des symboles qu'ils les ont dressés d'abord à interpréter individuellement. Il faudrait, d'une part, qu'il y eût intelligence conceptuelle, agençant des signes purs ; et d'autre part, qu'il y eût encore initiative prise par chacun des individus du couple émetteur-récepteur en rapport d'inversion systématique entre eux, le récepteur assumant la totalité des fonctions de l'émetteur lorsque à son tour il agit comme tel.

Claude Hagège, *L'Homme de paroles*, Éd. Fayard, 1985.

1 **agencés en séquences non aléatoires :** placés dans un certain ordre (ici, l'ordre grammatical).

1. Quelles spécificités du langage humain tente d'évoquer le linguiste pour convaincre sa petite fille ? Quels sont les arguments de celle-ci (document 1) ?
2. Quelle est la thèse du linguiste ? Quel est son principal argument (document 2) ?
3. En vous aidant du contexte, expliquez le mot « symbole » (document 3, ligne 3) et le mot « structure » (document 3, lignes 5 et 9).
4. Quelles caractéristiques du langage humain sont absentes des messages émis par les chimpanzés ? Formulez ces caractéristiques en quelques mots (document 3).

PRÉPARATION À L'EXAMEN ► **Les épreuves du BTS** p. 252

Vers l'écriture personnelle

Développez, dans un paragraphe de quinze lignes, l'explication suivante : l'animal émet des messages, mais on ne peut pas parler d'un langage, ni d'une langue.

Le pouvoir des mots

Par le discours, nous cherchons à influencer autrui : pour le bien ou pour le mal. Le cas particulier de l'écriture montre bien cette ambivalence. On pourrait croire qu'elle a joué dans l'histoire de l'humanité un rôle civilisateur, libérateur. Sa fonction principale n'est-elle pas parfois tout autre ?

Pour distinguer la barbarie de la civilisation, on aimerait au moins retenir un critère : peuples avec ou sans écriture, les uns capables de cumuler les acquisitions anciennes et progressant de plus en plus vite vers le but qu'ils se sont assigné, tandis que les autres, impuissants à retenir le passé au-delà de cette frange que la mémoire individuelle suffit à fixer, resteraient prisonniers d'une histoire fluctuante à laquelle manqueraient toujours une origine et la conscience durable du projet.

Pourtant, rien de ce que nous savons de l'écriture et de son rôle dans l'évolution ne justifie une telle conception. Une des phases les plus créatrices de l'histoire de l'humanité se place pendant l'avènement du néolithique[1], responsable de l'agriculture, de la domestication des animaux et d'autres arts. Pour y parvenir, il a fallu que, pendant des millénaires, de petites collectivités humaines observent, expérimentent et transmettent le fruit de leurs réflexions. Cette immense entreprise s'est déroulée avec une rigueur et une continuité attestées par le succès, alors que l'écriture était encore inconnue. Si celle-ci est apparue entre le 4e et le 3e millénaire avant notre ère, on doit voir en elle un résultat déjà lointain (et sans doute indirect) de la révolution néolithique, mais nullement sa condition. À quelle grande innovation est-elle liée ? Sur le plan de la technique, on ne peut guère citer que l'architecture. Mais celle des Égyptiens ou des Sumériens n'était pas supérieure aux ouvrages de certains Américains qui ignoraient l'écriture au moment de la découverte. Inversement, depuis l'invention de l'écriture jusqu'à la naissance de la science moderne, le monde occidental a vécu quelque cinq mille années pendant lesquelles ses connaissances ont fluctué plus qu'elles ne se sont accrues. On a souvent remarqué qu'entre le genre de vie d'un citoyen grec ou romain et celui d'un bourgeois européen du XVIIIe siècle il n'y avait pas grande différence. Au néolithique, l'humanité a accompli des pas de géant sans le secours de l'écriture ; avec elle, les civilisations historiques de l'Occident ont longtemps stagné. Sans doute concevrait-on mal l'épanouissement scientifique du XIXe et du XXe siècle sans écriture. Mais cette condition nécessaire n'est certainement pas suffisante pour l'expliquer.

Si l'on veut mettre en corrélation l'apparition de l'écriture avec certains traits caractéristiques de la civilisation, il faut chercher dans une autre direction. Le seul phénomène qui l'ait fidèlement accompagnée est la formation des cités et des empires, c'est-à-dire l'intégration dans un

1 **néolithique :** période finale de la Préhistoire, il y a environ dix mille ans.

Écriture

Le mot « écriture » est dérivé au XIIe siècle du latin *scriptura*. Ce dernier mot désignait d'abord (peut-être par onomatopée) l'acte de tracer, de gratter, de graver. Les autres sens sont venus s'ajouter à ce sens premier du mot, qui existait sans doute avant l'écriture elle-même.
En français, le sens du mot s'est largement étendu. Il désigne non seulement l'acte de tracer des lettres, mais le style personnel d'un écrivain ou encore les registres de compte (écritures comptables). Les « Écritures » par excellence, c'est la Bible.

système politique d'un nombre considérable d'individus et leur hiérarchisation en castes et en classes. Telle est, en tout cas, l'évolution typique à laquelle on assiste, depuis l'Égypte jusqu'à la Chine, au moment où l'écriture fait son début : elle paraît favoriser l'exploitation des hommes. Cette exploitation, qui permettait de rassembler des milliers de travailleurs pour les astreindre à des tâches exténuantes, rend mieux compte de la naissance de l'architecture que la relation directe envisagée tout à l'heure. Si mon hypothèse est exacte, il faut admettre que la fonction primaire de la communication écrite est de faciliter l'asservissement. L'emploi de l'écriture à des fins désintéressées, en vue de tirer des satisfactions intellectuelles et esthétiques, est un résultat secondaire, si même il ne se réduit pas le plus souvent à un moyen pour renforcer, justifier ou dissimuler l'autre.

Il existe cependant des exceptions à la règle : l'Afrique indigène a possédé des empires groupant plusieurs centaines de milliers de sujets ; dans l'Amérique précolombienne, celui des Incas en réunissait des millions. Mais, dans les deux continents, ces tentatives se sont montrées également précaires. [...] Regardons plus près de nous : l'action systématique des États européens en faveur de l'instruction obligatoire, qui se développe au cours du XIXe siècle, va de pair avec l'extension du service militaire et la prolétarisation. La lutte contre l'analphabétisme se confond ainsi avec le renforcement du contrôle des citoyens par le Pouvoir. Car il faut que tous sachent lire pour que ce dernier puisse dire : nul n'est censé ignorer la loi.

Claude Lévi-Strauss, *Tristes Tropiques*, Éd. Plon, 1955.

1. Quel est le genre de ce document ?
2. Quelle est la thèse principale de l'auteur ? Énoncez-la en une phrase.
3. Établissez un plan du texte en mettant en évidence, dans chaque paragraphe, les connecteurs logiques : « donc », « mais », « si », etc.
4. À quels endroits du texte sont énoncées des hypothèses ou des opinions contraires à la thèse ? À quels endroits ces contre-arguments sont-ils démentis ?
5. Explicitez le lien entre écriture, architecture et empires (2e et 3e paragraphes).
6. Expliquez le rôle des exemples dans le dernier paragraphe : quel est le lien entre l'écriture et le pouvoir de l'État ?

PRÉPARATION À L'EXAMEN ► **Les épreuves du BTS** p. 252

Vers une écriture personnelle

Pensez-vous, « que la fonction primaire de la communication écrite est de faciliter l'asservissement » (lignes 46 à 48) ? Répondez dans un paragraphe de quinze lignes en citant un ou deux exemples.

La diversité des langues

La réflexion sur le langage est sans doute aussi ancienne que le langage lui-même. En effet, une langue n'est pas figée, elle évolue et reflète ainsi la transformation du groupe humain qui l'utilise. Certaines langues s'étendent, alors que d'autres disparaissent définitivement.

Miniature du XIVe siècle, qui montre Conrad de Wurzburg dictant ses réflexions à un scribe. Les linguistes distinguent la « langue », qui est une capacité de langage, et le « parler », qui est l'usage que l'être humain fait de cette langue.

Les langues apparaissent et disparaissent.

Toutes les langues vivantes évoluent sans cesse sous l'effet d'une double contrainte. D'une part, elles se diversifient en dialectes, formes locales particulières d'une langue : les besoins et la mode favorisent de nouveaux sens donnés aux mots, des façons nouvelles de prononcer ou de construire les phrases. Ainsi, le joual, dialecte québécois populaire, s'éloigne peu à peu du français. D'autre part, elles empruntent sans cesse les unes aux autres et tendent vers l'uniformité. Les mots s'abrègent peu à peu, parce que les locuteurs économisent leurs efforts ; mais ils s'allongent aussi avec des préfixes et des suffixes. Ce double mouvement (séparation et convergence) fait apparaître des langues nouvelles : les créoles sont des parlers dont la phonétique, le lexique, la syntaxe n'ont presque plus rien de commun avec les langues dont ils sont issus. Ainsi, apparaissent des familles de langues : le français, l'italien, l'espagnol, le portugais, l'occitan, le roumain sont nés de dialectes du latin. Ils étaient jadis de simples créoles à base latine.

Panneau d'information dans la gare de Dire-Daoua en Éthiopie.

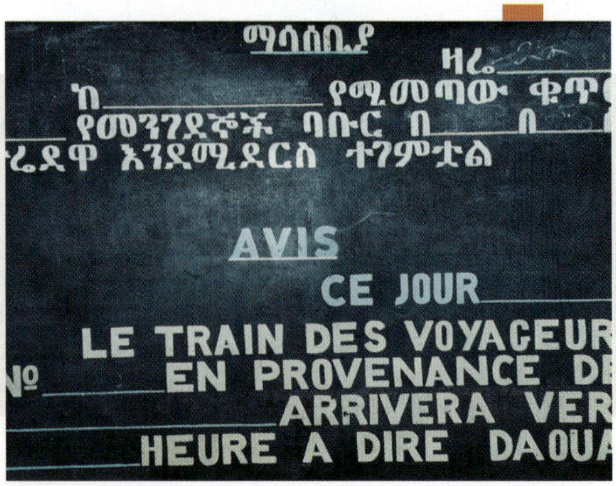

L'ensemble des langues latines (français, italien, etc.), celtiques (irlandais, etc.), grecques, germaniques (allemand, anglais, etc.), slaves (russe, polonais), persanes et sanscrites (parlées en Iran et en Inde) forment la grande famille des langues dites « indo-européennes ». Elles ont beaucoup de caractéristiques communes comme un système des temps et des modes, une opposition entre singulier et pluriel, etc. Tout cela, qui nous paraît naturel, ne l'est pas dans d'autres familles de langues.

Chaque individu, à l'intérieur d'une langue, dispose de plusieurs codes.

Les jargons sont des vocabulaires spéciaux à certaines professions : jargon des juristes, jargon des médecins. Le mot a aussi un sens péjoratif : jargonner, c'est parler de façon prétentieuse et incompréhensible. Un jargon n'est pas une langue autonome, puisqu'il utilise les ressources phonétiques et syntaxiques de la langue courante, et n'affecte que le vocabulaire. Dans ce sens, les argots sont une forme de jargon : l'argot était le code secret que les truands utilisaient entre eux pour ne pas être compris. Le vocabulaire de l'argot change donc sans cesse.

Ces pseudo-langues spéciales n'ont ni phonétique ni grammaire indépendantes. Certaines font même l'économie de l'invention lexicale : elles déforment simplement les mots de la langue courante. Elles sont soumises aux effets de la mode : on ne parle plus guère le louchébem des bouchers parisiens, ni le javanais des prostituées. D'autres ressurgissent tout à coup, comme le verlan, qui était parlé depuis le XIXe siècle.

René Magritte, *L'Usage de la parole*, 1928.

Les langues sont des enjeux de pouvoir : le parler de l'autre est souvent déprécié.

Le patois (étymologiquement : la langue paternelle) est un terme péjoratif sans valeur linguistique. Sa signification est politique, sociale et culturelle : quand une population méprisée parle une autre langue que celle des puissants et des instruits, elle parle patois. Pour Voltaire, l'allemand était un patois.

Baragouin (mot tiré du breton) ou charabia (de l'arabe) reflètent bien ce mépris : la langue des autres est incompréhensible, donc elle est ridicule. Pour les Grecs, celui qui ne parlait pas grec était un « barbare ». Ce mot vient d'une onomatopée semblable au français « bla-bla ».

Bill Jacklin, *La Discussion*, 1983.

Les codes sociaux

Dans le dialogue, le langage et les attitudes de chaque interlocuteur révèlent la catégorie sociale à laquelle il appartient. Par le choix de certains mots, de certaines mimiques, et même des idées qui les accompagnent, chacun « se distingue » des autres en adoptant une attitude qui lui paraît « distinguée ». Ces choix peuvent être volontaires ou subis. Ils sont parfois presque inconscients et paraissent naturels.

DOCUMENT 1

Sitôt que les premiers compliments furent faits, dont les plus ingénues se tirent quelquefois assez bien, parce que cela ne consiste d'ordinaire qu'en une profonde révérence, et en un petit galimatias qu'on prononce si bas qu'on ne l'entend point, Hippolyte[1], qui n'aimait que les entretiens savants, éloigna bientôt ces discours communs qui se font dans les visites ordinaires. Elle se plaignit de Laurence, qui avait commencé à parler des nouvelles de la ville et du voisinage, lui disant que cela sentait sa visite d'accouchée, ou les discours de commères, et que parmi le beau monde il ne fallait parler que de livres et de belles choses. Aussitôt elle se jeta sur la friperie de plusieurs pauvres auteurs, qui sont les premiers qui ont à souffrir de ces fausses Précieuses[2], quand cette humeur critique les saisit.

Furetière, *Le Roman bourgeois*, 1666.

1 **Hippolyte, Laurence :** noms de Précieuses.

2 **Précieuses :** les Précieuses sont, au XVIIe siècle, des femmes qui adoptent un langage volontairement raffiné.

DOCUMENT 2

Dessin de Mathieu.

1 **surboums :** fêtes organisées par des jeunes.

DOCUMENT 3

Je travaillais mes cours, j'écoutais des disques, je lisais toujours dans ma chambre. Je n'en descendais que pour me mettre à table. On mangeait sans parler. Je ne riais jamais à la maison. Je faisais de « l'ironie ». C'est le temps où tout ce qui me touche de près m'est étranger. J'émigre doucement vers le monde petit-bourgeois, admise dans ces surboums[1] dont la seule condition d'accès, mais si difficile, consiste à ne pas être *cucul*. Tout ce que j'aimais me semble *péquenot*. Luis Mariano, les romans de Marie-Anne Desmarets, Daniel Gray, le rouge à lèvres et la poupée gagnée à la foire qui étale sa robe de paillettes sur mon lit. Même les idées de mon milieu me paraissent ridicules, des préjugés, par exemple, « la police, il en faut » ou « on n'est pas un homme tant qu'on n'a pas fait son service ». L'univers pour moi s'est retourné.

Je lisais la « vraie » littérature, et je recopiais des phrases, des vers, qui, je croyais, exprimaient mon « âme », l'indicible de ma vie, comme « Le bonheur est un dieu qui marche les mains vides »... (Henri de Régnier).

Mon père est entré dans la catégorie des gens *simples* ou *modestes* ou *braves* gens. Il n'osait plus me raconter des histoires de son enfance. Je ne lui parlais plus de mes études. Sauf le latin, parce qu'il avait servi la messe, elles lui étaient incompréhensibles et il refusait de faire mine de s'y intéresser, à la différence de ma mère. Il se fâchait quand je me plaignais du travail ou critiquais les cours. Le mot « prof » lui déplaisait ou « dirlo », même « bouquin ».

Annie Ernaux, *La Place*, Éd. Gallimard, 1983.

1. Pourquoi Hippolyte, dans le document 1, refuse-t-elle la conversation sur « les nouvelles de la ville et du voisinage » (lignes 6-7) ? Quels nobles arguments donne-t-elle, et quelles sont ses véritables motivations sociales ?
2. Réécrivez le texte du personnage à gauche (document 2).
3. Quels attitudes, quels goûts et quelles idées rejette la jeune fille évoquée par Annie Ernaux dans le document 3 ? Pour quelles raisons apparentes ? Pour quelle raison réelle ?
4. Pourquoi l'attitude de la jeune fille empêche-t-elle la communication et peut-elle être perçue comme une forme de mépris ?
5. Expliquez la phrase « J'émigre doucement vers le monde petit-bourgeois », lignes 4-5 dans le document 3. Précisez le sens de la métaphore et de ce qu'elle suggère. Montrez que l'expression a une valeur explicative pour l'ensemble du texte.

PRÉPARATION À L'EXAMEN ► Les épreuves du BTS p. 252

Vers la synthèse

L'humour est une prise de distance protectrice, une façon amusée de se regarder : un sourire plutôt qu'un rire. L'ironie est le procédé par lequel on suggère autre chose que ce que l'on dit. Repérez humour et ironie dans les documents, et explicitez leur fonction. Quels jugements implicites sont à chaque fois portés sur les personnages (documents 1, 2 et 3) ?

L'absence de dialogue

La parole est utile dans les mille circonstances de la vie courante. Elle est aussi nécessaire au maintien des liens affectifs que chacun tisse avec son entourage. Pourquoi la personne privée de dialogue finit-elle par douter de sa propre identité ?

DOCUMENT 1

À la suite d'un accident vasculaire, Jean-Dominique Bauby ne peut plus bouger, parler ou simplement respirer sans assistance. Dans ce corps inerte, seul l'œil gauche est mobile. C'est avec cet œil qu'il réussit à attirer l'attention, à communiquer. Un code de clignements lui permet de dicter ce témoignage.

Sur le badge d'identité épinglé à la blouse blanche de Sandrine, il est écrit : orthophoniste, mais on devrait lire : ange gardien. C'est elle qui a instauré le code de communication sans lequel je serais coupé du monde. Hélas ! si la plupart de mes amis ont adopté le système après apprentissage, ici, à l'hôpital, il n'y a que Sandrine et une psychologue pour le pratiquer. Le plus souvent je n'ai donc qu'un maigre arsenal de mimiques, clignements d'yeux et hochements de tête pour demander qu'on ferme la porte, décoince une chasse d'eau, baisse le son de la télé ou remonte un oreiller. Je ne réussis pas à tous les coups. Au fil des semaines, cette solitude forcée m'a permis d'acquérir un certain stoïcisme[1] et de comprendre que l'humanité hospitalière se divise en deux. Il y a la majorité qui ne franchira pas le seuil sans essayer de piger mes SOS, et les autres, moins consciencieux, qui s'éclipsent en feignant de ne pas voir mes signaux de détresse. Tel cet aimable abruti qui m'a éteint le match de football Bordeaux-Munich à la mi-temps en me gratifiant d'un « Bonne nuit » sans appel. Au-delà des aspects pratiques, cette incommunicabilité pèse un peu. C'est dire le réconfort que je ressens deux fois par jour quand Sandrine frappe à la porte, passe une frimousse d'écureuil pris en faute et chasse d'un coup tous les mauvais esprits. Le scaphandre invisible qui m'enserre en permanence semble moins oppressant.

L'orthophonie est un art qui mérite d'être connu. Vous n'imaginez pas la gymnastique effectuée machinalement par votre langue pour produire tous les sons du français. Pour l'instant je bute sur le « L », piteux rédacteur en chef qui ne sait plus articuler le nom de son propre journal[2]. Les jours fastes, entre deux quintes de toux, je trouve le souffle et l'énergie pour sonoriser quelques phonèmes[3]. Pour mon anniversaire, Sandrine a réussi à me faire prononcer l'alphabet de façon intelligible. On ne pouvait me faire de plus beau cadeau. J'ai entendu les vingt-six lettres arrachées au néant par une voix rauque venue du fond des âges. Cet exténuant exercice m'a donné l'impression d'être un homme des cavernes en train de découvrir le langage. Le téléphone interrompt parfois nos travaux. Je profite de Sandrine pour avoir quelques proches en ligne et saisir au vol des bribes de vie, comme on attrape un papillon. Ma fille Céleste raconte ses cavalcades à dos de poney. Dans cinq mois, on va fêter ses neuf ans. Mon père explique ses difficultés à tenir sur ses jambes. Il traverse vaillamment sa quatre-vingt-treizième année. Ce sont les deux maillons extrêmes de la chaîne

1 **stoïcisme :** au sens courant, capacité de résister à la douleur.

2 **son propre journal :** Jean-Dominique Bauby était rédacteur en chef du journal *Elle*.

3 **phonèmes** (voir encadré page suivante)

d'amour qui m'entoure et me protège. Je me demande souvent quel effet ont ces dialogues à sens unique sur mes interlocuteurs. Moi, ils me bouleversent. À ces tendres appels, comme j'aimerais ne pas opposer mon seul silence. Certains le trouvent d'ailleurs insupportable. La douce Florence ne me parle pas si je n'ai au préalable respiré bruyamment dans le combiné que Sandrine colle à mon oreille : « Jean-Do, êtes-vous là ? » s'inquiète Florence au bout du fil.

Je dois dire que par moments je ne sais plus très bien.

Jean-Dominique Bauby, *Le Scaphandre et le Papillon*, Éd. Robert Laffont, 1997.

Qu'est ce qu'un phonème ?

Le langage n'est pas fait de simples sons, mais de phonèmes : des signes repérables par opposition entre eux dans le système de la langue. Ainsi, le *phonème* « r » est reconnu par les locuteurs du français (qu'ils soient berrichons, parisiens ou martiniquais), alors que le *son* prononcé est très variable.

DOCUMENT 2

Peinture de **Oscar Dominguez**, 1946.

1. À quoi sert la parole ? Distinguez ses différents rôles : utilitaire, affectif, nécessaire à la conscience de l'identité personnelle.
2. Quels signaux non linguistiques le narrateur perçoit-il ? Lesquels émet-il ?
3. La peur du silence : comment réagissent les différents personnages devant le silence du narrateur.
4. La redécouverte de soi-même : à quels moments le narrateur apparaît-il à ses propres yeux comme un étranger ?
5. Quelle phrase de Jean-Dominique Bauby pourrait servir de légende au tableau d'Oscar Dominguez ? Justifiez votre réponse.

PRÉPARATION À L'EXAMEN ► **Les épreuves du BTS** p. 252

Vers l'écriture personnelle

Rassemblez cinq idées pour répondre à la question : quelle est, dans une relation, l'importance du dialogue ? Suscitez cinq nouvelles idées en expliquant la grille : qui ? quoi ? où ? pourquoi ?

Le déclin de la parole

Nous vivons à l'ère d'une communication de masse où un message peut être entendu par des millions de personnes. Pourtant, cette facilité ne signifie pas que la parole de chacun soit entendue, ni que les messages transmis soient débattus. L'exercice de la parole n'est-il pas remplacé par le discours de la manipulation ?

Nous sommes dans une situation étrange : alors que la persuasion est partout, que ses procédés nous assaillent de toute part, élèves et étudiants ne sont préparés ni à la pratiquer ni à la décoder. Malgré la volonté de quelques enseignants et la ténacité de quelques chercheurs en communication, il n'y a nulle part de véritable programme de sensibilisation à l'argumentation, c'est-à-dire à un convaincre non manipulatoire.

À cause de ce vide relatif, on a vu proliférer ces dernières années, dans le monde de l'entreprise, de la communication, ainsi que dans l'immense marché que constitue la « recherche de l'épanouissement personnel », de multiples « théories », souvent vendues à prix d'or, qui justifient « scientifiquement » l' instrumentalisation[1] et la manipulation d'autrui comme mode d'être en société.

Car le XXe siècle est témoin d'un paradoxe qui a été peu souligné jusqu'à présent. D'un côté on a vu se développer, d'une manière qui n'a pas de précédent, toutes sortes de pratiques de la persuasion. Les batailles idéologiques se sont succédé par vagues, mobilisant des foules immenses. Les ressources de la propagande, de la désinformation, de la manipulation psychologique ont été massivement utilisées tout au long de ce siècle, en période de guerre comme en période de paix. Même la progression mondiale, à l'heure actuelle, du libéralisme constitue, sous des formes nouvelles, un immense enjeu de persuasion. Le développement du secteur marchand, lui aussi sans précédent, se nourrit de l'emprise majeure de la publicité sur les consciences, vaste entreprise de conviction peu regardante sur les moyens.

D'un autre côté, malgré cette présence massive, la parole pour convaincre se déploie dans un vide presque total de réflexion, d'enseignement, de culture, et pour tout dire, d'éthique. Il n'y a pas de véritable « culture du convaincre » à la mesure d'une civilisation qui ne cherche plus dans les normes du passé et de la tradition les raisons de son destin.

La conséquence de ce paradoxe est que l'exercice de la parole, presque uniquement soumis à la règle de l'efficacité, décline au profit de ses formes les plus manipulatoires.

On peut se demander si nous n'assistons pas à un véritable déclin de la parole et de la fonction qu'elle remplit dans le progrès de la civilisation. D'autres périodes de l'histoire humaine ont connu un tel déclin. Après cinq siècles de République durant lesquels s'était formée, dans la continuation de l'esprit démocratique athénien, une culture du débat politique, l'historien romain Tacite se demande, dans un texte[2] écrit aux alentours de l'an 80 (après J.-C.), si celle-ci n'est pas en train de disparaître sous ses yeux. « Aujourd'hui, écrit-il, il faut faire court : fini le temps où les orateurs pouvaient s'exprimer librement devant un public attentif et qui prend part aux débats. » « Aujourd'hui, dit-il encore, la

1 **Instrumentalisation :** le fait d'utiliser autrui comme un moyen.
2 **texte :** il s'agit du *Dialogue des orateurs.*
3 **rhétorique :** discipline qui enseigne les techniques du discours.
4 **sémantique :** qui concerne le sens des mots.

culture des orateurs, qui avait nourri la République, ne sert plus à rien : l'Empire s'impose et avec lui la démocratie de la parole disparaît. » Tacite voit dans l'esthétisation du discours - et la naissance d'un genre, la littérature - la conséquence de cette fin d'une époque inaugurée par Athènes. Il évoque aussi les jeux du cirque, devenus unique sujet de conversation « même dans les écoles de rhétorique[3] ».

En restant prudent sur la comparaison, ne vivons-nous pas une période équivalente, où la parole est tout aussi malmenée ? Aujourd'hui aussi, il faut faire court : le « clip » est devenu l'unité de mesure du discours. Le débat vivant est remplacé par des procédures manipulatoires au service le plus souvent d'une pensée unique à l'échelle mondiale. Les nouveaux jeux du cirque, le spectacle télévisuel multichaînes, sont l'unique sujet de conversation. Mesure-t-on les conséquences sur une société où l'on ne parle plus que de choses que l'on n'a pas vécues, sinon par procuration virtuelle ?

Le premier signe, mais pas le plus visible, du déclin de la parole est la tentative de restriction du champ où elle s'applique. Qu'est-ce qui est discutable, qu'est-ce qui relève d'un choix collectif ? La gigantesque bataille idéologique qui a pour objet d'imposer le libéralisme à l'échelle mondiale a comme caractéristique de se mener sur un mode manipulatoire. Loin de se présenter comme un choix possible, discutable dans 1'espace public, le libéralisme se présente comme une « évolution naturelle », une *« loi »* à laquelle nous serions soumis. La parole est dessaisie de sa possibilité d'intervention, et l'essentiel de ce qui nous arrive est présenté comme non discutable, échappant à la parole. (…)

Lutter contre le déclin de parole passe par tout ce qui permet de rendre discutable notre destin commun, par le refus de la météorologisation du politique et de l'assimilation sémantique[4], si répandue, du chômage à une sorte d'anticyclone des Açores, c'est-à-dire à un phénomène sur lequel nous n'aurions aucune prise.

Philippe Breton, « Le déclin de la parole », *Le Monde diplomatique*, mars 1997.

La rhétorique

Née en Sicile à l'occasion de débats judiciaires, la rhétorique, c'est-à-dire l'art du discours, se perfectionne au contact des institutions démocratiques d'Athènes aux Ve et IVe siècles avant J.-C. Dans l'Antiquité, l'enseignement de la rhétorique se répartit en trois genres : le genre judiciaire qui permet d'accuser ou de se défendre au cours d'un procès ; le genre délibératif qui envisage les enjeux des décisions politiques ; le genre épidictique qui s'attache à faire l'éloge de certains personnages lors de cérémonies publiques.

Dès l'origine, la rhétorique est l'enjeu d'un débat qui se poursuit jusqu'à nos jours. Est-elle une technique qui permet de manipuler un auditoire ? Ou bien est-elle le moyen d'exposer clairement une thèse à un public ? C'est ce que retient le philosophe Aristote pour qui la rhétorique doit être au service de la raison et de la vérité. En France, elle n'est plus une discipline scolaire depuis 1902.

1. Résumez le paradoxe évoqué par l'auteur dans ce texte.
2. Donnez des exemples de votre choix montrant que « les ressources de la propagande, de la désinformation, de la manipulation psychologique ont été massivement utilisées tout au long » du XXe siècle (l. 15 à 18).
3. L'auteur évoque les discours « manipulatoires ». Quelles expressions du texte s'opposent à ces discours ?
4. En quoi l'usage des discours évoqué par l'auteur constitue-t-il un danger ?
5. Expliquez l'image utilisée par l'auteur dans le dernier paragraphe.

PRÉPARATION À L'EXAMEN ► Les épreuves du BTS p. 252

Vers la synthèse

En vous appuyant sur les réponses aux questions 1, 3 et 4, dégagez l'enjeu du texte.

La rencontre

Le philosophe Platon insiste sur l'importance de la parole vivante qu'il préfère à la froideur statique de l'écrit. La parole relie les hommes et crée un monde commun. Artistes du silence, les peintres ont pourtant souvent donné une image à la parole, en représentant des moments de rencontre.

La composition
Le poète belge Verhaeren fait une lecture à ses amis. Habillé en rouge, son geste lyrique organise le tableau autour d'une diagonale qui va d'un angle à l'autre. En dessous, quatre personnes ; au-dessus, quatre également.

Les personnages
Cette rencontre d'artistes a lieu tous les lundis. On reconnaît l'écrivain français André Gide. Le peintre a demandé à chacun de poser chez lui, avant de les réunir dans ce tableau. Le seul peintre du groupe, Henri-Edmond Cross, est de dos.

Théo Van Rysselberghe (1862-1926), *La Lecture*, 1903. Huile sur toile, 181 x 241 cm.

Le lieu
La scène se passe dans un endroit privé : le bureau de Verhaeren à Paris. Le calme feutré d'une pièce destinée à la réflexion et à la création est propice à l'écoute poétique. Au fond à gauche, une statuette de Rodin souligne la dimension esthétique du lieu.

La technique
Après avoir rencontré le peintre Seurat, Théo Van Rysselberghe adopte la technique néo-impressionniste, appelée aussi pointillisme ou divisionnisme. Sans mélange, les couleurs pures sont juxtaposées sur la toile.

Léonard Foujita (1886-1968), *Un bistrot à Saint-Germain-des-Prés,* 1958. Huile sur toile, 97,5 x 146 cm.

Les lignes de force de l'image

Toute image comporte un certain nombre de lignes de force qui la structurent. Marquées par une arête, la forme d'un corps, une ligne d'horizon…, les lignes de force créent des effets de symétrie ou d'asymétrie, qui permettent de saisir des oppositions ou des équilibres. Dans le tableau de Théo van Rysselberghe, une diagonale part de l'angle inférieur gauche vers l'angle supérieur droit, en passant par la main de l'écrivain, sépare le tableau et souligne un mouvement.

1. La composition : repérez les lignes qui structurent le tableau de Foujita.
2. Le lieu : dans quel lieu se déroule la scène ? Caractérisez cet endroit.
3. Comment l'artiste montre-t-il qu'il s'agit d'un endroit ouvert sur l'extérieur ?
4. Les personnages : quels sont les types de rencontre représentés par l'artiste ?
5. Étudiez la disposition des personnages. Qu'en concluez-vous ?

PRÉPARATION À L'EXAMEN ► **Les épreuves du BTS** p. 252

Vers la synthèse

En vous appuyant sur l'analyse de ces deux œuvres, confrontez en quelques lignes le thème de la parole et du dialogue dans le tableau de Van Rysselberghe et le tableau de Foujita.

Distinguer les idées et les mots clés d'un message

Les mots clés

Les éléments secondaires. Une phrase contient des éléments qui peuvent être supprimés sans qu'elle perde son sens. Ce sont des redondances, des digressions, des remarques qui l'enrichissent mais ne constituent pas l'information principale.

Les éléments essentiels. Certains mots ne peuvent être supprimés sauf à faire disparaître l'information principale. Ces mots ou ces expressions concentrent des données essentielles du message. Il s'agit des mots clés que l'on peut, en vue d'un résumé ou d'une synthèse, souligner. Attention, toutefois, chaque phrase ne contient pas nécessairement des mots clés.

> ➤ **Exemple :** *Le public, confronté à un avenir inquiétant, recherche dans les para-sciences toutes les raisons de trouver un peu de confiance.*
> *Mots clés : para-sciences, confiance.*

Les idées clés

Le relevé des idées. Les idées se repèrent à l'échelle du texte. Elles s'expriment à travers une expression, une phrase, le plus souvent à l'intérieur d'un paragraphe. Il convient alors d'identifier cette idée essentielle, placée souvent en tête ou en fin de paragraphe, les autres phrases servant à l'illustrer ou à l'expliquer.

L'articulation des idées. Les liaisons logiques, explicites ou implicites, permettent de comprendre les étapes d'une explication ou l'organisation d'un raisonnement.

> ➤ **Exemple :** *La production de livres au XVe siècle provient surtout d'imprimeurs stables développant leur activité dans des villes. En effet, la concentration de la population crée une demande suffisante permettant le fonctionnement régulier des presses. C'est ainsi que les ateliers typographiques s'implantent dans des villes universitaires, comme Paris, Lyon, ou dans des grands centres commerciaux, comme Venise, Anvers ou Florence.*
> *Idée relevée : La production de livres au XVe siècle se concentre dans des villes où la demande est suffisante.*

La hiérarchie des idées

La thèse et les arguments. Dans un texte argumentatif, on peut distinguer l'idée principale des idées secondaires. L'idée principale est la thèse que l'auteur défend. Elle est souvent clairement formulée au début ou à la fin du texte. Les idées secondaires sont les arguments qui appuient la thèse.

1. Idée principale	2. Idées secondaires	3. Explications
Thèse	Argument 1	Parce que
	Argument 2	Parce que

Le thème et le propos. Dans un texte d'explication, on peut repérer le thème, c'est-à-dire ce dont on parle, et le propos, ce qui est dit sur ce thème. Celui-ci est parfois développé sous plusieurs aspects dans des phrases ou des paragraphes différents.

Exercice 1

Relevez les mots clés dans ces extraits.

1. La connaissance de mes contemporains me montre à quel point le simple besoin d'être écouté reste insatisfait. Dans les divers lieux de rencontre des hommes, que ce soit la famille, le couple, l'éducation, l'enseignement, l'entreprise, la formation ou la thérapie, j'ai pu vérifier combien l'écoute reste irremplaçable.

2. La mémoire est prête à fonctionner dès la naissance. On fait écouter à des nouveau-nés âgés de 33 heures l'enregistrement de la voix de leur mère et celui de la voix d'une autre femme. Résultat : ils sucent plus intensément leur tétine lorsque la voix est celle de leur mère, voix dont ils se souviennent.

3. Entre amis, ce n'est pas forcément de livres que l'on parle, mais de musique et de films : 90 % des adolescents disent échanger des CD, 75 % des cassettes vidéos, 55 % des magazines et environ 45 % des livres, avec, cette fois, une forte disparité entre les filles et les garçons, les premières étant toujours plus proches du livre que les seconds.

Exercice 2

Identifiez et relevez les mots clés de chaque phrase.

1 Un technicien qui voudrait convaincre qu'une solution est meilleure qu'une autre devrait se souvenir qu'employer un vocabulaire scientifique difficile à comprendre n'est pas forcément le meilleur moyen d'arriver à ses fins.

2. L'écriture SMS ou « texto », inventée et enrichie par les adolescents utilisateurs de téléphones mobiles, est à la mode, fait l'étonnement des adultes, quand ils ne se croient pas obligés de protester qu'on ne sait plus écrire.

3. La langue véhiculaire, c'est une langue à usage pratique, immédiat, le plus court chemin d'un point à un autre. Elle sème en route ce qu'il y a dans toutes les langues de références à une culture, à un enracinement, à une manière d'être.

Exercice 3

1. Quelles idées clés contiennent ces textes ?

2. Sélectionnez les mots clés.

1. Les ethnologues n'ont jamais décrit de peuples qui restent silencieux face à la nouveauté. Non seulement nous tenons absolument à attirer l'attention des autres sur les faits inhabituels mais, réciproquement, quand quelqu'un nous signale un fait, nous nous attendons à ce qu'il y ait un contenu « informationnel ». Nous nous attendons à ce que cet événement soit ou bien improbable ou bien chargé émotionnellement (désirable ou indésirable). On signale une naissance de quadruplés ou un naufrage en mer. Mais si, en passant dans la rue, je dis à un ami : *« La poubelle est verte »*, il me demandera ce que je veux dire. Il ne comprendra pas parce qu'on s'attend toujours à ce que le message donné par les autres ait un contenu informationnel.

Jean-Louis Delassalles, « Nous parlons car nous sommes une espèce politique », propos recueillis par Nathalie Levisalles, *Libération*, 21 juillet 2001.

2. La parole, contrairement aux autres fonctions essentielles, n'a pas pour seul but d'assurer notre survie (on en serait alors resté aux grognements de *La Guerre du feu*). Elle nous permet également de communiquer aux autres nos sentiments, nos émotions ou nos idées. Il s'agit donc d'un véhicule qui assure notre relation avec le monde.

Bernard Demory, *Convaincre par la parole*, Chotard Editeurs, 1992.

Exercice 4

Identifiez les liaisons logiques implicites ou explicites.

Aujourd'hui, où chaque Français parcourt en moyenne 40 kilomètres par jour tout au long de l'année, le « grand départ » des vacances, ce n'est jamais qu'un départ de plus. On a des grands sacs fourre-tout, on part quand on est prêt, on trouvera toujours un hôtel grâce au portable, les trajets sont plus rapides avec les autoroutes, plus sûrs aussi. On ruse avec Bison futé (quelle idée d'Amerloque, quand même, ce bison des vacances !) Et puis il y a la clim' et les baladeurs des gamins. Le père qui se retourne pour filer des claques à des gosses hystériques, c'est périmé (de toute façon, on ne tape plus les gamins). À l'avant, on a la radio. Maman conduit sur autoroute avec Radio Nostalgie, puis papa reprend après le péage avec France Info. Caricature, oui, mais seulement un peu.

En vérité, les vacances, ce n'est pas tout à fait ça. D'abord, 40 % d'entre nous ne partiront pas cet été, dont près de la moitié des gosses d'HLM. Ensuite, on part moins longtemps qu'avant, souvent quinze jours, parfois en deux fois. Plus quelques virées à la mer ou chez des amis. Et, bien sûr, les résidences secondaires. 11 % des logements où se réunissent de grandes tribus mi-familiales, mi-amicales, quelques ex, pas mal de locations au noir.

Jean Viard, « Surtout, ne ratez pas vos vacances ! », *Le Journal du dimanche*, 3 juillet 2005.

■ Exercice 5

Quelles sont les quatre idées clés de ce texte ?

La théorie du complot connaît une nouvelle jeunesse, portée par quelques grands succès de la culture populaire d'aujourd'hui. La théorie du complot est ce genre qui explique les malheurs du monde par l'intervention de quelque puissance malfaisante, cachée, secrète. La théorie désigne, en général, un groupe typiquement minoritaire, élitiste, sectaire : elle l'accuse d'user de moyens politiques, financiers, militaires, psychologiques ou scientifiques.

Samuel Blumenfeld, « Le retour de la théorie du complot », *Le Monde 2*, 5 novembre 2005.

■ Exercice 6

1. Relevez les mots clés du texte.

2. Quelle est la thèse défendue ?

Neuf mille mots à l'heure, c'est la vitesse ordinaire de la parole. Or un lecteur lit vingt-sept mille mots en une heure. Vingt minutes d'un journal télévisé, cela paraît très long. Cela ne représente pourtant que trois colonnes du quotidien *Le Monde*.

■ Exercice 7

1. Quelle est la thèse soutenue par l'auteur ?

2. Distinguez les arguments et les exemples.

De quel outil d'expression, de communication disposons-nous qui soit plus intime et plus révélateur que la voix ? Un outil que nous développons dès l'enfance, le plus souvent sans en avoir conscience. Qui se nourrit des voix qui nous entourent (à commencer par celle de la mère, reconnue par les bébés quasiment dès la naissance). Qui s'affirme dans notre prise de parole ou de chant… et qui, peu à peu, devient « notre » voix. Unique par son timbre et ses intonations, mais aussi éminemment variable au gré de nos états d'âme et de corps.

Catherine Vincent, « Être bien dans sa voix », *Le Monde*, 23 novembre 2005.

■ Exercice 8

1. Quelle est la thèse soutenue par l'auteur ?

2. Quels sont les arguments qui la soutiennent ?

La danse tient de la parade amoureuse. C'est le moment clé de la sélection sexuelle pour de nombreuses espèces animales. Chez les oiseaux, par exemple, plusieurs études ont montré qu'à cette occasion les mâles exhibent leurs plus beaux plumages. Pour Darwin et ses héritiers, ces beaux atours sont avant tout des signaux de bonne santé. Ils sont déterminants pour les femelles qui, avant de s'accoupler, cherchent des garanties pour pouvoir assurer la survie de leur future progéniture. Une équipe d'anthropologues et d'informaticiens américains a voulu savoir si, chez l'homme, cet enjeu sélectif joue aussi. Après plusieurs années de recherche, ils assurent avoir trouvé assez d'indices pour affirmer que oui. Pour eux, la danse n'est pas seulement une activité artistique, un rituel sociologique ou ethnologique. C'est autre chose. Après avoir réalisé de multiples expériences, les chercheurs ont pu constater deux choses : que les meilleurs danseurs étaient majoritairement de sexe masculin, et que les spectateurs les plus sensibles étaient plutôt de sexe féminin. Là encore, rien de surprenant. *« Chez les espèces où les pères investissent moins d'énergie que les mères pour leur progéniture, les femelles sont normalement plus sélectives pour le choix de leur partenaire sexuel, et les mâles investissent plus lors de la parade sexuelle. »*

Yves Miserey, « La danse comme parade nuptiale », *Le Figaro*, 28 décembre 2005.

■ Exercice 9

1. Relevez les mots clés du texte.

2. Identifiez ses articulations.

3. Relevez les idées clés.

4. Faites le plan du texte.

Il est clair que les mots que nous utilisons se comportent comme s'ils avaient une certaine valeur sur un marché. Parce qu'ils sont employés par des individus et pas par d'autres, les mots retiennent trace de cet usage. Les mots véhiculent une certaine identité sociale dont les locuteurs doivent tenir compte. Ainsi, *« c'est l'enfer »* et *« j'ai les boules ! »* identifient le locuteur comme appartenant à la jeunesse des années 1980. On est donc fondé à parler de la « valeur identitaire » des mots.

Ils peuvent aussi porter des valeurs de vérité. Utiliser avec aisance les mots « cibler », « positionnement », « image » ou « fidéliser » contribue à poser un locuteur parmi les experts en communication. Les mots qui à l'intérieur d'un milieu professionnel ont force de loi ont une valeur de vérité intrinsèque : ils ne sont pas remis en cause et n'ont plus besoin d'être expliqués. Ils peuvent aussi impressionner ceux qui ne font pas partie de ce groupe. Valeur identitaire et valeur de vérité des mots définissent des sociolectes, c'est-à-dire des manières de parler caractéristiques d'un groupe social.

Patrick Chareaudeau, « Ce que communiquer veut dire », *Sciences Humaines* n° 51, juin 1995.

Le monde de l'enfance

3

Lothar Zitzmann, *Enfants en train de jouer,* 1972. Huile sur toile, 79,5 x 92 cm.

Le monde de l'enfance

L'idée que l'enfance est un monde à part de celui des adultes, avec ses caractéristiques propres, est née il y a trois cents ans. Depuis, les progrès de l'instruction publique, les modifications de l'institution familiale, l'apparition de la psychologie et de la médecine de l'enfant ont modifié en profondeur le regard porté sur l'enfance.

Le Nain, *Le Repas villageois* (détail), tableau du XVIIe siècle.

L'enfant est-il un adulte en miniature ?

L'enfance que nous connaissons aujourd'hui, valorisée, choyée, objet de nombreuses sollicitudes, n'a pas toujours existé. L'art ou la littérature du Moyen Âge ont tendance à représenter l'enfant sous les traits d'un adulte « en miniature ». L'enfance était autrefois comprise comme une période de transition, de courte durée, destinée à intégrer au plus vite les enfants dans les activités laborieuses des adultes. En allongeant la scolarité et en retardant ainsi l'entrée dans la vie active, notre époque a transformé l'enfance en un véritable âge de la vie. L'enfant d'aujourd'hui dispose de droits, d'autonomie, sa vie n'est plus organisée dans le seul but d'en faire au plus vite un adulte.

Karl Heidelbach, *Enfants attentifs au conteur,* 1971.

Celui qui ne parle pas

Le mot « enfant » est la francisation du latin *infans* qui désigne littéralement « celui qui ne parle pas ». Dès le XIe siècle, l'enfant désigne les garçons et les filles en bas âge, qui n'ont pas l'usage de la parole, puis, par la suite, tous ceux qui n'ont pas encore atteint l'adolescence. Le mot s'applique aussi à des personnes dont le comportement ou la mentalité sont restés puérils : *faire l'enfant, un grand enfant, les enfants s'amusent.* Le terme « enfant » désigne ainsi autant une période de la vie qu'un certain type de comportement jugé caractéristique de cette période et, en cela, il est porteur d'un jugement de valeur.

Le monde de l'enfance est-il un monde à part ?

Le monde de l'enfance possède ses propres histoires, ses jeux et ses rituels.

On considère parfois l'enfance comme un monde à part, ne serait-ce que parce qu'elle occupe de nos jours une durée importante dans l'existence. Ce monde de l'enfance possède ses propres histoires, ses jeux et ses rituels, mais aussi ses émois affectifs, un monde qui passe aux yeux des adultes pour insouciant. Mais cet univers est aussi fait de conflits psychologiques, de peurs et d'angoisses que les parents doivent s'employer à comprendre pour, le cas échéant, en désamorcer la violence et les effets perturbateurs sur le comportement de l'enfant. Certains enfants, en particulier, peuvent être perturbés et souffrir de la manière dont se déroulent leur identification ou leur attachement à l'un ou l'autre des parents.

Paul Gauguin (1848-1903), *Petit Garçon breton au seau.* En dehors de quelques effigies funéraires, les portraits d'enfants sont rares jusqu'au XVIe siècle.

Toutes les blessures de l'enfance peuvent-elle être surmontées ? C'est à cette question que tente aujourd'hui de répondre la recherche sur la psychologie de l'enfant.

Les blessures de l'enfance sont-elles irréversibles ?

L'enfant victime (d'abandon, de sévices, de violences) serait condamné, sa vie durant, à subir les stigmates de ses traumatismes et à ne « pouvoir s'en sortir ». Depuis quelques années, les psychologues s'intéressent aux cas d'enfants maltraités qui ont réussi à vaincre cette fatalité du malheur. Le concept de « résilience », aujourd'hui au cœur des débats sur la maltraitance, propose, en dépit de certaines ambiguïtés, une vision positive et optimiste du devenir des ces enfants. Si les blessures sont irréversibles, au sens où l'on dit que « le mal est fait », on peut cependant agir de manière à les réparer.

SOMMAIRE

L'origine du sentiment de l'enfance

On accorde à partir du XVIIe siècle aux « plus petits » une attention toute particulière qui contraste avec la relative indifférence qui prédominait jusque-là. Sous la pression de gens d'Église, de moralistes, puis de philosophes comme Rousseau, on cherche à mieux connaître l'enfant pour l'éduquer et en faire un adulte raisonnable et autonome. Mais comment s'effectue cette reconnaissance ?

DOCUMENT 1

Chez les moralistes et éducateurs du XVIIe siècle, on voit se développer un sentiment de l'enfance qui inspire toute l'éducation jusqu'au XXe siècle, tant à la ville qu'à la campagne, dans la bourgeoisie et dans le peuple. L'attachement à l'enfance et à sa particularité ne s'exprime plus par l'amusement, la « badinerie[1] », mais par l'intérêt psychologique et le souci moral. L'enfant n'est ni amusant ni agréable : « Tout homme éprouve dans soi cette fadeur de l'enfance qui dégoûte la saine raison ; cette âpreté de la jeunesse qui ne se repaît guère que d'objets encore tout sensibles et qui n'est qu'une débauche[2] très grossière de l'homme raisonnable. » Ainsi parle *El Discreto* de Balthazar Gratien, traité sur l'éducation de 1646. Il n'y a que le temps qui puisse guérir de l'enfance et de la jeunesse, qui sont véritablement des âges d'imperfection en tout. On le voit, ces opinions doivent être replacées dans leur contexte d'époque, rapprochées des autres textes, pour être comprises. On les a interprétées comme une ignorance de l'enfance. Il faut plutôt y voir le début d'un sentiment sérieux et authentique de l'enfance. Car cette légèreté de l'enfance, il ne convient pas de s'en accommoder : c'est l'erreur ancienne. Il faut d'abord la mieux connaître, pour la rectifier, et les textes de la fin du XVIe et du XVIIe siècle sont remplis de remarques de psychologie enfantine. On s'efforce de pénétrer la mentalité des enfants pour mieux adapter à leur niveau les méthodes d'éducation. Car on a un grand souci des enfants, témoins de l'innocence baptismale, semblables aux anges, proches du Christ qui les a aimés. Mais cet intérêt impose qu'on développe chez eux une raison encore fragile, qu'on en fasse des hommes raisonnables et des chrétiens.

Le ton est parfois austère, l'accent mis sur la sévérité, par opposition au relâchement et aux facilités des mœurs, mais pas toujours. [...] Pour l'abbé Goussault, conseiller au Parlement, dans *Le Portrait d'une honnête femme* : « Se familiariser souvent avec ses enfants, les faire parler sur toutes choses, les traiter en gens raisonnables et les gagner par la douceur est un secret infaillible pour en faire ce que l'on veut. Ce sont de jeunes plantes qu'il faut cultiver et arroser souvent, quelques avis donnés à propos, quelques témoignages de tendresse et d'amitié donnés de temps en temps les touchent et les engagent. Quelques caresses, quelques petits présents, quelques paroles de confiance et de cordialité font impression sur leur esprit et on en voit peu qui résistent à ces moyens doux et faciles de les rendre gens d'honneur et de probité. » Car il s'agit toujours de faire de ces enfants des hommes d'honneur, de probité, des hommes raisonnables.

Philippe Ariès, *L'Enfant et la vie familiale sous l'Ancien Régime*, Éd. du Seuil, 1973, coll. Points Histoire, 1975.

1 **badinerie :** chose dite ou faite en plaisantant.

2 **débauche :** au sens ici de « ébauche », action de dégrossir.

DOCUMENT 2

En 1762, dans *Émile ou De l'éducation*, Rousseau montre d'une façon très convaincante que, dès sa naissance, le petit enfant est beau et bon. La règle d'or de toute entreprise éducative est de laisser faire la nature ; il suffit de guider avec délicatesse le petit enfant là où l'entraînent ses goûts et ses dons, pour qu'il grandisse dans la vertu et en harmonie avec le monde qui l'entoure ; il faut bannir tous les artifices (comme la mise en nourrice[1]), toutes les entraves (comme le maillot[2]) et toutes les pédagogies fondées sur la punition, qui n'ont d'autre but qu'un dressage avilissant. La seule manière « naturelle » de nourrir et d'élever un enfant est l'allaitement maternel qui fortifie le nouveau-né, aussi bien sur le plan physique que sur le plan moral. Tous ces préceptes, chers aux médecins des Lumières, ont été propagés par le succès exceptionnel du livre de Rousseau.

Les nombreux acheteurs et lecteurs de l'*Émile* sont de « nouveaux » parents, déjà sensibilisés par la campagne politique en faveur de la sauvegarde des enfants. En effet, à partir des années 1740, dans les mémoires et correspondances de certaines familles nobles ou bourgeoises, on voit très nettement émerger un souci nouveau pour l'enfant : certains parents de la petite noblesse et de la bourgeoisie s'intéressent aux nourrissons et aux jeunes enfants alors que, dans ces milieux, ils étaient d'ordinaire abandonnés aux nourrices et aux domestiques. Les parents les gardent désormais auprès d'eux ; de nouveaux rapports affectifs plus tendres, plus intimes se nouent au sein d'une famille plus resserrée, autour des parents et des enfants : les mères les allaitent, ne les emmaillotent plus, ils sont baignés tous les jours. Les adultes se soucient maintenant de leurs premiers mots ou de leurs premiers pas, de leurs dispositions et talents particuliers. Chaque enfant, même encore au berceau, est un être à part entière qu'il faut aider à grandir selon sa personnalité.

Michèle Guidetti, Suzanne Lallemand, Marie-France Morel,
Enfances d'ailleurs, d'hier et d'aujourd'hui, Éd. Armand Colin, 2002.

1 **nourrices :** la mise en nourrice était une pratique assez générale dans la France de l'Ancien Régime. À titre d'exemple, à Paris, en 1780, sur 21 000 naissances, 18 000 enfants sont envoyés en nourrice dans tout le bassin parisien.

2 **maillot :** long morceau de tissu qui entoure l'enfant. Le bébé est « emmailloté » bras et jambes compris.

1. Comment l'auteur caractérise-t-il le sentiment de l'enfance des moralistes et éducateurs du XVIIe siècle ? En quoi la citation de Balthazar Gratien est-elle particulièrement éclairante sur ce point (document 1, ligne 6) ?
2. Sur quels points les conceptions de l'abbé Goussault se démarquent-elles de celles des moralistes et éducateurs ? Pour quelles raisons peuvent-elles paraître plus modernes (document 1) ?
3. La règle d'or de l'éducation, selon Rousseau, est de laisser faire la nature. En vous aidant des exemples du document 2, expliquez en quoi consiste cette règle.
4. L'apparition d'un nouveau sentiment de l'enfance est à mettre en parallèle avec l'émergence de la famille moderne. Montrez en quels termes le document 2 établit ce parallèle.

PRÉPARATION À L'EXAMEN ► **Les épreuves du BTS** p. 252

Vers l'écriture personnelle

Expliquez, dans un paragraphe, : « Chaque enfant est un être à part entière qu'il faut aider à grandir selon sa personnalité » (document 2, ligne 23 à 25)

Le devenir de l'enfant

L'enfant est un être en devenir, dont le développement corporel et psychique procède par étapes successives. Il se construit en s'identifiant, en premier lieu, à ses parents, mais il lui faut aussi s'en détacher.
Comment le petit garçon comme la petite fille construisent-ils leur identité personnelle ?

Pour Freud, « l'identification est l'expression première d'un lien affectif à une autre personne ». Elle prend différentes formes : identification presque cannibalique des tout débuts de la vie, lorsque le bébé aspire sa mère avec laquelle il se confond ; identification au sens d'imitation, désir d'être comme, pareil à ; identification au sens d'emprunt à une personne aimée : on emprunte quelque chose que l'on voudrait avoir, une attitude, un trait de caractère, et parfois aussi un symptôme qui, même s'il est source de désagrément et d'inconfort, permet à sa façon la satisfaction des pulsions.

L'identification est l'opération centrale de la construction de l'enfant. On comprend que les parents, référents essentiels, en constituent le socle, et c'est pourquoi il est si important d'avoir des parents « suffisamment bons », c'est-à-dire des parents qui permettent à l'enfant de les imaginer forts et glorieux. « Mon père, ma mère, ces héros... » Pourtant, on ne s'identifie pas seulement à ses parents. Petit déjà, l'enfant peut emprunter à une nounou ou à un enseignant une mimique, un mot, une expression – ce que certaines mères ont parfois du mal à supporter. Plus il grandit, plus les identifications vont se diversifier : il s'identifie à un frère ou à une sœur, à des copains de son âge, à son meilleur ami, si essentiel au moment de l'adolescence, mais aussi à un maître ou à un professeur, les uns et les autres devenant des modèles identificatoires tout aussi importants que les parents puisque c'est aussi grâce à eux que l'enfant va se construire et s'affirmer en tant qu'individu.

Il ne suffit pas à une petite fille de dire : « Je suis comme maman » et à un petit garçon d'affirmer : « Je suis comme papa » pour être, se sentir et devenir fille ou garçon. On se définit aussi, et même essentiellement, par différence, par opposition. L'identification sexuée ne se fait donc pas seulement entre individus du même sexe ; elle se joue toujours dans une triangulation œdipienne, père, mère, enfant. Pour pouvoir s'approprier son sexe et son identité sexuée, il faut pouvoir s'identifier aux deux sexes. On n'est jamais 100 % garçon ou 100 % fille, mais on devient fille ou garçon en repérant, chez chacun de ses parents, sa part masculine et sa part féminine.

La sexualité

Du latin *sexualis*, dérivé du verbe *secare* (« couper », « séparer »), la sexualité désigne, en biologie, l'ensemble des phénomènes organiques et psychiques liés à l'exercice des fonctions de reproduction.
Avec Freud, la vie sexuelle prend un sens plus large et s'identifie à ce qu'il appelle « la pulsion de vie ». Elle représente pour lui ce qui permet d'obtenir du plaisir à partir de différentes zones du corps, appelées « zones érogènes ». Ainsi la sexualité commence-t-elle au début de la vie. Freud explique que la recherche du plaisir chez l'enfant couvre un vaste champ d'activités, comme par exemple le fait, pour le petit enfant, de mordre le sein maternel ou de sucer son pouce.

1 **sensorialité :** manière de manifester ses sensations.

2 **complexe d'Œdipe :** expression pour laquelle Freud désigne, chez l'enfant à partir de trois ans, le désir pour le parent de sexe opposé, accompagné d'un sentiment de rivalité envers le parent de même sexe.

D'où la nécessité d'avoir des parents bien différenciés qui, dans la sensorialité[1] de leur éducation, affirment leur sexe, afin que l'enfant puisse se repérer. S'identifier, c'est capter chez la mère comme chez le père tout ce qui est de l'ordre de l'identité sexuée et qui n'a rien à voir avec leur sexualité. [...]

Fille et garçon ont, au début de leur vie, un même objet d'attachement primaire, la mère. Au moment du complexe d'Œdipe[2], la fille doit d'abord se poser en rivale de cet objet de même sexe, tandis que le garçon va s'efforcer de le conquérir en s'identifiant au père. On voit ainsi que la fille est dans un processus d'identification plus important, alors que le garçon est en rupture avec l'objet d'identification primaire. Peut-être faut-il voir là l'origine de ce lien si particulier, unique, entre mère et fille... Cependant, pour la fille comme pour le garçon, l'œdipe ne semble se concevoir, sur le plan symbolique, comme la sortie définitive du ventre de la mère, la fin d'une fusion qui a présidé aux premières années de la vie et à laquelle il faut désormais renoncer, pour pouvoir exister, soi, à la fois différent et semblable, mais autonome.

Marcel Ruffo, *Tout ce que vous ne devriez jamais savoir sur la sexualité de vos enfants*, Éd. Anne Carrière, 2003.

1. Montrez comment les différents modes de l'identification énoncés au début du texte se distinguent tout en se complétant.
2. Les parents ont un rôle essentiel dans le processus d'identification et de construction de soi. En quels termes l'auteur définit-il ce rôle ?
3. En grandissant, l'enfant diversifie ses identifications. Expliquez en quoi cette diversification est essentielle pour lui.
4. Expliquez la phrase : « On n'est jamais 100 % garçon ou 100 % fille mais on devient fille ou garçon en repérant, chez chacun de ses parents, sa part masculine et sa part féminine. » (ligne 35)
5. L'auteur explique que la traversée du complexe d'Œdipe se pose en des termes différents pour le garçon et pour la fille. Montrez, en vous aidant de la dernière partie du texte, comment l'auteur conçoit ces différences.

PRÉPARATION À L'EXAMEN ► **Les épreuves du BTS** p. 252

Le résumé

En vous aidant des réponses aux questions, rédigez un résumé du texte (90 mots environ).

Les étapes du développement de l'enfant

L'être humain se développe à travers différentes étapes qui déterminent sa croissance physique et psychique. Cette croissance repose sur une interaction entre des potentialités génétiques et un milieu social et humain. Étudier le développement de l'enfant, c'est aussi pour les psychologues le moyen d'en comprendre les perturbations et d'y répondre par une thérapie adaptée.

La première enfance, les douze premiers mois.

La première enfance

La première enfance se caractérise par un comportement fusionnel du nourrisson avec sa mère. Le petit enfant n'a pas conscience de lui comme d'un être distinct et ses pleurs peuvent traduire ses angoisses lorsque sa mère s'éloigne, comme s'il s'agissait pour lui d'un abandon. Sur le plan affectif, cette période est marquée par la prédominance du stade oral : les plaisirs de l'enfant sont liées aux activités de succion mais il utilise aussi sa bouche pour reconnaître les objets, se familiariser avec eux. La maturation neuro-motrice, quant à elle, se traduit par l'accroissement des capacités du petit enfant ; la saisie d'un objet avec la main (5-6 mois), l'acquisition de la station assise puis les premiers déplacements au sol, premières expériences de l'autonomie (7-8 mois). Mais c'est avec l'apprentissage de la marche (10-12 mois) que s'effectue une première rupture ; en élargissant son champ d'action, le petit enfant réalise qu'il est un être distinct et autonome, même s'il n'en a pas encore une claire conscience.

De un an à trois ans

Les acquisitions essentielles de cette période concernent la marche, la maîtrise du langage et de la propreté et l'accès à la conscience de soi. Même précoce, l'apprentissage de la marche demande un temps assez long. C'est vers l'âge de deux ans qu'il est bien maîtrisé, comme en témoigne par exemple le désir de l'enfant de s'aventurer seul dans des escaliers. Mais l'élément le plus marquant de cette période concerne l'apparition du langage, un moment très attendu par les parents, puisqu'il est le signe manifeste de l'entrée dans la communauté humaine. Après les mots-phrases (« bonbon » pour « je veux un bonbon »), l'enfant parvient, autour de sa deuxième année, à former ses premières phrases et à se faire comprendre.

De deux à trois ans, c'est la période du refus, du « non » grâce à laquelle s'amplifient la séparation d'avec les proches et l'affirmation du « moi ». Enfin, vers trois ans, il parvient à dire « je » et constitue ainsi son sentiment d'identité. Quant à l'acquisition de la propreté, la maîtrise des sphincters, il ne s'agit pas seulement d'un phénomène physiologique mais aussi d'une forme d'échange avec les adultes, échange dans lequel l'enfant comprend qu'il doit se soumettre à des règles.

Vers l'âge de deux ans, la marche est maîtrisée

De trois ans à six ans

Entre trois et six ans l'enfant traverse la phase œdipienne et, avec l'entrée à l'école, se confronte avec ses pairs.

Sur le plan psychomoteur, l'enfant progresse mais il n'y a pas de changement majeur. Par contre, sur le plan psychoaffectif, les changements sont importants ; l'enfant prend plaisir à « jouer » avec ses organes génitaux et surtout il manifeste un attachement proprement érotique au parent de sexe opposé. Ce sentiment amoureux se double d'un autre, de culpabilité, car l'enfant éprouve un sentiment ambivalent (d'amour et de haine) à l'égard du parent de même sexe que lui. C'est la phase œdipienne. Ce complexe affectif, universel selon Freud, devra se défaire afin que l'enfant accède à une sexualité normale, la norme étant ici la loi humaine du refus de l'inceste. L'enfant comprend qu'un enfant reste un enfant, malgré son désir, et l'entrée à l'école maternelle vient faciliter l'émergence de nouvelles relations affectives. S'ouvre dès lors une nouvelle phase dans la rupture fusionnelle.

De six ans à douze ans

La sortie du complexe œdipien inaugure une phase de latence de la sexualité infantile que l'enfant va mettre à profit pour mûrir sur le plan intellectuel. Si sa vie imaginative est toujours importante, il s'ouvre aux subtilités de la pensée logique, apprend à raisonner avec objectivité et renonce à croire au père Noël. Sa pensée s'affirme, il cesse de prendre pour argent comptant tout ce qu'on lui dit, il veut devenir « grand » et comprendre le monde des adultes. C'est aussi dans cette période que garçons et filles cessent de jouer ensemble et que leurs activités se distinguent nettement. Ce n'est que plus tard, vers l'adolescence, qu'ils renoueront des liens.

Le groupe de copains, le cercle des amis jouent un rôle important à l'adolescence.

L'adolescence

L'adolescence correspond à la période de passage qui sépare l'enfance de l'âge adulte. Centrée sur la puberté, ses limites sont assez floues mais on peut la définir comme une seconde naissance. En effet, quitter l'enfance, c'est faire disparaître l'enfant en nous, ce qui fragilise l'adolescent et le conduit à éprouver ce que la psychanalyste Françoise Dolto appelle le « complexe du homard ». Les homards, lorsqu'ils changent de carapace, commencent par perdre l'ancienne, ce qui les expose à de nombreux dangers. Mais l'adolescence est aussi un moment plein d'énergie où l'on veut quitter le cercle familial pour se projeter vers le monde et l'avenir, d'où l'importance à cet âge des sorties entre copains et amis.

Entre six et douze ans, l'enfant se lance dans des activités en groupe.

L'apprentissage du langage

L'une des acquisitions fondamentales de l'enfance est le langage. Celui-ci n'est pas un simple moyen d'expression, mais construit un rapport à l'autre et fait œuvre de civilisation. Par l'apprentissage du langage, l'enfant fait son entrée dans le monde des hommes.

DOCUMENT 1

Pour l'enfant, le langage est un outil essentiel à la maturation de ses expériences. Dans son *Essai sur l'origine des langues,* Jean-Jacques Rousseau l'enracine dans le cri. Je crois pour ma part que le tout premier cri n'est pas encore langage. Car tant qu'il demeure cri d'expression, il n'est destiné à personne et a pour seul effet d'apaiser la tension interne du sujet par le recours à une décharge motrice violente. À mes yeux, le langage ne commence que quand l'espace de la communication impose à ce cri un nécessaire travail de civilisation et que celui-ci se transforme alors en outil de communication destiné à attirer l'attention de la mère. Ici, sa forme s'élabore, s'épure et se stabilise.

Toutefois, on aurait tort de croire que l'origine du langage est tout entière contenue dans le devenir du cri de détresse. Il est d'autres affects[1] essentiels à son déploiement, et notamment l'affect de surprise, qu'il permet de partager et d'élaborer. La surprise est un mouvement de l'âme tout à fait particulier. Elle suppose de la part de celui qui l'éprouve une représentation, une attente, mais aussi la découverte d'un état de la réalité qui s'en écarte en partie (ou bien, à l'inverse, la découverte de quelque chose qui rappelle autre chose, sans qu'il soit possible de l'y rapporter en totalité). Dans la surprise, il y a représentation et écart. Faute d'une représentation, le sujet sera étonné mais non surpris.

Quand ce que voit l'enfant lui évoque quelque chose, mais que l'écart subsiste entre ce qui lui est rappelé et ce qu'il perçoit, il en conçoit de la surprise, que le langage lui permet alors de communiquer. Ainsi, quand un enfant pointe un objet en disant « ça ? », c'est parce que ce qu'il voit lui rappelle quelque chose mais qu'un écart subsiste, source de surprise, et qu'il veut que l'adulte lui donne acte de cette surprise. L'origine du langage est grandement tributaire de ce partage de la surprise. Si l'enfant n'a pas d'interlocuteur ou si ce dernier – indifférent, préoccupé ou trop dirigiste – ne prend pas acte de la surprise qu'on cherche à lui faire partager, la communication ne s'installe pas aussi aisément. Dans le même ordre d'idées, on constate ultérieurement que lorsque les mères ne reprennent pas les mots de l'enfant, ce dernier a plus de mal à enrichir l'expression de sa pensée. De manière générale, ce qui soutient l'émergence du langage n'est pas tant la dénomination des objets du monde que la manière dont l'enfant investit le jeu avec l'adulte autour de ces objets.

Le langage oral prend sa source dans la communication par le geste et la mimique dans le rapport avec l'autre. L'étude des interactions entre le bébé et son entourage, principalement sa mère, permet de dégager trois modes successifs de communication. L'échange mimique, par le regard et le sourire, en constitue le premier jalon. Dès 3 mois, à partir du moment où l'enfant réagit au visage humain par le sourire, apparaît la communication d'intentions, qui passe par le recours au geste et la mise en place de jeux. Vers l'âge de 1 an, les premières

1 **affects :** états affectifs.
2 **inhérentes au langage :** indissociables du langage (par nature, le langage humain est symbolique : les mots renvoient à des significations qui peuvent être transmises).
3 **prédication :** le fait d'affirmer quelque chose à propos d'un autre terme (chien [est] noir).

formes de « mots » se mettent en place et la communication orale s'engage plus nettement. Celle-ci, bien entendu, demeure associée à l'usage des gestes. À ce stade du développement, on peut parler de l'établissement d'un premier langage qui permet l'échange de représentations et d'affects. Puis le langage oral se déploie, si bien qu'à 2 ans environ l'enfant est en mesure d'associer deux mots. L'essentiel des opérations symboliques inhérentes au langage[2] est alors en place (construction d'un objet de discours, prédication[3], etc.), exception faite des opérations les plus complexes (recours à la première personne, construction de récits ou comparaison), qui apparaîtront un peu plus tard, entre 2 ans et 2 ans et demi.

Laurent Danon-Boileau, « L'affect et l'absence aux origines du langage », *Aux origines des langues et du langage*, 2005.

DOCUMENT 2

L'explosion du langage dans l'enfance

Entre 1 et 3 ans, l'acquisition du langage chez l'enfant est d'abord assez lente, de l'ordre de 2 à 3 mots par semaine, voire moins, et ceux-ci, encore éloignés de la forme adulte, sont surtout utilisés en présence des objets auxquels ils renvoient. Puis, dès que l'enfant maîtrise une cinquantaine de mots, le rythme d'acquisition s'accélère pour atteindre 5 à 10 mots nouveaux par semaine. Ceux-ci sont alors employés de manière plus cohérente.

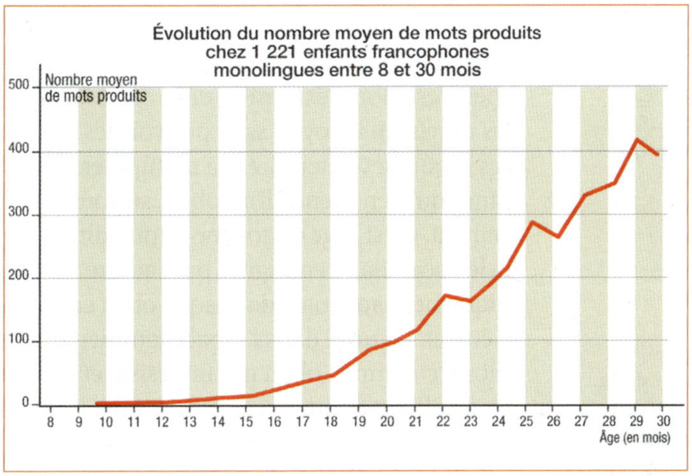

Source : *Aux origines des langues et du langage*, *op. cit.*

1. En quel sens le cri est-il à l'origine du langage ? (document 1)
2. Pourquoi la « surprise » est-elle nécessaire au développement du langage ? (document 1)
3. Expliquez : « ce qui soutient l'émergence du langage n'est pas tant la dénomination des objets du monde que la manière dont l'enfant investit le jeu avec l'adulte autour de ces objets » (l. 30-32). (document 1)
4. Quelles sont les grandes étapes de l'acquisition du langage ? (documents 1 et 2)
5. En analysant le graphique du document 2, expliquez comment évolue l'acquisition des mots du langage.

PRÉPARATION À L'EXAMEN ► **Les épreuves du BTS** p. 252

Vers la synthèse

À partir des documents ci-dessus, expliquez en une quinzaine de lignes comment et selon quelles étapes l'enfant accède au langage.

Le rôle du jeu chez l'enfant

Le jeu des enfants est souvent considéré sous l'angle de la détente ou du plaisir physique. Mais il est aussi, comme le souligne la psychanalyste Françoise Dolto, « médiateur de désir », dans la mesure où il incite l'enfant à créer sans cesse des liens aux êtres et aux choses. Le jeu n'est-il pas avant tout pour l'enfant le meilleur moyen d'explorer le monde et de se découvrir en lui ?

Quand l'enfant est en sécurité, il est questionné par tout ce qu'il perçoit et qu'il essaie de prendre, de morceler, de fragmenter. Un caillou, une fleur, des feuilles, un bout de ficelle ou de papier, et nous le voyons attentif, absorbé, mettre en bouche, jeter, reprendre, relancer, scander de sons divers cette activité de connaissance et de maîtrise. Tactilité, odeurs, saveurs, formes, couleurs, il lui faut tout expérimenter. Heureux est-il si un autre est là qui souligne et confirme la valeur de son objet d'intérêt en le lui raptant[1] ou en le lui nommant. Dès qu'il commence à marcher, c'est alors l'explosion de la curiosité investigatrice et manipulatrice, pour tous les objets qu'il voyait sans pouvoir les toucher, et que son avidité de connaissances le pousse à atteindre et à manipuler, pour son usage et la maîtrise de la connaissance qu'il en prend. Tout objet, surtout s'il est mobile ou mobilisable, questionne l'enfant. C'est l'âge du touche-à-tout, dit-on. Oui, mais surtout l'âge où, par la parole et le vocabulaire enseignés par l'adulte, en même temps que la manipulation techniquement adéquate de chaque objet enseignée aussi par l'adulte, l'enfant apprend à être en sécurité dans l'espace familier. Il aime rencontrer les difficultés et les surmonter, il aime l'objet qui lui résiste et vaincre l'obstacle ; il aime trouver des limites à sa liberté pour s'exercer à les faire tomber. Quand les enfants jouent entre eux, les règles qu'ils décrètent sont parfois plus excitantes que l'activité du jeu mental ou physique en question. […]

Être, avoir, faire, prendre, donner, aimer, haïr, vivre, mourir, tous ces verbes ne prennent sens qu'à travers les jeux. L'entendement en vient à l'enfant à travers les expériences ludiques d'échec ou de maîtrise, par lui-même, des choses et des êtres vivants. Tous ces verbes – et sans doute bien d'autres – resteraient pour l'être humain des abstractions mentales, des images sensorielles archaïques d'avant que l'enfant ait pu jouir de sa motricité en jouant.

Le jeu est toujours un espoir de plaisir. Ce plaisir, obtenu ou non, est une expérience de soi-même qui est toujours acquise, qui est toujours créatrice d'une connaissance renouvelée de soi-même et parfois des autres, et ceci même si le jeu, comme on dit, finit mal.

J'ai dit que c'est à partir de six mois que l'enfant manifeste un goût pour les jeux actifs. On peut donc observer l'enfant en activité ludique. Mais il faut savoir que certains enfants connaissent aussi un plaisir très vif dans une manière d'être apparemment passive. Le plaisir d'écouter, de regarder, de sentir, d'observer, c'est pour eux jouer, ou plutôt, si l'on veut, s'amuser avec les perceptions qu'ils rencontrent en étant attentifs et auxquelles ils donnent sens du fait même de la fonction symbolique[2] dont ils sont constamment animés. Nous devons respecter ces moments de ressourcement apparemment passifs chez certains enfants qui, à d'autres moments, sont ardents au jeu. Il y a des moments où, béats, ils

1 **raptant :** dérobant.

Le mot « jeu »

Apparu au XIe siècle, le « jeu » a d'abord servi à désigner un amusement dépourvu d'utilité. Par la suite, il a désigné des activités ludiques organisées autour de règles, impliquant succès ou échec, gain ou perte : les jeux sportifs ou de société. Le mot est employé au théâtre et s'applique dans le domaine de la mécanique.
Cette diversité d'usage explique la richesse sémantique du mot : « vieux jeu », « d'entrée de jeu », « faire le jeu de quelqu'un », « ce n'est pas le jeu », « hors jeu », « avoir du jeu », « jeu de mots »…

sont immobiles sur la plage, sur un rocher, occupés à contempler la mer, dans un jardin à regarder les feuillages des arbres, les fleurs, les oiseaux, les nuages, à écouter la musique, et pas toujours de la musique d'instruments mais la musique des bruits de la vie. Un grand plaisir aussi, pour les enfants, c'est d'observer leur père au travail, leur mère, des artisans, des ouvriers. Ce sont des plaisirs passifs, intelligents, observateurs, parfois méditatifs. La télévision hérite de ce discrédit sur l'apparente passivité de l'enfant qui aime à la regarder. Pour beaucoup de parents, cela s'appelle perdre son temps à ne rien faire. « Allons, va jouer ! » lui disent-ils alors s'ils le surprennent à regarder les autres travailler ou à regarder la télévision. L'enfant leur répond parfois : « Pourquoi ? Je m'amuse bien, pourtant. » Mais les parents ne comprennent pas à le voir ainsi immobile, fasciné. Pour eux, un enfant doit jouer. Il faut savoir que c'est bon, très bon aussi parfois pour un enfant sensible et intelligent, de jouer à être silencieux avec soi-même et avec l'entourage, le corps et le cœur en harmonie avec l'espace et le temps qui passe, et s'imprégnant de l'ambiance dans laquelle il se sent heureux de vivre.

Les adultes semblent redouter ce qu'ils pensent être la vacance d'esprit de leur enfant, peut-être parce que, dans leurs moments de passivité, ce n'est pas le bien-être qu'ils retrouvent, mais le vagabondage de leurs préoccupations et des soucis de leurs responsabilités. Cette vacance de l'esprit, ils essaient de l'éviter, pendant leurs périodes dites de vacances, par des activités de loisirs. Le reste du temps, ce sont leurs activités de travail. Il faut que leurs désirs, activement focalisés sur un but précis, les empêchent de ressentir l'angoisse résiduelle[3] autour de tout ce qui ne va pas très bien dans leur vie. Aussi projettent-ils cet état d'angoisse dans le farniente, ce qu'ils appellent ainsi, sur leur enfant qui est tout yeux, tout oreilles, nez au vent, tout esprit en éveil, et qui ne fait rien.

Françoise Dolto, *L'Enfant et le jeu*, 1987, repris dans *Les Étapes majeures de l'enfance*, Éd. Gallimard, 1994.

2 **fonction symbolique :** capacité de représentation, donnée par le langage.

3 **angoisse résiduelle :** angoisse non dissipée par les activités de travail.

1. Pourquoi, selon l'auteur, le jeune enfant est-il conduit à vouloir manipuler les objets de son environnement ?
2. Comment l'auteur conçoit-elle l'importance des règles dans les jeux enfantins ? En quel sens peut-on parler chez l'enfant d'un « grand plaisir de tricher » ?
3. Le début du deuxième paragraphe énonce une série de verbes caractérisant l'existence humaine. En vous aidant d'exemples, montrez comment le jeu permet à l'enfant de leur donner une signification.
4. En quel sens peut-on dire que le jeu correspond à l'apprentissage de soi-même ?
5. Comment expliquer que les parents ne supportent pas que leur(s) enfant(s) reste(nt) sans rien faire ? Ce souci vous paraît-il légitime ?

PRÉPARATION À L'EXAMEN ► **Les épreuves du BTS** p. 252

Vers la synthèse
Sous la forme de schéma, en limitant la reformulation de chaque paragraphe à une phrase, faites le plan du texte.

Les blessures de l'enfance

La maltraitance des enfants est aujourd'hui réexaminée à la lumière du concept de résilience, dont le psychiatre Boris Cyrulnik s'est fait, en France, l'ardent défenseur. La résilience désigne l'aptitude d'un être humain « à s'en sortir » malgré les traumatismes subis dans l'enfance. Comment caractériser ce que représente la résilience ?

Notre histoire n'est pas un destin.

Ce qui est écrit ne l'est pas pour longtemps. Ce qui est vrai aujourd'hui ne le sera plus demain, car les déterminismes humains sont à courte échéance. Nos souffrances nous contraignent à la métamorphose et nous espérons toujours changer notre manière de vivre. C'est pourquoi une carence précoce crée une vulnérabilité momentanée, que nos rencontres affectives et sociales pourront restaurer ou aggraver.

En ce sens, la résilience constitue un processus naturel où ce que nous sommes à un moment donné doit obligatoirement se tricoter avec ses milieux écologiques, affectifs et verbaux. Qu'un seul milieu défaille et tout s'effondrera. Qu'un seul point d'appui soit offert et la construction reprendra.

Bien sûr, au moment du traumatisme, on ne voit que la blessure. On ne pourra parler de résilience que longtemps après, lorsque l'adulte enfin réparé avouera le fracas de son enfance. On baigne dans l'illusion rétrospective, on ne parle que d'apparence, de restauration sociale, on ne sait pas ce qui se passe dans le monde intime de cet adulte, « réussi » malgré tout.

Il faut certainement aborder le problème par ses deux faces. Vu de l'extérieur, la fréquence de la résilience prouve qu'on peut s'en sortir. Vu de l'intérieur, on est structuré comme un oxymoron[1] qui révèle la division intérieure de l'homme blessé, la cohabitation du Ciel et de l'Enfer, le bonheur sur le fil du rasoir. [...]

Presque tous les enfants résilients ont eu à répondre à deux questions. « Pourquoi dois-je tant souffrir ? » les a poussés à intellectualiser. « Comment vais-je faire pour être heureux quand même ? » les a invités à rêver. Quand ce déterminant intime de la résilience a pu rencontrer une main tendue, le devenir de ces enfants n'a pas été défavorable.

Les enfants qui sont devenus les adultes les plus douloureux ont été les enfants de malades mentaux, de parents maltraitants et ceux qui n'ont pas pu trouver de substituts affectifs, peut-être parce qu'ils s'étaient sentis trop tôt responsables des adultes qui les blessaient. Ce qui ne veut pas dire qu'ils n'auraient pas pu s'en sortir, mais ce qui confirme que quelque chose n'a pas pu se tricoter entre leur monde intime et leur monde extérieur.

La répétition n'est pas obligataire. Mais elle devient probable quand, pensant que ces enfants sont soumis à un destin, la culture les abandonne à leur triste sort, travaillant ainsi à réaliser ce qu'elle avait prédit. Sans compter que les chiffres qui fournissent des arguments à cette prophétie créatrice sont eux-mêmes le résultat de trois énormes fautes.

La première, c'est que les professionnels ne recrutent que ceux qui répètent la maltraitance. Ils ignorent les autres puisque les résilients se débrouillent avec leurs blessures, en dehors des circuits de l'aide sociale. Ce biais[2] du profes-

1 **oxymoron :** figure de rhétorique qui désigne une alliance de deux mots incompatibles (par exemple, « obscure clarté »).

2 **biais :** démarche oblique, d'où l'idée de déformation.

sionnalisme est tout à fait sincère car les praticiens n'auraient l'occasion de rencontrer ceux qui s'en sont sortis qu'en dehors de leurs lieux de travail, où généralement on ne parle pas de ces choses-là.

La deuxième faute, c'est que la réciproque n'est pas vraie. S'il est exact que les parents maltraitants ont souvent été des enfants maltraités, il ne l'est pas de dire que les enfants maltraités deviendront des parents maltraitants.

La troisième faute, c'est d'avoir trop séparé le monde intérieur du monde extérieur, au point de nous avoir fait croire qu'un individu pouvait échapper à son contexte. Or, si un événement s'imprègne dans la mémoire intime d'une personne, c'est qu'il a été mis en lumière par les réactions émotionnelles de l'entourage ou par l'importance que lui attribue la culture. Un même scénario comportemental peut prendre un sens opposé selon son contexte social : vendre de la drogue est considéré comme un crime par ceux qui sont socialisés, alors que c'est un comportement de sauvetage, de réparation ou de résilience même, pour ceux qui ont été socialement humiliés.

Boris Cyrulnik, *Un merveilleux malheur*, Éd. Odile Jacob, 1999.

La résilience

Le mot désigne dans le langage de la physique l'aptitude d'un corps à ne pas se déformer sous l'impact d'un choc.

En psychologie, la résilience se définit comme « la capacité à réussir, à vivre et à se développer positivement, de manière socialement acceptable, en dépit du stress ou d'une adversité qui comportent normalement le risque grave d'une issue négative ».

(S. Vanistendael, *Clés pour devenir : la résilience*, cité par B. Cyrulnik.)

1. Résumez l'idée et l'argumentation de l'auteur en quelques lignes.
2. Que veut dire l'auteur lorsqu'il écrit que « les déterminismes humains sont à courte échéance » (ligne 3) ?
3. Qu'est-ce qui, selon le texte, conduit à qualifier la résilience de processus naturel ? Cela veut-il dire que, pour l'auteur, la résilience va de soi ?
4. En quoi les deux questions des lignes 21 à 23 aident-elles à préciser ce qui constitue le propre de l'attitude résiliente ?
5. Quels sont les arguments qui conduisent l'auteur à soutenir que la répétition de la maltraitance n'est pas un phénomène fatal ?

PRÉPARATION À L'EXAMEN ► Les épreuves du BTS p. 252

Vers l'écriture personnelle

Retrouvez des exemples dans la littérature ou le cinéma illustrant l'aptitude d'un être humain « à s'en sortir », malgré les traumatismes subis dans l'enfance..

Les joies de l'enfance

Le jeu est l'une des occupations privilégiées de l'enfance. Loin d'être une activité accessoire, il suppose l'usage de toutes les ressources de l'intelligence et de l'imagination. Réflexion, attention, créativité, le jeu est aussi ce qui permet de grandir.

La composition
Le château de cartes et l'enfant qui le réalise constituent le centre d'intérêt de l'œuvre. La scène est fortement équilibrée par les lignes verticales et horizontales. De plus, une série de triangles réguliers se déploie à partir des cartes et des bras.

La lumière
La lumière illumine et met en valeur le visage de chaque enfant, dont la blancheur est appuyée par les tabliers des filles et les cols des garçons. Tous les autres éléments sont plus sombres, à l'exception de la pièce de tissu sur le bord de la table.

Harry Brooker (1848-1940), *L'Instant critique*, 1889 (détail). Huile sur toile, 110 x 180 cm.

La profondeur
Comme une sorte de scène à l'intérieur de la scène; une reproduction est accrochée au mur. Cette présence d'une image dans l'image apporte une grande profondeur qui fait aussi entrer le lecteur dans le spectacle de l'enfance.

Le genre
Le peintre anglais Harry Brooker s'est spécialisé dans des mises en scène extrêmement détaillées. Il peint essentiellement les jeux qui occupent les enfants, soulignant souvent le sérieux de leurs activités ludiques.

Zinaida Serebryakova (1884-1967), *Le Château de cartes* (détail). Huile sur toile, 135 x 155 cm

1. Pourquoi peut-on dire que la scène dans le tableau de Serebryakova est comparable à la scène du tableau de la page de gauche ?
2. Quels éléments des tableaux montrent que la scène n'a pas lieu à la même époque ?
3. Le genre. En étudiant attentivement les différents enfants et leur position dans chaque tableau ainsi que l'utilisation de la lumière, expliquez comment chaque peintre traduit le sérieux de leurs activités.

Les jeux de lumière dans l'image

L'orientation de la lumière dans l'image, repérable par les zones de plus forte clarté et les ombres, permet de mettre certains détails en valeur, à l'image des visages des enfants doucement éclairés dans le tableau de Harry Brooker. Une lumière de côté accentue le relief. Une lumière de face écrase celui-ci et atténue les différences. Le contre-jour efface les détails et apporte un effet d'anonymat (simple silhouette).

Réduire et résumer

Les techniques de réduction

La contraction des groupes de mots. Ce sont des locutions, des groupes prépositionnels, des périphrases, qui peuvent être contractés. Les énumérations peuvent être remplacées par des termes génériques.

➤ **Version longue :** *Les journaux, la radios, la télévision, peuvent être critiqués pour leur manque d'objectivité.*

➤ **Version réduite :** *La partialité des médias est critiquable.*

La contraction de la phrase. On peut remplacer une relative par un adjectif, une proposition subordonnée (de temps, de cause, de condition) par un participe, un groupe prépositionnel ou un adjectif. On remplace les propositions qui peuvent l'être par un adverbe, un infinitif ou un nom. Les verbes au passif ou au négatif peuvent être mis à l'actif et à l'affirmatif.

➤ **Version longue :** *Dans un groupe, on n'accepte pas le grincheux qui critique tout le temps et on le met à l'écart. Mais alors il se pose en victime.*

➤ **Version réduite :** *Dans un groupe, on refuse les éternels mécontents : on les met à l'écart. Ils prétendent alors être une victime.*

La fidélité au document

L'objectivité. La réduction du document doit rester neutre : on ne prend pas parti, on n'émet aucune idée personnelle, on ne porte pas de jugement.

Le respect des idées. Un résumé doit rester fidèle au document. S'il le trahit, c'est à la suite d'une erreur de compréhension ou de reformulation.

Le respect du plan. Pour respecter la pensée de son auteur, l'ordre des idées du document est conservé. L'équilibre entre les parties est maintenu.

➤ **Texte initial :** *Jusqu'au XIX*e *siècle, les enfants n'avaient pas de lieux à eux. Ils vivaient et dormaient dans la même pièce que les adultes, avec leurs parents, les domestiques ou leur nourrice. Aujourd'hui, leur chambre est la première pièce installée lors d'un déménagement.*

➤ **Version améliorée :** *Autrefois, les enfants dormaient avec les adultes de leur entourage. Maintenant on leur aménage une chambre.*

Utiliser une expression personnelle

La reformulation. Dans une première étape on contracte le texte, c'est-à-dire qu'on relie les mots clés conservés, en paraphrasant le texte.

Dans une seconde étape on utilise une expression personnelle en modifiant le vocabulaire et la construction de la phrase. Cette reformulation oblige à dominer réellement le document.

Le vocabulaire. Le résumé s'efforce d'utiliser des mots de sens équivalent. Toutefois, certains mots clés, par exemple démocratie, école, liberté, qui n'ont pas de synonymes, peuvent être réutilisés.

La syntaxe. Pour réduire un texte à l'essentiel, on s'éloigne de la structure des phrases originelles. On utilise une syntaxe nouvelle.

➤ **Phrase à résumer :** *On a longtemps regardé les tout-petits comme des choses braillardes et importunes qui, disait-on, ne voyaient pas, n'entendaient pas et n'avaient d'autres sensations que la faim.*

➤ **Résumé :** *Autrefois un bébé était perçu comme un criard gênant avec une seule sensation : la faim.*

Exercice 1

Remplacez les groupes de mots suivants par des termes génériques.

- L'enfance, l'adolescence.
- Le nouveau-né, le nourrisson.
- La maternelle, l'école primaire, le collège, le lycée.
- Les frères, les sœurs, les parents.
- Les mauvais traitements, les sévices, les violences infligées à l'enfant
- Lorsqu'il vient au monde, le bébé est submergé par les parfums, les sons, les lumières, les odeurs nouvelles.

Exercice 2

Remplacez les expressions suivantes par des tournures plus concises.

- Se souvenir avec plaisir de sa jeunesse, aimer retrouver les lieux de son enfance.
- Acquérir de la maturité.
- Faire preuve d'immaturité, avoir un comportement d'enfant.
- L'enfant enfouit ses souvenirs traumatiques dans les profondeurs de l'inconscient.
- La situation de cet adolescent ira en s'empirant s'il ne consulte pas un médecin.
- Si un enfant a un peu de volonté et de talent, il peut devenir un bon professionnel

Exercice 3

Réduisez ces phrases en remplaçant les propositions relatives.

- Cette petite fille, qui obtient de brillants résultats à l'école, veut devenir avocate.
- Cet enfant qui fait preuve d'une grande instabilité ne peut plus être scolarisé.
- Les parents, qui sont toujours certains de détenir la vérité, créent des révoltes chez leurs enfants.
- Une vision de l'élève qui ne reposerait que sur des impressions personnelles serait suspecte de partialité.
- On traite de plus en plus par des médicaments les enfants qui souffrent d'hyperactivité.

Exercice 4

Réduisez ces phrases en remplaçant les propositions complétives.

- Trop souvent les adultes estiment qu'ils détiennent seuls la vérité.
- Bien des adolescents disent qu'ils préfèrent écouter France Musique.
- Que les nourrissons pleurent s'ils ont faim n'est pas surprenant.
- Il est normal que ce petit enfant soit jaloux.
- Il est juste qu'un élève en difficulté soit aidé.
- Les grands-parents se réjouissent que leurs petits-enfants leur rendent visite.
- Ces enfants sont fiers que leurs parents les aient félicités.
- Que cette petite fille ait un réel talent en dessin, ses parents le savent depuis longtemps.

Exercice 5

Réduisez le passage souligné dans le texte.

Négocier avec son enfant, c'est d'abord et avant tout le reconnaître fondamentalement comme une personne à part entière. Comme tout le monde il désire sentir qu'il peut influer sur le monde qui l'entoure. <u>Négocier avec lui, c'est lui envoyer un message très fort : « Tu existes pour moi, et je n'ignore pas que tu as des besoins propres. »</u> Cette considération lui montre que ses parents le respectent autant qu'une grande personne.

Exercice 6

Reformulez en les réduisant les passages soulignés dans le texte.

Les jours de la semaine – c'est-à-dire le temps principal –, l'enfant les passe chez le parent <u>qui a le moins de temps à consacrer véritablement à son éducation</u>. Ce parent-là, c'est le « garde-chiourme », il s'occupe du dressage. <u>C'est celui qui, le matin, bouscule l'enfant pour qu'il se lève, pour qu'il aille à l'école, le fait déjeuner dans la presse à midi et, le soir, dans la presse l'oblige à faire ses devoirs.</u> Cela, ce n'est pas de l'éducation, c'est du dressage : l'apprentissage de la soumission à la réalité scolaire.

Françoise Dolto, *Quand les parents se séparent*, 2004.

Exercice 7

Relevez les idées clés du texte et procédez à sa contraction.

Ceux et celles qui gémissent sur les méfaits du temps font des rêves comparables : si seulement la famille pouvait redevenir comme avant, avec un père au centre et des enfants obéissants, la société française se porterait mieux. Un tel raisonnement oublie l'essentiel : les parents doivent préparer leurs enfants à être des adultes qui pourront vivre dans la société de demain.

François de Singly, « L'invention privée de nouvelles façons de vivre ensemble », *Le Monde*, 20 août 1998.

Exercice 8

Reformulez en les raccourcissant les phrase soulignées.

Le stress affecte non seulement la satisfaction et la performance de l'individu au travail mais il s'attaque également au reste de sa vie, notamment privée. La vie professionnelle, si elle ne laisse plus de place à la vie privée, peut provoquer la détérioration de cette dernière.

Pire, un salarié frustré par son travail et par son chef, ses collaborateurs ou/et ses collègues a tendance à transférer ses problèmes professionnels, sa frustration, sa colère, sur sa famille ou son voisinage et y détériorer l'atmosphère. Il ne parle guère à sa femme, est impatient avec ses enfants, provoque des conflits avec les voisins, etc., et refuse le soutien et les conseils que les amis et les membres de la famille seraient prêts à lui apporter. Ceci aboutit à des ménages brisés, des enfants mal éduqués et désemparés, à l'alcoolisme et aux drogues. Le coût pour la société (sous forme de dépenses accrues dans les domaines de la sécurité, de l'assistance sociale, de la formation et de la santé), ne peut être établi avec précision, mais il est assurément énorme. À titre d'exemple, aux États-Unis, le coût social et humain de la pression des entreprises sur leurs collaborateurs a été chiffré à 200 milliards de dollars par an ; en Grande-Bretagne, il atteindrait 10 % du PNB.

Alexander Bergmann, Bernard Uwamungu, *Encadrement et comportement*, Éd. Eska, 1998.

Exercice 9

La réduction proposée comporte des erreurs. Lesquelles ? Proposez une nouvelle rédaction.

Texte : Je crois qu'il faut, à un moment donné de la jeunesse, quitter la base sur laquelle on a déjà fait sa première éducation pour en goûter une autre. En effet, c'est un test enrichissant. C'est grâce à cela qu'on sait quelles sortes de réactions et de comportements on a vis-à-vis des autres et de la vie, puisqu'on n'est plus protégé.

Réduction proposée : Il faut quitter les bases de son éducation, car c'est une manière de tester sa capacité de réaction vis-à-vis des autres.

Exercice 10

Corrigez le résumé proposé.

Texte : À mesure que les entreprises se sont agrandies et sont devenues plus impersonnelles, qu'elles ont diversifié leurs activités et se sont lancées dans de multiples opérations disparates, leurs employés ont peu à peu perdu « l'esprit maison ». Le sentiment d'appartenance à la communauté n'existe plus. L'expression même de « loyauté envers l'entreprise » vous a un petit air franchement rétro. En vérité, aux yeux de beaucoup, ce loyalisme est une trahison de soi-même.

Même lorsque les entreprises font un effort pour donner une dimension spéciale au travail – le pique-nique annuel, la commandite d'une équipe de bowling, la fête au bureau pour Noël –, les relations de collègues à collègues restent la plupart du temps superficielles. Pour toutes ces raisons, rares sont ceux de nos contemporains qui ont l'impression de faire partie de quelque chose d'exaltant. Ce chaud sentiment de solidarité se manifeste parfois à l'occasion d'une crise, d'un stress, d'une catastrophe ou d'une émeute. Mais il ne s'agit là que de flambées passagères, vite éteintes. La communauté a du plomb dans l'aile.

Alvin Toffler, *La Troisième Vague*, 1980.

Résumé proposé : En s'agrandissant et en se divisant les entreprises ont perdu leur lien avec le personnel. La cohésion n'existe plus entre les collègues. La plupart se sont détachés d'elles et la solidarité ne renaît qu'en temps de crise, pour retomber aussitôt.

Exercice 11

Reformulez ce texte en appliquant des techniques de réduction.

La voiture et ses dérivés, comme les deux-roues motorisés et les camions de livraison, sont accusés de plusieurs défauts qui les rendraient incompatibles avec la ville. Elle pollue localement, elle contribue à l'effet de serre, elle est source de bruit, elle est dangereuse et elle est gourmande en espace. Si les constructeurs ont fait de gros efforts sur les trois premiers points, les problèmes persistent en milieu urbain sur la sécurité et surtout sur l'utilisation de l'espace. Le débit d'une voie rapide est au maximum d'environ 2 500 passagers à l'heure alors que, dans le même espace, des trains, des métros ou des tramways et même des bus cadencés avec des plates-formes d'accès bien pensées, peuvent dépasser les 30 000 passagers à l'heure.

Mais le plus gros handicap de la voiture particulière est l'occupation de l'espace urbain alors qu'elle stationne.

Faut-il pour autant interdire la voiture en ville alors qu'elle reste bien souvent le moyen de transport le plus rapide en porte à porte et qu'elle permet de rentrer rapidement et confortablement chez soi après une soirée lorsque les transports en commun sont à l'arrêt et les taxis parfois injoignables ?

T. Chanart, M. Parent, *Lettre de prospective du Sénat* (www.prospective.org), septembre 2004.

La construction de soi

4

Norman Rockwell, *Triple autoportrait,* 1960. Collection of the Norman Rokwell Art Collection Trust.

La construction de soi

Chacun de nous résulte de processus complexes grâce auxquels se construit progressivement une image de soi. Cette image se modifie tout au long de l'existence, dans nos rapports aux autres, à travers nos rôles sociaux, au sein de ruptures et de crises qui en font une réalité sans cesse en devenir. Comment, dans ces conditions, parler d'identité ?

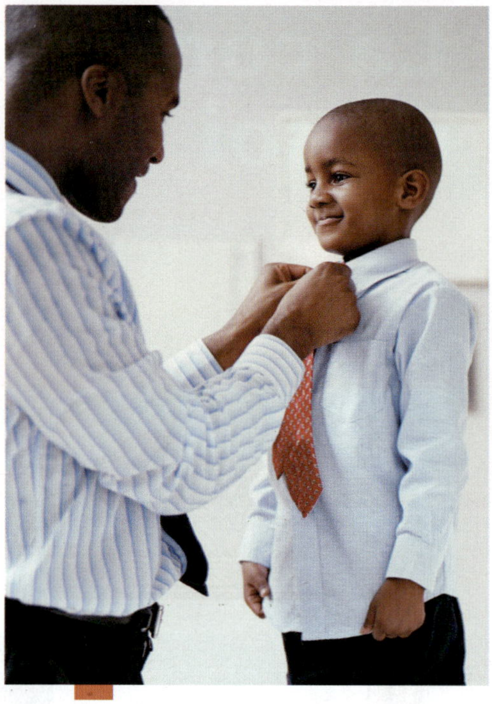

C'est dès l'enfance que l'on se construit en rêvant souvent à l'adulte que l'on souhaiterait être.

Que peut-on entendre par « identité » ?

Chacun se persuade aisément de constituer un être, avec des traits distinctifs et une originalité propre. On peut cependant se demander si notre identité est une réalité objective, mesurable (ce que suggèrent les paramètres de la carte d'identité) ou si elle n'est pas plutôt une donnée subjective et, à bien des égards, paradoxale. En effet, l'identité désigne à la fois le fait de se vouloir différent des autres, de se démarquer d'eux selon une logique de la compétition et la tendance à s'identifier à autrui, à lui ressembler. On se constitue par emprunt, par accommodation au monde et par le souci de cultiver sa propre originalité. Ces deux tendances, la différenciation et l'imitation, ne sont pas vraiment dissociables.

Être soi-même

Être soi-même, c'est à la fois vouloir être différent, comme ces deux jeunes filles à travers leur vêtement, et vouloir ressembler aux autres en participant par exemple à une parade collective. Parler à la première personne, c'est « être soi-même », c'est pouvoir réunir et synthétiser toutes ses expériences. Ce qu'on appelle notre vécu (sentiments, affects, sensations, pensées…) afin d'en assumer l'unité, la permanence dans le temps et la cohérence. Être soi-même, c'est donc pouvoir parler et répondre de soi.

La participation à la vie de groupe contribue à la construction de l'identité.

Comment se construit-on ?

On se construit dès la prime enfance. Le rapport au corps, la reconnaissance de son image, le discours des parents sont autant d'éléments qui permettent à un jeune enfant de se découvrir. Par la suite il apprend – vers sept, huit ans – à se décentrer, à intégrer le point de vue d'autrui ou du groupe social auquel il appartient. Ainsi s'élaborent les premiers modèles du futur adulte qu'il rêve d'être. On se construit donc moins par empilement de couches successives – la suite des âges de la vie – que par remaniements et adaptations, ponctuées à l'occasion de crises. C'est ce que révèle l'autoportrait ou le récit autobiographique. Le récit d'une vie s'efforce d'en retracer l'unité, la cohérence, par un regard rétrospectif, précisément parce que cette unité et cette cohérence ne sont pas données *a priori.*

Le travail participe à la construction de soi.

Que signifie « être responsable de soi » ?

L'entrée dans le monde du travail, l'accès à la citoyenneté, la participation à la vie de groupe constituent des facteurs décisifs pour la construction de l'identité. C'est par eux que les individus rencontrent ces deux valeurs que sont la liberté et l'égalité. Chacun se veut libre de ses choix et entend l'être à l'égal de tout autre. Chaque individu doit choisir par lui-même ce qui regarde les grandes orientations de sa vie. Il endosse ainsi une responsabilité dont le poids devient vite lourd en cas d'échec puisqu'il ne peut la refuser vu qu'elle est la condition de son autonomie. Être responsable, c'est donc accepter l'usage difficile de la liberté.

Jean-Michel Basquiat, *Autoportrait,* 1984.

SOMMAIRE

L'identité personnelle

L'idée que l'individu est un être unique et différent des autres suppose la prise en compte d'une pluralité de facteurs, lesquels déterminent autant le sentiment d'être soi que l'image que chacun se forge de lui-même. L'identité peut-elle être autre chose qu'une reconstruction ?

DOCUMENT 1

On peut repérer six caractéristiques impliquées dans la construction et la dynamique de l'identité[1]. Ce terme renvoie d'abord au sentiment de rester le même au fil du temps (rester identique, ou au moins semblable à soi-même). On peut donc dire que la continuité est le premier élément de l'identité. Le deuxième, c'est la représentation plus ou moins structurée, plus ou moins stable, que j'ai de moi-même et que les autres se font de moi. Je me comporte selon un certain style, ce qui renvoie à l'idée d'unité, de cohérence du moi. Le troisième aspect c'est l'unicité, c'est-à-dire le sentiment d'être original, de se vouloir différent, au point de se percevoir unique (incomparable). C'est un élément qui peut s'exprimer positivement, mais qui peut aussi se muer en fermeture sur soi, associée au déni d'autrui[2]. Une quatrième composante est la diversité, qui correspond au fait que nous soyons plusieurs personnages en une même personne. Selon les cas, cela peut être une richesse (facettes articulées de nos rôles multiples), ou au contraire, un éclatement, une dispersion de soi. Un cinquième aspect vient du fait que nous sommes ce que nous faisons ; l'identité renvoie alors à l'idée de la réalisation de soi par l'action, du « devenir soi-même » à travers des activités (faire et, en faisant, « se faire »). Cet élément implique la capacité de la personne à gérer un paradoxe, celui du changement de soi dans la continuité. La dernière caractéristique de l'identité est associée à la nécessaire vision positive de soi (estime de soi).

Chacun de nous a besoin de développer un sentiment de valeur personnelle, en soi, à ses propres yeux et aux yeux d'autrui. Bien entendu, cette présentation est idéale. Dans la réalité quotidienne, ces divers sentiments (continuité, positivité, cohérence…) sont parfois « malmenés » par nos échecs et nos ruptures, par la dévalorisation que nous renvoient les autres ou que nous nous attribuons nous-mêmes.

Comme vous pouvez le constater, certains aspects de l'identité peuvent se trouver en conflit avec d'autres, ce qui oblige l'individu à cloisonner sa vie, pour éviter de laisser émerger des conflits de désirs ou de valeurs contradictoires ou, au mieux, à articuler des conduites, des croyances ou des sentiments très différents. Ainsi, l'identité se constitue sur un effort constant pour gérer la continuité dans le changement.

« Marquer sa différence : Entretien avec Pierre Tap », Jacques Lecomte, *Sciences Humaines* hors série n° 15, décembre 1996/janvier 1997.

1 **la dynamique de l'identité :** autre expression pour désigner la construction de l'identité.

2 **déni d'autrui :** refus de prendre en compte la personne d'autrui.

La signification du terme « identité »

Le mot « identité » est dérivé du latin *identitas*, provenant lui-même du terme *idem* (« même »), que l'on retrouve dans la racine des mots de la même famille comme « identifier », « identique ». Dans la pensée logique et philosophique, ce terme sert à désigner ce qui est permanent, ce qui a le caractère de l'unité et se présente comme unique. En droit et dans l'usage courant, l'identité désigne le fait d'être une personne distincte et de pouvoir être reconnu comme telle. C'est ce qu'indiquent les syntagmes suivants : « carte d'identité », « pièce d'identité », « photo d'identité » ou encore « l'identité judiciaire ».

DOCUMENT 2

Mon grand-père me trouvait minuscule et s'en désolait : « Il aura la taille des Sartre », disait ma grand-mère pour l'agacer. Il feignait de ne pas entendre, se plantait devant moi et me toisait : « Il pousse ! » disait-il enfin sans trop de conviction. Je ne partageais ni ses inquiétudes ni ses espoirs : les mauvaises herbes poussent, elles aussi ; preuve qu'on peut devenir grand sans cesser d'être mauvais. Mon problème alors, c'était d'être bon *in aeternum*[1]. Tout changea quand ma vie prit de la vitesse : il ne suffisait plus de bien faire, il fallait faire *mieux* à toute heure. Je n'eus plus qu'une loi : grimper. Pour nourrir mes prétentions et pour en masquer la démesure je recourus à l'expérience commune : dans les progrès vacillants de mon enfance je voulus voir les premiers effets de mon destin. Ces améliorations vraies mais petites et très ordinaires me donnèrent l'illusion d'éprouver ma force ascensionnelle. Enfant public, j'adoptai en public le mythe de ma classe et de ma génération : on profite de l'acquis, on capitalise l'expérience, le présent s'enrichit de tout le passé. Dans la solitude j'étais loin de m'en satisfaire. Je ne pouvais pas admettre qu'on reçût l'être du dehors, qu'il se conservât par inertie[2] ni que les mouvements de l'âme fussent les effets des mouvements antérieurs. Né d'une attente future je bondissais, lumineux, total et chaque instant répétait la cérémonie de ma naissance : je voulais voir dans les affections de mon cœur un crépitement d'étincelles. Pourquoi donc le passé m'eût-il enrichi ? Il ne m'avait pas fait, c'était moi, au contraire, ressuscitant de mes cendres, qui arrachais du néant ma mémoire par une création toujours recommencée. Je renaissais meilleur et j'utilisais mieux les inertes réserves de mon âme par la simple raison que la mort, à chaque fois, plus proche, m'éclairait plus vivement de son obscure lumière. On me disait souvent : le passé nous pousse, mais j'étais convaincu que l'avenir me tirait.

Jean-Paul Sartre, *Les Mots*, Éd. Gallimard, 1964.

1 ***in aeternum* :** pour toujours.

2 **inertie :** tendance pour un corps à rester dans l'état de repos ou de mouvement dans lequel il se trouve.

1. Quelles sont les six caractéristiques de l'identité personnelle (document 1) ?
2. Expliquez et commentez la dernière phrase du texte (document 1).
3. Sartre oppose deux conceptions du temps, l'une qu'il repousse et l'autre qu'il fait sienne. Quelles sont ces deux conceptions et quelles raisons conduisent Sartre à préférer l'une à l'autre (document 2) ?
4. Expliquez la phrase : « Je ne pouvais pas admettre qu'on reçût l'être du dehors, qu'il se conservât par inertie ni que les mouvements de l'âme fussent les effets des mouvements antérieurs. » (document 2, ligne 15)

PRÉPARATION À L'EXAMEN ► **Les épreuves du BTS** p. 252

Vers l'écriture personnelle

Répondez, en deux paragraphes structurés à la question suivante :
selon vous, quel rôle peut jouer la rédaction d'une autobiographie dans la construction d'une identité personnelle ?

La confiance en soi

Avoir confiance en soi est une donnée fondamentale de la personnalité. Elle contribue, avec l'amour de soi, à ce qu'un individu puisse avoir une bonne estime de lui. Le jugement positif aide à affronter les difficultés ou les dangers de la vie. Mais d'où vient la confiance en soi ?

Être confiant, c'est penser que l'on est capable d'agir de manière adéquate dans les situations importantes. L'estime de soi a besoin d'actes pour se maintenir ou se développer : des petits succès au quotidien sont nécessaires à notre équilibre psychologique, tout comme la nourriture et l'oxygène le sont à notre équilibre corporel. D'où vient la confiance en soi ? Principalement du mode d'éducation qui nous a été prodigué, en famille ou à l'école. Les échecs sont-ils présentés à un enfant comme une conséquence possible, mais non catastrophique, de ses actes ? Est-il récompensé pour avoir essayé autant que pour avoir réussi ? Comment lui apprend-on à tirer les leçons de ses difficultés, au lieu d'en conclure qu'il vaudra mieux ne pas agir ? La confiance en soi se transmet par l'exemple comme par le discours. Encourager un enfant à accepter l'échec quand on ne procède pas soi-même ainsi ne sert pas à grand-chose. Les enfants savent que les vraies convictions des adultes se jugent plus à leurs actes qu'à leurs propos…

Ne pas redouter outre mesure l'inconnu ou l'adversité témoigne d'un bon niveau de confiance en soi. « Pour recruter un candidat, explique ce chasseur de têtes, je suis plus attentif à son degré de confiance en lui qu'à ses connaissances techniques. Comment je m'y prends pour la tester ? Eh bien, en l'interrogeant sur ses points faibles, les lacunes de son CV. En cherchant à le mettre un peu en difficulté, à le déstabiliser gentiment… S'il joue le jeu, s'il assume ses limites sans se dévaloriser, et ne cherche ni à se protéger ni à contre-attaquer pour se défendre, je me dis qu'il devrait se comporter de même dans l'entreprise. Et que ses collaborateurs le sentiront comme je le sens. »

Certes, une confiance en soi insuffisante ne constitue pas un handicap insurmontable. Mais les personnes qui en souffrent sont souvent victimes d'inhibition, sensible notamment dans de petits actes quotidiens comme écrire une lettre, passer un coup de téléphone, etc. « Au fond, dit ce VRP de trente ans, je pense que je suis plutôt quelqu'un de sympa, avec des possibilités. Je vois bien ce que j'aimerais faire, en tout cas, je suis capable d'en rêver. Ça me paraît possible d'y accéder. Mais à ce jour, je n'ai toujours rien mis en œuvre pour y arriver. Je voudrais, par exemple, arrêter mon boulot de commercial et devenir enseignant. Mais il faudrait que je reprenne des études, j'ai peur de ne pas y arriver. Et parfois, je doute de mon choix : et si je n'étais pas doué pour ce métier ? J'aurais laissé la proie pour l'ombre… »

Ces trois composantes de l'estime de soi entretiennent généralement des liens d'interdépendance : l'amour de soi (se respecter quoi qu'il advienne, écouter ses besoins et ses aspirations) facilite incontestablement une vision positive de soi (croire en ses capacités, se projeter dans l'avenir) qui, à son tour, influence favorablement la confiance en soi (agir sans crainte excessive de l'échec et du jugement d'autrui).

Il arrive cependant que, chez certaines personnes, ces ingrédients soient dissociés. Prenons le cas d'une vision de soi fragile : le sujet n'a que superficielle-

Le mot « confiance »
Du latin *confidentia*, la confiance désigne le fait de croire avec assurance mais, à la différence de la foi, elle a une signification laïque et surtout psychologique. Qu'il s'agisse de la confiance en soi ou de la confiance en autrui, nous avons, dans les deux cas, affaire à un sentiment de sécurité.

ment confiance en lui ; que survienne un obstacle sérieux, ou qui s'éternise, et l'estime de soi s'effondrera. Autre cas, celui d'un manque d'amour de soi : cette fois, le sujet a réussi un parcours exceptionnel parce qu'il était soutenu par une vision très élevée de lui-même ; mais un échec sentimental fera surgir des doutes et des complexes qu'il croyait enfouis à jamais… Ce peut être enfin un défaut majeur de confiance en soi : le sujet a reçu une éducation parfaite, ses parents l'ont trop protégé, aimé, choyé pour lui éviter de souffrir ou de se confronter tôt aux réalités ; malgré toute l'affection reçue, il sera victime de doutes permanents sur sa capacité à réussir.

Les piliers de l'estime de soi

	AMOUR DE SOI	**VISION DE SOI**	**CONFIANCE EN SOI**
ORIGINES	Qualité et cohérence des « nourritures affectives » reçues par l'enfant.	Attentes, projets et projections des parents sur l'enfant.	Apprentissage des règles de l'action (oser, persévérer, accepter les échecs).
BÉNÉFICES	Stabilité affective, relations épanouissantes avec les autres ; résistance aux critiques ou rejets.	Ambitions et projets que l'on tente de réaliser ; résistance aux obstacles et aux contretemps.	Action au quotidien facile et rapide ; résistance aux échecs.
CONSÉQUENCES EN CAS DE MANQUE	Doutes sur ses capacités à être apprécié(e) par autrui, conviction de ne pas être à la hauteur, image de soi médiocre, même en cas de réussite matérielle.	Manque d'audace dans ses choix existentiels, conformisme, dépendance aux avis d'autrui, peu de persévérance dans ses choix personnels.	Inhibitions, hésitations, abandons, manque de persévérance.

Christophe André, François Delord, *L'Estime de soi*, Éd. Odile Jacob, 1999.

1. Dégagez le plan du texte.
2. Expliquez la phrase : « L'estime de soi a besoin d'actes pour se maintenir ou se développer. » (ligne 2)
3. Quelles sont, selon l'auteur, les conditions de la confiance en soi ?
4. En vous aidant du texte, mais aussi du tableau, indiquez ce qui distingue « amour de soi », « vision de soi » et « confiance en soi ». À l'aide d'un exemple, montrez comment ces différents éléments sont liés.

PRÉPARATION À L'EXAMEN ► **Les épreuves du BTS** p. 252

Vers l'écriture personnelle

Transformez le tableau en un texte organisé en trois paragraphes : l'amour de soi, la vision de soi et la confiance en soi.

Le regard sur soi

Face à son propre portrait, le sentiment est souvent partagé. Il est bien une représentation de soi, mais il ne semble jamais correspondre totalement à l'idée que l'on se fait de soi. En proposant des autoportraits, les artistes ont souvent tenté de proposer un regard sur eux-mêmes. Peut-on obtenir une exacte image de soi ?

Maurice de Vlaminck (1876-1958), *Autoportrait,* 1920. Huile sur toile, 110 x 75 cm.

L'échelle des plans

Le peintre représente son visage en gros plan, sans décor. L'objet du tableau est la personne et non son environnement. Éclairé par une lumière venant de la gauche, le visage est massif, encadré par le chapeau, le col blanc et la cravate.

Bien que la représentation du visage soit frontale, le regard du peintre est orienté vers la gauche, évoquant un hors-champ invisible au spectateur. Le portrait conserve ainsi une part d'énigme.

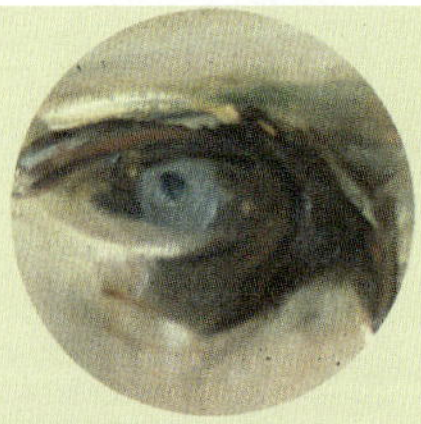

Le genre

L'autoportrait est réalisé en utilisant le reflet de l'artiste dans un miroir ou, à partir de la fin du XIXe siècle, en s'inspirant d'une photographie.

Maurice de Vlaminck n'aurait peint que deux autoportraits au cours de sa vie. Celui-ci est le second.

Il appartient au fauvisme, un mouvement de peintres né vers 1900, pour qui la couleur doit être utilisée pure, sans souci réaliste.

Jacques Villon (1875-1963), *Autoportrait*, 1928. Huile sur toile, 140 x 115 cm.

L'échelle des plans

L'échelle des plans correspond à la grandeur des personnages ou des objets par rapport à la taille de l'image.
On distingue le *plan général* (qui montre toute une scène, ex : un paysage), le *plan large* (l'action est placée dans un contexte, ex : un décor), le plan *moyen* (le personnage est vu en entier, ex : un portrait officiel), le *plan rapproché* (le personnage n'est pas vu en entier), le *gros plan* (portrait mettant en évidence le visage) et le *très gros plan* (détail).

1. L'échelle des plans : comparez l'échelle des plans dans les deux autoportraits.
2. Quelles informations nous apportent l'autoportrait de Jacques Villon ? Comparez avec celui de Maurice de Vlaminck.
3. Quelle est l'origine de la lumière dans le tableau de Jacques Villon ? Comparez cette lumière avec celle du tableau de Maurice de Vlaminck.
4. Le regard : quelle est la direction du regard dans le tableau de Jacques Villon ? Qu'en concluez-vous ?

PRÉPARATION À L'EXAMEN ► **Les épreuves du BTS** p. 252

Vers la synthèse

À partir des documents de cette double page, rédigez un texte d'une vingtaine de lignes expliquant les points communs et les différences entre le tableau de Maurice de Vlaminck et celui de Jacques Villon.

L'estime de soi

L'estime de soi traduit le degré de satisfaction qu'une personne a d'elle-même et favorise son insertion dans la vie sociale et professionnelle. Elle comporte des dimensions comportementale, cognitive et émotionnelle, mais la multiplicité de ses manifestations la rend difficile à définir. Quels sont donc les principaux ressorts de l'estime de soi ?

L'estime de soi repose aussi sur sa propre capacité à se fixer des objectifs accessibles.

La recherche du succès

Il semble indéniable que la satisfaction ou le mécontentement à l'égard de nous-mêmes proviennent de nos succès ou de nos échecs. Toutefois l'estime de soi dépend aussi du niveau des ambitions que l'on affiche. Si celles-ci sont très élevées, elles peuvent être sources d'insatisfaction, même si, paradoxalement, l'action semble réussie : une mention « AB » à un examen passe généralement pour un signe de succès, elle peut être mal perçue par celui qui visait la mention « TB ». Par conséquent, si l'estime de soi est liée à la réussite, elle est aussi fonction de notre capacité à nous donner des objectifs à notre portée.

L'importance du « moi-miroir »

L'estime de soi n'est pas uniquement une évaluation personnelle, elle dépend aussi du jugement d'autrui. C'est ce que l'on appelle le « moi-miroir ». Une critique laisse rarement indifférent et, même si nous feignons de ne pas lui donner de l'importance, nous lui accordons malgré tout une part de vérité. Si l'approbation ou les compliments nous touchent et stimulent notre estime de soi, il faut bien reconnaître que les critiques la font chuter bien plus que les compliments ne la font monter. Cette différence s'exprime dans la tendance au conformisme. En nous rendant particulièrement sensible au jugement d'autrui, le « moi-miroir » nous conduit à adapter nos comportements à ce qu'on attend de nous et à « faire comme tout le monde ».

Le jeune écolier qui est encouragé dans son travail et ses efforts construit peu à peu sa personnalité sur la confiance en soi. Cette confiance comporte des dimensions émotives, affectives, comportementales. Elle devient un stimulant qui peut contribuer à réussir sa vie d'adulte.

Francis Bacon,
Portrait de George Dyer dans un miroir,
1968.

La contrainte de l'idéal

Chacun est stimulé par ses idéaux mais un idéal peut aussi représenter un piège. Lorsque l'objectif est difficile à atteindre (par exemple un statut professionnel trop élevé pour ses compétences), on se soumet à des exigences qui excèdent nos propres forces. On risque ainsi de connaître la spirale de l'échec où l'on s'est soi-même enfermé. Le « moi-idéal », incarnation de nos idéaux, s'avère alors tyrannique. Pour se libérer de son emprise et retrouver l'estime de soi perdue, il convient de procéder à une prise de conscience de ses idéaux. Cela paraît difficile, et parce que leurs origines sont souvent inconscientes, c'est la seule démarche à suivre pour opérer une meilleure adéquation entre ces idéaux et nos capacités réelles.

Le rôle du modèle

Le conformisme ne se conçoit pas sans modèles. Vedettes du show-biz, sportifs, savants, hommes politiques… représentent des idéaux de vie qu'à défaut d'atteindre dans notre propre existence, nous prenons plaisir à voir se réaliser dans celle d'autrui. En imitant leurs comportements, en s'inspirant de leur idées, nous pensons améliorer notre savoir-faire, augmenter notre réussite et finalement accroître notre estime de soi. Nos apprentissages reposent sur l'imitation de modèles mais ils procèdent aussi de la prise de distance à l'égard de ce que nous regardons comme des antimodèles, une l'image de l'échec. En nous disant que certains sont plus mal lotis que nous ou réussissent moins bien, nous trouvons dans ces antimodèles matière à consolation.

En imitant des comportements, en s'inspirant des idées de son modèle, chacun souhaite améliorer son savoir-faire. On cherche ainsi à accroître son estime en soi.

Le statut professionnel

Dès l'enfance, un individu hérite d'une identité sexuée, familiale et culturelle qui constitue le véritable socle de sa personnalité future. Mais c'est avec son entrée dans la vie professionnelle que se construit l'autre volet de sa personnalité : le statut social par identification avec le métier qu'il exerce.

DOCUMENT 1

L'Antiquité et le Moyen Âge avaient interdit la vente des capacités humaines, considérant qu'il était indigne de l'homme de développer ses capacités exclusivement pour en retirer un gain, et qu'au contraire la formation et l'éducation devaient être l'acte le plus libre de toute considération extérieure. Aujourd'hui, les capacités humaines ne sont plus développées qu'en fonction de l'utilisation et du revenu futurs qu'elles permettront. Les individus s'utilisent eux-mêmes comme moyen de vivre, mobilisant leurs capacités dans cette perspective. La société décide ainsi entièrement des capacités que l'individu devra développer et de celles qu'il devra mettre en jachère.

Dominique Méda, *Le Travail, une valeur en voie de disparition*, Éd. Aubier, 1995.

DOCUMENT 2

Parmi les événements les plus importants pour l'identité sociale, la sortie du système scolaire et la confrontation au marché du travail constituent désormais un moment essentiel de la construction d'une identité autonome. Certes, l'ensemble des choix d'orientation scolaire plus ou moins forcés ou assumés représentent une anticipation importante du futur statut social. L'entrée dans une « spécialité » disciplinaire ou technique constitue un acte significatif de l'identité virtuelle[1]. Mais c'est dans la confrontation avec le marché du travail que se situe sans doute aujourd'hui l'enjeu identitaire le plus important des individus de la génération de la crise[2]. Cette confrontation prend des formes sociales diverses et significatives selon les pays, les niveaux scolaires et les origines sociales. Mais c'est de son issue que dépendent à la fois l'identification par autrui de ses compétences, de son statut et de sa carrière possible et la construction par soi de son projet, de ses aspirations et de son identité possible.

Cet affrontement avec l'incertitude concerne désormais pratiquement toute une classe d'âge, garçons et filles, autochtones ou immigrés, avec ou sans diplôme. Elle s'effectue dans des conditions particulières : un fort taux de chômage mais différent selon les entrants, les pays, les niveaux scolaires, les origines sociales et le sexe ; un processus rapide de modernisation technologique et de changements organisationnels dans les entreprises, les administrations, les services ; un allongement de la transition entre la sortie de l'école et l'accès à un emploi rarement considéré comme stable (« et à vie »). C'est de l'issue de cette première confrontation que vont dépendre les modalités de construction d'une identité « professionnelle » de base, qui constitue non seulement une identité au travail mais aussi et surtout une projection de soi dans l'avenir, l'anticipation d'une trajectoire d'emploi et la mise en œuvre d'une logique d'apprentissage, ou mieux, de formation.

Claude Dubar, *La Socialisation*, Éd. Armand Colin, 2002.

1 **l'identité virtuelle :** identité projetée à travers le choix d'une orientation professionnelle.

2 **la génération de la crise :** ceux qui sont entrés sur le marché du travail depuis le milieu des années 1970.

DOCUMENT 3

Les formes d'identité au travail

La socialisation par le travail s'effectue selon certaines règles ou modèles que le tableau ci-dessous présente en les ordonnant selon deux axes, celui de la sociabilité (les relations entre collègues) et celui de l'intégration (la relation au travail).

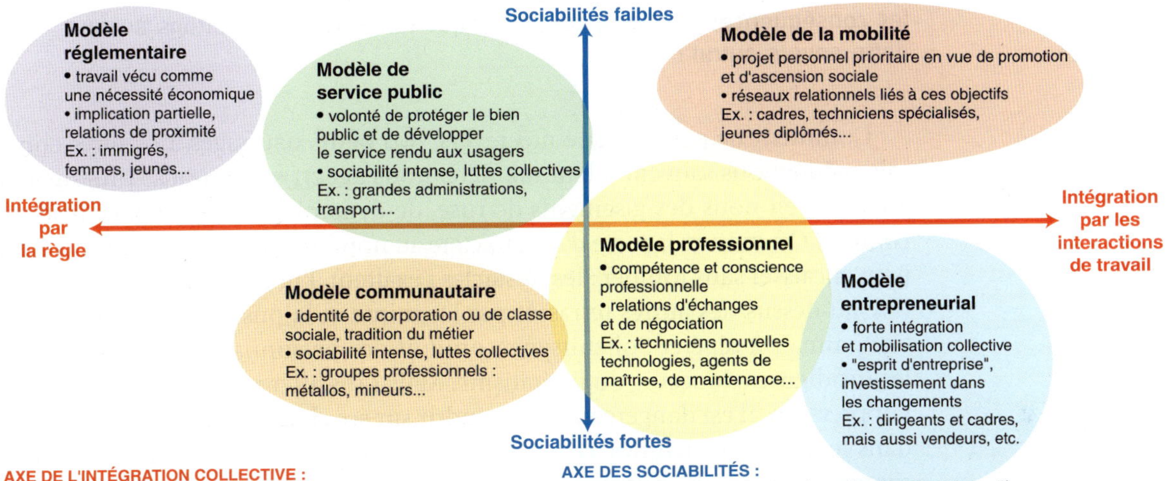

AXE DE L'INTÉGRATION COLLECTIVE :
Par la règle : Valorisation du statut, faible implication dans le travail, et atomisation des relations
Par les interactions de travail : Echanges ouverts avec la hiérarchie, implication, valeurs de dépassement et d'accumulation des expériences.

AXE DES SOCIABILITÉS :
Fortes : Relations intenses et sur le mode affectif avec les collègues ; esprit de maison ; valeurs de solidarité et de métier.
Faibles : Relations avec les collègues limitées aux échanges cognitifs obligatoires ; retrait par rapport à la vie de l'entreprise mais attachement à la trajectoire individuelle.

Les Mondes sociaux de l'entreprise, Éd. Desclée de Brouwer, 1995.

Le mot « travail »

« Travail » est issu du terme latin *tripalium* qui désigne un instrument de torture. En ancien français, il conserve cette signification de « faire souffrir », de « tourmenter » quelqu'un (par exemple, un condamné soumis à la torture). On emploie encore aujourd'hui le mot « travail » dans ce sens pour évoquer, par exemple, les douleurs de l'accouchement. C'est au XVIe siècle que se fixe l'usage que nous connaissons et qui sert à désigner « une activité quotidienne permettant à un individu de subsister ».

1. Dominique Méda oppose l'attitude des sociétés anciennes et des sociétés contemporaines à l'égard du travail. Précisez comment l'auteur envisage cette opposition et commentez-la (document 1).
2. Pourquoi, selon Claude Dubar, la confrontation avec le marché du travail constitue-t-elle l'enjeu identitaire le plus important (document 2) ?
3. En quel sens peut-on parler d'incertitude à propos du lien entre identité personnelle et identité professionnelle ? Relevez les arguments de l'auteur et discutez-les (document 2).
4. Comparez deux modèles présentés sur le schéma (document 3).

PRÉPARATION À L'EXAMEN ► **Les épreuves du BTS** p. 252

Vers l'écriture personnelle

Répondez en deux paragraphes, à la question suivante : pour vous, peut-on établir un lien entre construction de soi et identité professionnelle ?

La responsabilité

L'individu a parfois tendance à reporter les raisons de ses échecs sur les autres. Il se pose ainsi en victime et considère les autres avec méfiance. Que reste-t-il alors de notre responsabilité lorsque nous fuyons les conséquences de nos actes et lorsque nous ne nous sentons aucune dette envers autrui ?

Comment ne pas voir que nos revers, nos petits naufrages, nos pires ennemis même nous sauvent à leur manière, nous aguerrissent, nous contraignent à éveiller en nous des gisements de ruse, de dynamisme, de vaillance insoupçonnés ? On mesure la force d'un caractère au nombre d'avanies[1], d'affronts qu'il peut encaisser sans tomber : les obstacles l'exaltent, l'hostilité l'encourage, il s'élève au-dessus des autres terrassés par la crainte et la pusillanimité[2]. L'oppression, aimait à répéter Soljenitsyne[3], produit des personnalités plus vastes que les insidieuses douceurs du libéralisme. Mais sans aller jusqu'à se souhaiter de l'oppression, il est dangereux de s'attendrir sur ses chagrins, d'enfermer les gens dans leur rôle de victimes, ce qui leur interdit d'en sortir. Dire « j'endure atrocement » quand on endure à peine, c'est se désarmer à l'avance, se rendre incapable d'affronter un vrai tourment (de là cette propension[4] à médicaliser les difficultés, à éliminer tous les malaises par des pilules, la promotion du tranquillisant en remède universel). La reconnaissance de la fragilité de chacun ne doit pas tuer l'esprit de résistance ; et nous avons besoin aujourd'hui de pensées qui exaltent l'énergie, l'allégresse, la joie. Nous avons besoin d'alacrité[5], de gaieté, de sérénité. À la rhétorique victimaire[6] qui s'épuise dans son propre énoncé, il faut opposer la parole politique qui oriente les doléances vers une issue raisonnable, leur offre un exutoire viable, permet d'exprimer son mal en termes mesurés afin de le surmonter. Le ressassement stupéfait de nos problèmes nous interdit de distinguer entre le transformable, qui relève de notre seule volonté, et l'immuable, qui ne dépend pas de nous. Toute malchance est vécue comme un arrêt inéluctable du destin. L'individu n'est grand que s'il participe à quelque chose qui le dépasse – notamment la souveraineté civique – et ne reste pas emmuré en soi mais il capitule devant les soins dont on l'entoure et, croyant gagner un surplus d'assurance, il récolte une fragilité accrue. On le sait depuis Tocqueville[7], c'est un contresens que de confondre individualisme et égoïsme : le second est un trait éternel de la nature humaine, le premier une formation récente dans l'histoire des cultures. Plût au ciel que l'individu contemporain soit au moins égoïste, qu'il ait au moins en lui ce minimum de vitalité, d'instinct de conservation. Nous vivons là le paradoxe d'un égoïsme qui finit par tuer l'ego à force de vouloir le préserver à tout prix, le mettre à l'abri de la moindre contrariété.

La preuve : plus la sécurité s'étend, plus s'étend le besoin de se prémunir contre une adversité polymorphe qui peut surgir de partout. Moins il s'expose, plus l'homme contemporain se sent en danger. La crainte de la maladie se propage au fur et à mesure des avancées de la science ; les progrès de la médecine engendrent une angoisse irrationnelle pour toute espèce de pathologie ; nous en venons alors à « souffrir de la santé » comme le disait déjà Georges Duha-

1 **avanies :** humiliations.

2 **pusillanimité :** manque d'audace.

3 **Soljenitsyne :** écrivain russe contemporain.

4 **propension :** tendance.

5 **alacrité :** entrain.

6 **rhétorique victimaire :** formules qu'emploie une victime.

7 **Tocqueville :** penseur français du XIXe siècle.

mel en 1930. Bref les périls imaginaires prolifèrent alors même que nous maîtrisons mieux les périls réels. Au-delà d'un certain seuil, les instruments de notre libération se convertissent donc en auxiliaires de notre abaissement. [...]

Or être libre, c'est d'abord jouir des liens d'affection et de réciprocité qui nous rattachent à nos semblables et font de nous des personnes reliées, des personnes chargées. Nous sommes lourds de toutes les entraves qui, en freinant notre indépendance, la renouvellent et l'enrichissent. Être sujet, c'est aussi être assujetti à autrui, ne jamais se croire quitte à son égard, entrer dans ce réseau de dons, d'échanges, d'obligations que constitue le commerce humain. Mais que reste-t-il de l'individu et de sa responsabilité lorsque, délesté de toute dette envers les autres, il ne peut plus répondre de lui-même ? Comment se faire le gardien des autres quand on ne supporte plus d'être le gardien de soi ?

Pascal Bruckner, *La Tentation de l'innocence*, Éd. Bernard Grasset, 1995.

La responsabilité

La responsabilité, c'est la réponse. *Sponsio, spondere*, « se porter garant », « promettre » et par extension « s'engager à ». Si le mot est d'abord apparu dans le langage juridique (1783), il est très vite passé dans le langage courant pour désigner l'obligation (morale) de répondre de ses actes. En droit, on distingue la *responsabilité civile*, ou obligation de réparer les dommages causés par soi ou par ceux dont on a la charge, de la *responsabilité pénale*, ou obligation de se soumettre au châtiment prévu par la loi.

1. Quelle est l'idée générale du texte ?

2. Quels sont les avantages que l'auteur reconnaît aux difficultés rencontrées dans l'existence ?

3. Expliquez les phrases suivantes :
– « La reconnaissance de la fragilité de chacun ne doit pas tuer l'esprit de résistance » (ligne 14) ;
– « Toute malchance est vécue comme un arrêt inéluctable du destin » (ligne 23) ;
– « Nous vivons là le paradoxe d'un égoïsme qui finit par tuer l'ego à force de vouloir le préserver à tout prix » (ligne 31).

4. L'auteur oppose les « périls imaginaires » auxquels s'estime exposé l'homme contemporain « aux périls réels ». Expliquez cette opposition et illustrez-la par des exemples.

5. En quel sens peut-on dire qu'« être sujet, c'est aussi être assujetti à autrui » (ligne 46) ?

PRÉPARATION À L'EXAMEN ► Les épreuves du BTS p. 252

Vers l'écriture personnelle

Pensez-vous, comme l'auteur, qu'être responsable suppose de se sentir obligé envers les autres ? Vous rédigerez votre réponse en une trentaine de lignes en illustrant votre propos par des exemples.

Illustrer une idée à l'aide d'un exemple

Pour faire comprendre une idée

L'exemple permet de mieux comprendre une idée, par nature abstraite. En effet l'exemple incarne l'idée dans une situation ou un personnage concret. Il est introduit par un adverbe, une expression ou même par une phrase introductive. Il est placé après l'idée, dans une phrase différente et est introduit par *comme, par exemple, ainsi, tel* ou annoncé par la ponctuation (virgule, tirets, parenthèses ou deux points).

> **Exemple** : *Notre époque a réappris les plaisirs simples. Elle a découvert, par exemple, que la gourmandise n'était plus un péché mais un art de vivre. Les médias y consacrent de nombreux sujets : articles, émissions de toutes sortes. Ils s'attachent ainsi à parler du bien-être, de l'équilibre psychologique qu'apporte le plaisir.*

Pour valider une idée

L'utilisation d'un exemple renforce l'idée qu'il illustre. Cette similitude en fait une authentique preuve au service de l'idée. Placé après l'idée, il est introduit par *ainsi, par exemple, entre autres, un exemple illustre cette idée, on peut citer, l'exemple de X l'atteste*.... Il peut être développé dans une ou plusieurs phrases.

> **Exemple** : *L'émotion a bien changé de nature, elle procure aujourd'hui un puissant sentiment d'invulnérabilité. Ce n'est plus, par exemple, l'émotion romantique qui valorisait celui qui regardait sa souffrance avec complaisance. C'est désormais l'émotion du risque calculé, maîtrisé, celle du rallye de l'extrême, de la descente de pentes vertigineuses en VTT ou en ski, du saut à l'élastique.*

Pour introduire une idée

À partir de l'exemple, développé dans une ou plusieurs phrases autonomes, peut se dégager une idée plus large. Elle est introduite par des expressions comme : *On peut en conclure, Cet exemple montre, Comme on le voit, Nous pouvons donc penser*...

L'idée procède donc de cet exemple, qui constitue un cas particulier, en dégageant un principe général, qui a une valeur plus large. Rétrospectivement, cette idée éclaire cet exemple en projetant sur lui une lumière nouvelle. Si l'exemple est bien choisi, l'ensemble a une forte puissance argumentative.

> **Exemple** : *« Savez-vous dire non ? », « Pensez-vous qu'on vous aime ? » Les sites qui proposent aux internautes, moyennant finances, de mieux se connaître se développent sur Internet. Comme on le voit, le « Connais-toi toi-même » de Socrate est recyclé sur les nouvelles technologies marchandes.*

Exercice 1

Dans les extraits suivants, l'exemple sert-il à faire comprendre une idée ou à la valider ?

1. L'idéal peut aussi représenter un piège. Lorsque l'objectif est difficile à atteindre, par exemple un statut professionnel trop élevé pour ses compétences, on se soumet à des exigences qui excèdent nos propres forces.

2. Une personnalité se construit à travers toute une série d'identifications par lesquelles un jeune assimile un attribut d'une personne valorisée : parent, camarade, héros, vedette.

3. L'estime de soi a besoin d'actes pour se maintenir ou se développer. C'est ce qu'atteste cette constatation, entre autres, mille fois vérifiée : des petits succès au quotidien sont nécessaires à notre équilibre psychologique.

Exercice 2

Quel rôle jouent les exemples ci-dessous : à introduire une idée, à la valider ou à la faire comprendre ?

1. Ne pas craindre l'adversité ou l'inconnu révèle un bon niveau de confiance en soi. Ainsi, pour recruter un candidat, un directeur des ressources humaines est aussi attentif à déceler cette confiance que des compétences purement techniques. Il l'interroge sur son CV, sur ses points faibles. S'il assume ses limites sans se dévaloriser, et ne cherche ni à se protéger derrière les autres ni à contre-attaquer pour se défendre, le recruteur se dit que d'autres percevront le candidat comme lui et qu'il peut l'embaucher.

2. Ceux qui manquent de confiance en eux sont souvent victimes d'inhibition. Cette difficulté est sensible dans de petits actes quotidiens comme écrire une lettre, passer un coup de téléphone, ou prendre un contact…

3. Une mention *Assez bien* à un examen peut être ressentie comme un exploit par celui qui doute de sa réussite. Elle peut être mal vécue par celui qui vise l'excellence : l'estime de soi est liée aux objectifs que l'on se fixe.

Exercice 3

Complétez chacune de ces phrases par un exemple de votre choix illustrant l'idée qu'elle contient

1. La gestuelle d'un individu révèle sa personnalité.

2. Certains repères, autrefois évidents, ont tendance à s'affaiblir en ce début du XXIe siècle.

3. Le choix d'un métier n'est pas sans rapport avec la personnalité de celui qui l'exerce.

4. Certaines difficultés forgent le caractère.

5. Les jeunes enfants s'identifient en priorité aux vedettes de la chanson ou du sport.

Exercice 4

Reprenez la phrase 2 de l'exercice précédent. Développez votre exemple en plusieurs phrases pour illustrer toutes les composantes de l'idée qu'il renforce.

Exercice 5

1. Recherchez l'idée principale du texte.
2. Relevez l'exemple qui aide à la faire comprendre.
3. Prolongez le texte par un exemple de votre choix.

Le vêtement de l'enfant joue un rôle car il permet de dévoiler en partie ces enjeux inconscients qui se trament autour de lui. Il les lui rend palpables, possibles à appréhender ; ses vêtements lui disent à leur manière les rêves de ses parents le concernant. Ainsi, la magnificence d'une tenue vestimentaire lui dit la fierté de ses parents, leur idéal de réussite à son égard, comme s'il devait tenir des promesses qu'eux-mêmes ont peut-être déçues.

Cependant, malgré la puissance des forces qui s'exercent sur lui, l'enfant garde, généralement, la liberté de ses choix identificatoires.

Catherine Joubert, Sarah Stern, *Déshabillez-moi*, Hachette Littérature, 2005.

Exercice 6

Trouvez et développez un exemple permettant de mieux faire comprendre les idées suivantes.

1. La lecture est un moyen de formation permanente.

2. On n'est pas si différent des autres qu'on le croit parfois.

3. Chacun de nous a besoin de développer le sentiment de sa valeur personnelle.

4. Les enfants aiment à se démarquer des autres.

5. Chaque individu doit choisir par lui-même ce qui regarde les grandes orientations de sa vie.

Exercice 7

Développez un exemple reprenant tous les aspects de chaque idée.

1. Contrairement à hier, les jeunes ne choisissent plus automatiquement le même métier que leurs parents.

2. Les jeux de réflexion séduisent un large public.

3. Le café demeure en France un lieu de socialisation malgré l'impact de la télévision.

4. La grande ville offre de nombreux loisirs.

5. L'intégration des jeunes Français issus de l'immigration est un processus plus compliqué qu'on ne le croit.

Exercice 8

Développez l'idée ci-dessous à l'aide des exemples donnés.

Idée : Le style vestimentaire est un repère d'identité de groupe, qui devient le support de l'identité individuelle.

Exemples : Surfeurs, gothiques, BCBG, rappeurs.

Exercice 9

En utilisant les pistes suivantes : *corps, école, discours des parents, fratrie,* recherchez plusieurs exemples. Ils devront introduire cette idée : *on se construit dès la toute petite enfance.*

Exercice 10

1. Identifiez le thème du texte.
2 Remplacez chaque ☐ par des exemples qui doivent valider l'idée exprimée dans la phrase précédente.

Les « enfants tyrans » sont la plupart du temps des enfants qui vivent dans un contexte familial équilibré, qui reçoivent beaucoup d'affection mais qui ne se satisfont pas de ce qui leur est donné. Au coucher le bébé, par exemple, ne se contente pas d'un câlin, il en redemande encore et encore ☐. Si, à ce moment, les parents ne posent pas une limite, on assiste à d'autres demandes. L'enfant réclame alors ☐...

Exercice 11

En utilisant les pistes suivantes : *changement de la technologie, changement d'échelle, changement de civilisation,* recherchez plusieurs exemples. Ils devront faire comprendre cette idée : *l'avenir s'annonce passionnant.*

Exercice 12

1. Distinguez l'idée clé du texte.
2. Quel est le rôle de l'exemple : faire comprendre ou valider l'idée ?
3. Recherchez des exemples de films illustrant l'idée clé.
4. Développez ces exemples en quelques phrases à l'aide d'une expression comme *c'est ce que montre, illustre, c'est ce dont témoigne...*

Le poids croissant des médias dans la diffusion de l'information et de la connaissance a pour conséquence l'existence d'une culture commune, qui est américaine. Cette culture s'imprègne dans les esprits à travers la musique, les films, les livres, le langage, les objets et les outils technologiques venus d'outre-Atlantique. Ainsi, dans les films américains, les situations, les personnages et les rapports qu'ils entretiennent entre eux sont facilement compris par les spectateurs français, alors que ceux des films émanant d'autres pays européens (Suède, Danemark, Grèce...) sont plus difficiles à décoder.

Gérard Mermet, *Francoscopie 2003*, Éditions Larousse.

Exercice 13

1. Identifiez l'idée clé du texte.
2. Relevez les exemples.
3. Quel rôle jouent-ils ?

Je suis homme ou femme, jeune ou adulte, auvergnat ou provençal, fils de X, père de Y, etc. Je peux répondre à la question « Qui suis-je ? » par une série de définitions liées à mon rôle social, à ma fonction et à mon activité, à mes origines ou à mes expériences. Tout cela est inscrit dans mon itinéraire de vie. L'identité se constitue à travers une multiplicité d'appartenances à des catégories ou à des groupes.

Exercice 14

1. Identifiez l'idée clé du texte.
2. Relevez les exemples. Quel rôle jouent-ils ?
3. Choisissez un exemple du texte et développez-le pour illustrer l'idée soulignée.

<u>Plusieurs facteurs, de nature sociale, sont susceptibles d'entraîner des modifications importantes dans la conscience que l'on peut avoir de soi</u> : le choix d'une profession ; le degré de réussite et le statut socio-économique qui en découle ; le mariage (ou le célibat qui entraîne l'identité de « vieille fille » ou de « vieux garçon ») ; la maternité et la paternité (qui confèrent une nouvelle identité de parent) ; les rôles sociaux assumés (comme syndicaliste, militant politique, animateur d'association, etc.) : les affiliations idéologiques et religieuses ; l'état de santé ; les événements (deuil, chômage, reconversion, divorce, accidents, maladies, psychothérapie, etc.) : la construction identitaire apparaît donc bien comme un processus dynamique, inachevé et toujours repris.

Edmond Marc Lipiansky, « L'identité personnelle », *Sciences Humaines*, hors série n° 15, décembre 1996-janvier 1997.

L'amour

5

Robert Delaunay, *Les Amoureux de Paris : le baiser,* 1929. Huile sur bois, 37,4 x 55,1 cm.

L'amour

L'amour est une émotion intime, personnelle et profonde. C'est l'un des thèmes les plus abordés par les arts, la littérature et le cinéma. Le mot évoque un bonheur sans mélange, qui aurait la pureté du diamant et l'incorruptibilité de l'or : deux matériaux qui, traditionnellement, symbolisent le sentiment amoureux.

Francesco Hayez, *Le Baiser*, 1859.

L'amour est-il seulement une relation à deux ?

L'amour dans un couple installé ne prétend pas s'exclure des relations sociales ni s'opposer à elles. Il fonde une construction, celle de la famille, un lieu où se tissent les liens (et les haines) les plus durables. Les relations entre époux, entre parents et enfants, entre sœurs et frères multiplient à l'infini cette variété des formes d'amour. Mais l'amour est aussi une rencontre qui peut prendre diverses formes.

Ces formes sont en relation avec un milieu, une culture, une histoire. Ainsi le désir physique, la séduction, la sexualité, et tous les degrés de l'amitié amoureuse ou du flirt, ne sont pas seulement des conduites individuelles, mais aussi l'application de modèles lentement élaborés par une société.

Le couple. Toute relation à deux n'est pas seulement une conduite individuelle, c'est aussi l'insertion dans un modèle (ou un antimodèle) élaboré par le groupe social.

La passion est-elle toujours une découverte de l'autre ?

Le coup de foudre , c'est-à-dire l'attirance soudaine et passionnée, se retrouve dans toute la littérature occidentale. L'amoureux est alors audacieux, fougueux, inquiet, sujet aux épreuves et aux tourments. Mais la passion ne semble durer que le temps d'une découverte. Illustré aujourd'hui par les films et feuilletons télévisés, naguère par les romans-photos, cet amour,

La rencontre

Autrefois on ne pouvait guère trouver d'époux en dehors de son milieu, de son réseau d'alliances, de son village. Les bergères qui épousaient des princes charmants étaient rares : le conte reflète le rêve, et non la réalité sociale. Aujourd'hui, les sociologues montrent que les choses ont très peu changé : on flirte (et on se marie parfois) presque toujours uniquement à l'intérieur de sa classe sociale. Les rapports amoureux sont des faits sociaux qui peuvent aussi être mesurés, quantifiés.

Paul Klee, *La Collana.* Gouache, 1932.

qui est une quête d'absolu, a partie liée avec la mort. Souvent dépeint comme une sorte de vertige asocial, centré sur son objet de façon obsessionnelle, il ne se préoccupe ni des conséquences, ni même de la réalité : « L'amour est aveugle. » Avide de possession, exigeante, la passion ne cherche pas à aller à la rencontre de l'autre. Elle idéalise un objet.

L'amour n'est-il qu'une affaire de sentiment ?

Aujourd'hui l'honneur de la famille, l'autorité patriarcale, la transmission d'un patrimoine ne constituent plus le socle inébranlable du couple. Des lois comme celles sur le divorce par consentement mutuel, la majorité à dix-huit ans, la contraception, l'interruption volontaire de grossesse, le PACS, ont accompagné lentement le changement des mœurs. Ainsi, peu à peu la société entière se persuade que le couple, la sexualité et la procréation sont fondés d'abord sur le consentement individuel et en dernier ressort sur l'amour.

Cette liberté comporte aussi des risques. Le sentiment amoureux est complexe et variable. Chacun revendique le droit de préserver un jardin secret, une zone intime de sa conscience ; en même temps, nul n'accepte que l'autre lui cache quelque chose. L'exigence de sincérité, voire de « transparence » ne semble pas toujours compatible avec la vie à deux et le projet à long terme.

Les rapports amoureux sont des rapports entre les personnes : comme tels, ce sont en partie des rapports de force. Ils ne peuvent durer que si les partenaires acceptent des compromis.

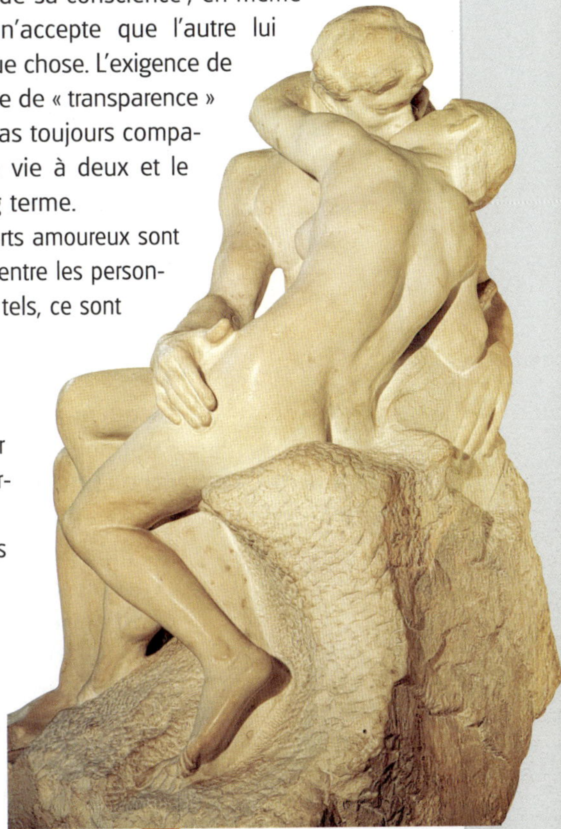

Auguste Rodin (1840-1917), *Le Baiser.*

Le partage fait partie des relations à deux.
Peinture d'Edgar Bundy (1917).

SOMMAIRE

L'histoire d'amour

Curieusement, quelle que soit la culture de ceux qui la vivent, la naissance du sentiment amoureux suit toujours un cheminement identique. L'histoire d'amour universelle se déroule alors suivant un parcours obligé, qui mène des premiers émois au ravissement, puis à l'apaisement. Comment cette histoire se construit-elle ?

L'histoire d'amour est universelle alors que l'histoire de l'amour change étonnamment selon la culture.

L'histoire d'amour universelle raconte toujours le même événement : la naissance du sentiment amoureux. Cette délicieuse émotion qui pousse à sortir de soi, à s'arracher de son monde pour partir à la recherche de l'objet parfait, donc idéal. Cette émotion nous conduit à tenter l'aventure : « Par hasard, elle était là, ce soir, prête à la rencontre dès le premier regard. »

Alors se déroule l'histoire d'amour, toujours la même, celle qui organise les séquences du scénario : la rencontre, l'émotion par le regard, la danse interactionnelle des premières paroles et des tout premiers gestes. Le jeu de l'approche et de la séduction, de la synchronisation des désirs et de la suggestion des engagements. L'émoi infiltre de sensualité le moindre geste, la moindre parole, le plus petit mouvement d'étoffe ou de chevelure, l'infime tremblement de la voix ou le clignement des yeux. Transfiguration du banal, la moindre stimulation devient sensuelle.

Une fois que les corps sont présents, il faut présenter les âmes : on se raconte son histoire, ce qui permet de dire comment on aime, comment on craint, et de suggérer comment il va falloir se coordonner autour de cette manière de vivre.

L'interpénétration sensorielle, l'extase croisée des amoureux réalise un autre mode de connaissance : il n'est plus possible de percevoir son partenaire comme lors d'une observation à distance. Désormais la perception fusionnelle de l'autre en soi nous révèle.

Il faut que l'histoire d'amour finisse mal : par la mort ou par le mariage ! La mort permet aux historiens d'amour de ne plus en parler et le mariage replace l'histoire d'amour dans son contexte social. Car auparavant, la fusion amoureuse avait créé un monde clos, une échappée en territoire privé. L'effet subversif de l'histoire d'amour met les amoureux hors la loi, mais pas opposés à la loi. Sa marginalité discrète suscite l'envie des gens normaux, toujours fascinés par les déviants et les pervers.

Le flash amoureux déjà s'éteint. On garde en soi le souvenir de l'extase, la nostalgie du bel objet perdu qui n'a duré que quelques mois. L'apaisement sensoriel nous permet alors d'ouvrir les yeux sur le réel et sur le social qui, doucement, prennent leur revanche et nous imposent leurs contraintes. Dès que le couple amoureux pactise avec le réel, l'histoire d'amour se termine par le rituel : « Ils se marièrent et eurent beaucoup d'enfants. » Il faudrait y ajouter : « Ils s'inscrivirent aux allocations familiales et firent à la caisse d'épargne un emprunt avantageux à faible taux d'intérêt. » Le réel a repris la parole : terminée l'histoire d'amour.

Le réel a rétracté l'extase. L'amour passion doit flamber dans l'idéal, dans l'émotion tombée du ciel, dans la trace réveillée par l'autre. Il faut que l'amour passion soit passif, car toute action introduirait le travail et le réel désenchanteur. Alors on se promène, on soupire, on attend, on regarde, on est bien là, immobiles, ensemble, fusionnés, car dans l'amour passion, « le seul objet possible est le je lui-même ».

Le moment amoureux transfigure le banal, mais tout apaisement de l'extase laisse apparaître un réel sans âme : la famille et ses contraintes, la société et ses règles. Le réel et ses lois deviennent persécuteurs, empêcheurs d'extase. Si l'on veut s'enivrer encore un peu, garder en soi le sentiment merveilleux d'élation[1] désincarnée, il faut se coucher, se concentrer sur la flamme vacillante du plaisir amoureux, et attendre la mort.

Boris Cyrulnik, *Sous le signe du lien*, Éd. Hachette, 1989.

1 élation : néologisme formé sur le latin *elatio*, « élévation, accroissement, hauteur d'âme ».

Le mot « amour »

Le mot amour apparaît, dans les *Serments de Strasbourg*, premier texte connu écrit en langue romane (842) : *Pro Deo amur…* (« Pour l'amour de Dieu… »).
La dérivation normale aurait donc dû produire un terme comme *ameur*. Mais le mot « amour » a subi l'influence de l'occitan. En effet, au XIIe siècle, la poésie des troubadours de langue d'oc a un tel prestige que les seigneurs courtois de la France du Nord lui empruntent le mot *amor* qui deviendra « amour ». D'abord féminin, le mot est aujourd'hui masculin, sauf au pluriel.

1. Donnez un titre à chacune des deux grandes parties du texte.
2. Quelles sont les grandes étapes de la rencontre décrite dans la première partie ? Montrez la part de l'impulsion et celle de la volonté, le rôle des sens (vue, ouïe, etc.).
3. Ambiguïté de la connaissance amoureuse de l'autre : qu'apporte « l'interpénétration sensorielle » (ligne 19) ? que fait-elle perdre ?
4. Inversement, « l'apaisement sensoriel » (ligne 31) offre aussi une nouvelle possibilité de connaissance de l'autre. Laquelle ? En revanche, que fait-il perdre ?
5. Le désenchantement est-il inéluctable ? Quelle phrase du texte pourrait le laisser penser ? Quelle autre indique que le sentiment d'amour est durable ? Dans quelles conditions ?

PRÉPARATION À L'EXAMEN ► Les épreuves du BTS p. 252

Vers la synthèse

En vous aidant des réponses aux questions 3, 4 et 5, résumez en cinq lignes environ la première partie du texte, depuis « L'histoire d'amour est universelle… » jusqu'à «… nous révèle » (ligne 22).

L'expression du désir

Chacun sent bien que l'attirance est inexprimable, indicible. Le désir s'énonce difficilement, il ne se mime guère non plus. Pourtant, c'est lui qui conduit le sentiment amoureux. Qu'est-ce que le désir ? Comment renoncer à exprimer cette force mystérieuse qui jaillit du plus profond de soi ?

DOCUMENT 1

Je rencontre dans ma vie des millions de corps ; de ces millions je puis en désirer des centaines ; mais, de ces centaines, je n'en aime qu'un. [...]

C'est là une grande énigme dont je ne saurai jamais la clef : pourquoi est-ce que je désire Tel ? Pourquoi est-ce que je le désire durablement, langoureusement ? Est-ce tout lui que je désire (une silhouette, une forme, un air) ? Ou n'est-ce seulement qu'un morceau de ce corps ? Et, dans ce cas, qu'est-ce qui, dans ce corps aimé, a vocation de fétiche pour moi ? Quelle portion, peut-être incroyablement ténue, quel accident ? La coupe d'un ongle, une dent un peu cassée en biseau, une mèche, une façon d'écarter les doigts en parlant, en fumant ? De tous ces *plis* du corps, j'ai envie de dire qu'ils sont *adorables*. *Adorable* veut dire : ceci est mon désir, en tant qu'il est unique : « C'est ça ! C'est exactement ça (que j'aime) ! » Cependant, plus j'éprouve la spécialité de mon désir, moins je peux la nommer ; à la précision de la cible correspond un tremblement du nom ; le propre du désir ne peut produire qu'un impropre de l'énoncé. De cet échec langagier, il ne reste qu'une trace : le mot « adorable ».

Roland Barthes, *Fragments d'un discours amoureux*, Tel quel, Éd. du Seuil, 1977.

DOCUMENT 2

Je le vis, je rougis, je pâlis à sa vue ;
Un trouble s'éleva dans mon âme éperdue ;
Mes yeux ne voyaient plus, je ne pouvais parler ;
Je sentis tout mon corps et transir et brûler.

Jean Racine, *Phèdre*, 1677.

Dans le film *Casino*, Robert De Niro est le patron d'un grand casino de Las Vegas. Surveillant la salle de jeu sur un écran de contrôle, il aperçoit pour la première fois Sharon Stone, éblouissante, en train de plumer un client à une table de roulette. Le regard de Robert De Niro devient fixe, son visage se crispe comme sous l'effet d'une douleur soudaine, tandis qu'il continue d'observer la belle inconnue avec une attention extrême.

Nous savons qu'il vient de tomber amoureux de Sharon Stone parce que c'est ce qui doit arriver à deux stars dans un film, mais, si nous n'avions que le visage de Robert comme indice, nous pourrions aussi bien penser qu'il ressent une violente douleur ou qu'il vient brusquement de se rappeler qu'il n'a pas payé son tiers provisionnel.

Les chercheurs n'ont pas encore trouvé d'expression faciale caractéristique de l'amour, en tout cas au sens de la passion amoureuse. Si l'on vous demande de mimer le visage de la colère ou de la peur, vous y arriverez sans peine, mais essayez donc de mimer l'amour ! Quand on demande à des étudiants en psychologie de le tenter dans le cadre d'une recherche, ils sont en général trouvés risibles par leurs camarades.

Cette difficulté à lui trouver une expression faciale et aussi sa durée fort variable empêche l'amour d'être retenu parmi les émotions fondamentales. Mais, si on lui refuse ce titre, ce n'est pas pour nier son importance, mais pour en souligner la complexité comparée à ces bonnes vieilles émotions primaires que sont la colère, la tristesse, la joie ou la peur. L'amour n'est pas une émotion, mais plutôt un mélange complexe d'émotions associées à des pensées particulières et une tendance à vouloir se rapprocher de l'être aimé.

François Lelord et Christophe André, *La Force des émotions*, Éd. Odile Jacob, 2001.

1. Quels caractères du désir les auteurs reconnaissent-ils en commun (documents 1 et 2) ?
2. Précisez quelle est, pour Roland Barthes, la part de l'élan et celle de la réflexion (document 1).
3. Précisez quelle est, pour Roland Barthes, la part de la liberté et celle de la contrainte (document 1).
4. Expliquez la phrase « le propre du désir ne peut produire qu'un impropre de l'énoncé » (document 1, ligne 14).
5. Quel sens donnez-vous au mot « adorable » dans la phrase : « De cet échec langagier, il ne reste qu'une trace : le mot "adorable". » (document 1, ligne 14) ?
6. Quelles différences oppose, selon les auteurs, l'amour et les « bonnes vieilles émotions primaires » (document 2, ligne 20) ?
7. Dans l'expression du désir, quelles caractéristiques communes évoquent l'extrait de *Phèdre* et celui de *La Force des émotions* ?
8. Expliquez l'expression : « L'amour [est] une tendance à vouloir se rapprocher de l'être aimé » (document 2, ligne 23).

PRÉPARATION À L'EXAMEN ► **Les épreuves du BTS** p. 252

Vers l'écriture personnelle

Partagez-vous l'opinion des auteurs du document 2, quand ils soulignent la complexité de l'amour ? Justifiez votre point de vue par des exemples pris dans la littérature ou le cinéma.

L'intimité

La vie en couple est la forme la plus courante de l'expérience amoureuse. Le couple d'amoureux se distingue ainsi des autres par la construction d'une histoire commune et intime. Mais les formes de cette intimité ne sont-elles pas multiples ?

Le thème

Le peintre représente le baiser enflammé de l'homme et de la femme. Le lieu est apparemment un bureau et un seul fauteuil se fait accueillant. Le spectateur surprend un moment intime et imprévu.

Les couleurs

Les couleurs, essentiellement des tonalités rouge, marron et orangé, sont chaudes et symbolisent l'émotion de la passion amoureuse. Le fond, plus clair, apporte de la profondeur.

Félix Vallotton (1865-1925), *Intimité : couple dans un intérieur avec un paravent,* 1898. Huile sur toile, 95 x 155 cm.

La composition

Le couple, au centre, est un peu en retrait par rapport aux meubles. Au premier plan à gauche, le paravent souligne la dimension intime de la scène. Les cadres sur la cheminée introduisent une autre histoire à l'intérieur de cette scène..

L'angle de vue

L'angle de vue est légèrement plongeant. Ayant dépassé la présence massive du paravent, le spectateur, comme dans un film, découvre la scène et surprend les amoureux qui ne se rendent compte de rien.

Edward Hopper (1882-1967), *Chambre à New York*, 1932. Peinture sur toile, 74 x 91 cm.

La perspective classique

La perspective classique repose sur l'idée que les lignes parallèles se joignent en un point appelé « point de fuite », situé sur la ligne d'horizon. La disposition de ce point de fuite dans ou hors du tableau apporte un effet de profondeur plus ou moins accentué. Dans le tableau de Edward Hopper, la profondeur est amplifiée par le point de fuite qui se trouve à droite, à l'extérieur du tableau.

1. Le thème : décrivez et comparez les scènes représentées sur chacun des tableaux.
2. La composition : quels sont les différents plans dans le tableau de Hopper ? Quel détail du tableau de Hopper reprend le principe du paravent du tableau de Félix Vallotton ?
3. L'angle de vue : quelle est la position du spectateur par rapport à la scène ?
4. Indiquez quelle est l'origine de la lumière dans chaque tableau. Que met-elle en valeur dans la peinture de Hopper ?

PRÉPARATION À L'EXAMEN ▸ **Les épreuves du BTS** p. 252

Vers la synthèse

En vous appuyant sur l'analyse de ces deux œuvres, confrontez le thème de l'amour dans le tableau de Félix Valloton au même thème dans le tableau d'Edward Hopper.

La souffrance amoureuse

Quand l'être aimé s'éloigne, les sentiments amoureux sont empreints à la fois d'amertume et de nostalgie. L'amoureux souffre d'une perte, qu'il peut même ressentir comme une trahison. Il veut oublier ; mais une autre part de lui-même cherche désespérément le souvenir des instants heureux. Comment vivre cette séparation ?

Mais tout à coup ce fut comme si elle était entrée, et cette apparition lui fut une si déchirante souffrance qu'il dut porter la main à son cœur. C'est que le violon était monté à des notes hautes où il restait comme pour une attente, une attente qui se prolongeait sans qu'il cessât de les tenir, dans l'exaltation où il était d'apercevoir déjà l'objet de son attente qui s'approchait, et avec un effort désespéré pour tâcher de durer jusqu'à son arrivée, de l'accueillir avant d'expirer, de lui maintenir encore un moment de toutes ses dernières forces le chemin ouvert pour qu'il pût passer, comme on soutient une porte qui sans cela retomberait. Et avant que Swann eût le temps de comprendre, et de se dire : « C'est la petite phrase de la sonate de Vinteuil, n'écoutons pas ! », tous ses souvenirs du temps où Odette était éprise de lui, et qu'il avait réussi jusqu'à ce jour à maintenir invisibles dans les profondeurs de son être, trompés par ce brusque rayon du temps d'amour qu'ils crurent revenu, s'étaient réveillés et, à tire-d'aile, étaient remontés lui chanter éperdument, sans pitié pour son infortune présente, les refrains oubliés du bonheur.

Au lieu des expressions abstraites, « temps où j'étais heureux », « temps où j'étais aimé », qu'il avait souvent prononcées jusque-là et sans trop souffrir, car son intelligence n'y avait enfermé du passé que de prétendus extraits qui n'en conservaient rien, il retrouva tout ce qui de ce bonheur perdu avait fixé à jamais la spécifique et volatile essence[1] ; il revit tout, les pétales neigeux vert frisés du chrysanthème qu'elle lui avait jeté dans sa voiture, qu'il avait gardé contre ses lèvres – l'adresse en relief de la « Maison Dorée » sur la lettre où il avait lu : « Ma main tremble si fort en vous écrivant » – le rapprochement de ses sourcils quand elle lui avait dit d'un air suppliant : « Ce n'est pas dans trop longtemps que vous me ferez signe ? » ; il sentit l'odeur du fer du coiffeur par lequel il se faisait relever sa « brosse » pendant que Lorédan[2] allait chercher la petite ouvrière, les pluies d'orage qui tombèrent si souvent ce printemps-là, le retour glacial dans sa victoria[3], au clair de lune, toutes les mailles d'habitudes mentales, d'impression saisonnières, de réactions cutanées, qui avaient étendu sur une suite de semaines un réseau uniforme dans lequel son corps se trouvait repris. À ce moment-là, il satisfaisait une curiosité voluptueuse en connaissant les plaisirs des gens qui vivent par l'amour. Il avait cru qu'il pourrait s'en tenir là, qu'il ne serait pas obligé d'en apprendre les douleurs ; comme maintenant le charme d'Odette lui était peu de chose auprès de cette formidable terreur qui le prolongeait comme un double halo, cette immense angoisse de ne pas savoir à tous moments ce qu'elle avait fait, de ne pas la posséder partout et toujours ! Hélas, il se rappela l'accent dont elle s'était écriée : « Mais je pourrai toujours vous voir, je suis toujours libre ! » elle qui ne l'était plus jamais ! L'intérêt, la curiosité qu'elle avait eus pour sa vie à lui, le désir passionné qu'il lui fit la faveur – redoutée au

1 **essence :** nature.

2 **Lorédan :** surnom donné à un domestique de Swann.

3 **victoria :** voiture à cheval découverte, à quatre roues.

La souffrance et la passion

Le mot passion vient d'une forme du verbe latin *patior* (« supporter, endurer »). C'est dans ce sens que l'on évoque, pour parler de son agonie, la Passion du Christ. *Patior* est, par ailleurs, apparenté au grec *pathos* (« souffrance »). Beaucoup de mots de ces familles renvoient à l'univers médical : une pathologie, un patient.

contraire par lui en ce temps-là comme une cause d'ennuyeux dérangements – de l'y laisser pénétrer ; comme elle avait été obligée de le prier pour qu'il se laissât mener chez les Verdurin ; et, quand il la faisait venir chez lui une fois par mois, comme il avait fallu, avant qu'il se laissât fléchir, qu'elle lui répétât le délice que serait cette habitude de se voir tous les jours dont elle rêvait, alors qu'elle ne lui semblait à lui qu'un fastidieux tracas, puis qu'elle avait prise en dégoût et définitivement rompue, pendant qu'elle était devenue pour lui un si invincible et si douloureux besoin. Il ne savait pas dire si vrai quand, à la troisième fois qu'il l'avait vue, comme elle lui répétait : « Mais pourquoi ne me laissez-vous pas venir plus souvent ? », il lui avait dit en riant, avec galanterie : « par peur de souffrir ». Maintenant, hélas ! il arrivait encore parfois qu'elle lui écrivît d'un restaurant ou d'un hôtel sur du papier qui en portait le nom imprimé ; mais c'était comme des lettres de feu qui le brûlaient. « C'est écrit de l'hôtel Vouillemont ? Qu'y peut-elle être allée faire, avec qui ? que s'y est-il passé ? » Il se rappela les becs de gaz qu'on éteignait boulevard des Italiens quand il l'avait rencontrée contre tout espoir parmi les ombres errantes dans cette nuit qui lui avait semblé presque surnaturelle et qui en effet – nuit d'un temps où il n'avait même pas à se demander s'il ne la contrarierait pas en la cherchant, en la retrouvant, tant il était sûr qu'elle n'avait pas de plus grande joie que de le voir et de rentrer avec lui – appartenait bien à un monde mystérieux où on ne peut jamais revenir quand les portes s'en sont refermées. Et Swann aperçut, immobile en face de ce bonheur revécu, un malheureux qui lui fit pitié parce qu'il ne le reconnut pas tout de suite, si bien qu'il dut baisser les yeux pour qu'on ne vît pas qu'ils étaient pleins de larmes. C'était lui-même.

Marcel Proust, « Un amour de Swann », *À la recherche du temps perdu*, Éd. Gallimard, 1913.

1. Observez le début et la fin du texte : dans quelles circonstances se déroule la scène ? Pourquoi sont-elles si peu indiquées dans le passage ?
2. Quel fait inattendu déclenche soudain la rêverie douloureuse du personnage ? Montrez que Swann, d'habitude, essaye d'échapper à sa souffrance.
3. Injustice des sentiments : Swann, au début de son aventure avec Odette, était-il très amoureux ? En quoi peut-on voir dans la froideur d'Odette un juste retour des choses ?
4. Quels sont les sens (vue, odorat, etc.) sollicités par les souvenirs ? En quoi ces souvenirs sont-ils différents des « expressions abstraites » (ligne 16) ?
5. Expliquez l'expression « les refrains oubliés du bonheur » (ligne 15).
6. Montrez que la vie affective de Swann échappe en partie à sa volonté.

PRÉPARATION À L'EXAMEN ► **Les épreuves du BTS** p. 252

Vers l'écriture personnelle

À quoi servent les souvenirs ? Rassemblez vingt idées pour répondre à cette question. Classez-les en deux parties qui pourraient servir de plan pour une argumentation.

Le couple

Le désir exclusif, la passion, le déchirement et la jalousie ne sont pas les seules réalités de l'amour. Comment la fidélité, la tendresse, les projets partagés unissent-ils un couple ?

DOCUMENT 1

La vente finie, le canot tiré au sec, il prenait le chemin de sa petite case, versait l'argent dans les jupes de sa femme et mangeait un morceau en attendant que le soleil faiblisse. Puis tous deux s'en allaient ensemble cultiver leur jardin et tandis qu'il bêchait, elle traçait les sillons et tandis qu'il brûlait les herbes, elle ensemençait, et le crépuscule des îles tombait sur leur dos avec sa brusquerie habituelle, et, profitant de l'ombre naissante, Jérémie prenait à même la terre un petit hors-d'œuvre du corps de sa femme cependant qu'il lui murmurait toutes sortes de bêtises, comme au premier jour… femme, je ne sais pas encore ce que je préfère en toi, un jour ce sont tes yeux, et le lendemain c'est ton rire des bois, un jour ce sont tes cheveux et le lendemain c'est la légèreté de ta démarche, un jour c'est ton grain de beauté à la tempe et le lendemain ce sont les grains de riz que j'aperçois, lorsque tu me souris. Et à cet air de mandoline, Toussine frissonnait d'aise et répondait par un petit air de flûte rauque et frais… mon cher, à te voir comme ça dans la rue, on te donnerait l'hostie sans confession, mais tu es un homme dangereux et tu me mettrais sous terre depuis belle lurette si seulement on mourait de contentement… et ils regagnaient leur maison et Jérémie disait pour le soir, en jetant un dernier regard aux champs… comment ne pas aimer son jardin ?

Simone Schwargz-Bart, *Pluie et vent sur Télumée Miracle*, Éd. du Seuil, 1972, coll. Points, 1995.

DOCUMENT 2

Il ne faut pas rêver les couples, mais il ne faut pas rêver non plus la passion ; la vivre, oui, quand elle est là, mais ne pas lui demander de durer, ne pas lui demander de suffire, ne pas lui demander de remplir ou guider une existence ! Ce n'est qu'un leurre de l'*ego*. La vraie question est de savoir s'il faut cesser d'aimer quand on cesse d'être amoureux (auquel cas on ne peut guère qu'aller de passion en passion, avec de longs déserts d'ennui entre deux), ou bien s'il faut aimer autrement, et mieux. Les quelques couples qui réussissent à peu près, et il y en a tout de même, me paraissent explorer cette seconde voie, qui est la plus difficile, sans doute, et la plus douce… J'aime les couples, quand ils sont heureux ; j'aime leur intimité, leur complicité, leur humour, leur érotisme au quotidien… Ces amants-là savent que le désir est autre chose et plus qu'un manque, l'amour autre chose et plus que la passion. Il ne faut pas rêver les couples, mais il ne faut pas non plus calomnier la vie. Tu[1] te souviens de ce qu'écrit Rilke, dans les *Lettres à un jeune poète* : « Nous devons nous tenir au difficile. Tout ce qui vit s'y tient… Il est bon d'être seul parce que la solitude est difficile. Il est bon aussi d'aimer ; car l'amour est difficile… » Quoi de plus bête au contraire, je veux dire de plus facile, que de tomber amoureux ? C'est à la portée du premier adoles-

1 **Tu :** l'auteur s'adresse à Judith Brouste, écrivain.

cent venu, et c'est très bien ainsi : qu'on commence par le plus facile, c'est de bonne pédagogie ! La vie sait sans doute ce qu'elle fait, ou du moins, sans le savoir, le fait bien. Mais enfin l'adolescence ne dure qu'un temps, et c'est heureux aussi. Un de mes amis, il avait une quarantaine d'années, me dit un jour : « À chaque fois que je suis amoureux, c'est toujours comme la première fois ! » J'en étais peiné pour lui : cela voulait dire qu'il n'avait rien appris. Moi, au contraire, ce fut différent à chaque fois : je croyais de moins en moins à la passion, et de plus en plus à l'amour.

André Comte-Sponville,
L'Amour la solitude,
Éd. Albin Michel, 2000.

DOCUMENT 3

Conrad Felixmüller, *Amoureux sous la pluie*, 1922. Aquarelle.

1. Esssayez de préciser les lieux, l'époque, les statuts sociaux des personnages. (document 1)
2. Montrez que le couple est bien ancré dans le monde qui les environne : la nature, le travail, les relations sociales. (document 1)
3. Quelle différence André Comte-Sponville fait-il entre « aimer » et « être amoureux » (ligne 4, document 2) ? Quelle autre expression, employée plusieurs fois dans le texte, est synonyme d'« être amoureux » ?
4. Quelles sont, d'après les trois auteurs, les caractéristiques d'un couple heureux ?
5. Quels sentiments, quelles relations, quels projets vous paraissent importants et ne sont pas mentionnés par les auteurs dans ces extraits de leurs livres ?

PRÉPARATION À L'EXAMEN ► **Les épreuves du BTS** p. 252

Vers la synthèse
Recherchez quelle conception commune du bonheur amoureux évoque chaque document (1, 2 et 3). Expliquez cette conception dans un paragraphe rédigé et illustrez-la par des exemples précis.

L'histoire du sentiment amoureux

Le sentiment amoureux semble naturel. Pourtant son statut diffère selon les époques. Il apparaît ainsi parfois comme une folie, une souffrance, pouvant conduire les amants jusqu'à la mort s'ils ne se conforment pas aux normes du groupe social. Le sentiment amoureux, qui n'a pas toujours été un préalable au mariage, est désormais perçu comme le moyen d'affirmer son droit au bonheur.

L'Antiquité

Dans l'Antiquité le statut de la femme est inférieur à celui de l'homme. L'épouse est désirée pour sa beauté – on célèbre partout le culte du corps humain – et elle est honorée pour les enfants qu'elle donne à son mari et à la patrie. Il s'agit d'avoir des descendants légitimes et de créer un lien entre deux clans familiaux. Le sentiment amoureux se vit le plus souvent en dehors du mariage. Il est admis que les époux aient d'autres partenaires, toutefois la femme prise en flagrant délit d'adultère peut être répudiée. Enfin à Athènes ou à Rome, l'homophilie est acceptée comme une des possibilités de la sexualité humaine.

L'amour fatal de Tristan et Yseut prend naissance dans les légendes celtiques du Xe siècle. Après avoir bu un filtre, les deux jeunes gens sont liés par une passion absolue, que rien ne peut empêcher. Dénoncés, ils sont contraints de fuir.

Le Moyen Âge

Le sentiment amoureux prend une forme particulière dans la noblesse, sous l'influence des cours royales. Le *fin'amor* (l'amour courtois) transcende les plaisirs de la chair : pour plaire à sa dame, le chevalier recherche la perfection et renonce à la satisfaction du désir. Au Moyen Âge, la femme, considérée par l'Église comme

Cupidon est généralement représenté comme un enfant ailé qui blesse les cœurs de ses flèches. Cette sculpture grecque, du IVe siècle avant notre ère, montre le dieu de l'Amour qui était amoureux de Psyché.

Illustration pour le roman de Goethe, *Les Souffrances du jeune Werther*, qui expose les états d'âme d'un jeune amoureux.

esclave de ses désirs, doit être mariée et donner naissance à des enfants. Avoir des rapports sexuels par plaisir est un péché. Le mariage d'amour est donc rare : on se marie pour créer une descendance, regrouper des familles et des biens, surtout dans l'aristocratie. On rencontre l'amour en dehors du mariage. Mais dans les classes populaires, l'adultère est réprimé : l'épouse fautive est répudiée.

Du XVIe au XIXe siècle

Aux XVIe et XVIIe siècles, aimer s'enseigne comme un art mondain, avec ses codes et ses jeux précieux qui passionnent les salons. Pour la société, mariage et amour sont deux mots antithétiques et l'idée même de passion dérange. Mais Shakespeare, avec *Roméo et Juliette*, dénonce l'impossibilité d'aimer. Molière, Marivaux, au théâtre, et Rousseau, avec son roman *La Nouvelle Héloïse*, revendiquent avec force le droit des individus au libre choix du conjoint. Peu à peu le couple devient le creuset d'une idéalisation de l'amour. Au XIXe siècle, s'affirme avec violence la primauté du sentiment amoureux sur les carcans normatifs de la société. Déçus par le monde, les romantiques se réfugient auprès de l'âme sœur qui, elle seule, sait les comprendre.

Aux XXe et XXIe siècles

L'immédiateté de la relation amoureuse moderne, souvent incarnée par le stéréotype du coup de foudre, s'oppose à la démarche raisonnée du début du XXe siècle, respectueuse des rituels sociaux : rencontre, fiançailles, mariage. Pour la psychanalyse, ce n'est plus la structure sociale qui s'exprime dans le mariage, mais plutôt la structure névrotique des partenaires. Cette transformation pourrait expliquer la fragilité des couples actuels. Le couple du XXIe est fusionnel et repose sur l'amour. On exige qu'il satisfasse pleinement deux attentes difficiles à concilier : l'harmonie des partenaires et leur épanouissement personnel. La maîtrise de la contraception libère les corps et donne à l'hédonisme un rôle important. Mais la sexualité peut refléter les aléas de la relation et devenir alors une source d'angoisse.

Affiche du film *Titanic*, réalisé par James Cameron en 1997.

Développer une idée à partir d'un fait

Le fait et l'opinion

L'authenticité du fait. Un fait est un élément du réel. Il doit pouvoir être attesté et ne pas être mis en doute car il est indiscutable. En revanche l'opinion est un jugement, un point de vue qui, par nature, est discutable.

➤ **Fait :** *À Paris, au Grand Palais, en octobre et novembre 2005, plus de 400 000 personnes ont visité les deux grandes expositions : Vienne 1900, et la Mélancolie.*

➤ **Opinion :** *Paris est la capitale des arts.*

La pertinence du fait. Pour générer des idées, un fait doit être riche, complexe. Il faut donc choisir des faits de nature à suggérer des pistes de réflexion en les puisant dans la littérature, dans l'histoire et dans l'actualité.

L'idée suggérée par le fait

La signification du fait. Un fait peut révéler un phénomène profond, une tendance. Il peut avoir aussi une portée, des effets qu'il faut imaginer. Dégager ces tendances ou ces effets, c'est trouver la signification de ce fait. Un fait est donc porteur d'idées qu'il convient de faire émerger. Dans cette démarche de réflexion, il y a changement de plan, on passe du fait concret à l'abstraction des idées.

La recherche de l'idée. Pour dégager la signification du fait, on peut l'interroger en posant les questions *Qui* (quels sont les acteurs du fait ?), *Quoi* (qu'ont-ils fait, que s'est-il passé ?), *Quand* et *Où*, *Comment* (quelles sont les circonstances du fait ?), *Pourquoi* (quelles sont les raisons du fait, les motivations des acteurs ?). On doit aussi se demander ce que révèle le fait et quelle est sa portée. Faire la synthèse des réponses à ces questions permet de trouver l'idée contenue dans le fait.

➤ **Questions sur le fait :** *Que révèle le nombre élevé des visiteurs (qui et quoi ?) des expositions du Grand Palais (où et quand) ? Quelle est la portée de ce fait ?*

➤ **Réponse aux questions :** *Les milliers de visiteurs de ces expositions de peinture révèlent un phénomène nouveau : l'industrie du tourisme culturel de masse. C'est l'idée contenue dans le fait.*

Le développement de l'idée

L'analyse du phénomène. L'idée générée par le fait doit être le point de départ d'une réflexion. On peut, par exemple, décrire les acteurs et les composantes du phénomène, rechercher ses causes, analyser ses conséquences ou réfléchir aux solutions nécessaires.

La décomposition par aspects. La réflexion peut aussi développer l'analyse des différents aspects du phénomène, en le décomposant. Plus il est complexe, plus les aspects concernés sont variés. On peut aussi, à propos des causes et des conséquences, classer ces dernières par aspects : économiques, sociologiques, technologiques, politiques, humains, etc.

➤ **L'industrie du tourisme culturel :** *l'origine du phénomène. Il a des causes technologiques (transport, médiatisation des œuvres plus faciles, etc.), des causes sociologiques (élévation du niveau des connaissances du public), des causes économiques (pouvoir d'achat d'une partie de la population, investissement dans le domaine de l'offre culturelle, industriels du tourisme, etc.). Il a des conséquences sur le tourisme et la culture.*

■ Exercice 1

Dans les phrases suivantes distinguez les faits et les opinions.

1. Le mariage est fondé sur le sentiment amoureux.

2. La loi du 15 novembre 1999 est relative au Pacte Civil de Solidarité (PACS).

3. L'objet du régime matrimonial est de régler tous les problèmes de caractère pécuniaire posés par le mariage.

4. L'amour est une émotion intime et profonde.

5. L'amour est aveugle.

6. On ne peut être heureux si on n'est pas aimé.

7. L'amour peut être partagé par des personnes de même sexe.

8. En France on célèbre plus de 300 000 mariages par an depuis l'année 2000.

9. Les femmes qui se marient pour la première fois ont en moyenne 28 ans et leurs maris 30 ans.

10. La fréquence du divorce ne traduit pas un rejet du mariage.

■ Exercice 2

1. Quelle situation illustrent ces œuvres littéraires (1) ?

2. Qu'a-t-elle de commun avec le fait relaté par ce communiqué de presse (2) ?

3. Quelle idée suggèrent-elles ?

1. *Roméo et Juliette ; Tristan et Iseult ; La Nouvelle Héloïse ; La Princesse de Clèves.*

2. *Communiqué.* Le premier mariage homosexuel en France, célébré le 5 juin à Bègles (Gironde) par le député-maire (Verts) Noël Mamère, a été annulé mardi 27 juillet 2004 par le tribunal de grande instance de Bordeaux.

■ Exercice 3

1. Relevez les faits contenus dans ce texte.

2. Dans la perspective d'une étude sur l'évolution des mœurs, lequel est le plus signifiant ?

3. Quels films ou quels romans peuvent illustrer cette problématique ?

Selon un récent sondage, 24 % des femmes reconnaissent aujourd'hui avoir eu un ou plusieurs amants, contre 10 % dix ans plus tôt. Et parmi celles qui se disent fidèles, 20 % n'excluent pas la possibilité d'une aventure…

Mais ce qui a surtout changé, c'est la position des femmes elles-mêmes à l'égard de l'infidélité féminine. En 1999, un autre sondage montrait que 38 % d'entre elles ne trouvaient plus choquant qu'une femme « trompe » son conjoint, ait une liaison durable ou des amants occasionnels.

Il y a vingt ou trente ans, hommes et femmes n'étaient pas égaux devant l'infidélité. Il était bien plus acceptable qu'un mari trompe son épouse que le contraire.

■ Exercice 4

1. Recherchez l'idée suggérée par la confrontation de ces documents.

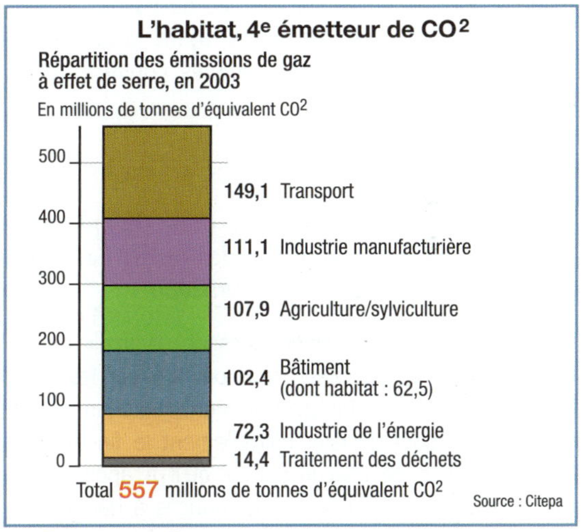

Document 1

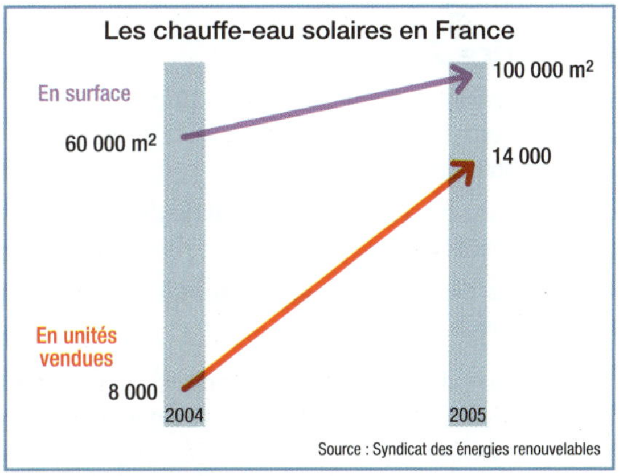

Document 2

■ Exercice 5

1. Recherchez une idée suggérée par chacun de ces faits.

2. Développez l'une d'elle, au choix, en recherchant ses causes et ses conséquences.

- Les cafés ouvrent tôt et ferment tard. Les bibliothèques ouvrent tard et ferment tôt.

- En octobre 2004, la part des spams atteignait entre 69 % et 87 % du volume total d'e-mails envoyés dans le monde.

- La garde-robe féminine comprend deux fois plus de vêtements que celle des hommes.

- 65 % des Français (contre 28 %) sont favorables au recours à l'euthanasie.

- Au début du XIXe siècle, la durée de vie moyenne était de 33 ans et la moitié de la vie éveillée était consacrée au travail. Le temps libre n'était que de deux années.

- 49 % des Français (contre 44 %) sont favorables à l'interdiction des OGM.

- 27 % des salariés déclarent avoir été témoins de pratiques discriminatoires sur leur lieu de travail.

- Seules 3 % des entreprises ayant plus de 50 employés sont dirigées par des femmes, contre 11 % de celles de 11 à 20.

Exercice 6

En répondant aux questions *Qui, Quoi, Quand, Où, Comment, Pourquoi,* recherchez des pistes de réflexion générées par cette information.

Aux États-Unis, les « cérémonies de divorce » ont le vent en poupe. Des couples, unis ou non par les liens du mariage, prennent l'initiative de réunir leurs familles et leurs proches pour déclarer officiellement la fin de leur union : discours de chacun sur ce qu'il a appris dans cette relation, vœux sur l'avenir prononcés à haute voix, serment de fidélité aux enfants nés de cette union…

Exercice 7

1. En répondant aux questions *Qui, Quoi, Quand, Où, Comment, Pourquoi,* trouvez une idée générée par cette information.

2. Recherchez les causes et les conséquences de ce phénomène.

3. Proposez des pistes de réflexion pour renverser cette tendance.

La baisse d'audience des quotidiens auprès des moins de 35 ans est deux fois plus élevée que pour l'ensemble du lectorat.

En revanche les jeunes lisent un magazine par semaine. (*Le Monde*, jeudi 5 janvier 2005)

Exercice 8

1. Quels faits cet article apprend-il au lecteur ?

2. Quelles pistes de réflexion génèrent-ils ?

3. Développez les causes et les conséquences du phénomène du développement des sites de rencontre sur Internet.

Les célibataires sont plus de quatorze millions en France. Mais l'époque des « vieux garçons » et des Catherinette, est révolue, et cet état transitoire n'est plus une fatalité. Il peut néanmoins s'apparenter à un parcours du combattant, puisque toujours sous-tendu par une quête difficultueuse : celle de l'âme sœur. C'est en partie pour cela que ces célibataires jouissent de l'attention conjointe des sociologues et des marketers. Car le célibat est bel et bien devenu un filon médiatique et une manne économique.

Les sites de rencontre sur Internet ont le vent en poupe, connaissant un développement exponentiel. Fleurissant depuis la fin des années 1990, ces sites, qui sont plus et mieux que des « seconds marchés sentimentaux » ou des « Tati matrimoniaux », dévoilent une nouvelle manière de rencontrer et d'aimer, en redonnant du lustre aux méandres toujours incertains de la carte du Tendre.

Pascal Lardellier, « Internet, la grande foire des cœurs », *Libération*, 11 février 2003.

Exercice 9

1. Quel changement constate l'auteur en ce qui concerne les techniques de séduction des hommes et des femmes ?

2. Quelles idées peut suggérer ce constat ?

3. Développez l'aspect sociologique et économique de ce changement.

G. S. - *Au regard du reste du monde vivant, l'homme semble en matière de séduction dramatiquement dépourvu !*

C. G. - C'est bien pourquoi l'*Homo sapiens* primitif fait tout pour se rapprocher des animaux, il s'emplume, se tatoue, se met des os dans le nez, ses rites amoureux se contentent de recopier rigoureusement la Nature. Il en va différemment dans nos sociétés dénaturées – d'autres diront évoluées –, dans lesquelles l'homme n'a eu de cesse de devenir au cours de l'Histoire de plus en plus terne, sauf en de brèves exceptions, comme sous Louis XIV. Désormais, le voilà affublé d'un triste costume deux pièces gris, tandis que sa femme, elle, se pare de couleurs vives.

Claude Gudin, « Séduire : l'idée fixe du vivant », *Le Figaro magazine*, 9 août 2003, propos recueillis par Guillemette de Sairigné.

Exercice 10

1. Un Français sur 10 a créé son blog sur Internet. Interrogez ce fait en posant les questions *Qui, Quoi, Pourquoi* ?.

2. Développez l'idée suggérée par le fait.

Le spectacle de l'information

6

Timothy Easton, *Le Passage sur la ligne d'arrivée,* 1976. Huile sur toile, 160 x 180 cm.

Le spectacle de l'information

La presse écrite, la radio, la télévision, mais aussi Internet permettent à chacun d'accéder à une multitude d'informations. Pourtant, les médias modernes sont parfois accusés de manipuler l'opinion, de rechercher l'audience en transformant l'exposé objectif des faits en un spectacle.

C'est la diversité des médias qui permet la confrontation. Cette pluralité des sources est une garantie pour tous les citoyens.

Pourquoi l'information est-elle nécessaire à la démocratie ?

La liberté de la presse est un droit fondamental reconnu dans toutes les démocraties. Sans elle, il n'y a pas de confrontation des opinions et il ne peut exister de véritable liberté de penser. Pour construire un jugement personnel et intervenir dans la vie publique, il faut pouvoir accéder à de multiples informations. Enquête, vérification des sources, recoupement, le travail du journaliste ne peut se réduire à une vague communication. La liberté de la presse ne doit cependant pas être confondue avec l'idée d'une transparence totale des individus. Le respect absolu de la vie privée, voire une certaine confidentialité de la vie publique, sont également nécessaires à la vie démocratique.

L'information est-elle pluraliste ?

Dans nos sociétés, la télévision est devenue le moyen privilégié d'une communication à grande échelle et chacun peut recevoir des images en direct du monde entier. Mais il n'est pas certain qu'il puisse choisir ce qui lui est montré, ni que la proposition d'informations soit plurielle. Non seulement les médias peuvent être contrôlés par un pouvoir politique et devenir les moyens d'une propagande, mais, même dans les régimes démocratiques, l'offre médiatique est souvent conduite par des considérations économiques et la recherche de l'audience.

Presse écrite et presse audiovisuelle

Bien que les kiosques se soient multipliés, entre 1970 et 1990, le nombre de lecteurs d'un journal quotidien a baissé de moitié en France, pour se stabiliser en 2001. Le phénomène touche davantage les quotidiens nationaux que la presse régionale. La concurrence de la télévision n'est pas seule en cause puisqu'on ne constate pas le même phénomène dans d'autres pays comparables. La raison se trouverait dans le prix relativement élevé des quotidiens, mais aussi dans la préférence des Français pour les magazines. On en compte plus de trois mille en France.

Plus qu'un texte, une image a un impact émotionnel immédiat.

L'information peut-elle être objective ?

La puissance des médias est souvent comparée à un pouvoir qui viendrait s'opposer aux autres pouvoirs, notamment politiques. En ce sens, le déclin d'un journalisme d'opinion au profit d'un journalisme d'information peut apparaître comme un progrès vers une vision plus objective des faits. Pourtant, il est nécessaire que ceux-ci soient mis en perspective, replacés dans un contexte. La mise en scène de l'émotion, la course au direct ou au « scoop » peuvent séduire un public, mais la simplification des explications ne lui donne pas les moyens de se construire un avis réfléchi. Le refus du « tout image », la confrontation des sources disponibles, le détour par la lecture constituent certainement les moyens de conserver un esprit libre et de servir la démocratie.

Logo de l'association *Reporters sans Frontières* qui lutte pour la libération des journalistes emprisonnés.

Gérard Fromanger, *Questions*, 1976.

SOMMAIRE

La construction de l'information

L'information nous parvient par l'intermédiaire des journalistes. Le travail de ces professionnels consiste à exposer un événement qui mérite d'être connu. Comment le journaliste choisit-il ce qu'il va transmettre au public ?

1 **sourcilleux :** pointilleux.

Le principe du travail journalistique semble à première vue assez simple. La Terre est une planète où il se passe toujours énormément d'événements qui méritent d'être connus. Les journalistes vont voir ces choses et les racontent. Sans paraître exagérément sourcilleux[1], ce mécanisme apparemment élémentaire mérite pourtant d'être mis à plat. Qu'est-ce qu'une chose qui se passe ? En principe, l'événement naît lorsque la norme se casse. Le fil de la normalité ploie soudain devant un fait qui étonne, détonne par rapport à la règle. Mais les malheureux qui sont tués et les avions qui s'écrasent sont encore trop nombreux pour qu'un journal les contienne tous. Un tri va donc s'opérer dans la masse des informations susceptibles d'être publiées.

Il y a bien sûr quelques règles édictables et aisément compréhensibles. La plus célèbre reste sans doute cette antique loi de la proximité, vieille comme la presse et dont l'équation s'applique dans toutes les rédactions du monde : il faut diviser le nombre de morts par la distance en kilomètres entre le lieu de l'événement et le siège du journal pour trouver la taille de l'article finalement publié. Un accident de train, gare de Lyon à Paris, sera ainsi bien plus « couvert » par la presse nationale (dont les bureaux sont dans la capitale) qu'un accident comparable à Marseille, sans même parler d'un déraillement mortel en Inde ou en Afrique.

Cette classification ne veut pas dire pour autant que les journalistes ne se préoccupent pas des points de vue ou des situations « marginales ». Le problème est qu'ils les considèrent d'emblée comme telles. Il y a une culture de ce que la presse appelle le « sujet décalé », une case parfaitement adaptée pour les ranger afin qu'il n'y ait aucune confusion sur leur statut.

Dans ses périples, le journaliste va ainsi chercher et trouver ce qui l'intéresse, ce qu'il considère, lui, comme fondamental. Son obsession principale va être de trouver l'élément ou la somme d'éléments qui explique le tout, qui représente la situation. Cela peut être un personnage ou un thème. Généralement, l'Iran sera traité à travers la condition des femmes ou la liberté de la presse ; l'Angleterre a les scandales du palais royal et la Belgique restera sans doute longtemps le pays de Marc Dutroux, arrêté pour meurtres et pédophilie. Tout ce qui n'entre pas dans ses cercles d'attention, c'est-à-dire en général 90 % de la situation, échappera à la presse. Les journalistes s'efforcent bien d'informer objectivement, mais ils le font sur ce qu'ils croient subjectivement être important.

Ce mécanisme, pourrait-on dire, est celui qui aiguille les regards de tout voyageur. Après tout, un cordonnier courant la planète regarde surtout les chaussures ou un garagiste les voitures. De retour, ils rendront compte, non pas du monde vu depuis les semelles ou à travers un pare-brise mais du monde des semelles ou des pare-brise, Aucun n'aurait l'idée de soutenir qu'un de ces deux éléments représente le monde tout entier, le « totalise ». Ils raconteront les chaussures et les voitures comme un des éléments du réel, dont l'évocation confirme au contraire l'existence d'un ensemble bien plus vaste.

Le journaliste extrait lui aussi un ou des éléments réels, et énonce des vérités. Mais lui agit comme quelqu'un qui, dans les travées encombrées d'un bazar, recueillerait soigneusement les étiquettes. Puis en sortant, il dirait en les montrant : voilà le bazar. Les étiquettes existent bien, font concrètement partie du magasin. Mais elles deviennent un leurre à partir du moment où elles sont désignées comme représentant le magasin.

L'origine du mot « information »

D'origine latine, le mot « information » a d'abord, en français, un sens judiciaire et désigne le fait de procéder à une enquête criminelle. Il prend ensuite le sens général de renseignement, et c'est à la fin du XIXe siècle, avec le développement de la presse, qu'il désigne l'action de porter un fait à la connaissance du public.

Dans le réel, le journaliste veut ainsi trouver la chose ou les choses qui symbolisent un pays ou une situation tout entière. Par là même, il se condamne à l'impossible. La représentation est bien un des éléments du multiple, mais, à partir du moment où elle est prise pour le monde, elle devient une illusion.

Dernière question, simple : pourquoi la presse ne parle-t-elle pas de certains sujets ? En dehors de cas particuliers, d'une censure toujours possible, la norme (qui est ce à quoi nous nous attachons ici) touche à une nouvelle loi du monde de la communication. Elle est très simple. La presse parle de ce dont le public parle. Et le public parle de ce dont la presse parle.

Florence Aubenas et Miguel Benasayag, *La Fabrique de l'information*, Éd. La Découverte, 1999.

1. Dégagez la structure du texte sous forme d'un schéma.
2. Les auteurs utilisent des comparaisons pour décrire le travail journalistique. Relevez ces comparaisons et expliquez-les. Qu'en pensez-vous ?
3. Expliquez la phrase : « l'événement naît lorsque la norme se casse » (ligne 6).
4. Comment le journaliste choisit-il l'événement qu'il va évoquer ?
5. Quelle est, d'après ce texte, l'illusion fondamentale du journalisme ?

PRÉPARATION À L'EXAMEN ► Les épreuves du BTS p. 252

Vers l'écriture personnelle

« La presse parle de ce dont le public parle. Et le public parle de ce dont la presse parle », écrivent les auteurs dans ce texte.
Commentez cette affirmation en rédigeant deux paragraphes.

L'information et le secret

Grâce aux moyens modernes de communication, la transmission de l'information s'accélère et le journaliste bénéficie de moyens performants pour faire éclater la vérité. Le monde deviendrait ainsi plus transparent. Pourtant, faut-il toujours se réjouir de cette capacité de tout voir ?

Dans l'Antiquité, la démocratie de l'agora[1] ou du forum ne pouvait fonctionner convenablement qu'aux dimensions d'une cité. À Rome, dès que les conquêtes se sont élargies, la République s'est dégradée en dictature. La radio, la télévision, Internet ne permettent-ils pas d'élargir enfin aux dimensions d'une grande nation la marche d'une démocratie de proximité ? Pour le nouveau millénaire, le rêve est séduisant.

Prenons-y garde pourtant : le cauchemar n'est pas loin. Une collectivité qui se donnerait perpétuellement, instantanément, à voir tout entière à elle-même serait l'incarnation du totalitarisme absolu.

D'abord dans l'ordre de la vie privée, où le viol de l'intimité est un risque accru par ces procédés nouveaux (et cela ne menace pas seulement les gens d'influence, ceux de la politique, des affaires, des spectacles, ou… de la presse elle-même, mais peut concerner, un jour ou l'autre, n'importe quel citoyen). On s'inquiète déjà de la prospérité des journaux de « caniveau », ceux qui regardent dans les alcôves par les trous de serrure et qui, hélas ! prospèrent dans plusieurs pays occidentaux – la France paraissant, en dépit de telle ou telle exception récente, à peu près protégée contre cette pestilence[2], au moins pour l'instant. […]

Pour ce qui concerne la vie publique elle-même, il faut oser rappeler – et ici je parle d'expérience – qu'il n'est pas de gouvernement possible sans une certaine dose de secret. Secret dans l'élaboration des diverses solutions : comment les préciser sereinement si l'hypothèse en cours de définition est donnée au-dehors comme décision fixée, alors qu'elle est vouée à bouger après que le responsable politique en a délibéré en lui-même et avec son équipe, puis l'a confrontée avec la politique de l'exécutif[3] dans son ensemble ? Secret aussi dans la préparation du calendrier des annonces publiques, celles-ci étant décisives pour le succès et pour l'échec. Secret enfin dans toutes les affaires qui concernent des puissances étrangères, légitimement désireuses d'organiser elles-mêmes la publicité de leurs choix selon la stratégie de leur communication.

Dans ces conditions, la contradiction, en démocratie, entre silence et faire-savoir peut paraître troublante. Pourtant elle se résout si on réfléchit en termes de rythmes et de délais. Ce que les démocrates ont le droit (et le devoir) d'exiger, c'est la clarté *après coup*, c'est-à-dire dès que la connaissance de la genèse et des modalités d'une décision que des gouvernants ont prise – par délégation du peuple – ne peut plus en ruiner l'efficacité. Le délai de cette mise au jour varie, suivant les sujets, de l'heure au siècle…

Définition abstraite ? Mais non ! très concrète, comme le savent bien les parlementaires, les magistrats et les journalistes qui ont, en régime de liberté[4], la responsabilité de cet éclairage différé.

1 **agora :** place où siégeait l'assemblée du peuple.

2 **pestilence :** infection répugnante.

3 **exécutif :** le gouvernement qui a le pouvoir d'exécuter les lois.

4 **en régime de liberté :** dans une démocratie.

Je n'ignore pas que les hommes de gouvernement seront souvent tentés de prolonger le mystère au-delà de l'indispensable, car il peut leur être trop commode. Donc il est sain que la presse, qu'elle soit écrite, parlée, télévisée ou électronique, s'efforce sans relâche, conformément à son rôle civique – mais dans le respect des lois –, de raccourcir le délai. Cette tension fait partie de l'équilibre des pouvoirs et des contre-pouvoirs. Je plaide seulement pour que les citoyens admettent que les politiques, dans diverses occurrences, sont légitimés à résister, et que l'évolution des techniques de communication les justifie davantage de le faire.

Jean-Noël Jeanneney, *Une histoire des médias des origines à nos jours*, Éd. du Seuil, 1996, nouvelle édition, 2000, coll. Points Histoire, 2001.

1. Que signifie, dans ce texte, l'expression « démocratie de proximité » (ligne 5) ?
2. Expliquez la phrase : « Une collectivité qui se donnerait perpétuellement, instantanément, à voir tout entière à elle-même serait l'incarnation du totalitarisme absolu. » (ligne 7)
3. Quelles sont les limites à la transparence de l'information, sur le plan privé ?
4. Expliquez pourquoi une certaine dose de secret est nécessaire à l'efficacité politique.

D'où vient le mot « média » ?

Le mot « média », utilisé pour la première fois en français en 1953. est une abréviation de *mass media*, terme anglo-américain désignant l'ensemble des techniques de communication et de diffusion massive de l'information ou de la culture. *Mass media* recouvre aussi bien la presse écrite que la radio, le cinéma, la télévision… L'étymologie fait remonter l'origine du mot au latin *medium*, qui désigne un milieu, un centre, c'est-à-dire le lieu qui met en contact des réalités éloignées.

PRÉPARATION À L'EXAMEN ► Les épreuves du BTS p. 252

Vers la synthèse

Dégagez le plan du texte en complétant et en continuant le schéma suivant.

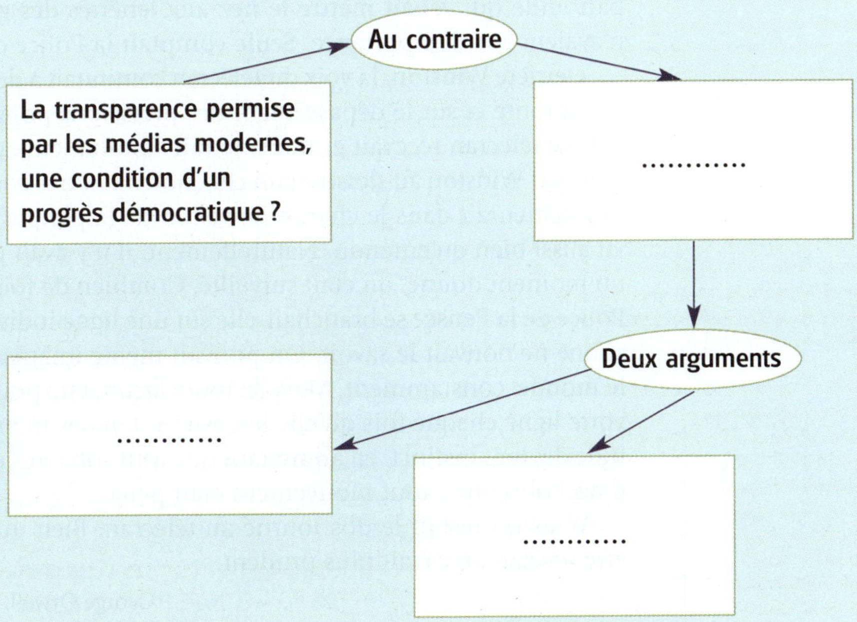

La présence de l'écran

L'écran de télévision ou celui de l'ordinateur sont devenus les principaux moyens d'accès à l'information. Récepteur, mais aussi émetteur, l'écran informe et s'informe. En 1948, George Orwell imagine un monde où l'écran possède un tel rôle central. Faut-il faire confiance à l'écran ?

DOCUMENT 1

1 **oblongue :** qui est plus large que haut.

À l'intérieur de l'appartement de Winston, une voix sucrée faisait entendre une série de nombres qui avaient trait à la production de la fonte. La voix provenait d'une plaque de métal oblongue[1], miroir terne encastré dans le mur de droite. Winston tourna un bouton et la voix diminua de volume, mais les mots étaient encore distincts. Le son de l'appareil (du télécran, comme on disait) pouvait être assourdi, mais il n'y avait aucun moyen de l'éteindre complètement. Winston se dirigea vers la fenêtre. Il était de stature frêle, plutôt petite, et sa maigreur était soulignée par la combinaison bleue, uniforme du Parti. Il avait les cheveux très blonds, le visage naturellement sanguin, la peau durcie par le savon grossier, les lames de rasoir émoussées et le froid de l'hiver qui venait de prendre fin.

Au-dehors, même à travers le carreau de la fenêtre fermée, le monde paraissait froid. Dans la rue, de petits remous de vent faisaient tourner en spirale la poussière et le papier déchiré. Bien que le soleil brillât et que le ciel fût d'un bleu dur, tout semblait décoloré, hormis les affiches collées partout. De tous les carrefours importants, le visage à la moustache noire vous fixait du regard. Il y en avait un sur le mur d'en face. BIG BROTHER VOUS REGARDE, répétait la légende, tandis que le regard des yeux noirs pénétrait les yeux de Winston. [...] Au loin, un hélicoptère glissa entre les toits, plana un moment, telle une mouche bleue, puis repartit comme une flèche, dans un vol courbe. C'était une patrouille qui venait mettre le nez aux fenêtres des gens. Mais les patrouilles n'avaient pas d'importance. Seule comptait la Police de la Pensée.

Derrière Winston, la voix du télécran continuait à débiter des renseignements sur la fonte et sur le dépassement des prévisions pour le neuvième plan triennal. Le télécran recevait et transmettait simultanément. Il captait tous les sons émis par Winston au-dessus d'un chuchotement très bas. De plus, tant que Winston demeurait dans le champ de vision de la plaque de métal, il pouvait être vu aussi bien qu'entendu. Naturellement, il n'y avait pas moyen de savoir si, à un moment donné, on était surveillé. Combien de fois, et suivant quel plan, la Police de la Pensée se branchait-elle sur une ligne individuelle quelconque, personne ne pouvait le savoir. On pouvait même imaginer qu'elle surveillait tout le monde, constamment. Mais de toute façon, elle pouvait mettre une prise sur votre ligne chaque fois qu'elle le désirait. On devait vivre, on vivait, car l'habitude devient instinct, en admettant que tout son émis était entendu et que, sauf dans l'obscurité, tout mouvement était perçu.

Winston restait le dos tourné au télécran. Bien qu'un dos, il le savait, pût être révélateur, c'était plus prudent.

George Orwell, *1984*, trad. par A. Audiberti,
Éd. Gallimard, 1949.

DOCUMENT 2

Sondage

À propos des informations, vous pensez que les choses se sont passées à peu près comme le média le raconte ou le montre…

en %	1988	1992	1995	1999	2003
OUI					
Journal	56	50	51	58	44
Radio	62	54	55	63	55
Télévision	65	49	54	58	45
NON					
Journal	38	43	45	38	51
Radio	28	34	37	31	40
Télévision	32	48	45	40	53

« Les Français et les médias », sondage SOFRES-*La Croix*

L'écran

Entre la télévision et l'ordinateur, il est désormais difficile d'imaginer un monde sans écran. Au départ, le mot « écran », d'origine néerlandaise, signifie « paravent » et désigne un panneau permettant de dissimuler ou de cacher. Paradoxalement, c'est en arrêtant les rayons lumineux que l'écran devient une surface permettant de voir, d'abord dans le domaine cinématographique puis télévisuel.

1. Quelles sont les fonctions du « télécran » dans le roman de George Orwell (document 1) ?
2. Quelles pourraient être les techniques actuelles qui correspondent au « télécran » et à ses fonctions ?
3. Relevez les indices précis qui indiquent que George Orwell décrit un monde totalitaire.
4. Comment Winston essaie-t-il de déjouer la surveillance de Big Brother ?
5. Relevez les informations caractéristiques du sondage évoquant la confiance des Français envers les médias (document 2). Quelles conclusions peut-on en tirer ?

PRÉPARATION À L'EXAMEN ► **Les épreuves du BTS** p. 252

Vers la synthèse

Rédigez un texte résumant le sondage (document 2) et illustrez-le par une référence précise à un passage du texte d'Orwell.

L'histoire de l'information

Né avec la presse écrite à grand tirage au XIXᵉ siècle, l'univers médiatique de masse a été modifié par l'invention de la radio, et fortement bouleversé par le développement de la télévision dans la seconde moitié du XXᵉ siècle.

P. J. Crook, *Lundi 2…*, 1945.

Les débuts de la communication en nombre

Le Petit Journal
SUPPLÉMENT ILLUSTRÉ
Huit pages : CINQ centimes
DIMANCHE 18 OCTOBRE 1896
L'EMPEREUR DE RUSSIE EN FRANCE
Pose de la première pierre du pont Alexandre III

La Une du *Petit Journal*, le dimanche 18 octobre 1896.

L'invention de l'imprimerie par Gutenberg au milieu du XVᵉ siècle est immédiatement suivie par l'apparition de nouvelles imprimées, qui paraissent de manière occasionnelle. Au début du XVIIᵉ siècle naissent les premiers périodiques aux Pays-Bas. En 1631, à Paris, Théophraste Renaudot propose sa *Gazette*, grâce à un privilège donné par Richelieu. Hebdomadaire de quatre pages, la *Gazette* est un recueil de nouvelles et de documents officiels, sans commentaire. « L'histoire est le récit des choses advenues, la gazette seulement le bruit qui en court », explique Théophraste Renaudot, soulignant ainsi la portée et les limites de tout journalisme.

Gazette, journal et canard

Le mot « gazette » est emprunté au mot italien *gazetta,* qui est une feuille d'information et coûte une *gazeta*, une pièce de monnaie vénitienne du XVIᵉ siècle. Mais le mot semble aussi trouver son origine dans *gaza,* qui signifie « pie » en vénitien et évoquerait l'idée de bavardage. Issu du mot « jour », le terme « journal » est employé pour une publication régulière recensant des événements marquants. C'est avec le *Journal de Paris* (premier quotidien français d'actualités en 1777) que le mot détrône celui de « gazette ». Le « canard » est d'abord un surnom donné à un homme bavard avant de désigner l'oiseau palmipède. Son usage journalistique remonte au milieu du XVIIIᵉ siècle et fait référence à une fausse nouvelle donnée à la presse, avant de désigner familièrement un journal quelconque.

Les débuts de la télévision : la retransmission en direct, en janvier 1954, de la passation des pouvoirs entre les présidents français Vincent Auriol et René Coty.

L'ère de l'écran

La première émission publique de télévision en France a lieu en 1935, mais le développement de celle-ci démarre véritablement après-guerre. En 1949, quelques Français assistent au premier journal télévisé et il faut attendre la fin des années 1950 pour que la moitié de la population puisse recevoir un programme télévisuel. L'arrivée d'un programme en couleur en 1967, la multiplication des chaînes, la naissance de groupes privés dans les années 1980 et la transmission par satellites accélèrent le processus du tout écran. La télévision est devenue la première source d'information pour les ménages, alors que le développement d'Internet permet à de nombreuses personnes d'avoir accès aux mêmes agences de presse que les journalistes.

L'essor de la presse écrite

Au XVIIIe siècle, la tolérante Angleterre connaît un important développement de la presse et, en 1705, naît le premier quotidien : le *Daily Currant*. Dès la fin du siècle, on y invente l'expression « quatrième pouvoir » pour évoquer la presse face aux pouvoirs législatif, exécutif et judiciaire. En France, en raison de la censure préalable, l'essor est plus lent, mais la période révolutionnaire conduit à une explosion éphémère de la presse : vingt-trois quotidiens fin 1789 à Paris, sans compter les autres périodiques. Durant le XIXe siècle, la presse devient un média de masse, malgré la censure. Dès 1825, Charles-Henri Havas ouvre à Paris un bureau qui fournit des informations aux journaux ; c'est la première agence de presse. L'invention de la rotative permet de multiplier les tirages, alors que la loi de 1881 libéralise totalement les publications. Créé en 1863, *Le Petit Journal*, vendu un sou et célèbre pour ses faits divers et ses romans-feuilletons, atteint un tirage d'un million d'exemplaires vers 1884, bientôt dépassé par *Le Petit Parisien* avec ses 1,5 million d'exemplaires avant la Grande Guerre.

La voix des ondes et les magazines

L'âge d'or de la presse écrite s'achève avec la Première Guerre mondiale, pendant laquelle les journaux connaissent censure et propagande. Ils sont aussi concurrencés par l'émergence de la radio qui diffuse des émissions régulières depuis la tour Eiffel en 1921. En 1940, cinq millions de postes de radio sont utilisés en France. Cependant, la presse écrite de l'entre-deux-guerres résiste grâce à l'usage de la photographie ; c'est la naissance des grands magazines : *Vu* et *Match* en France, *Time Magazine* et *Life* aux États-Unis. L'époque est aussi celle des grands reporters comme Albert Londres. Durant le second conflit mondial, la guerre des ondes fait rage entre les belligérants. La voix des ondes est un enjeu politique et militaire.

En 1929, en direct, le savant Albert Einstein prononce à la radio un discours pour célébrer le 50e anniversaire de l'invention de la lampe électrique.

La force du direct

La vitesse semble être l'enjeu principal du journalisme moderne : recherche de l'exclusivité, interviews de témoins, mise en scène de l'émotion..., il s'agit de faire vivre l'événement en direct. La course à l'actualité ne risque-t-elle pas d'empêcher une véritable analyse ?

Les règles de l'information n'ont pas changé depuis la fin du XIXe siècle : maîtriser la vitesse des nouvelles, en contrôler le flux et l'exactitude par la vérification et le recoupement, notamment en allant sur le terrain, hiérarchiser l'information, s'adresser à un public, attirer son attention, expliquer, simplifier au besoin, etc. Il y a un siècle, déjà, intellectuels et journalistes, hostiles à l'essor de la grande presse populaire, déploraient la surabondance et la rapidité de l'information, sources de « dérapages » de la part de journaux soucieux d'annoncer les premiers la nouvelle « exclusive » pour « griller » le concurrent, mais aussi la tendance de la presse à cultiver l'émotion et le sensationnalisme, à transformer l'information en spectacle. Leur conclusion était sans appel : une dégradation de l'information, nourrie par la commercialisation ou la « marchandisation » de la nouvelle salissait tout. Depuis bien longtemps, cette dernière est un produit, dont la valeur dépend de la masse des lecteurs susceptibles de s'y intéresser.

La période récente démontre que les notions de brièveté et d'instantanéité se sont peu à peu substituées à celle de vitesse. D'abord, à partir du postulat que le public, très sollicité par l'offre d'information, soumis à la rapidité de la vie moderne, se lasse des longues démonstrations, les articles des journaux sont raccourcis, de même que les formats des reportages ou la durée des interviews. Une bonne interview doit avoir du rythme, c'est-à-dire combiner des questions brèves et des réponses courtes. Aller à l'essentiel, schématiser tout en restant clair sont des règles absolues de l'interview qui s'appliquent au responsable politique, au scientifique comme à l'homme de la rue. Les modalités du langage de la publicité et de la communication s'imposent désormais au journalisme. Dans ces conditions, l'espace de l'analyse se réduit, ce qui, *de facto*, revient à nier la complexité des faits sociaux.

Ensuite, l'instantanéité est érigée en dogme de la bonne information. Il ne suffit plus d'évoquer un événement, il faut le faire vivre en direct. L'image télévisée à la fois devient l'instrument d'explication de l'information, et transforme le téléspectateur en témoin, voire, par effet d'identification, en acteur de l'événement. Étant admis qu'un média d'images ne peut informer si, précisément, il est privé d'images, les journaux télévisés cherchent, par tous les moyens, à éviter la situation de pénurie qui les fragiliserait face à la concurrence : d'où le recours aux banques d'images en continu et le renfort d'envoyés spéciaux sur le lieu de l'événement.

Or, l'urgence de l'actualité peut faire brusquement oublier les règles élémentaires de l'authentification et du recoupement de l'information. La nécessité de montrer des images ouvre la porte aux manipulations collectives, notamment lorsque l'information provient d'un canal incontrôlé. Dans ce cas, la réserve des rédactions prévaut généralement. Mais les scrupules peuvent voler

L'interview

D'origine anglaise, le mot « interview » est attesté dès la fin du XIXe siècle en France pour désigner l'entretien d'une personne par un journaliste. Mais le terme anglais provient lui-même d'un mot français plus ancien, « entrevue ».

en éclats, selon l'importance accordée à l'événement et l'attitude des chaînes concurrentes. Refuser de diffuser des images que la chaîne d'en face semble légitimer en les proposant au téléspectateur, c'est, à coup sûr, compromettre son audience.

De nos jours, les reportages télévisés répondent à des critères qui jouent sur la fibre émotionnelle, la proximité, l'identification. Quel que soit le sujet, le même angle domine : la situation vécue d'un individu ou d'un groupe d'individus doit éclairer une information générale. Le cas d'une famille de Palestiniens anonymes permettra d'expliquer le conflit israélo-palestinien. Le drame d'une région subissant de plein fouet le chômage sera illustré par le cas d'un ouvrier licencié par une importante entreprise locale.

De loin en loin, le stéréotype se répète. Se contentant de mettre bout à bout des interviews de victimes, de témoins, d'acteurs, et de les lier par des bribes de commentaires, le journaliste, apparemment, s'efface et renonce à toute prétention d'analyse. Mieux : il semble en confier la responsabilité aux « experts », chefs d'entreprises, militaires, syndicalistes, universitaires, « psys », responsables d'associations, etc., qui viendront justifier le bien-fondé du reportage. Le témoin est là pour attester la vérité de l'information : c'est vrai, puisqu'il le dit ! Cependant, une part d'illusion demeure, car le journaliste reste maître des questions et de la sélection des réponses. Réduit à quelques secondes dans un reportage d'une minute trente, l'interview ou le « micro-trottoir[1] » sert la démonstration du journaliste. Bref, le reportage n'analyse plus mais fournit à son auteur les moyens de valider une interprétation préalable de l'événement.

Fabrice d'Almeida, Christian Delporte,
Histoire des médias en France de la Grande Guerre à nos jours, Éd. Flammarion, 2003.

1 **micro-trottoir :** enquête d'opinion menée dans la rue.

1. Dégagez le plan du texte.
2. Quels aspects de l'information permettent d'assimiler celle-ci à un produit commercial ?
3. Expliquez le passage « les reportages… jouent sur la fibre émotionnelle, la proximité, l'identification » (ligne 45).
4. L'auteur évoque la brièveté et l'instantanéité de l'information moderne (ligne 15). Comment chacun de ces caractères se traduit-il dans le travail du journaliste ?
5. Quelle est la fonction du témoignage ?
6. Quels sont les dangers de la course au direct ?

PRÉPARATION À L'EXAMEN ▸ Les épreuves du BTS p. 252

Vers l'écriture personnelle

Expliquez dans deux paragraphes l'affirmation : « De nos jours, les reportages télévisés répondent à des critères qui jouent sur la fibre émotionnelle, la proximité, l'identification » (ligne 45).

La fascination pour le fait divers

Sauvetage inespéré, vol impensable, crime passionnel…, le fait divers est un classique de la presse écrite. Mais il n'en est qu'un aspect. Or, l'évolution actuelle de la télévision semble montrer que celle-ci se concentre sur le fait divers ou sur la banalité quotidienne. Quelle est la fonction de ce type d'émission ?

DOCUMENT 1

Le sang et le sexe, le drame et le crime ont toujours fait vendre et le règne de l'Audimat devait faire remonter à la une, à l'ouverture des journaux télévisés, ces ingrédients que le souci de respectabilité imposé par le modèle de la presse écrite sérieuse avait jusque-là porté à écarter ou à reléguer. Mais les faits divers, ce sont aussi des faits qui font diversion. Les prestidigitateurs ont un principe élémentaire qui consiste à attirer l'attention sur autre chose que ce qu'ils font. Une part de l'action symbolique de la télévision, au niveau des informations par exemple, consiste à attirer l'attention sur des faits qui sont de nature à intéresser tour le monde, dont on peut dire qu'ils sont *omnibus* – c'est-à-dire pour tout le monde. Les faits omnibus sont des faits qui, comme on dit, ne doivent choquer personne, qui sont sans enjeu, qui ne divisent pas, qui font le consensus, qui intéressent tout le monde mais sur un mode tel qu'ils ne touchent à rien d'important. Le fait divers, c'est cette sorte de denrée élémentaire, rudimentaire, de l'information qui est très importante parce qu'elle intéresse tout le monde sans tirer à conséquence et qu'elle prend du temps, du temps qui pourrait être employé pour dire autre chose. Or, le temps est une denrée extrêmement rare à la télévision. Et si l'on emploie des minutes si précieuses pour dire des choses si futiles, c'est que ces choses si futiles sont en fait très importantes dans la mesure où elles cachent des choses précieuses. Si j'insiste sur ce point, c'est qu'on sait par ailleurs qu'il y a une proportion très importante de gens qui ne lisent aucun quotidien ; qui sont voués corps et âme à la télévision comme source unique d'informations. La télévision a une sorte de monopole de fait sur la formation des cerveaux d'une partie très importante de la population. Or, en mettant l'accent sur les faits divers, en remplissant ce temps rare avec du vide, du rien ou du presque rien, on écarte les informations pertinentes que devrait posséder le citoyen pour exercer ses droits démocratiques. Par ce biais, on s'oriente vers une division, en matière d'information, entre ceux qui peuvent lire les quotidiens dits sérieux, si tant est qu'ils resteront sérieux du fait de la concurrence de la télévision, ceux qui ont accès aux journaux internationaux, aux chaînes de radio en langue étrangère, et, de l'autre côté, ceux qui ont pour tout bagage politique l'information fournie par la télévision, c'est-à-dire à peu près rien.

Pierre Bourdieu, *Sur la télévision*, Raisons d'agir Éditions, 1996.

Le fait divers

De son origine latine *diversus* (« qui va dans des directions opposées »), le fait divers conserve l'idée de l'événement sans rapport avec l'actualité. Le terme apparaît pour la première fois dans *Le Petit Journal* en 1863. Célébration d'un sauveteur, description détaillée d'une monstruosité criminelle ou naturelle, récit saisissant d'une mort, le fait divers connaît un succès considérable depuis le XIXe siècle et constitue un argument de vente pour de nombreux journaux.

DOCUMENT 2

Dessin de Serguei à propos de *Loft Story*, *Le Monde*, 4 mai 2001.

1. Quelle est la raison de l'importance du fait divers dans une partie de la presse (document 1) ?
2. Expliquez le jeu de mots sur « divers » et « diversion » (document 1, ligne 5).
3. Pourquoi, selon l'auteur, l'importance du fait divers dans l'information télévisuelle constitue-t-elle un danger pour la démocratie (document 1) ?
4. Pourquoi peut-on dire que la représentation du fait divers conduit à une distinction entre groupes sociaux (document 1) ?
5. Étudiez le document 2. En quoi illustre-t-il les propos de Bourdieu ?

PRÉPARATION À L'EXAMEN ▸ **Les épreuves du BTS** p. 252

Vers la synthèse

Dégagez le plan du texte en complétant et en poursuivant le schéma suivant

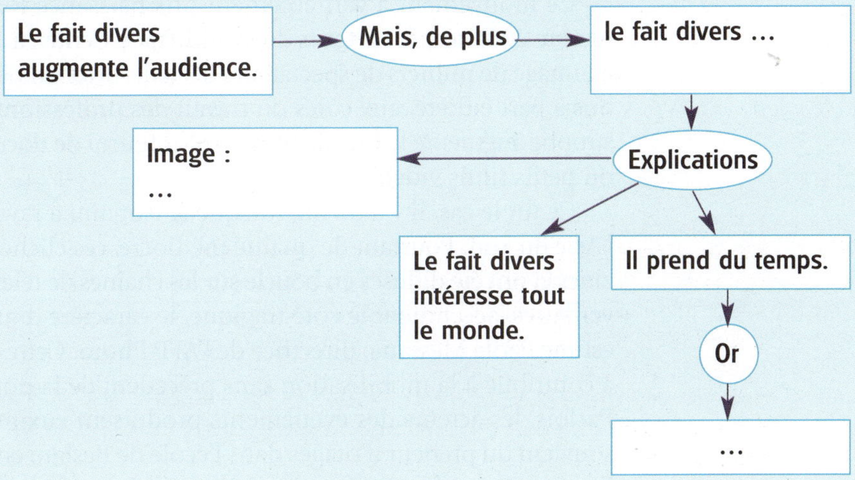

La photo amateur, nouvelle source du journalisme

Le téléphone portable est devenu un objet qui accompagne l'individu dans tous ses déplacements. Comme il permet également de photographier, voire de filmer, chacun devient un reporter potentiel et les télévisions du monde entier sont à la recherche de prises de vues d'amateurs.

Qu'il endosse l'habit du paparazzi ou celui du photo-reporter, l'amateur devient un acteur à part entière de la scène médiatique. La banalisation de l'usage du téléphone mobile et sa sophistication accrue expliquent ce bouleversement. Les deux tiers des portables commercialisés en 2005 prennent des photos. Un pourcentage qui devrait atteindre 80 % en 2006, avec une qualité de l'image en constante progression. Le téléphone portable devenant un prolongement naturel du corps, son propriétaire n'hésite pas à l'utiliser en toute occasion. Pour immortaliser le goûter d'anniversaire des enfants ou ses vacances. Le réflexe perdure lorsqu'un événement d'une tout autre dimension se produit.

Les attentats de Londres, en juillet[1], en ont fourni un exemple saisissant. À l'intérieur des rames du métro, des témoins ont enregistré les images du drame. Dans la rue, des passants ont pris le relais et photographié les victimes et l'arrivée des secours. Ces documents d'amateurs ont pris une place considérable dans les médias, certaines chaînes de télévision britanniques sollicitant même les téléspectateurs pour qu'ils leur envoient leurs images. Quelques jours plus tard, c'est encore un œil témoin qui a déclenché son « photophone » pour fixer l'image des policiers britanniques tuant par erreur un jeune Brésilien dans le métro.

Avant les attentats de Londres, d'autres événements avaient été immortalisés par des documents d'amateurs. L'exemple le plus célèbre est celui du tailleur de Dallas (Texas) Abraham Zapruder, qui a filmé l'assassinat du président Kennedy, le 22 novembre 1963. Mais ce qui était alors du domaine de l'exceptionnel est devenu un phénomène de masse.

Ce mouvement a véritablement pris naissance lors des attentats du 11 septembre 2001 contre les tours du World Trade Center, à New York. Les témoignages en image de milliers de spectateurs de la destruction des tours ont alors été reconnus à part entière, aux côtés du travail des professionnels. Depuis, chaque catastrophe augmente le flux de plus en plus fourni de documents d'amateurs, images ou petits films vidéo.

Ce fut le cas, il y a un an, lorsque le tsunami a ravagé une partie des côtes de l'Asie du Sud. Pourtant de qualité médiocre, ces clichés ont fait la une des magazines et ont été diffusés en boucle sur les chaînes de télévision. « Ces photos floues, verdâtres, accentuent le côté tragique, le caractère dramatique de l'événement », estime Paola Messana, directrice de l'AFP Photo. Cette émotion livrée à l'état brut a contribué à la mobilisation sans précédent de la population et des donateurs. Parfois, les acteurs des événements produisent eux-mêmes leurs images. On se souvient du preneur d'otages dans l'école de Beslan, en Ossétie du Nord, filmant, l'espace de quelques secondes, la terreur des enfants. On se souvient aussi de la

1 **juillet :** juillet 2005.

Les agences de presse

En 1825 Charles-Louis Havas, qui possède déjà un service de traduction de presse à Paris, ouvre un bureau de nouvelles. Devenue l'Agence Havas, elle est la première agence de presse offrant des informations aux journaux, d'abord à Paris, puis en province en proposant également un service de publicité. Alors que Havas se concentre sur l'activité publicitaire, la fonction d'agence de presse est reprise par l'Agence France-Presse (AFP) créée après la Seconde Guerre mondiale.
Actuellement l'AFP est présente dans 165 pays à travers des bureaux ou des correspondants locaux. Un site Internet existe depuis 1995. Avec Associated Press et Reuters, l'AFP est l'un des principaux fournisseurs d'informations aux organes de presse dans le monde. Le service « images » de ces agences ne cesse de se développer.

polémique suscitée par la publication des clichés pris par des soldats américains dans les prisons d'Abou Graïb, en Irak.

L'éventail de documents captés par ces millions d'« égo-photographes » est donc très large. Du totalement anecdotique à l'insoutenable. Dans le premier registre, la mise en scène de chaque univers personnel est livrée au regard d'autrui et partagée sur Internet. Les « moblogs », mini-sites d'exposition de son moi virtuel et visuel, prolifèrent. Parfois, les internautes contactent directement des agences photographiques pour vendre leur production, car les médias sont de plus en plus attirés par ces documents à fort contenu émotionnel. D'autant que le prix payé est intéressant : 100 à 200 euros environ. De plus en plus d'organes de presse ou de chaînes de télévision sollicitent d'ailleurs directement leurs lecteurs ou les téléspectateurs pour qu'ils envoient leurs images.

Quelques entrepreneurs ont décidé de profiter de l'aubaine en jouant les entremetteurs. Scoopt, la première agence pour photo-reporters amateurs, créée par des Écossais, a vu le jour cet été. Elle propose aux internautes de s'abonner à son site et d'envoyer, d'un simple clic, leurs clichés, qui sont mis en ligne et vendus aux médias. La moitié des sommes perçues est reversée aux auteurs. D'autres initiatives similaires ont vu le jour aux États-Unis, avec des sites comme Spy Media ou Cell Journalist.

Les agences photo traditionnelles s'interrogent sur la place à donner à cette nouvelle pratique. Selon Mme Messana, « sur le fil AFP, où sont mis en ligne chaque jour 1 000 à 1 500 photographies, le nombre de documents amateurs est très faible ». L'agence s'interroge néanmoins sur l'opportunité d'ouvrir sur le site Internet de l'AFP-Photo un espace dédié aux contributions extérieures.

Sur le site du magazine britannique *Time*, les internautes sont conviés à élire le meilleur travail photographique de l'année 2005 publié par le titre. Parmi la vingtaine de travaux sélectionnés, tous signés par des photo-reporters, se glissent des clichés pris dans le métro de Londres par des témoins anonymes. Le débat sur la place des images d'amateurs dans le monde du photojournalisme ne fait que commencer.

Laurence Girard, « L'explosion du "photophone" », *Le Monde*, 31 décembre 2005.

1. Comment expliquer l'explosion du photojournalisme amateur ?
2. Quelles sont les étapes du développement de l'utilisation de photographies prises par des amateurs ?
3. Expliquez : « L'éventail de documents captés par ces millions d' "égo-photographes" est donc très large ».
4. Qu'apporte la photographie amateur sur le plan de l'émotion ?

PRÉPARATION À L'EXAMEN ► **Les épreuves du BTS** p. 252

Vers l'écriture personnelle

Quel jugement portez-vous sur l'usage par les médias de photographies prises par des amateurs ? Argumentez votre réponse en une vingtaine de lignes.

La photographie et le témoignage

La photographie semble être la preuve d'une incontestable présence, elle est un témoignage. Après la Première Guerre mondiale, elle est devenue l'un des moyens privilégiés pour informer le public. Comment la photographie témoigne-t-elle du monde qui nous entoure ?

Werner Bischof (1916- 1954), *Mendiant devant un temple à Madras en Inde*, 1952.

La composition
La photographie est construite sur une opposition déséquilibrée. La paroi de bois sombre occupe la quasi-totalité de l'image et semble écraser le corps du mendiant recouvert d'un drap blanc allongé sur le sol. La rigueur de la composition soutient la force du témoignage.

Le hors-champ
La photographie décrit une situation dramatique, mais elle renvoie également à ce qui se passe en dehors du cadre. Le spectateur imagine alors ce qui peut expliquer la situation de cet homme. Le hors-champ cherche à répondre à l'énigme posée par la photo.

Robert Capa (1913-1954), *Personnes lors d'un raid aérien*, Bilbao, Espagne, 1937.

1. Quelles sont les personnes présentes sur la photographie de Robert Capa ? Que peut-on en conclure ?
2. Le hors-champ. Comment le hors-champ est-il suggéré dans la photographie de Robert Capa ? Quelle est la dimension qu'il veut mettre en évidence ?
3. Les deux photographies, dans leur construction et leurs thèmes, ne montrent pas la même dynamique. Expliquez. Quel est l'effet produit ?
4. La composition. Quelles sont les personnes mises en valeur sur la photographie de Robert Capa ? Quel sens cela peut-il avoir ?

LE HORS-CHAMP DE L'IMAGE ► **Les épreuves du BTS** p. 252

Une image possède un cadre dans lequel se situent des personnages, des objets ou de simples formes. Mais l'effet provoqué par l'image se réduit rarement au contenu du cadre. Le hors-champ désigne ce que ne montre pas l'image, mais qui est suggéré par elle. On peut distinguer deux formes de hors-champ, souvent mêlées : le hors-champ matériel qui correspond à ce qui se trouve en dehors du cadre et que l'on peut prolonger à partir de l'image, par exemple à partir des regards comme dans la photographie de Robert Capa ; le hors-champ contextuel, qui est la situation à laquelle la scène fait penser : la vision du mendiant dans la photographie de Bischof évoque un environnement social dramatique.

Formuler un jugement

Le jugement pour

L'approbation. Il s'agit de porter un jugement positif sur une réalité et de le faire partager au destinataire. L'amplitude de l'accord va de la simple adhésion à une idée jusqu'à l'éloge enthousiaste…

Les moyens d'expression utilisés. On privilégie des expressions comme : *cette idée est juste, je partage cette idée, on peut approuver cet argument, cet argument est pertinent, cette thèse est intéressante, on ne peut qu'approuver ce point de vue…* On utilise un lexique valorisant, aux connotations positives. Les verbes introductifs sont accompagnés d'adverbes : *justement, avec justesse, finement,* etc.

Le jugement contre

La désapprobation. Il s'agit de formuler un jugement négatif. Les désaccords s'expriment avec des degrés divers : on réprouve, on blâme, on condamne. Quel que soit le jugement, il est justifié par des arguments.

Les moyens d'expression utilisés. On utilise des expressions comme : *cette idée est discutable, contestable, erronée, inacceptable, choquante, absurde, il est simpliste, faux, on ne peut adhérer à ce point de vue…* Un lexique dévalorisant, aux connotations négatives, marque la réprobation et signifie le rejet de la thèse ou de l'argument. Des figures de style comme l'accumulation, l'amplification, la métaphore, l'antithèse soulignent la force de l'indignation.

Vocabulaire aux connotations négatives

Métaphores

Amplifications

➤ *Il est simpliste d'accorder une confiance aveugle à Internet. L'information y serait plus crédible, sous prétexte qu'elle proviendrait d'individus et non d'institutions patentées, toujours suspectes ? On sait que n'importe quel insomniaque peut diffuser sur la Toile ses élucubrations, qu'aucun professionnel sérieux ne vérifiera, et pour cause !*

La nuance

La pondération. On cherche un point de vue équilibré, qui tienne compte des aspects contradictoires du sujet traité. La formulation mesurée évite un ton polémique.

Les moyens d'expression utilisés. On énonce ses arguments avec prudence : *il semblerait que, ne pourrait-on pas penser que, on peut se demander si cette idée est pertinente…* L'allusion et l'implicite, le conditionnel et les verbes auxiliaires évitent les affirmations péremptoires.

Interrogation plutôt qu'affirmation péremptoire. Conditionnel

➤ *On pourrait se demander si une presse qui ne survit que grâce à la publicité est réellement libre. On peut penser, par exemple, qu'il n'est pas facile pour un journal de concilier les annonces publicitaires des constructeurs automobiles et les articles dénonçant les méfaits de la pollution engendrée par leurs véhicules…*

Exercice 1

1. Quel jugement l'auteur de ce texte d'écriture personnelle porte-t-il sur la presse ?

2. Relevez les procédés d'expression utilisés pour traduire ce jugement.

On a coutume de dire que la transcription des paroles prononcées au cours d'un journal télévisé couvre à peine une page de quotidien. Les Français jugent très majoritairement que la presse écrite est « complète » et, à ce titre, qu'elle « encourage la réflexion ». Pour eux, elle permet l'approfondissement de l'information, grâce à un exposé des faits plus dense, à des analyses plus fouillées, des commentaires plus développés. On ne peut qu'approuver ce jugement.

Exercice 2

1. Quels sont les arguments de l'auteur en faveur de la répression de l'excès de vitesse sur la route ?

2. Quels moyens utilise-t-il pour exprimer son approbation.

Le durcissement des sanctions et l'installation des radars portent leurs fruits. En trois ans, le nombre de tués sur la route a en tout chuté de plus de 32 % et celui des blessés de presque 30 %. La mortalité a diminué autant que pendant les 17 années précédentes. Le bon cap est donc pris. Grâce aux radars et aux retraits de points, la sécurité a progressé. Les tribunaux voient défiler chaque semaine des dizaines de personnes en état d'alcoolémie sur la route : le nombre de retraits de permis a explosé. Cette politique de la fermeté a modifié la perception du danger de la vitesse chez les automobilistes. Un grand pas en avant a été franchi, dont on ne peut que se féliciter.

Exercice 3

1. Quelle est la thèse défendue dans ce paragraphe extrait d'un texte d'expression personnelle ?

2. Quelles expressions montrent que l'auteur s'engage en faveur de cette thèse ?

Il est absolument fondamental que les journalistes, quels qu'ils soient, bénéficient d'une protection dans l'exercice de leur métier. Il se peut que certains fassent des erreurs, qu'ils ne vérifient pas certaines informations comme ils le devraient. Cela regarde leur conscience. Mais on ne peut tolérer que les journalistes soient censurés, encore moins qu'ils soient victimes de violences, qu'ils soient torturés ou même tués, comme cela arrive trop souvent. Il faut garantir la liberté d'expression : c'est une condition indispensable pour bâtir une démocratie solide et garantir la justice et la paix.

Exercice 4

Rédigez un paragraphe désapprouvant l'extrait du texte précédent : « on ne peut tolérer que les journalistes soient censurés ». Vous commencerez votre texte par l'une des expressions suivantes : *cette idée est discutable, contestable, erronée, inacceptable, choquante, absurde, il est simpliste, faux, on ne peut adhérer à ce point de vue.*

Exercice 5

Rédigez un paragraphe dans lequel vous exprimerez votre accord avec l'une des réponses à la question suivante. Vous justifierez votre opinion par un argument pris dans la liste des réponses proposées.

Question

Pourquoi peut-on voir en Internet un moyen propice à la vulgarisation scientifique ?

Réponses

1. Les connaissances avancent si vite qu'il faut pouvoir en tout temps adapter les contenus et Internet se prête à une « évolution en temps réel ».

2. Les sites de vulgarisation sont des lieux très favorables pour « contrer » intelligemment et honnêtement certains charlatans.

3. Créer des cybercafés scientifiques, ce serait inventer des lieux conviviaux, attirants, et qui donneraient à ceux qui ne l'ont pas forcément d'emblée, le goût des sciences.

Exercice 6

1. Quel jugement l'auteur de cet article porte-t-il sur cette émission ?

2. Que lui reproche-t-il ?

3. Par quels procédés d'expression manifeste-t-il son désaccord ?

Cette émission, « Vivement dimanche », est à mes yeux un dispositif de blanchiment pour hommes politiques en mal de popularité. À chaque fois que je l'ai regardée, lorsque des femmes ou des hommes politiques étaient invités, j'ai trouvé qu'il y avait un mélange des genres choquant. Choquant à plusieurs points de vue. D'abord parce que les responsables politiques y étalent leur vie privée, les papas, les mamans, les chiens, les poissons rouges, les enfants. Ce faisant, ceux qui s'y prêtent légitiment par avance toutes les investigations journalistiques qui pourraient être faites pour montrer le caractère mensonger de cette belle vitrine. Ensuite, je trouve effectivement choquant l'évacuation totale de toute question politique dans ces numéros pourtant effectués par des responsables politiques.

Daniel Schneidermann, *Libération. fr*, 28 janvier 2005.

Exercice 7

1. Quel jugement l'auteur porte-t-il sur ces pratiques ?

2. Par quels procédés d'expression manifeste-t-il son opinion ?

C'est simple comme un coup de clic, et personne ne s'en offusque. Si l'on en croit un sondage TNS Sofres pour eBay réalisé en octobre 2005, 50 % des internautes ne voient pas d'inconvénient à revendre leurs cadeaux. Le public concerné serait en voie de déculpabilisation sur la question. L'anonymat offert par ces sites où l'on se présente masqué sous des pseudos limite en outre le risque d'être repéré. Et en admettant qu'on soit légèrement taraudé par sa conscience, on peut toujours accorder un petit rabais à son acheteur. Il paraît que ça en libère plus d'un.

Tous n'iront pas jusqu'à admettre que la chose dont ils vont tirer profit est un cadeau amoureusement choisi par un proche. Mais quand ils se baladent sur leur site, les dirigeants de ces sociétés ne s'y trompent pas : « On repère immédiatement le cadeau derrière le best-seller, le blockbuster vendu au moment de Noël. » Christian, 40 ans, revend ainsi le dernier DVD de Gad Elmaleh, *L'Autre c'est moi*, sur eBay : *« On l'a offert à ma belle-mère. Non seulement elle l'avait déjà, mais en plus elle ne voulait pas ce genre de cadeau. À la boutique, ils ne voulaient pas le reprendre. Donc on va le revendre, mais à perte je pense. »* Au hit-parade des objets les plus vendus en ce moment sur les sites, on retrouve les mêmes disques, livres, jeux vidéo, DVD, qui constituent les must du commerce traditionnel.

Une chose est sûre, dit François Saugier : avec ce système, *« on peut désormais passer Noël l'esprit tranquille »*. Pas besoin de tirer la grimace devant ce DVD qu'on ne regardera jamais. Inutile de s'enquiquiner avec les doublons voire triplons. Rien ne se perd, tout se recycle.

Nicole Pénicaut et Gilles Wallon, « La revente des cadeaux s'emballe », *Libération*, mercredi 28 décembre 2005.

Exercice 8

Rédigez deux paragraphes contre les raisons avancées par les chauffards pour justifier leur comportement. Le premier désapprouvera une de ces justifications, le second condamnera fermement une autre.

- Un conducteur roulant à très grande vitesse n'a pas le sentiment de prendre des risques, ni d'être une gêne pour les autres usagers de la route.
- Les automobilistes ont le sentiment que le progrès technique des véhicules renforce leur sécurité.
- Il considère les limitations de vitesse comme de simples indications, qui ne concernent pas un conducteur de sa qualité et de son niveau.
- Les automobilistes présentant un taux d'alcoolémie supérieur à celui autorisé se justifient en disant que l'alcool est inscrit dans la norme sociale. Ils ne sont pas convaincus qu'une consommation élevée altère leurs capacités.
- Les consommateurs de stupéfiants sont persuadés que l'alcool est beaucoup plus dangereux que la drogue. Ils estiment que le cannabis les apaise face au stress de la conduite.

Exercice 9

Rédigez un texte positif puis un texte négatif en utilisant les faits suivants.

- Il y a trois grands Tours cyclistes, le Tour de France, le Giro, la Vuelta.
- La bonne santé financière de ce sport est assurée.
- Le public est conquis par les performances des coureurs.
- Les organisateurs condamnent le dopage.
- Les parcours sont de plus en plus exigeants.
- L'audience des émissions de télévision consacrées aux Tours cyclistes ne cesse de croître.

Exercice 10

Exploitez ces remarques pour condamner dans un texte d'une dizaine de lignes les pratiques de l'industrie agroalimentaire pour inciter à l'achat.

« Les vitamines, les oligo-éléments et autres compléments minéraux jouent aujourd'hui un rôle semblable à celui qu'avaient autrefois les porte-bonheur et les amulettes. Leur fonction est de conjurer le mauvais sort, de lutter contre le vieillissement et de retarder l'heure de la mort.

À cette symbolique ancienne s'ajoute celle, plus récente, des couleurs, largement utilisée dans l'industrie agroalimentaire. Le rouge stimule l'appétit et incite à l'achat. Le vert évoque un environnement préservé propice à la santé. Le blanc et la couleur argentée suggèrent des aliments peu caloriques. Le jaune est la teinte la plus rapidement perçue par le cerveau et sert à capter l'attention. »

Gérard Mermet, *Francoscopie* 2003, Larousse.

La mort et ses représentations

7

James Ensor, *Pierrot et les squelettes*, 1907. Huile sur toile, 98 x 113 cm.

La mort et ses représentations

Pour l'homme, la mort n'est pas un événement parmi d'autres, qui achèverait simplement le cours de la vie. L'homme a conscience d'être mortel et cette connaissance est à la base d'une infinie et angoissante interrogation qui n'a cessé de nourrir son imagination.

Auguste Leroux, *Le Masque de la mort rouge*, 1871.

Peut-on imaginer la mort ?

La mort se présente comme un paradoxe. Elle apparaît certaine mais aucune personne ne peut en témoigner directement, puisqu'elle serait alors encore vivante. Toute description de la mort renvoie à la mort de l'autre ou des autres, et le récit de sa propre mort semble être une impossibilité fondamentale. L'angoisse devant la mort suscite alors l'imagination des hommes et ceux-ci tentent de construire une représentation de ce qui est invisible. Géographie de l'au-delà, voyage des morts, jugement des âmes…, la puissance des images de la mort exprime le désir de donner un sens à ce qui est difficilement pensable.

Le cimetière de Montmartre, à Paris.

Que représentent les êtres disparus ?

Les morts ne sont plus, et pourtant ils nous accompagnent. L'absence des êtres chers est parfois pesante et des ombres venues du passé envahissent les lieux et les moments de notre existence. De plus, même si nous n'en avons pas conscience, notre vie présente, nos pensées, nos actions sont influencées par ceux qui nous ont quittés. Nous leur empruntons des savoirs, des coutumes ou des manières de vivre. Nos représentations dépendent ainsi de celles plus anciennes d'hommes qui ne sont plus. Même absents, les morts habitent avec nous.

La mort en représentation

Le terme « représentation » désigne le fait de mettre sous les yeux, de rendre sensible quelque chose à l'esprit. Représenter la mort, c'est tenter de donner une visibilité à ce qui est obscur. Thème essentiel dans les arts et la littérature, la représentation de la mort évoque l'idée du voyage et de l'autre monde, comme cette *Île des morts* peinte par Arnold Böcklin en 1883. L'image de la mort est toujours une médiation par laquelle l'homme tente de penser sa finitude.

Comment réagissons-nous devant la mort ?

L'attitude de l'homme devant la mort varie selon les cultures et les époques. Les historiens ont montré qu'en Occident, par exemple, nous sommes passés d'une certaine familiarité avec la mort, au Moyen Âge, à une mort cachée, que nous n'osons plus envisager qu'au loin, dans un cadre médicalisé. Or, ce désir de masquer la mort rend certainement plus difficile une conception apaisée des derniers instants. Ne faut-il pas apprendre à réapprivoiser la mort et redonner une image, même imparfaite, à notre besoin de représentation ?

Tenter de penser la mort, c'est aussi écrire, comme le montrent ces petits textes rédigés dans les rues de New York après l'effondrement des tours du World Trade Center en 2001.

Pour se moquer de la mort, mais aussi pour la rendre familière, les Mexicains offrent des crânes en sucre à la Toussaint.

SOMMAIRE

Le traumatisme de la mort

Oublieuse d'un certain nombre de rites mortuaires ancestraux, la société occidentale contemporaine semble ne pas savoir comment parler de la mort, accentuant par le silence l'angoisse de chacun. Ne faut-il pas réapprendre à apprivoiser la mort ?

La mort apparaît comme brutale, atroce et désespérée. Elle n'est plus associée à cette forme de croyance déterministe[1] qui la situait à l'extérieur de l'humain, dans une volonté divine, face à laquelle l'homme n'était qu'un fétu de paille. Avec la maîtrise croissante de l'industrie humaine, la mort est devenue révoltante. Dans tous les pays occidentaux, les progrès de la médecine et l'amélioration de la qualité de vie – aux sens économique, politique et démographique du terme – ont conduit, de surcroît, à un meilleur vieillissement et, surtout, à une longévité plus grande qui permettent à chacun d'envisager la mort après, au moins, soixante-dix années de vie. Les vieux jours pourraient donc être envisagés avec tranquillité tandis que la fin de vie, accompagnée et préparée, approcherait doucement. Il n'en est rien.

Les Occidentaux contemporains se retrouvent dans une position paradoxale : face à une durée de vie moyenne jamais atteinte, ils redoutent le vieillissement et déplacent sur ce dernier leur angoisse de mort. Ils s'interrogent plus, aussi, sur leur vie intérieure et consultent plus fréquemment des « psychistes », c'est-à-dire des psychothérapeutes de tout bord. C'est vers eux qu'ils vont également dans les situations de deuil et de traumatisme, à défaut de pouvoir se tourner vers un groupe social préparé à accueillir la mort en son sein. S'il est probable, d'après les perspectives démographiques actuelles, que le vieillissement s'améliore pour la majorité d'entre nous, il est logique que ce vieillissement soit aussi un grand pourvoyeur de deuils. On peut ainsi raisonnablement estimer que le nombre de décès familiaux sera multiplié par trois après l'âge de 60 ans dans les années qui viennent. Les femmes, en particulier, connaîtront, pour 75 % d'entre elles, la mort de leur compagnon et seront, pour la plupart, de grandes endeuillées.

De tels chiffres montrent clairement la nécessité de reconstruire les groupes d'appartenance, à défaut de groupes d'affiliation lignagère[2], car la solitude renforce les difficultés du deuil. Si le groupe traditionnel a longtemps protégé de l'angoisse de mort, c'est qu'il apportait les repères d'un traitement ancestral et l'assurance d'une pérennisation de l'existence individuelle à travers la collectivité. Cette sécurité n'était pas colportée par des mots précis, mais véhiculée de façon diffuse par les familles et transmise par des savoir-faire. Retrouver ces compétences paraît impossible aujourd'hui, car une société humaine ne régresse pas à un stade antérieur ; informer est insatisfaisant, car insuffisant : ces savoirs passent, en effet, par des intégrations intrapsychiques[3]. En revanche, parler de la mort, avant qu'elle ne se produise, semble une possibilité peu contraignante et permettant une prise de conscience progressive et adaptée à chaque culture familiale.

Parler de la mort en famille revient à poser une pensée sur l'irreprésentable et à imaginer la persistance d'une filiation réelle ou imaginaire. Cet échange col-

1 déterministe : fataliste.

2 lignagère : relative à une lignée familiale.

3 intrapsychiques : intériorisées au sein du psychisme.

4 sidération : anéantissement psychique.

5 anxiogène : provoquant l'angoisse.

lectif, tel qu'il se produit parfois autour d'un anniversaire de décès ou lors de la fête des morts, aurait assurément pour effet de limiter la sidération[4] et, plus largement, le traumatisme de la mort et de ses conséquences. En favorisant la transformation de l'investissement anxiogène[5] de la mort d'un de ses membres en réflexion sur la nature de la cérémonie et sur le lieu du souvenir, la famille consolide son lien social et affectif et rassure chacun de ses membres sur son sort, lorsqu'il sortira de la catégorie des vivants. Cette discussion peut se dérouler dans tous les groupes familiaux ou amicaux : envisager sa propre mort ne l'accélère pas, c'est au contraire une façon de réaliser potentiellement les ruptures de la vie.

Marie-Frédérique Bacqué, *Apprivoiser la mort*, Éd. Odile Jacob, 2002.

L'évolution du mot

Le terme « mort » est l'un des mots français les plus anciens puisqu'il est attesté dès 881. Issu du latin *mors*, il signifie comme ce dernier « la cessation de la vie », mais peut avoir le sens symbolique de souffrance ou de difficulté (« souffrir mille morts »). Dès le XIIe siècle, il désigne aussi, avec une majuscule, la Mort personnifiée. Celle-ci utilise d'abord une massue ou une fronde, avant d'employer la faux, qui est demeurée son symbole jusqu'à nos jours. Dans la tradition chrétienne, on distingue la *première mort*, qui est la séparation de l'âme et du corps, et la *seconde mort*, qui correspond à la damnation éternelle après le Jugement dernier. Quant à la *mort spirituelle*, elle désigne l'éloignement de l'Église, notamment dans le cas d'une excommunication.

1. Dégagez le plan du texte.
2. Quels changements connaissent les hommes face à la vieillesse ?
3. Quelles sont, pour l'auteur, les raisons de l'angoisse actuelle face à la mort ?
4. Expliquez la phrase : « Si le groupe traditionnel a longtemps protégé de l'angoisse de mort, c'est qu'il apportait les repères d'un traitement ancestral et l'assurance d'une pérennisation de l'existence individuelle à travers la collectivité. » (ligne 28)
5. Quelle solution propose l'auteur pour rendre l'idée de la mort moins insupportable ?

PRÉPARATION À L'EXAMEN ► **Les épreuves du BTS** p. 252

Vers la synthèse

À partir des réponses aux questions précédentes, rédigez un texte présentant en la reformulant la thèse de l'auteur et son argumentation.

L'annonce de la mort

Si nous savons que nous sommes mortels, nous ne pouvons témoigner de l'expérience de notre propre mort. Se représenter la mort, c'est toujours rappeler que nous sommes vivants. Pouvons-nous voir la mort en face ?

DOCUMENT 1

MARGUERITE, *se dirigeant vers le Roi.*

Sire, je dois vous mettre au courant.

MARIE

Non, taisez-vous.

MARGUERITE, *à Marie.*

Taisez-vous.

MARIE, *au Roi.*

Ce n'est pas vrai ce qu'elle dit.

LE ROI

Au courant de quoi ? Qu'est-ce qui n'est pas vrai ? Marie, pourquoi cet air désolé ? Que vous arrive-t-il ?

MARGUERITE, *au Roi.*

Sire, on doit vous annoncer que vous allez mourir.

LE MÉDECIN

Hélas, oui, Majesté.

LE ROI

Mais je le sais, bien sûr. Nous le savons tous. Vous me le rappellerez quand il sera temps. Quelle manie avez-vous, Marguerite, de m'entretenir de choses désagréables, dès le lever du soleil ?

MARGUERITE

Il est déjà midi.

LE ROI

Il n'est pas midi. Ah, si, il est midi. Ça ne fait rien. Pour moi, c'est le matin. Je n'ai encore rien mangé. Que l'on m'apporte mon breakfast. À vrai dire, je n'ai pas trop faim. Docteur, il faudra que vous me donniez des pilules pour réveiller mon appétit et dégourdir mon foie. Je dois avoir la langue saburrale[1], n'est-ce pas ? *(Il montre sa langue au Docteur.)*

LE MÉDECIN

En effet, Majesté.

LE ROI

Mon foie s'encrasse. Je n'ai rien bu hier soir, pourtant j'ai un mauvais goût dans la bouche.

LE MÉDECIN

Majesté, la reine Marguerite dit la vérité, vous allez mourir.

LE ROI

Encore ? Vous m'ennuyez ! Je mourrai, oui, je mourrai. Dans quarante ans, dans cinquante ans, dans trois cents ans. Plus tard. Quand je voudrai, quand j'aurai le temps, quand je le déciderai. En attendant, occupons-nous des affaires du royaume. *(Il monte les marches du trône.)* Aïe ! Mes jambes, mes reins.

1 saburrale : recouverte d'un dépôt blanc jaunâtre.

J'ai attrapé froid dans ce palais mal chauffé, avec ces carreaux cassés qui laissent entrer la tempête et les courants d'air. A-t-on remplacé sur le toit les tuiles que le vent avait arrachées ? On ne travaille plus. Il faudra que je m'en occupe moi-même. J'ai eu d'autres choses à faire. On ne peut compter sur personne. *(À Marie qui essaye de le soutenir.)* Non, j'arriverai. *(Il s'aide de son sceptre comme d'un bâton.)* Ce sceptre peut encore servir. *(Il réussit péniblement à s'asseoir, aidé tout de même par la reine Marie.)* Mais non, mais non, je peux. Ça y est ! Ouf ! Il est devenu bien dur ce trône. On devrait le faire rembourrer. Comment se porte le pays ce matin ?

Eugène Ionesco, *Le Roi se meurt*, Éd. Gallimard, 1962.

DOCUMENT 2

Notre propre mort ne nous est pas représentable et aussi souvent que nous tentons de nous la représenter nous pouvons remarquer qu'en réalité nous continuons à être là en tant que spectateur. C'est pourquoi dans l'école psychanalytique[1] on a pu oser cette déclaration : personne, au fond, ne croit à sa propre mort ou, ce qui revient au même, dans l'inconscient, chacun de nous est persuadé de son immortalité.

Sigmund Freud, « Considérations actuelles sur la guerre et sur la mort », *Essais de psychanalyse*, trad. par P. Cotet, A. Bourguignon et A. Cherki, Éd. Payot, 1915.

1 **école psychanalytique :** mouvement fondé par Freud.

La mort sur scène

La mort est théâtrale. Menace imminente indispensable à toute tragédie classique, elle ne doit cependant pas être représentée sur scène pour respecter la règle de la bienséance. Les farces et les mélodrames ne s'embarrassent guère d'une telle précaution : exécutions capitales, crimes en tout genre, cris atroces et maniement des armes, la mise en scène est parfois spectaculaire. Dans les comédies, elle est aussi souvent feinte pour déjouer les trahisons et préparer les coups de théâtre.

1. Dans le document 1, relevez et analysez les indices de la mort prochaine du roi.
2. En étudiant leurs paroles et leurs gestes, comparez la situation de Marie, de Marguerite et du médecin dans l'annonce de la mort prochaine du roi.
3. Quelles sont les stratégies adoptées par le roi pour refuser de penser à sa propre mort ? Justifiez vos réponses en vous appuyant sur le texte (document 1).
4. Quel est, selon Freud, le paradoxe de la représentation de sa propre mort (document 2) ?

PRÉPARATION À L'EXAMEN ► **Les épreuves du BTS** p. 252

Vers la synthèse

Sous la forme d'un paragraphe rédigé, illustrez la phrase de Freud : « personne, au fond, ne croit à sa propre mort » (lignes 4-5) en utilisant l'extrait du *Roi se meurt*.

L'histoire des représentations de l'au-delà

Depuis les premières sépultures du paléolithique, l'homme n'a cessé de se représenter le monde des morts, au sein d'une géographie imaginaire de l'au-delà. Paradoxalement, alors que le monde occidental met en avant la toute-puissance de la rationalité économique, il semble réinvestir un certain nombre de croyances à propos de l'au-delà.

Dans la mythologie grecque, Charon, peint ici par Joachim Patenier au début du XVIe siècle, est le passeur des âmes contre le paiement d'une obole. Il refuse d'effectuer la traversée en l'absence d'une pièce de monnaie déposée dans la bouche du mort ou en l'absence de sépulture.

Le voyage du mort vers l'autre monde

Il est vraisemblable que l'idée d'un monde des morts a été présente très tôt, comme l'indiquent les témoignages des plus anciennes civilisations orales. Royaume des ombres, le monde des morts des cultures archaïques est une sorte de continuité du monde des vivants, ce qui explique la présence de nombreux objets ou dessins du quotidien dans les sépultures. Le passage d'un monde à l'autre prend la forme d'un voyage, parfois semé d'embûches, mais dont chacun peut triompher, pour peu qu'il ait accompli les rites prescrits.

Le paradis et l'enfer

À mesure que les civilisations développent des codes moraux et que les religions offrent un idéal à imiter, le monde des morts est associé à la vision d'un paradis et d'un enfer, dans lequel se retrouvent ceux qui ont fauté. La notion de jugement apparaît alors,

Jean Delville, *Le Purgatoire*, la rencontre de Dante et de Mathilde avant le passage vers le paradis.

Dans cette œuvre de Jérôme Bosch peinte en 1490, la mort va frapper l'avare qui, malgré l'insistance de l'ange à droite, se laisse encore séduire par les richesses que lui montrent les démons. Cette dramatisation des derniers instants, où se joue le salut ou la damnation, semble être l'indice d'une représentation plus aiguë de l'idée de jugement.

mais celui-ci ne prend de caractère véritablement tragique qu'avec le christianisme. L'itinéraire personnel de chacun devient l'enjeu d'une dramatisation que l'Église va peu à peu élaborer. À la représentation d'une mort paisible, à laquelle chaque chrétien peut aspirer, succède une angoisse du jugement individuel.

Dans la Grèce antique, Thanatos est le dieu de la Mort. Avec son frère Hypnos, qui symbolise le Sommeil, il recueille délicatement le cadavre des morts. Cette statue du IVe siècle représente Hypnos.

Le purgatoire

L'idée d'une punition dans l'au-delà liée à l'histoire personnelle de chacun ne peut se satisfaire d'une simple opposition entre le Bien et le Mal, entre le paradis et l'enfer. Le monde des pécheurs est pluriel et tous les crimes n'ont pas la même gravité. À partir du XIIIe siècle, l'Église définit un nouveau lieu dans la géographie de l'au-delà : le purgatoire, où les pécheurs qui ne sont pas damnés subissent des punitions qui sont provisoires s'ils parviennent à se racheter. Cette proportionnalité des peines dans l'au-delà est parallèle au progrès de droit dans la société ; la complexité de la représentation du monde de la mort est le reflet de la complexité sociale.

Le paradoxe contemporain

Les progrès de la rationalité scientifique, la montée de l'athéisme, la déchristianisation conduisent à un affaiblissement des représentations traditionnelles de l'au-delà. La mort apparaît alors comme une fin en soi, pouvant même atteindre une civilisation dans son entier en raison des possibilités nouvelles de destruction massive au XXe siècle. Pourtant, en ce début de millénaire, dans ce qui peut apparaître comme une recherche désespérée de sens, on assiste au retour de certaines croyances en l'au-delà, ainsi qu'à une montée de l'irrationnel et des superstitions. La représentation de la mort serait ainsi le miroir de nouvelles angoisses.

La présence des disparus

Les hommes et les femmes qui nous ont précédés semblent appartenir à un monde définitivement passé. Pourtant, même si nous n'en prenons pas conscience, les morts ne sont-ils pas toujours présents dans notre existence ? Ne sont-ils pas parfois les véritables auteurs de nos représentations ?

DOCUMENT 1

Nous savons que nous marchons dans les pas des morts. Si l'on observe l'éventail des cultures, dans chacune d'entre elles on trouve l'autorité fondatrice de l'ancêtre. Les espèces animales et végétales n'obéissent qu'à la loi de la vie, mais le propre de l'humanité est d'être de part en part nécrocratique[1]. Consciemment ou non, nous accomplissons la volonté de nos aïeux ; les commandements nous arrivent de leur royaume ; notre loi est leur jurisprudence[2] ; nous sommes à leurs ordres, même quand nous nous rebellons contre eux. Notre diligence, notre audace, notre rectitude et notre héroïsme, mais aussi nos folies, nos rancunes, nos haines et nos pathologies, sont autant de signatures que les morts apposent sur les contrats qui définissent nos personnalités. Nous héritons de leurs obsessions, nous prenons sur nous leurs fardeaux, nous reprenons leurs causes, nous perpétuons leurs mentalités, leurs idéologies, et bien souvent leurs superstitions ; et nous mourons d'avoir voulu venger leurs humiliations. Pourquoi cette servitude ? Nous n'avons pas le choix. Notre légitimité nous vient des morts, et d'eux seuls. Livrés à nous-mêmes, nous sommes tous des bâtards. En échange de cette légitimité dont nous avons besoin et que nous désirons par-dessus tout, nous nous soumettons à leur empire. Nous avons beau, dans notre mode de vie moderne, faire mine d'ignorer ou de rejeter leur ancienne autorité, si nous voulons conquérir un espace de liberté véritable – si l'on veut être « absolument moderne », comme disait Rimbaud –, il nous faut commencer par reconnaître les traditionnelles exigences que leur autorité fait peser sur nous.

Robert Harrison, *Les Morts*, trad. par F. Naugrette, Éd. Le Pommier, 2003.

1 **nécrocratique :** littéralement, gouvernement des morts.

2 **jurisprudence :** décision d'un tribunal qui devient une norme pour les jugements suivants.

Illustration anonyme pour la fable de La Fontaine, *Le Laboureur et ses enfants*, 1668.

L'autorité des ancêtres

Chez les Romains, l'*auctoritas majorum*, l'autorité des ancêtres, évoquait la présence fondatrice et prestigieuse des hommes qui les avaient précédés. Sans *potestas* (pouvoir légal), les ancêtres représentaient cependant une autorité morale à laquelle il fallait se référer.

DOCUMENT 2

Travaillez, prenez de la peine :
C'est le fonds qui manque le moins.

Un riche Laboureur, sentant sa mort prochaine,
Fit venir ses enfants, leur parla sans témoin.
« Gardez-vous, leur dit-il, de vendre l'héritage
Que nous ont laissé nos parents.
Un trésor est caché dedans.
Je ne sais pas l'endroit ; mais un peu de courage
Vous le fera trouver, vous en viendrez à bout.
Remuez votre champ dès qu'on aura fait l'oût[1].
Creusez, fouillez, bêchez ; ne laissez nulle place
Où la main ne passe et repasse. »
Le père mort, les fils vous retournent le champ
Deçà, delà, partout ; si bien qu'au bout de l'an
Il en rapporta davantage.
D'argent, point de caché. Mais le Père fut sage
De leur montrer avant sa mort
Que le travail est un trésor.

Jean de La Fontaine, *Le Laboureur et ses enfants*, 1668.

1 **oût :** août, les moissons qui se déroulent pendant ce mois?

1. Dégagez le plan du texte en complétant et en poursuivant le schéma suivant (document 1).

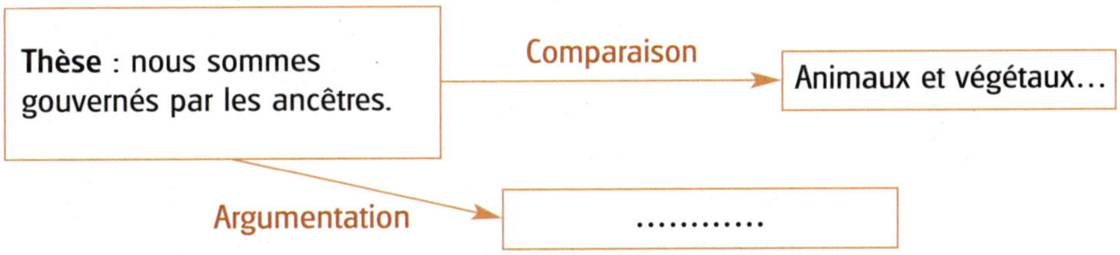

2. Expliquez la métaphore : « nous marchons dans les pas des morts » (document 1, ligne 1).
3. En analysant les types d'influence des ancêtres, évoqués dans le document 1, expliquez que ce pouvoir est ambigu.
4. Pourquoi avons-nous besoin des ancêtres (document 1) ?
5. Dans la fable de La Fontaine, le père use d'une ruse face à ses enfants. Comment comprendre cette attitude (document 2) ?
6. Repérez le nombre de générations évoquées dans la fable. Comment interprétez-vous cela (document 2) ?

PRÉPARATION À L'EXAMEN ► Les épreuves du BTS p. 252

Vers la synthèse
Rédigez un paragraphe résumant la pensée de Robert Harrison (document 1) et illustrez votre propos par une référence à la fable de La Fontaine (document 2).

Le rituel de la mort

Depuis la préhistoire, les hommes ont accompli des rites funéraires, par lesquels une forme de relation était maintenue avec celui qui venait de décéder. Pourtant, le monde contemporain ne cherche-t-il pas à cacher la présence de la mort ?

DOCUMENT 1

On assiste à ce qu'on a pu appeler une désocialisation de la mort caractérisant ainsi la désolidarisation-démission devant les mourants, les défunts et aussi les survivants. Le corollaire de cette attitude réside dans la substitution des rôles. Accompagner un agonisant, faire la toilette du mort, veiller sa dépouille, accepter les longues condoléances… voilà ce que les proches, aujourd'hui, ne veulent plus faire, quitte à payer pour que d'autres le fassent à leur place. – Il s'agit de la spécialisation, de la professionnalisation, voire de la bureaucratisation de la mort. – Sa forme extrême s'exprime dans le death control[1] officiel, tout entier dans les mains d'un État souverain que les écrits futuristes présentent comme une issue inévitable vers laquelle nous nous acheminons. Dans l'immédiat, la mort se contente d'être l'affaire de spécialistes professionnels. D'où les nouveaux métiers, notoirement celui des thanatologistes[2] qui, aux États-Unis, aident les hommes « à mourir sans bruit », palliant ainsi les défaillances de la famille. Dès lors, pour la société, la mort devient un problème de management où on vise l'efficacité. Il va sans dire que ces deux processus : désocialisation, spécialisation, loin de se concurrencer, restent tout à fait complémentaires. C'est parce qu'il y a abandon du côté de la famille et des proches qu'il doit y avoir prise en charge par des organisations prévues à cet effet ; et celles-ci, en tant que services, ne peuvent manquer de composer avec les exigences de la rentabilité et du profit. On peut avancer également que l'existence de telles institutions incite les personnes confrontées avec la mort et les morts à y recourir plutôt que d'intervenir d'elles-mêmes.

Louis-Vincent Thomas, *La Mort*, Éd. PUF, coll. « Que sais-je ? », n° 236, 5e éd. 2003.

1 ***death control*** **:** contrôle de la mort.

2 **thanatologistes :** ici, professionnels qui prennent en charge le mourant et le cadavre.

DOCUMENT 2

En France, au moins jusqu'aux années trente, la mort était une grande cérémonie quasi publique, que le mort présidait. Il était prévenu. Il savait que la mort était prochaine. Il avait mis ses affaires en ordre, rédigé ses dernières volontés, distribué ses biens, afin d'éviter les querelles d'héritiers. Il « gisait au lit, malade », comme disent les testaments du XVIIe siècle. La famille, les amis étaient réunis dans la chambre, autour du lit, pour l'adieu. Le prêtre apportait le *Corpus Christi*[1] et de plus en plus souvent l'extrême-onction, suivi parfois par de pieux étrangers qui l'avaient rencontré dans la rue.

C'était l'habitude d'entourer les mourants et – l'expression était banale mais elle est devenue désuète – de les « assister pendant leur agonie ». On suivait en effet tous les épisodes d'une agonie, souvent très douloureuse, mais jamais très longue.

1 **Corpus Christi :** corps du Christ sous la forme d'une hostie.

Après la fin, un avis placardé à la porte, ou bien la rumeur des voisins invitaient toutes les relations du mort à venir le voir. Ces visites étaient aussi destinées à consoler les survivants. Mais c'était d'abord le mort qu'on honorait une dernière fois, en l'aspergeant d'eau bénite, en le regardant, avant qu'il disparaisse.

Avant la mort, c'est le mourant qui préside et qui commande. Après la mort, c'est le mort qu'on visite et qu'on honore.

Philippe Ariès, *Essais sur l'histoire de la mort en Occident du Moyen Âge à nos jours*, Éd. du Seuil, coll. Points Histoire, 1977.

DOCUMENT 3

Le culte des morts en chiffres

Sur un total d'environ 550 000 décès en France par an, plus de 70 % ont lieu dans un établissement de soins contre 20 % à domicile. Alors que seulement 10 % des Français déclarent pratiquer régulièrement un culte, 80 % des défunts ont eu droit à une cérémonie religieuse. L'inhumation d'un parent coûte en moyenne 3 800 €. 70 % des Français déclarent se rendre dans l'un des 60 000 cimetières que compte le territoire, notamment à la Toussaint, pour déposer 25 millions de chrysanthèmes. On compte en France 800 maisons funéraires (elles n'étaient que 150 en 1980) et l'activité des pompes funèbres occupe 20 000 personnes.

Laurence Duboys-Fresney, *Atlas des Français. Grand angle sur un peuple singulier*, coll. Atlas, Éd. Autrement, 2002.

La mort apprivoisée et la mort interdite

L'expression « mort apprivoisée » a été proposée par l'historien Philippe Ariès pour qualifier l'attitude des hommes devant la mort au Moyen Âge. Attendue, acceptée, dédramatisée, la mort est insérée dans une ritualisation communautaire. À partir du XIe siècle, les représentations de la mort s'individualisent, témoignant d'une peur du jugement divin. Philippe Ariès évoque également la « mort interdite », qui caractérise l'époque contemporaine : affaiblissement des rites, médicalisation des derniers instants… La mort devient ce que l'on cache.

1. Résumez la thèse de l'auteur après avoir dégagé le plan du texte (document 1).
2. En quel sens peut-on parler de l'existence d'un marché funéraire (document 1) ?
3. Quelles sont, selon Philippe Ariès, les caractéristiques des derniers instants jusqu'aux années trente (document 2) ?
4. Quels constats peut-on faire à propos des rites des morts à partir de l'étude du document 3 ?

PRÉPARATION À L'EXAMEN ► **Les épreuves du BTS** p. 252

Vers la synthèse

À l'aide des documents ci-dessus, rédigez un texte d'une vingtaine de lignes exposant l'évolution de l'attitude devant la mort au cours du XXe siècle.

Le triomphe de la mort

Dans l'histoire de l'art, le thème du triomphe de la mort occupe une place remarquable, témoignant de la conscience du caractère inéluctable et funeste de la destinée des hommes… et de la tendance de ceux-ci à précipiter l'heure du trépas.

Les symboles et l'allégorie
La mort est représentée par une armée de squelettes qui, dans un combat inégal, massacre et emporte les vivants. Au centre, la faux, symbole incontournable de la fossoyeuse. Le tableau utilise une allégorie traditionnelle

La profondeur
Le point de vue est plongeant et la ligne d'horizon est haute, ce qui permet de dégager une vaste profondeur. Le paysage est dévasté, à l'image d'une guerre sans pitié. Au loin, potences, piloris et incendies représentent le châtiment.

Bruegel, *Le Triomphe de la mort*, vers 1562. Huile sur bois, 117 x 162 cm.

L'égalité des sorts
En bas, ni les riches ni les nobles n'échappent à la mort. Implacable, elle anéantit les projets des vivants et démontre la futilité des réjouissances de la vie : le pouvoir, l'argent, le jeu, la musique, la nourriture ne sont que des vanités.

Le sens de lecture
Telle une vague qui déferle sur le monde des vivants, la mort emporte tous les hommes vers un monde obscur, situé à droite. La frayeur est entretenue par le bruit des cloches (en haut à gauche) et le tambour (à droite, à mi-hauteur)

Otto Dix,
Le Triomphe de la mort,
1934.
Technique mixte sur bois,
180 x 178 cm.

Les références symboliques de l'image

Une image contient souvent des éléments qui ont une signification symbolique. Il peut s'agir de personnages allégoriques, comme le montre la représentation de la mort dans ces tableaux, d'objets et d'animaux (le serpent, symbole de traîtrise…), mais aussi de simples formes géométriques (la courbe peut être un signe de douceur…). Un élément n'a pas de signification par lui seul, mais le sens dépend de son rapport avec le reste de l'image.

1. Les symboles : décrivez les différents personnages du tableau d'Otto Dix. Quel sens peut-on leur donner ?
2. La profondeur : comment est-elle figurée dans le tableau d'Otto Dix ?
3. Comment interpréter la situation de la représentation de la mort dans l'œuvre de cet artiste ?
4. Quels sont les points communs et les différences que l'on peut noter dans ces deux représentations du triomphe de la mort ?

PRÉPARATION À L'EXAMEN ▸ **Les épreuves du BTS** p. 252

Vers la synthèse
En vous appuyant sur ces deux œuvres, présentez en quelques lignes la signification du thème du triomphe de la mort dans l'art.

Rendre efficace un texte argumentatif

La mise en valeur de la thèse

La thèse peut être formulée dans une phrase courte et simple placée au début du paragraphe. Les phrases suivantes développent certains aspects de la thèse. Les arguments qui la justifient sont ensuite formulés en une phrase brève puis ils sont développés et illustrés par un exemple. La chute du paragraphe reformule la thèse initiale de façon concise et frappante. Cette redondance marque l'importance qu'on lui accorde.

La thèse peut être formulée à la fin du paragraphe qui débute par un exemple. Elle découle alors de la généralisation de cet exemple. Elle est formulée de manière synthétique, dans une courte phrase.

Franchir le seuil de leur maison ne pose aucun problème. Quand leur porte n'est pas ouverte en permanence, la clé n'est jamais loin : sous la bûche ou sous le paillasson ! Par ces sortes de détails certaines familles traduisent leur volonté d'ouverture aux autres.

La mise en valeur du raisonnement

Les arguments les plus forts doivent occuper la meilleure place, soit au début, soit à la fin de l'argumentation. Il convient d'enchaîner de manière logique la thèse, les arguments et les exemples. La formulation de ces liens logiques de cause, de conséquence, ou qui marquent l'hypothèse ou l'opposition, accentue la force démonstrative de l'argumentation. Des termes d'addition comme *d'abord, ensuite, enfin*... suggèrent la rigueur et renforcent la crédibilité de l'argumentation.

Le rôle des illustrations

Pour mieux convaincre, on illustre ses idées de la manière la plus frappante possible. On peut utiliser des chiffres parlants : *dans notre pays, toutes les heures, une personne meurt sur la route*; des images fortes : *en France, le tabac tue en silence. Imaginez que 250 Airbus s'écrasent par an*... ; des exemples frappants : *les catastrophes frappent d'abord les plus démunis : les pauvres de la Nouvelle Orléans, les villageois du Cachemire*...

Le dynamisme de l'expression

L'utilisation de mots simples et courts améliore la lisibilité d'un texte argumentatif. L'alternance de phrases courtes et de phrases plus longues rompt la monotonie du style. On donne du relief aux idées les plus importantes en les énonçant dans une phrase courte. L'emploi de figures d'insistance, comme l'hyperbole ou la gradation, ou de figures comme la métaphore, l'ellipse, l'antithèse augmente la force persuasive de l'argumentation.

➤ **Version initiale :** *Notre époque est celle de l'image et c'est pourquoi le dévoilement de l'intimité est devenu un fait de société. La télévision, la presse et le livre racontent les difficultés des couples, révèlent l'intimité des starlettes ou même d'inconnus.*

➤ **Version améliorée :** *Le dévoilement de l'intimité est devenu un véritable fait de société. À l'heure du règne absolu de l'image, télévisions, presse à sensation et éditeurs s'emparent des démêlés du couple, étalent les secrets d'alcôve d'éphémères starlettes ou de parfaits inconnus.*

Exercice 1

Attribuez chaque thèse au paragraphe qu'elle termine.

Thèses

- L'allongement de la vie posera de plus en plus de problèmes.

- La mort et ses rites ne sont plus ce qu'elles étaient.

- On ne s'habitue pas à la mort.

- On a oublié à quel point l'âge de la mort a reculé.

Paragraphes

1. Elles étaient cinq autour de la table à l'heure des repas. Unies comme les cinq doigts de leurs mains flétries. Elles ne sont plus que quatre. La cinquième ? « Elle ne va pas bien en ce moment », dit Denise, 78 ans. « Elle est prête à partir », dit Alice, bientôt 80 ans. Elle soupire : « Deux ans ensemble, on s'attache ; n'est-ce pas ? » Dans un couloir des Parentèles, résidence pour personnes âgées à Maurepas dans les Yvelines, une porte reste close. Suzanne meurt. Comme un résident sur cinq, ici, chaque année.

Jean-Michel Dumay, « La maison des derniers souffles de vie », *Le Monde*, 15 septembre 2003.

2. On ne voit plus de rideaux noirs aux portes des immeubles, plus de corbillards à l'ancienne, plus de veuves vêtues de crêpe noir.

3. Montaigne écrit dans les *Essais* qu'il a atteint « un âge auquel peu de gens arrivent » et que « mourir de vieillesse est une mort rare, singulière et extraordinaire ». Il a 47 ans. Il est vrai qu'à cette époque on ne connaît pas l'hygiène et que les épidémies font des ravages. Mourir de son grand âge tenait alors du miracle.

4. Certains vont jusqu'à affirmer qu'un enfant né en 2000 a une chance sur deux de devenir centenaire. Mais 100 ans n'a rien d'une limite et les statistiques n'indiquent aucune stabilisation de la courbe de l'allongement de la durée de la vie.

Ce formidable et très positif recul de la mort ne va toutefois pas sans poser des problèmes. L'arrivée d'un nombre croissant de personnes à des âges élevés (80 ans et plus) implique un accroissement mécanique du nombre des handicaps.

Exercice 2

1. Quelle est la thèse développée dans ce paragraphe ?

2. Par quels arguments chiffrés est-elle justifiée ?

3. Reformulez ces arguments en simplifiant ces données chiffrées.

En 2000, la France comptait plus de 12 millions de personnes de plus de 60 ans, soit 21 % de la population. Elle en comptera 17 millions en 2020, soit une hausse de 40 %. Et 24 millions en 2050. L'évolution du nombre des personnes très âgées a de quoi surprendre. Les plus de 85 ans seront quatre fois plus nombreux en 2050 qu'ils ne l'étaient en 2000, soit près de 5 millions.

Exercice 3

1. Quelles sont les phrases qui formulent la thèse de l'auteur ?

2. Par quels arguments justifie-t-il cette thèse ?

3. Relevez les figures de style qui donnent de la vigueur à son argumentation.

Les industriels devront prouver à l'avenir le caractère inoffensif de leurs produits, alors que jusqu'ici la charge de la preuve incombait aux pouvoirs publics.

Cela revient à pousser très loin le principe de précaution qui, si l'on n'y prend garde, débouche très vite sur une terrible « dictature du risque zéro » : à l'industriel, au scientifique, à l'inventeur, bref à celui qui risque et qui ose de prouver que son innovation ne comporte aucun danger pour personne.

Il est évidemment trop tôt pour dire si ces contraintes se traduiront, comme l'affirment les industriels, par la perte de 360 000 emplois dans la décennie à venir. Mais on ne peut que regretter que la « vieille Europe », pourtant à l'origine de toutes les découvertes majeures depuis la révolution industrielle, ait trop tendance à se réfugier derrière un principe de précaution stérilisant et tellement contraire à la démarche scientifique et au progrès. Triste réflexe.

Nicolas Barré, « La dictature du risque zéro », *Le Figaro*, 17 novembre 2005.

Exercice 4

1. La thèse et les arguments qui la développent ont été mélangés. Identifiez-les.

2. Remettez-les dans l'ordre qui convient en rétablissant les liens logiques qui manquent, à l'aide de la liste suivante : *En effet ; Certes ; D'autant plus que ; Mais.*

1. C'est une erreur de ne pas répondre aux questions que l'enfant pose sur la mort.

2. Ils préfèrent se réfugier dans le silence, en croyant que c'est la meilleure protection contre une angoisse par nature opposée au monde de l'enfance, monde d'espoir et de vie.

3. Les adultes sont désemparés face à leurs interrogations.

4. Il faut préparer les enfants aux inévitables deuils qu'ils connaîtront plus tard.

5. La mort, la vraie, ils savent bien que ce n'est pas la même que celle de leurs héros des dessins animés ou des jeux vidéo.

6. Ce remède est dangereux.

7. Il faut que les adultes mettent des mots sur la mort.

Exercice 5

Rédigez un paragraphe dans lequel vous réagissez aux idées exprimées dans le texte de l'exercice précédent. Placez votre thèse au début du paragraphe. Utilisez au moins deux figures de style. illustrez votre argumentation par deus exemples au minimum.

Exercice 6

1. À l'aide des arguments suivants prenez position pour ou contre la thèse : « Les jeunes sont dépolitisés. »

2. Classez ces arguments en les regroupant en fonction de la thèse qu'ils défendent.

3. Organisez votre argumentation en classant vos arguments, en commençant par le plus fort.

4. Utilisez des termes d'addition pour relier les arguments.

Arguments proposés.

- Ils sont capables de se mobiliser dans des mouvements collectifs pour défendre leurs intérêts ou des valeurs qu'ils estiment menacées.
- Ils trouvent que les partis politiques ne comprennent pas leurs problèmes, qu'ils ne s'intéressent pas suffisamment à la jeunesse.
- Ils s'intéressent à ce qui se passe dans le monde, dans leur pays, leur ville, leur quartier.
- Ils sont prêts à lutter pour faire obstacle au racisme, à la xénophobie.
- Ils se sentent peu concernés par les syndicats.
- Ils se sentent trop jeunes pour s'investir dans la politique et peu compétents.
- Ils ont envie d'actions concrètes, immédiates, sur le terrain, pour aider les autres.
- Ils sont déçus par les responsables politiques, trop occupés à conquérir le pouvoir.
- Ils s'inscrivent de plus en plus nombreux sur les listes électorales.
- Ils trouvent que toutes les politiques se ressemblent et que ce n'est pas la peine de se déplacer pour voter.
- Ils trouvent de plus en plus que les formes d'action violentes desservent leurs causes ou leurs intérêts.
- Ils sont prêts à inventer des formes d'action spectaculaires et innovantes.
- Ils pensent qu'il y a d'autres façons de faire preuve de civisme que la politique.
- Ils pensent que les candidats font des promesses pour être élus et qu'une fois qu'ils sont au pouvoir, ils ne respectent pas leurs engagements. Pourquoi aller voter dans ce cas ?
- Ils sont préoccupés, en priorité, par leur réussite personnelle.

Exercice 7

Rédigez un court paragraphe dans lequel vous utiliserez des images ou des exemples pour réagir à la dernière phrase du texte.

L'écriture SMS ou « texto », inventée et enrichie par les adolescents utilisateurs de téléphones mobiles, est à la mode ; elle fait l'étonnement des adultes, quand ils ne se croient pas obligés de glapir que le français fout le camp, qu'on ne sait plus écrire, que la civilisation va crouler. L'écriture « texto » fait partie d'un mouvement général du monde présent, privilégiant la dimension strictement utilitaire de la langue.

François Taillandier, « KDO 2 Noël », *L'Humanité*, 16 décembre 2004.

Exercice 8

1. Utilisez les chiffres suivants pour illustrer un argument en faveur de la sécurité routière.

2. Trouvez des comparaisons et des métaphores pour traduire en image ces données chiffrées.

- Depuis 1987, plus de 260 000 personnes ont trouvé la mort dans un accident de circulation.
- On compte environ chaque année 120 000 accidents corporels.
- Depuis 2003, le nombre des tués sur la route diminue régulièrement.
- Entre les mois d'août 2004 et 2005, le nombre de tués a chuté de 12 %.
- Sur les 11 premiers mois de l'année 2005, 4 550 personnes ont été tuées dans des accidents de la route en France contre 4 793 au cours de la même période 2004, soit – 5,1 %

Le souci de l'autre

8

Willi Sitte, *Solidarité,* 1977. Huile sur panneau, 68 x 82 cm.

Le souci de l'autre

L'ami, le parent, le voisin, mais aussi l'inconnu rencontré dans la rue : l'homme n'est pas seul au monde. Il est un être social qui entretient des relations avec ses semblables et ceux-ci sont pour lui une valeur qui ne peut le laisser indifférent. Que l'autre soit proche ou éloigné, l'homme se soucie de lui.

Dans chaque grande catastrophe, les hommes manifestent leur solidarité.

Pourquoi se soucie-t-on d'autrui ?

Chaque être humain n'est pas pour moi un objet dont je pourrais disposer à ma guise. Conscience face à la mienne, il est à la fois plus proche de moi que n'importe quel autre être, mais aussi un individu autonome et maître de ses projets. La liberté de l'autre peut apparaître parfois comme une menace, mais elle est aussi une exigence qui s'impose à moi : l'injustice, la souffrance, le regard de l'autre troublent ma quiétude, me révoltent et me font agir. Face à l'autre, l'homme se pose des questions morales.

Qui est digne de notre souci ?

Je peux aider l'autre par amitié ou en espérant être secouru à mon tour. Mais le souci de l'autre ne peut être conduit par des considérations affectives ou par l'intérêt : l'exigence de respect vaut pour toute personne. Cette universalité de la morale peut paraître un peu abstraite, mais elle permet de comprendre que l'autre n'est pas seulement l'ami qui souffre ou celui que je rencontre ; il est aussi l'inconnu, qui m'oblige car il est homme. Le souci de l'autre en nous est celui de toute humanité.

La défense des mal-logés. La citation de la banderole est de Victor Hugo.

Que fait-on pour les autres hommes ?

La pitié, la charité, la solidarité sont des aspects traditionnels de l'attention à l'autre. Mais l'histoire des hommes montre que la puissance de leur intervention ne cesse de s'accroître et

Le Telethon, manifestation publique du souci de l'autre.

que les conséquences peuvent être dramatiques pour l'avenir. L'homme devient ainsi responsable pour les générations futures. La réflexion bioéthique ou le principe de précaution sont autant d'indices d'une extension de la sphère éthique. Pourtant, il serait certainement insuffisant de se donner bonne conscience par des actions ponctuelles ou superficielles. Le souci de l'autre suppose de trouver des moyens efficaces pour combattre les injustices et les drames qui se produisent dans le monde.

Edouard Pignon, *Le Meeting*, 1936.

Le souci

Issu du latin, le souci désigne d'abord une inquiétude, un trouble de l'esprit pour un objet ou une personne. Jusqu'au XVIIe siècle, il a parfois le sens de préoccupation amoureuse. Il désigne aussi la personne qui est cause du souci. Le souci est également employé pour caractériser le fait de rechercher absolument un résultat comme dans l'expression « n'avoir d'autre souci ». L'attention à l'autre peut alors devenir une solidarité effective.

SOMMAIRE

L'attention à l'autre

Rousseau affirme que la pitié est un sentiment naturel « qui nous porte sans réflexion au secours de ceux que nous voyons souffrir ». Autrui n'est pas une simple chose. Sa souffrance m'est insupportable. Mais qu'est-ce exactement que « porter secours » à celui qui souffre ?

DOCUMENT 1

Que donnent les infirmières qui sont au chevet de ceux qui souffrent ou de ceux qui agonisent ? Des soins, bien sûr. Mais, surtout, de la présence à travers une attention, une écoute, un geste ou un sourire. Le médecin, comme on dit, n'a « pas le temps ». Et nul ne saurait lui en tenir rigueur. On ne peut pas avoir tous les rôles. Une infirmière est une donneuse de présence, une donneuse d'écoute, une donneuse de gestes et de paroles. C'est, en un mot, une donneuse de temps. Certes, son rôle est essentiel face à la solitude. Elle est par excellence le lien avec les autres. Le seul parfois qui reste. Mais ce rôle va beaucoup plus loin. Quand, dans la souffrance, le lien entre le sujet et la vie a été rompu, c'est à travers l'infirmière qu'il se renoue, celle-ci aidant à ce que celui qui souffre redevienne un être en coïncidence avec la vie, d'une façon ou d'une autre.

La présence, l'écoute, la parole et le geste, cela n'a l'air de rien. En fait, c'est immense. Il est rare de savoir avoir la présence, l'écoute, la parole et le geste. Pour l'avoir, il faut savoir exister. Et, dans l'acte d'exister, il faut savoir penser. La vie qui souffre est une vie qui a besoin de refaire le lien entre le sujet et la vie. Elle a donc besoin de présence. De parole vivante. Pour exister à nouveau. Pour penser à nouveau. L'infirmière est le médiateur privilégié de cette existence et de cette pensée perdue, quand elle fait exister quelque chose en « pensant à ». « Je suis. J'existe. » Ces simples mots sauvent celui ou celle qui les dit, quand il les dit. Car, dans la souffrance, on n'existe plus. On ne sait plus que l'on peut exister. Jusqu'au moment où l'autre vient à nous le rappeler. Simplement en étant là. En écoutant. En parlant. En ayant un geste.

Bertrand Vergely, *La Souffrance*, Éd. Gallimard, 1997.

La rencontre du visage

Étymologiquement, le mot « visage » est lié au sens de la vue, qui trouve son origine dans le verbe *videre* (« voir »). Le visage n'est pas seulement ce qui est vu de l'autre, mais ce qui d'abord me voit. Pour le philosophe Emmanuel Lévinas, le visage est donc ce par quoi l'autre s'impose à ma conscience.

DOCUMENT 2

Parler, c'est en même temps que connaître autrui se faire connaître à lui. Autrui n'est pas seulement connu, il est *salué*. Il n'est pas seulement nommé, mais aussi invoqué. Pour le dire en termes de grammaire, autrui n'apparaît pas au nominatif[1], mais au vocatif[2]. Je ne pense pas seulement à ce qu'il est pour moi, mais aussi et à la fois, et même avant, à ce que je *suis* pour lui. En lui appliquant un concept, en l'appelant ceci ou cela, déjà j'en appelle à lui. Je ne *connais*

1 **nominatif :** simplement nommé comme sujet.

2 **vocatif :** à qui on s'adresse directement.

3 commerce : relation.

4 agent : celui qui agit.

pas seulement, mais suis en société. Ce *commerce*[3] que la parole implique est précisément l'action sans violence : l'agent[4], au moment même de son action, a renoncé à toute domination, à toute souveraineté, s'expose déjà à l'action d'autrui, dans l'attente de la réponse. Parler et écouter ne font qu'un, ils ne se succèdent pas. Parler institue ainsi le rapport moral d'égalité et par conséquent reconnaît la justice. Même quand on parle à un esclave, on parle à un égal. Ce que l'on dit, le contenu communiqué n'est possible que grâce à ce rapport de face-à-face où autrui compte comme interlocuteur avant même d'être connu. On regarde un regard. Regarder un regard, c'est regarder ce qui ne s'abandonne pas, ne se livre pas, mais qui vous *vise* : c'est regarder le *visage*.

Le visage n'est pas l'assemblage d'un nez, d'un front, d'yeux, etc., il est tout cela certes, mais prend la signification d'un visage par la dimension nouvelle qu'il ouvre dans la perception d'un être. Par le visage, l'être n'est pas seulement enfermé dans sa forme et offert à la main – il est ouvert, s'installe en profondeur et, dans cette ouverture, se présente en quelque manière personnellement. Le visage est un mode irréductible selon lequel l'être peut se présenter dans son identité. Les choses, c'est ce qui ne se présente jamais personnellement et, en fin de compte, n'a pas d'identité. À la chose s'applique la violence. Elle en dispose, elle la saisit. Les choses *donnent* prise, elles n'offrent pas de visage. Ce sont des êtres sans visage.

Emmanuel Lévinas, « Éthique et esprit », *Difficile Liberté*, Éd. Albin Michel, 1952.

1. Quel est le rôle de l'infirmière pour Bertrand Vergely (document 1) ?
2. Expliquez : « dans la souffrance, on n'existe plus. » (document 1, ligne 23)
3. Pourquoi la parole institue-t-elle un rapport égalitaire (document 2) ?
4. Comparez l'homme et la chose selon Emmanuel Lévinas (document 2) en recopiant et en complétant le tableau suivant.

Autrui	Une chose
Se rencontre à travers le visage	......
Ne donne pas prise	......

PRÉPARATION À L'EXAMEN ► **Les épreuves du BTS** p. 252

Vers l'écriture personnelle

Rédigez deux paragraphes présentant et discutant l'affirmation de Bertrand Vergely : « Une infirmière est une donneuse de présence, une donneuse d'écoute, une donneuse de gestes et de paroles. C'est, en un mot, une donneuse de temps. » (document 1, ligne 5)

Les vertus de la politesse

La politesse apparaît parfois comme une attitude formelle, socialement déterminée, masquant les mensonges et les hypocrisies. Pourtant, la politesse est un code qui permet une vie sociale pacifiée et instaure une distance qui préserve sa propre intimité et celle d'autrui.

Tout code de politesse est simultanément un outil, susceptible de nous protéger de l'invasion importune[1] d'autrui, et un ensemble de barrières qui interdit à chacun d'aller trop loin dans la volonté de percer l'intimité de chacun. Être poli, c'est marquer une distance qui peut être salutaire. Contre l'attention inquisitoriale[2] ou l'abus de pouvoir, j'oppose le respect poli du « code » ; au désir indiscret de transparence, j'objecte l'obstacle défensif de la civilité[3].

La politesse bien maîtrisée qui suit la mode offre la possibilité de se défendre. La distance, si hâtivement dénoncée comme une arme sociale de distinction, est aussi un instrument psychologique positif de défense contre toute approche agressive ou exagérément enveloppante qui n'est que l'expression d'une volonté d'emprise. La politesse est à même de remettre l'autre à sa place sans vraiment le blesser. Cette « gymnastique des pouvoirs », comme rappelait parfois Alain[4], est donc aussi une gymnastique contre les intrusions indiscrètes d'autrui. Elle est indissolublement l'arme de la pudeur qui se défend et l'instrument de la prévenance qui sait ne pas aller trop loin. Elle témoigne, même si elle reste parfois un jeu subtil, que chacun maîtrise son désir et n'ira pas plus loin qu'il n'y est autorisé, que ce désir soit de puissance ou de tendresse.

Entre le dos courbé du courtisan obséquieux[5] et l'homme simplement prévenant, il y a autant de distance qu'entre la politesse attentive à ne pas blesser et sa caricature mondaine[6], l'affabilité[7] manipulatrice. Qu'est-ce que cette *douceur* (*praos* en grec) dont parle Jacqueline de Romilly[8], caractéristique de l'hospitalité antique, sinon cet ensemble de règles qui visent à désarmer la bête en nous, bête violente parfois, mais aussi envahissante car toujours curieuse et possessive ? Comme le montre le poème homérique[9], l'emportement, l'irritabilité, la brutalité se maîtrisent par l'accès à la civilité, que ces violences viennent de nous ou des autres. C'est en faisant un strict effort de politesse qu'Achille parvient à dominer sa colère contre Priam. Le vieillard est sous son toit et les règles de l'hospitalité et de l'âge interdisent au bouillant héros toute violence. Il laissera partir la dépouille d'Hector en dépit de son chagrin de la mort de Patrocle.

Quoi qu'il en soit de son usage, social ou personnel, montrer des marques de politesse c'est toujours signifier : « Ne nous irritons pas ; ne gâtons pas ce moment de notre vie [...]. La vraie politesse est plutôt dans une joie contagieuse qui adoucit les frottements[10] ». Elle est, fondamentalement, invitation au respect de soi et des autres. En ce sens, elle constitue aussi la première arme contre l'agressivité, en nous et hors de nous.

La politesse formelle conserve donc une importance éducative considérable. En tant qu'elle désigne l'ensemble des conventions qui régissent les relations plus ou moins codifiées que les hommes entretiennent entre eux, les coutumes plus ou moins tacites auxquelles l'usage des contacts mondains a donné force de loi, elle reste un passage obligé à qui prétend vivre en société. Une existence

1 **importune :** gênante.
2 **inquisitoriale :** qui entre dans l'intimité de la personne.
3 **civilité :** respect des codes sociaux.
4 **Alain :** philosophe français (1868-1951).
5 **obséquieux :** flatteur.
6 **mondaine :** sociale.
7 **affabilité :** amabilité.
8 **Jacqueline de Romilly :** née en 1913, professeur au Collège de France, spécialiste de la littérature grecque antique.
9 **poème homérique :** *l'Iliade* d'Homère ; l'épisode se trouve au Chant XXIV.
10 Alain, *Propos* du 8 mars 1911.
11 **La Bruyère :** écrivain français (1645-1696) auteur des *Caractères*.

sociale est impossible si on ignore les principes et le fonctionnement de ce qu'on appelle les usages. D'où la nécessité manifeste d'habituer précocement les enfants à en maîtriser les règles. La politesse est d'abord une invitation à la civilité. […]

Le respect de l'autre, imposé d'abord du dehors, conduit au respect de soi. Sans doute est-ce bien plus tard que la « politesse du cœur », loin de se moquer des formes, en choisira de plus subtiles et de mieux adaptées à chaque situation singulière. On passera alors de la courtoisie formelle à ce que La Bruyère[11] appelle l'« esprit de politesse », cette « attention à faire que, par nos paroles et nos manières, les autres soient contents de nous et d'eux-mêmes ». Mais cela reste l'apprentissage de toute une vie.

Bernard Jolibert, « La politesse et l'éducation à la civilité »,
Rapport à autrui et personne citoyenne, Éd. Presses Universitaires du Septentrion, 2002.

La politesse

Le mot politesse est emprunté au XVIe siècle à l'italien *politezza* qui renvoie d'abord à l'idée de propreté, *polito* signifiant « lisse, propre ». L'italien évoque aussi l'idée de raffinement et de culture. À partir du XVIIe siècle, le terme français désigne la culture morale et intellectuelle, l'élégance de la pensée et de la langue. Peu à peu, le sens d'une attitude conforme aux usages sociaux va devenir dominant. Mais si la politesse règle la forme des rapports entre individus, elle ne peut faire l'impasse sur l'idée qu'elle signifie un souci de civilisation et d'humanisation. Le souci de l'autre passe aussi par la politesse.

1. Dégagez le plan du texte.
2. Comment la politesse instaure-t-elle une distance entre la personne et autrui ?
3. Dans ce texte l'auteur utilise un chiasme pour distinguer la politesse et la flatterie. Relevez ce chiasme et expliquez-le.
4. Expliquez l'allusion à l'épisode de l'*Iliade* d'Homère.
5. Expliquez la phrase d'Alain l. 32.
6. Qu'est-ce que la politesse du cœur évoquée à la fin du texte ?

PRÉPARATION À L'EXAMEN ▸ **Les épreuves du BTS** p. 252

Vers l'écriture personnelle

Dans un paragraphe rédigé, vous expliquerez ce qu'est pour vous la véritable politesse en vous appuyant, notamment, sur le texte ci-dessus.

La pitié et la sympathie

Le sentiment de pitié est souvent évoqué pour qualifier le souci que nous ressentons face aux malheurs d'autrui. Pour Rousseau, la pitié est un sentiment naturel qui ne doit rien à la réflexion. Mais, selon Oscar Wilde, le mouvement de sympathie qui nous porte vers autrui ne doit pas se réduire à une compassion.

1 **maxime :** règle morale.
2 **égotisme :** mise en avant de soi.
3 **empathie :** identification à ce que ressent une autre personne.
4 **condescendant :** qui souligne l'infériorité d'autrui.

DOCUMENT 1

La pitié est un sentiment naturel qui, modérant dans chaque individu l'activité de l'amour de soi-même, concourt à la conservation mutuelle de toute l'espèce. C'est elle qui nous porte sans réflexion au secours de ceux que nous voyons souffrir : c'est elle qui, dans l'état de nature, tient lieu de lois, de mœurs, et de vertu, avec cet avantage que nul n'est tenté de désobéir à sa douce voix : c'est elle qui détournera tout sauvage robuste d'enlever à un faible enfant, ou à un vieillard infirme, sa subsistance acquise avec peine, si lui-même espère pouvoir trouver la sienne ailleurs ; c'est elle qui, au lieu de cette maxime[1] sublime de justice raisonnée : *Fais à autrui comme tu veux qu'on te fasse,* inspire à tous les hommes cette autre maxime de bonté naturelle bien moins parfaite, mais plus utile peut-être que la précédente : *Fais ton bien avec le moindre mal d'autrui qu'il est possible.* C'est, en un mot, dans ce sentiment naturel [...] qu'il faut chercher la cause de la répugnance que tout homme éprouverait à mal faire, même indépendamment des maximes de l'éducation.

Jean-Jacques Rousseau, *Discours sur l'origine et les fondements de l'inégalité parmi les hommes,* Première partie.

DOCUMENT 2

Si toute manifestation de sympathie est une bonne chose, celle qu'on exprime à l'égard de la souffrance est la plus ordinaire, car elle est teintée d'égotisme[2] et peut se révéler malsaine en nous faisant craindre pour notre sécurité. Nous craignons de devenir ce lépreux ou cet aveugle, et que personne ne s'inquiète de notre sort. Cette forme de sympathie est aussi curieusement sélective, alors que c'est avec la vie dans tous ses aspects qu'il faut sympathiser. Pas seulement avec les chagrins et les maladies, mais aussi avec les joies, la beauté, l'énergie, la santé et la liberté de l'existence. Plus son domaine est étendu et plus la sympathie exige d'altruisme. N'importe qui peut compatir aux souffrances d'un ami, mais il faut une nature très noble – en fait celle d'un véritable individualiste – pour se réjouir de ses succès. [...]

De la compassion pour la souffrance, on en trouvera toujours, c'est l'un des premiers instincts de l'homme. Les animaux faisant preuve de personnalité, à savoir les animaux supérieurs, partagent avec nous cet instinct. Mais souvenons-nous que, si le partage de la joie augmente la joie dans le monde, le partage de la souffrance ne diminue celle-ci en rien. Il se peut qu'il rende l'homme plus apte à endurer le mal, mais le mal demeure. La compassion pour un tuberculeux ne le guérit pas ; c'est l'affaire de la science.

Oscar Wilde, *L'Âme humaine,* 1891, Éd. Arléa, Trad. N. Vallée

DOCUMENT 3

La pitié
Le terme pitié est emprunté au latin *pietas* qui renvoie à l'idée d'un sentiment de dévotion envers les dieux, les parents, la patrie et qui a donné également le terme « piété ». En français, il possède d'abord le sens de la compassion chrétienne. L'emploi est parfois accompagné d'une certaine idée de mépris, comme dans l'expression « faire pitié ».

Le handicap : 1re cause de discrimination en France
Le handicap arrive en tête des citations (66 % des Français) des causes les plus importantes de discrimination en France, à égalité avec l'origine ethnique.

La personne en situation de handicap : infantilisée voire inexistante
Près de la moitié des Français s'adresseraient plutôt à l'accompagnateur de la personne en situation de handicap qu'à cette dernière si ces deux personnes gênaient leur passage. La personne est infantilisée voire inexistante.

Le handicap reconnu si visible
Pour plus de la moitié des Français, c'est le fauteuil roulant qui symbolise le plus le handicap. Les Français reconnaissent donc le handicap à son côté « visible » : l'objet, le fauteuil. Une approche qui pourrait expliquer les réactions de gêne ou de rejet suscitées par exemple par une personne IMC (infirme moteur cérébral) qui a des difficultés d'élocution, d'équilibre…

Une vision plutôt misérabiliste du handicap
Deux tiers des Français ont une vision misérabiliste du handicap. Ainsi 26 % des Français éprouvent en premier lieu un sentiment de solidarité envers les personnes en situation de handicap ; 21 % de la compassion et 19 % de la peine. Ces sentiments sont révélateurs du regard sur le handicap : une personne en situation de handicap inspire l'aide, la pitié et de l'empathie[3]. Une personne sur laquelle on pose un regard condescendant[4], charitable.

Le tabou du couple « handi-valide »
Un Français sur quatre pense qu'un couple composé d'une personne valide et d'une personne handicapée motrice doit s'aimer énormément. La perception du couple « handi-valide » sous-entend l'effort, le dépassement de soi nécessaire pour vivre avec une personne en situation de handicap.

Sondage Ifop réalisé en mai 2005 pour l'Association des Paralysés de France (A.P.F.)

1. Quelles sont les remarques de Rousseau qui soulignent que la pitié est un sentiment naturel ? (document 1)
2. Pourquoi, selon Oscar Wilde, la pitié peut-elle se révéler malsaine ? (document 2)
3. Que doit être la véritable sympathie pour Wilde ? (document 2)
4. Expliquez la phrase « Deux tiers des Français ont une vision misérabiliste du handicap ». (document 3)
5. Pourquoi peut-on parler d'une discrimination face au handicap ? (document 3).

PRÉPARATION À L'EXAMEN ▸ **Les épreuves du BTS** p. 252

Vers la synthèse
À partir de l'étude des deux premiers documents ci-dessus, expliquez en quel sens ils permettent d'éclairer le document 3.

La solidarité

Autrui n'est pas seulement celui que je côtoie, quotidiennement ou de manière occasionnelle. Il est aussi celui qui, à des milliers de kilomètres, vit et travaille dans des conditions extrêmement difficiles. Le commerce équitable n'est-il pas une manière de se soucier de l'autre ?

DOCUMENT 1

Le commerce équitable est un système de solidarité concrète entre les consommateurs du Nord et les petits producteurs du Sud. Les acteurs du commerce équitable du Nord s'engagent à acheter aux producteurs du Sud leurs produits (produits artisanaux et matières premières) à un prix juste tenant compte des coûts réels de production, en limitant le plus possible les intermédiaires de la commercialisation, en assurant des relations de longue durée, en participant directement (préfinancement et conseil) à la mise en place de projets. Les producteurs du Sud s'engagent à organiser le travail de production de manière démocratique, en respectant des conditions environnementales et sociales, et à participer activement au développement au niveau local.

Depuis trente ans, ces pratiques de commercialisation répondent à deux soucis conjoints : d'une part, le souci des producteurs du Sud d'être acteurs de leur propre développement et, d'autre part, le souci des consommateurs du Nord de pouvoir acheter des produits éthiques. Par la mise en commun de ces deux soucis, une multiplicité d'acteurs mobilise, autour d'un projet commun, des pratiques d'action qui ont pour vocation de montrer la faisabilité et la viabilité d'une démarche commerciale répondant à des logiques attentives aux valeurs démocratiques, solidaires et de justice sociale, aussi bien au Nord qu'au Sud.

Les pratiques du commerce équitable participent à la définition d'un espace public international autour des questions de la consommation et des modes d'organisation du commerce. La progression du commerce équitable dans la dernière décennie est due à l'essor d'une consommation plus critique et engagée. Elle intègre le fait qu'il ne s'agit pas seulement d'un acte pour les autres, mais avec les autres acteurs : les opérateurs des magasins, les importateurs, les membres adhérents aux associations de support, les animateurs des campagnes de sensibilisation, les bénévoles, les producteurs avec leurs familles et communautés d'appartenance, enfin les consommateurs.

Chacune de ces parties contribue à un changement sur le long terme. L'impact de ce type de commerce est modeste sur le plan quantitatif. Son chiffre d'affaires annuel en Europe, pour la vente au détail, atteint plus de 200 millions d'euros et un taux annuel moyen de croissance de 5 %.

L'équité

Proche de l'idée d'égalité avec laquelle elle partage une origine commune (*aequus*, en latin), l'équité s'en distingue cependant en insistant sur l'idée que la justice ne consiste pas nécessairement en l'application identique du même droit à tous les cas, mais doit prendre en considération la réalité des situations particulières. Ainsi, la liberté du commerce appliquée de manière strictement égalitaire ne donne pas le même résultat selon que l'on soit économiquement puissant ou faible. L'équité s'opposerait ici au froid calcul de l'égalité.

1 EFTA : *European Fair Trade Association*, Association européenne du commenre équitable, qui réunit les principales centrales d'achat de commerce équitable.

Mais il est aussi qualitatif : selon le rapport d'EFTA[1], au Royaume-Uni, 86 % des consommateurs connaissent le commerce équitable, 84 % en Suède, en Belgique 62 % et aux Pays-Bas 66 %. L'intérêt que les consommateurs portent aux questions éthiques qui sont liées au commerce équitable a une grande importance, car leurs conséquences s'étendent bien au-delà des produits équitables. Cela génère chez le consommateur une prise de conscience de la capacité dont il dispose pour faire pression sur les agents du commerce international et pour peser sur leurs choix de production, de distribution et de vente. Il constate qu'il est possible de commercer de manière viable, tout en respectant des règles éthiques. Il ne s'agit pas seulement de la reconnaissance des droits sociaux pour les populations du Sud, mais aussi des règles pour la sauvegarde de l'environnement.

Elisabetta Bucolo, « Le commerce équitable », *Hermès*, n° 36, Éd. du CNRS, 2003.

DOCUMENT 2

Duane Hanson, *Femme avec caddie*, 1969. Sculpture en fibre de verre peinte, polyester et vêtements, caddie avec emballages de produits, hauteur : 166 cm.

1. Dégagez le plan du texte.
2. Pourquoi peut-on dire que le commerce équitable repose sur un contrat éthique entre producteur et consommateur ? Quelle est l'évolution du commerce équitable ?
3. Relevez, dans le troisième paragraphe, les indications précises qui indiquent que le commerce équitable n'est pas une simple charité. Expliquez pourquoi.
4. Expliquez la phrase : « Les pratiques du commerce équitable participent à la définition d'un espace public international autour des questions de la consommation et des modes d'organisation du commerce. » (ligne 19)
5. Quelles sont les intentions de l'artiste Duane Hanson (document 2) ?

PRÉPARATION À L'EXAMEN ► **Les épreuves du BTS** p. 252

Vers la synthèse

Rédigez le résumé des deux premiers paragraphes du texte.

L'histoire de la morale

Les communautés humaines ont toujours possédé une morale, c'est-à-dire un ensemble de valeurs qui fixent des règles de conduite et imposent des interdits. Si nous pensons généralement que la justice, la liberté et l'égalité sont valables pour tout homme, l'Histoire montre que cette exigence est une conquête progressive.

Hommes enchaînés, bas-relief grec, IIIe siècle de notre ère.

L'Antiquité : le respect de l'ordre du monde

Les principales civilisations de l'Antiquité inscrivent l'action de l'homme au sein d'une nature qui le dépasse et auquel il ne peut qu'acquiescer. Le sage ne se révolte pas mais vit selon l'ordre de l'univers. L'action morale consiste à rechercher le bien-vivre, à se réformer, et non à réformer le monde tel qu'il existe. Dans l'Antiquité, la justice ne consiste pas à reconnaître une égalité entre tous, mais à distribuer ce qui est dû à chacun. L'esclavage peut ainsi apparaître naturel. De même, la souffrance peut être combattue, mais elle n'est pas absolument intolérable.

Ce tableau de Antoine Jean Bail montre des religieuses du XVIe siècle avec leurs malades. Avec la foi et l'espérance, la charité constitue l'une des vertus théologales du christianisme, c'est-à-dire l'une des vertus les plus importantes pour le salut. Le charité est l'amour du prochain en vue de Dieu. Elle est souvent représentée allaitant et protégeant des enfants.

Le christianisme : la vertu de la charité

Le christianisme fait de l'amour du prochain un commandement de Dieu. La loi divine, qui s'adresse à tout homme, remplace l'ordre naturel des choses. Saint Paul explique que la charité est la plus grande des vertus et le dévouement à autrui une exigence de la conscience. Le développement des institutions de bienfaisance devient un aspect de l'acte religieux, à l'image de l'action de saint Vincent de Paul au XVIIe siècle, ou plus près de nous, celle de sœur Emmanuelle en Égypte.

Tableau représentant la Déclaration des droits de l'homme.

Le XVIIIe siècle : la reconnaissance des droits

Au XVIIIe siècle, la philosophie des Lumières va établir la valeur morale sur la raison. L'acte moral devient une exigence que chacun ne peut que reconnaître. La Révolution remplace la charité par l'idéal de justice. Les droits de l'homme sont proclamés et deviennent une référence pour penser les réformes et le progrès social. À partir de la fin du XIXe siècle, les lois sociales vont se multiplier dans le domaine de l'éducation ou du travail. Des hommes s'engagent pour le respect de la justice, comme le montre l'affaire Dreyfus. L'action politique devient le moyen d'une nouvelle solidarité.

La fin du XXe siècle : l'individualisme et l'engagement altruiste

Les hommes de la fin du XXe siècle semblent s'interroger sur la capacité des États à combattre l'injustice. On assiste par ailleurs à un retour des particularismes culturels et à une critique de l'universalité des droits de l'homme. Pourtant, malgré ce repli individualiste, le souci de l'autre ne cesse d'habiter la conscience humaine. Aide aux malades, don au profit d'une cause humanitaire, assistance aux plus démunis, bénévolat au sein d'une association…, de nombreuses personnes utilisent une partie de leurs biens et de leur temps libre pour l'autre.

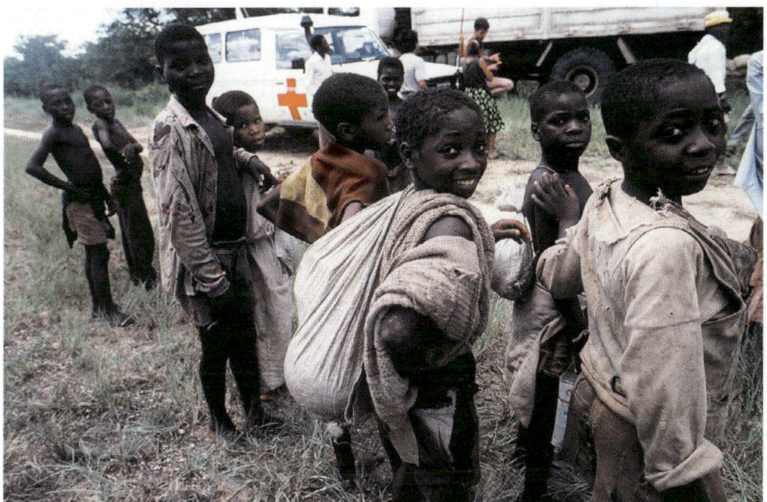

Aide apportée aux enfants du Mozambique.

L'engagement humanitaire

La guerre, le sous-développement, les violations des droits de l'homme, de nombreux drames humains révoltent les consciences. Alors que l'engagement politique a reculé, on assiste à une montée en puissance de l'engagement humanitaire. Quels sont les principes d'un tel engagement ?

DOCUMENT 1

Médecins Sans Frontières est une association privée à vocation internationale. L'association rassemble majoritairement des médecins et des membres du corps de santé et est ouverte aux autres professions utiles à sa mission.

Tous souscrivent sur l'honneur aux principes suivants :

Les Médecins Sans Frontières apportent leurs secours aux populations en détresse, aux victimes de catastrophes d'origine naturelle ou humaine, de situations de belligérance, sans aucune discrimination de race, religion, philosophie ou politique.

Œuvrant dans la stricte neutralité et en toute impartialité, les Médecins Sans Frontières revendiquent au nom de l'éthique médicale universelle et du droit à l'assistance humanitaire, la liberté pleine et entière de l'exercice de leur fonction.

Ils s'engagent à respecter les principes déontologiques de leur profession et à maintenir une totale indépendance à l'égard de tout pouvoir, ainsi que de toute force politique, économique ou religieuse.

Volontaires, ils mesurent les risques et périls des missions qu'ils accomplissent et ne réclameront pour eux ou leurs ayants droit aucune compensation autre que celle que l'association sera en mesure de leur fournir.

Charte de Médecins Sans Frontières, 1971.

DOCUMENT 2

Médecins Sans Frontières en quelques chiffres

L'association, fondée en 1971, est internationale. Elle est composée de dix-huit sections nationales, dont cinq centres opérationnels qui gèrent les programmes d'intervention. Annuellement, l'ensemble des sections envoie près de 3 000 personnes sur le terrain. En 2002, la section française a envoyé 949 volontaires qui se sont relayés sur 652 postes sur le terrain. 31 % sont médecins, 33 % des para-médicaux et 36 % des non-médicaux (administrateurs chargés de la gestion financière, logisticiens qui s'occupent de l'approvisionnement et de la maintenance). Sur place, les équipes comportent en moyenne 3 personnes auxquelles s'ajoutent du personnel local. En France, Médecins Sans Frontières s'est dotée d'une centrale d'achat à Bordeaux qui assure l'approvisionnement des missions et proposent des kits d'intervention et d'urgence (équipement médical, tentes…). Chaque année, les 42 salariés expédient plus de 2 000 tonnes de matériels vers 40 pays. Les ressources de la section française se montent à environ 96 millions d'euros dont 89 % sont d'origine privée, 11 % venant d'institutions, principalement l'Union européenne. 88 % des dépenses vont aux missions, 7 % à la recherche de fonds, 5 % aux frais de fonctionnement.

Médecins Sans Frontières France, 2003.

DOCUMENT 3

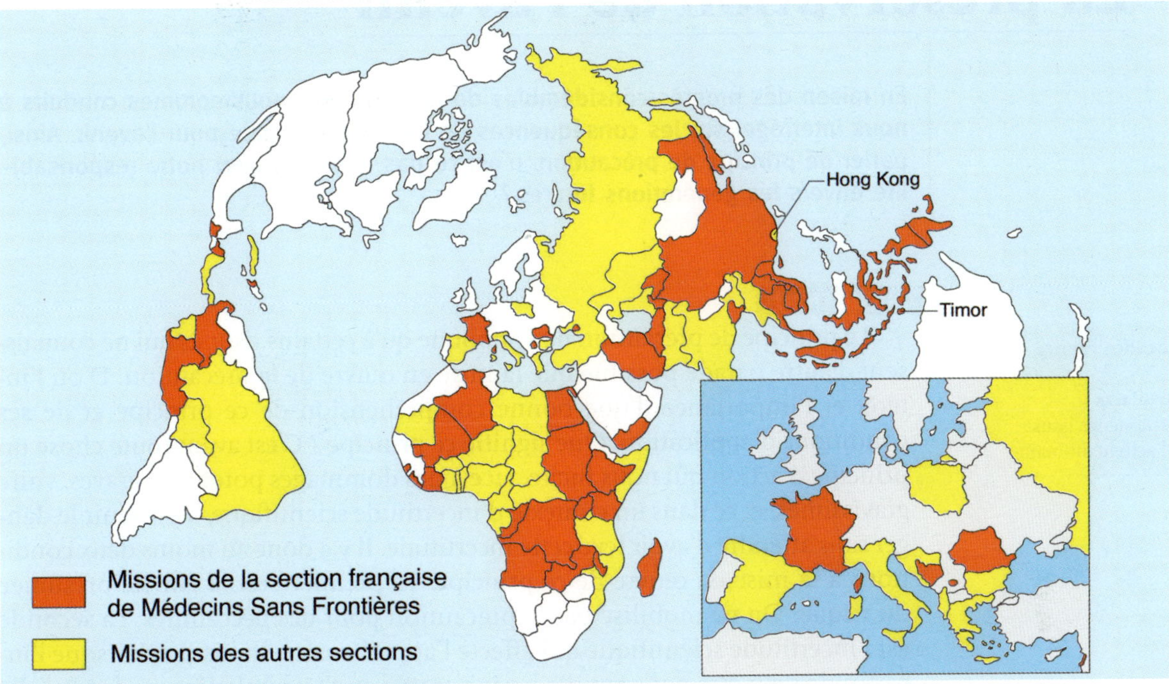

Le mot « engagement »

Le terme désigne d'abord l'idée juridique de « mettre en gage », puis il renvoie à l'idée de « promesse ». Il prend aussi le sens d'« entrer dans un passage étroit », d'« introduire ». L'idée d'engagement moral et politique est apparue vers 1945. Prenant position sur un problème social, l'engagement serait à la fois une promesse par rapport à l'autre et un début d'action.

1. L'un des principes de la charte de Médecins Sans Frontières est l'indépendance. Repérez et expliquez ce principe (document 1).
2. Dégagez les autres principes de Médecins Sans Frontières (document 1).
3. Qui peut agir dans cette association (documents 1 et 2) ?
4. En étudiant le document 2, caractérisez le type d'intervention de Médecins Sans Frontières.
5. Analysez le financement de l'association (document 2). Que peut-on en dire par rapport aux principes évoqués dans le document 1 ?
6. Dégagez les grands domaines géographiques d'intervention de Médecins Sans Frontières en étudiant le document 3.

PRÉPARATION À L'EXAMEN ▶ **Les épreuves du BTS** p. 252

Vers la synthèse
Présentez ce que signifie l'« engagement humanitaire » en vous appuyant sur les trois documents.

La préservation de l'avenir

En raison des progrès considérables de la technique, nous sommes conduits à nous interroger sur les conséquences de l'activité humaine pour l'avenir. Ainsi, parler de principe de précaution, n'est-ce pas aussi évoquer notre responsabilité envers les générations futures ?

1 **tocade :** caprice.

2 **artefacts :** phénomènes issus de l'activité humaine.

DOCUMENT 1

Le principe de précaution ne s'applique qu'à certains risques qui ne connaissent d'autre parade possible que la mise en œuvre de la précaution. D'où l'intérêt et l'importance d'une bonne compréhension de ce principe et de ses conditions d'application. Que signifie ce principe ? C'est avant toute chose un principe d'action qui nous incite, face à des dommages potentiels graves, voire gravissimes, et ce dans un contexte d'incertitude scientifique, à prévenir le danger sans attendre d'avoir levé cette incertitude. Il y a donc au moins deux conditions à la mise en œuvre de ce principe. La première est la gravité présumée du risque. On ne mobilise pas la précaution pour des peccadilles. La seconde est l'incertitude scientifique qui affecte l'appréhension du risque. Lorsque l'incertitude peut être par exemple levée par une enquête policière, ou lorsqu'elle relève de considérations purement techniques, à l'instar de ce que fut le crash du Concorde, ou encore de facteurs politiques, il n'y a pas lieu de parler de précaution. L'incertitude doit découler du défaut de connaissances quant à l'effet d'une situation techniquement provoquée sur un ou plusieurs mécanismes naturels.

Le principe de précaution n'est pas le fruit d'une tocade[1], il résulte de la prise de conscience de l'inévitable incertitude produite par la progression même de nos connaissances. Nous pensions jusqu'à il y a peu que la certitude de nos connaissances débouchait sur la maîtrise technique des phénomènes. Force est de constater aujourd'hui que ladite maîtrise engendre à court terme de l'ignorance et, à moyen et long terme, des effets aussi indésirables qu'imprévisibles.

Les artefacts[2] que nous produisons reposent sur quelques lois ou mécanismes de la nature, mais leur immersion dans le milieu les fait interagir avec tous les autres, interactions dont nous ne pouvons connaître à l'avance les effets. Du coup, la mise au point de telle ou telle technique peut révéler notre ignorance et susciter des recherches nouvelles.

Dominique Bourg, « Principe de précaution, mode d'emploi »,
Sciences Humaines, n° 124, février 2002.

DOCUMENT 2

Si, conformément à un usage rigoureux du principe de précaution, on arrivait à montrer que le clonage reproductif humain, une fois devenu techniquement possible, ne représentait aucun danger scientifiquement repérable d'aucune sorte, et ne serait plus qu'un moyen de reproduction artificielle parmi d'autres, il nous serait encore loisible de prendre la décision politique de l'interdire – non pas au nom des risques encourus, mais au nom de la compréhension que nous avons de nous-mêmes. Nous pourrions dire : nous ne voulons pas un monde de clones, c'est-à-dire un monde où les parents ne désireraient pas *un* enfant, mais *tel* enfant, ou *cet* enfant ; nous ne voulons pas d'un tel monde, non parce qu'il nous fait courir des risques, mais parce qu'il bouscule nos représentations les plus fondamentales quant à ce qu'est l'altérité[1] des nouveau-nés. Ce n'est donc pas par précaution que l'on refuserait le clonage, mais par la volonté de construire un monde qui soit à l'image de ce que nous voulons qu'il soit. Si l'innocuité[2] du clonage était prouvée, le principe de précaution nous le laisserait faire ; mais précisément, la précaution n'est pas le dernier mot de l'affaire. Lorsque le principe de précaution a fait son travail – et il faut, assurément, qu'il le fasse –, il cède la place aux vraies questions qui ne sont pas les questions de risques, mais les questions de choix politiques et, le cas échéant, de choix culturels ou civilisationnels.

Mark Hunyadi, « Pourquoi avons-nous besoin du raisonnement de précaution ? »,
Esprit, août-septembre 2003.

1 **altérité :** fait d'être différent.

2 **innocuité :** absence de nocivité pour l'organisme.

La précaution et la prudence

Si le principe de précaution est parfois confondu avec la prudence, on peut cependant les distinguer. Issu du latin *prudens*, qui signifie « qui sait d'avance, qui prévoit », la prudence renvoie à l'idée d'une anticipation raisonnée liée à un savoir certain. Dans le principe de précaution, ce savoir n'existe pas ; il s'agit d'abord de « se tenir sur ses gardes ». Autrement dit, la prudence renverrait à des risques connus alors que la précaution se référerait à des risques potentiels, non encore parfaitement mesurables.

1. Dégagez la structure du texte en complétant et poursuivant le schéma suivant (document 1).

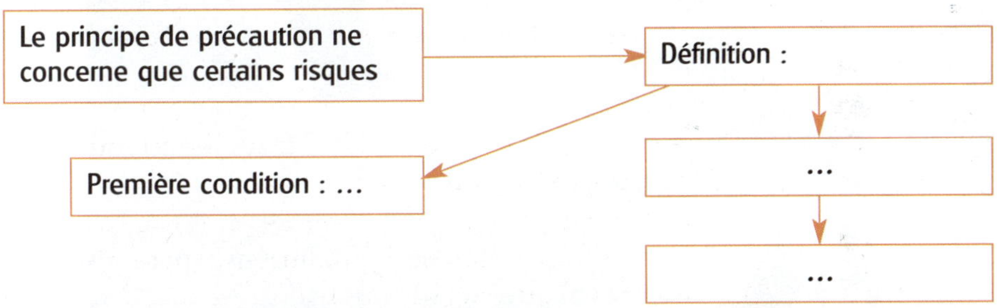

2. Comment Dominique Bourg explique-t-il l'importance du principe de précaution dans la société contemporaine (document 1) ?

3. Expliquez pourquoi le principe de précaution est insuffisant pour réfléchir aux conséquences de l'usage du clonage (document 2).

4. Expliquez la phrase : « lorsque le principe de précaution a fait son travail – et il faut, assurément, qu'il le fasse –, il cède la place aux vraies questions » (document 2, ligne 16).

PRÉPARATION À L'EXAMEN ► Les épreuves du BTS p. 252

Vers l'écriture personnelle

À partir de l'étude des deux documents, expliquez ce qu'est le « principe de précaution ».

Les droits de l'homme

L'idée que tous les hommes possèdent les mêmes droits a été proclamée à la fin du XVIIIe siècle. La défense de tels principes s'appuie sur des textes mais aussi sur des affiches. Comment une image peut-elle défendre l'idée des droits de l'homme ?

Amnesty International, affiche.

Les symboles
Le statut de réfugiés est symbolisé par des hommes et des femmes en errance. L'un d'eux, plus grand, porte une lourde valise et semble arrêté par une barrière douanière fermée. Celle-ci, que l'on retrouve au sud de l'Europe, représente la difficulté à entrer dans cette zone. Une question courte rassemble cette symbolique

Le message
La présence des articles de presse souligne que le message de l'association s'inscrit dans l'actualité. Elle se veut une réponse engagée face à des modifications légales. Le message ne vise pas directement la loi, mais ses conséquences possibles, comme le souligne l'explication au bas de l'affiche.

Amnesty International, affiche.

Les fonctions de l'image

Une image peut avoir une fonction informative. Celle-ci est très présente dans le croquis, le dessin technique, la signalétique… Par sa fonction incitative, elle cherche à agir sur un destinataire comme le montrent les affiches d'Amnesty International ou les images publicitaires… Elle contient souvent une fonction esthétique, centrale dans les œuvres d'art. Mais chaque image correspond souvent à plusieurs fonctions. Une affiche est efficace si elle séduit par sa dimension esthétique.

1. La composition : étudiez la composition de l'affiche ci-dessus.
2. Le texte : repérez les différents types de texte présents sur l'affiche ci-dessus. Comparez avec l'affiche précédente.
3. Analysez le sens du mot « pouce » dans l'affiche ci-dessus.
4. Les symboles : quel sens peut-on donner à la représentation figurant sur l'affiche ci-dessus ?

PRÉPARATION À L'EXAMEN ► Les épreuves du BTS p. 252

Vers la synthèse

En vous appuyant sur l'analyse de ces deux affiches, montrez comment s'exprime, à travers ces deux images, la thématique du « souci de l'autre ».

S'impliquer dans un texte

Les marques de la subjectivité

Il s'agit d'utiliser les pronoms personnels de la première personne « je » et « nous », ainsi que des termes modalisateurs. Ils montrent le degré de conviction affiché par l'auteur, pour défendre ou réfuter une idée. Il peut s'agir d'adverbes (*certainement, peut-être*), de verbes (*sembler*), d'expressions (*sans aucun doute*) ou de l'emploi du conditionnel, qui indique un doute.

➤ **Version initiale :** *Adolescents et adultes ne se comprennent pas. Les relations paraissent bonnes mais ce n'est qu'une apparence.*

➤ **Version améliorée :** *Je ne crois absolument pas que les adolescents et les adultes se comprennent. Leurs relations paraissent bonnes ; en réalité, elles sont inexistantes.*

Le vocabulaire appréciatif

Le choix des mots suggère un point de vue parce qu'ils contiennent un jugement moral, déposé dans la mémoire collective. Ainsi l'utilisation d'un lexique valorisant, aux connotations positives, ou dévalorisant, aux connotations négatives, indique au lecteur la thèse préférée et celle qui est rejetée.

➤ **Version initiale :** *Notre société est engagée dans un individualisme croissant. Cette évolution semble définitive parce que mondiale. Nous l'acceptons par conséquent.*

➤ **Version améliorée :** *Notre société est emportée par un individualisme croissant. Cette évolution paraît d'autant plus inéluctable qu'elle est mondiale. Nous nous y résignons.*

Le lexique affectif

L'auteur d'un texte argumentatif peut s'impliquer en utilisant des mots qui expriment des valeurs (bon/mauvais, beau/laid), des émotions (émouvant/indifférent), des sentiments (amour/haine). Ils traduisent l'acceptation ou le rejet d'un point de vue, allant de la simple adhésion à l'enthousiasme, du simple rejet à la colère.

➤ **Version initiale :** *On peut toujours être utile aux autres quel que soit son âge. Ainsi une association vient de se créer, association dont le but est de donner des grands-mères à des enfants qui n'en ont pas.*

➤ **Version améliorée :** *La générosité n'a pas d'âge. C'est ce que pense la fondatrice de cette belle association dont la vocation est d'offrir des grands-mères à des enfants qui en sont privés.*

Le style expressif

L'expressivité est renforcée par l'emploi de figures d'insistance. Pour marquer l'implication de l'auteur on peut utiliser l'anaphore, la gradation, l'hyperbole. Les interrogations oratoires impliquent le lecteur, les exclamations révèlent doute et certitudes.

➤ **Version initiale :** *Ne pouvait-on éviter cette tragédie prévisible, médiatisée à l'excès.*

➤ **Version améliorée :** *Ne pouvait-on pas éviter cette tragédie écrite, programmée, médiatisée jusqu'à l'insupportable ?*

Exercice 1

1. Recherchez les marques de la subjectivité de l'auteur : pronoms personnels, termes modalisateurs.

2. Quelles figures de style utilise-t-il dans le deuxième paragraphe ?

On traite le vacarme comme une pollution légère, beaucoup moins grave que le plomb ou l'ozone, un désagrément réel, mais inévitable. Pourtant l'affaire n'est pas si simple. D'abord, parce qu'il ne s'agit là que des déchets de la vie courante. Il faudrait commencer par les autoroutes sans parapets dans les banlieues denses, les habitations le long des voies ferrées, les riverains du périphérique, les concentrations urbaines près des aéroports. Enfers multiples et quotidiens, sur lesquels on fait à peu près l'impasse.

Le problème ne se limite pas au confort de chacun, il tient aux règles de la liberté même. Le bruit excessif m'arrache mon intimité, commande le cours de mes pensées, pèse sur mon loisir. Il me prive de moi-même. Je ne suis plus qu'un pion dans cette nuisance qui m'interdit de lire, de rêver, de vivre à mon gré.

Jean-Michel Delacomptée, *Le Monde*, 3 septembre 1999.

Exercice 2

1. Recherchez les modalisateurs de certitude dans le texte.

2. Relevez les termes valorisants et dévalorisants.

3. À quelles thèses s'appliquent-ils ?

Il devient urgent de tordre le cou à des affirmations non seulement naïves mais dangereuses : « Le crédit est le principal service financier demandé par les pauvres. » Faux ! De nombreuses études montrent que c'est l'assurance et l'épargne qui sont préférées par les pauvres quand on leur laisse le choix. L'enjeu est de taille : il s'agit de pallier l'absence de protection sociale qui prévaut dans nombre de pays du Sud.

Ce discours simpliste n'encourage pas les bailleurs à investir dans le capital humain et social des organisations de micro-finance, ô combien indispensable à leur efficacité.

Isabelle Guerin, Marc Roesch, « Microcrédit, outil fragile », *Le Monde*, 30 novembre 2005.

Exercice 3

1. Quelle est la thèse développée dans ce texte ?

2. Relevez les termes dévalorisants qui révèlent la forte implication de l'auteur.

La déferlante potiron a englouti la ville. Mes rejetons lorgnent en vain les cucurbitacées grimaçantes et les bidules orange fabriqués par des gamins chinois qui n'ont pas le cœur à la fête. Bientôt les farandoles de moutards cornaqués par leurs bobos régressifs de parents iront sonner aux portes comme si on était tous copains. Année après année, mon sadisme anti-Halloween s'affirme : lundi, mes enfants, leurs petits corps ployant sous d'énormes pots de chrysanthèmes, se rendront au cimetière pour gratter de leurs doigts gelés le marbre d'aïeux dont ils ne soupçonnaient même pas l'existence. J'ai hâte d'y être…

Hannelore Cayre, « Mon journal », *Libération*, dimanche 30 octobre 2005.

Exercice 4

1. Montrer l'implication de l'auteur à travers l'emploi de mots ayant une valeur affective.

2. Étudiez le rôle des phrases interrogatives.

3. Identifiez dans la dernière phrase les figures de style qui augmentent la force expressive du texte.

D'abord il y a la souffrance. Celle d'un fils, bien sûr, mais surtout celle d'une mère. Comment peut-elle refuser à son enfant ce qu'il réclame ? Cet enfant à qui la vie a tout pris, il faudrait qu'elle le convainque de renoncer à la seule chose qui lui fasse encore envie ? Ensuite, il y a le silence effrayant d'une société voyeuriste qui a regardé sans bouger cette tragédie écrite, programmée, médiatisée jusqu'à l'insupportable, au risque de tout compliquer encore.

Car le scénario était connu et Vincent Humbert n'a pris personne par surprise. Il avait prévenu depuis des mois qu'il avait un « plan » d'évasion. Qu'il demanderait à sa mère d'accomplir le geste fatal. La crainte ne doit pas justifier la lâcheté qui consiste à laisser familles et médecins gérer ces choses derrière le paravent des convenances.

Jean-Michel Thénard, « Absurdité », *Libération*, 20 septembre 2003.

Exercice 5

1. Relevez les mots aux connotations positives.

2. Rédigez un paragraphe dans lequel vous vous impliquerez en réagissant positivement ou négativement à cette publicité.

Une marque de vêtement radicalement différente. Écologie, engagement social, mais aussi convivialité, bonne humeur et simplicité sont nos valeurs. Découvrez qu'il est possible de s'habiller avec du sens et mettez vos convictions en pratique !

Ideo est née de la volonté de montrer que l'on peut conjuguer éthique, écologie et mode. Parce que nous avions des convictions fortes en matière de défense de l'environnement et de droits de l'homme, nous avons créé une ligne de vêtements en accord avec nos valeurs.

Dans un style sportswear et urbain qui s'adresse aux femmes, hommes et bébés, Ideo décline T-shirts, vestes, pantalons et jupes, réalisés entièrement en coton biologique, selon les principes du commerce équitable.

http://www.ideo-wear.com/

Exercice 6

1. Relevez les figures de style par lesquelles l'auteur marque son implication : une anaphore dans le premier paragraphe, une accumulation dans le deuxième, une métaphore dans le troisième, une personnification dans le quatrième.

2. Relevez les mots ayant une valeur affective.

Je viens d'une époque et d'un milieu où la parole donnée représentait une valeur quasi sacrée. Mentir pour soi était à peine accepté, mentir pour quelqu'un, juste toléré, mais mentir contre quelqu'un aurait été impardonnable, surtout pour le menteur qui se serait senti déshonoré.

Désormais la vie sociale est une jungle habitée de beaucoup de dangers. La mauvaise foi fait vivre tout un monde de greffiers, de juges, d'avocats, d'huissiers. Elle encombre le monde judiciaire d'une pesanteur préjudiciable aux affaires de justice !

En politique, ce qui compte, pour se faire élire, n'est pas tant la respectabilité ou l'honnêteté du candidat qui convoite nos suffrages, c'est d'être convaincant surtout dans ses mensonges, de paraître sincère dans la tromperie, de savoir vendre des promesses auxquelles plus personne ne croit.

La mauvaise foi semble avoir de beaux jours devant elle, elle est devenue une façon d'être, un moyen pour certains de survivre, de tenir la tête hors de l'eau, et pour d'autres, de dévitaliser la vie et de maintenir la tête des autres dans… l'eau.

Jacques Salomé, « La valeur de la mauvaise foi », *Psychologies*, avril 2004.

Exercice 7

1. Par quels moyens l'auteur de ce texte montre-t-il son implication ?

2. Réagissez à la dernière phrase en rédigeant un texte dans lequel vous vous impliquerez personnellement.

Et puis, qui sommes-nous pour prétendre aider ce clochard qui gît dans ce wagon ? Nous ne sommes pas des « spécialistes », ni agents de sécurité de la RATP ni policiers, ni pompiers, ni médecins du Samu… Se pencher sur cet homme, ne serait-ce pas se mêler de ce qui ne nous regarde pas ? Et que pourrions-nous faire d'utile pour lui ? Nous oscillons entre impuissance et découragement. Ce n'est pas le premier SDF ni le dernier qui se retrouve par terre dans le métro. Pourquoi risquer d'arriver en retard alors que ce cas n'est qu'une goutte d'eau de plus dans un océan de misère humaine auquel nous ne pouvons rien changer ?

David Servan-Schreiber, « Sommes-nous vraiment indifférents ? » *Psychologies*, mai 2005.

Exercice 8

En utilisant les informations de ce texte, rédigez un paragraphe dans lequel vous vous impliquez, pour déplorer que « dans la société du "moi", l'épanouissement soit devenu une priorité », au détriment du souci de l'intérêt commun.

Chant, danse, théâtre ou peinture : un Français sur dix pratique assidûment une activité culturelle ou musicale, c'est deux fois plus qu'il y a vingt ans (selon l'Insee). Alors que le taux d'adhésion à des associations est resté globalement stable entre 1983 et 2006 (autour de 45 %), les activités culturelles ou sportives ont fortement progressé au détriment de la défense d'intérêts communs (parents d'élèves, propriétaires, syndicats…). Dans la société du « moi », l'épanouissement est devenu une priorité.

Exercice 9

En vous aidant des informations suivantes rédigez un texte blâmant la cyber-délinquance. Utilisez des figures d'insistance, des questions oratoires ou des exclamations pour marquer votre implication.

1. Le développement d'Internet, réseau impossible à surveiller à l'échelon planétaire, a considérablement augmenté le champ d'action du « vandalisme en col blanc ».

2. Le développement du commerce électronique est freiné par les risques d'escroqueries portant sur les cartes bancaires.

3. La multiplication des virus informatiques représente un coût gigantesque pour les entreprises et pour les particuliers Ces attaques deviennent une menace majeure pour les réseaux informatiques et pour les sociétés ; d'une dizaine en 1988, leur nombre est aujourd'hui supérieur à 100 000, dont un tiers capables de détruire ou d'endommager les ordinateurs.

4. L'informatique facilite l'espionnage industriel.

La vie en groupe

9

William Patrick Roberts, *La Pause,* 1955. Gouache et aquarelle sur papier, 21 x 27 cm.

La vie en groupe

Un groupe social ou une communauté ne sont pas une simple addition d'individus. Ils forment un ensemble structuré reposant sur des liens affectifs et des mécanismes de reconnaissance. Le groupe traduit une solidarité de proximité, une convivialité qui font défaut à des ensembles plus vastes comme la nation ou la communauté d'États, par exemple.

Dans un quartier, un village, une rue, le groupe se construit autour de pratiques communes et de valeurs partagées.

Pourquoi a-t-on besoin d'autrui ?

Un groupe se constitue lorsque ses membres se perçoivent comme proches les uns des autres. Dans le travail, le sport et les loisirs, les croyances, les affinités de classe ou de condition sociale, l'individu exprime un désir d'appartenance qui le conforte dans son sentiment d'exister. De la sorte, à travers le cercle des relations, se déploie une sociabilité faite de solidarité, de rituels et de valeurs communes. Ainsi, le groupe procure-t-il à l'individu de quoi satisfaire son besoin de protection ou de reconnaissance, mais il lui donne aussi l'occasion d'affirmer son désir de distinction.

Le café

Si, au début du XXe siècle la France compte un café pour 25 hommes, leur nombre chute considérablement à partir des années 1960, lorsque les progrès en matière de confort domestique, la radio ou la télévision imposent un mode de vie plus centré sur la vie familiale. Les bistrots se muent alors en bars et accueillent une jeunesse plus nombreuse et mieux scolarisée. C'est le temps des copains, du flipper et des diabolos fraise. Les années 1990 voient la naissance de nouvelles formes de sociabilité dans ces lieux mi-publics mi-privés que sont les cafés philosophiques ou littéraires, les cybercafés, les pubs à l'anglaise, les bars de nuit… La chaleur de l'ambiance s'y conjugue avec une sociabilité souvent informelle, mais rarement agressive.

Pour la Techno Parade, des gens différents se rassemblent et constituent un groupe qui a sa propre identité et ses propres repères : la musique, la danse, la fête…

Comment se forme l'identité d'un groupe ?

Le thème de « la crise du lien social » est souvent évoqué pour expliquer l'affaiblissement, voire la disparition de certains dispositifs d'intégration (travail, famille, État, école, partis politiques et religions). Dans le même temps, on observe que se reconstruisent de nouvelles affiliations et solidarités autour de pratiques communes (le sport, Internet…), de valeurs partagées (les amateurs de rap ou de techno, l'aide humanitaire, les associations culturelles…). Alors que le lien du citoyen à l'État républicain est de type vertical et anonyme, les solidarités de groupe traduisent le désir de liens horizontaux, aimantés par l'affectivité et le désir de communiquer. L'identité de groupe tient moins d'une réalité objective qu'elle ne traduit une réalité fantasmée dans laquelle les désirs de se distinguer, de s'opposer et d'être soi ne font qu'un.

Peut-on parler de l'identité d'un groupe ?

On évoque souvent l'équipe sportive comme l'image modèle de la cohésion de groupe. Des gens différents se rassemblent et constituent entre eux un être commun qui n'est personne en propre mais tout le monde à la fois. Cette identité est cependant problématique. Le groupe a-t-il une unité semblable à celle de l'individu ? N'est-il pas un assemblage qui risque de se dissoudre à la première difficulté sérieuse ? Ne risque-t-on pas, également, de voir s'instaurer des rapports de hiérarchie, où l'autorité du chef ou du leader tient lieu de cohésion, mais où les membres du groupe sont simplement soumis et agrégés les uns aux autres ? L'emprise communautaire ne risque-t-elle pas de tuer dans l'œuf tout esprit critique ? L'un des principaux défis de nos sociétés serait, dès lors, de chercher à concilier ces deux dimensions de la vie commune : d'une part, l'enracinement dans un groupe, où l'individu trouve à satisfaire ses désirs identitaires et affectifs et, d'autre part, son intégration dans une association plus large, répondant à une logique contractuelle et raisonnée, dont la république demeure l'emblème.

L'enracinement dans un groupe traduit des solidarités et des pratiques communes.

Les lieux de convivialité contribuent à l'identité du groupe.

SOMMAIRE

Le groupe et le désir de reconnaissance

Comme l'explique le philosophe Hegel, « il faut, pour le moins, être deux pour être humain ». C'est en effet sous le regard d'autrui, au sein de groupes, comme la famille en premier lieu, que nous nous sentons exister comme un être à part entière. Peut-on concevoir un individu sans tenir compte de ses groupes d'appartenance et des formes de reconnaissance qu'il en retire ?

Document 1

L'individu a besoin de personnes sachant reconnaître en lui autre chose que sa réussite, et il doit, lui-même, parvenir à un regard personnel capable de voir au-delà des apparences associées à des positions. L'identité latente de soi ne peut être connue que parce que d'autres la reconnaissent comme telle, c'est-à-dire définie comme strictement personnelle, et non selon des logiques d'appartenance à des groupes et à des statuts (appartenir au groupe des hommes, des jeunes, des ouvriers…).

Que cette identité individualisée soit reconnue à titre personnel appelle un certain type de relations avec autrui. Tel est le point de divergence avec le schéma universel de la socialisation. Les relations « personnelles » et affectives sont requises pour aider le soi, enfantin ou adulte, à se découvrir. Contrairement à une vision universelle de la socialisation selon laquelle le développement de l'être humain se ferait en deux étapes – la prime socialisation avec des autruis significatifs de la famille, puis la socialisation secondaire avec des autruis moins proches, voire avec des autruis généralisés sous la forme d'institutions – dans les sociétés contemporaines, la quête de soi étant toujours inachevée, elle demande en permanence des liens avec des très proches.

C'est pourquoi, moins comme institution que comme espace des relations affectives, personnelles et (assez) durables, la famille contemporaine est au centre de la construction de l'identité individualisée. La famille a su se transformer pour assurer, tenter d'assurer, cette fonction centrale de production identitaire. Par sa propre histoire, elle peut le faire parce qu'elle dispose d'un mode de fonctionnement – l'amour – qui présuppose (dans l'idéal), la gratuité et l'inconditionnalité[1]. L'amour et l'affection autorisent la création de liens de confiance, confiance qui, selon l'expression d'Anthony Giddens[2] (1994), « n'est pas donnée, mais travaillée, et ce travail signifiant un mécanisme mutuel de révélation de soi ».

Étant donné la conception de l'individualité moderne, la fonction universelle des autruis significatifs prend encore plus de poids. Et c'est la famille (comme forme la plus ordinaire de création et de maintien de liens privés, affectifs) qui assume en grande partie cette fonction spécifique de la révélation des identités latentes. C'est pourquoi, contrairement aux apparences et aux discours de désolation, la famille n'a jamais eu autant d'importance. Elle met en œuvre, par les relations entre les conjoints (ou des équivalents), entre des très proches adultes, et par les relations entre les parents et les enfants, une ambiance telle que le soi puisse se réaliser dans sa triple quête : la découverte de ses ressources cachées, l'unité et la stabilité.

François de Singly, *Le Soi, le couple et la famille*, Éd. Nathan, 2000.

1 **inconditionnalité :** ce qui est donné sans condition.

2 **Anthony Giddens**, *Les Conséquences de la modernité*, Éd. L'Harmattan, 1994.

La notion de reconnaissance

La reconnaissance est l'attitude d'une conscience qui admet qu'elle a en face d'elle une autre conscience ou un autre être humain. Ainsi sommes-nous reconnus (à la fois identifiés et éventuellement appréciés) à travers notre langage, notre travail, nos qualités humaines, etc. La reconnaissance désigne donc ce qu'il y a de social au fond de toute relation humaine.

DOCUMENT 2

L'assimilation des besoins « sociaux » à des besoins biologiques comme la faim, pratique toujours courante aujourd'hui, est profondément déroutante : elle décrit le rapport aux personnes comme si c'était un rapport aux choses. Je peux m'approprier un objet : il était d'abord loin, il est maintenant tout près de moi. Si je mange une pomme, celle-ci cesse d'être, je la transforme – définitivement – en aliment assimilable par mon corps. Mais rien de comparable ne peut se produire dans mes relations avec une personne (à moins, bien entendu, de la transformer en objet, pratique dont on possède malheureusement de nombreux exemples ; mais alors, elle ne peut plus me confirmer dans mon existence) : jouir d'elle n'implique pas sa destruction, en l'intériorisant je ne diminue pas son autonomie. La chose échangée, ici, ne peut être détachée du processus même de l'échange, tel un objet qu'on se passe de main en main ; ce que je désire, c'est précisément la relation – l'amour, le réconfort, la reconnaissance –, non quelque chose que cette relation pourrait m'apporter. On ne pourra jamais me remplir de plaisirs (de reconnaissances) à la manière dont on verse du liquide dans une outre.

Tzvetan Todorov, *La Vie commune*, Éd. du Seuil, coll. Point Essais, 1995.

1. Comment définir « l'identité individualisée » qu'évoque François de Singly et qu'il distingue de l'identité définie par des logiques d'appartenance à des groupes (document 1) ?
2. Dans quelle mesure la famille contribue-t-elle à la construction de l'identité ? Pourquoi peut-on soutenir, ainsi que le fait l'auteur du texte, que cette fonction ne se limite pas aux premières années de la vie (document 1) ?
3. Tzvetan Todorov distingue les besoins « sociaux » des besoins biologiques. En reprenant ses différents arguments, précisez le sens de cette distinction (document 2).
4. L'auteur considère qu'une personne peut être transformée en un « objet » par une autre (document 2). À quel genre de situation cela vous fait-il penser ? Pourquoi, dans ce cas, peut-on dire comme lui que la personne-objet « ne peut plus me confirmer dans mon existence » (ligne 9) ?

PRÉPARATION À L'EXAMEN ► Les épreuves du BTS p. 252

Vers l'écriture personnelle

En vous appuyant sur vos réponses aux questions, expliquez le lien entre identité personnelle et reconnaissance de soi par autrui.

Le sentiment d'appartenance

Selon leurs plus ardents défenseurs, les nouvelles technologies de la communication contribueraient à créer du lien social ainsi que de nouvelles formes du « vivre-ensemble ». Ainsi en irait-il, par exemple, de certaines pratiques du jeu sur Internet. Comment caractériser celles-ci et ont-elles vraiment les vertus qu'on leur prête ?

Lorsqu'on observe les groupements, les guildes[1] et les communautés de joueurs sur Internet, on arrive assez vite à comprendre que le jeu lui-même, s'il est bien la motivation de départ dans la plupart des cas, devient vite un prétexte pour se retrouver. Le sentiment d'appartenance à un groupe soudé – ou supposé tel –, l'émotion ressentie à parcourir et découvrir un monde complexe et radicalement différent du nôtre, et le sentiment de liberté qu'il génère deviennent vite les raisons essentielles de la connexion et de la fuite dans cette réalité rêvée. Ainsi, on remarquera souvent que les éléments liés à l'initiation, à la mise en commun des valeurs et du « patrimoine » du clan ou de la tribu des joueurs, pourtant sujets extérieurs au jeu lui-même, peuvent devenir, en temps passé, plus importants que la pratique du jeu proprement dit. [...]

Les jeux en ligne, capables de tirer des passionnés de leur lit aux heures les plus insolites de la nuit pour disperser une invasion galactique, sont une des formes de recréation du monde les plus spectaculaires, et que sublime l'Internet. Les extrémités que prennent parfois les interactions et les échanges au sein même des communautés créées par les jeux *on line* participent à une fuite en avant et à un abandon des repères qui lient leurs membres à la réalité.

Le meilleur exemple de cette perte de prégnance du réel pourrait être la forme même des dialogues et des comportements adoptés sur le MUDs[2], où les agents impliqués ne communiquent plus, ainsi que le souligne Kimberly Young[3], « qu'en tant que personnages », c'est-à-dire qu'en tant que personnalités fictionnelles... J'ai constaté ainsi, au cours des entretiens menés avec de grands consommateurs d'Intemet, que lorsqu'il y avait rencontre de « cyberpotes » dans la vie réelle, c'est-à-dire lorsqu'il était décidé en commun de franchir le seuil de la réalité et de se retrouver « en vrai », pour boire un verre ou dîner entre familiers du même forum, le pseudo utilisé *on line* continuait le plus souvent à avoir cours lors de ces présentations et de ces échanges dans la vraie vie.

Dans ces moments, Dark Vador rencontre Cindirella, Terminator a rendez-vous avec Timbuk et Pusher, Loda, Néron, Gandalf et Trishy dînent avec les Compagnons de Jéhu ou les Castors Junior... Parfois, même, pour supprimer toute ambiguïté et toute ambivalence, et pour empêcher le réel de réclamer ses droits, les membres de communautés en ligne, lorsqu'ils se retrouvent dans la vraie vie pour un dîner au restaurant ou une soirée en boîte, portent un T-shirt sur lequel figure leur pseudo *on line*...

Le réel, alors, loin d'être un atterrissage ou une déconnexion, n'est qu'un décor de plus dans lequel se poursuivent les aventures esquissées dans le monde virtuel. Comme si la proximité physique, se substituant à la rencontre « virtuelle », révélait un niveau d'intimité extrêmement fort, et interdisait tout au-delà. En particulier l'usage des véritables noms.

1 **guildes :** associations.

2 **MUDs :** *Multi-Users Dungeons* ; jeux en ligne mettant en relation des joueurs multiples, généralement basés sur des scénarios de type « Donjons et Dragons », mais parfois aussi sur un tout autre motif (science-fiction, vie quotidienne).

3 **Kimberly Young :** psychiatre américain, auteur d'études sur la *Net-addiction*, terme utilisé pour désigner la dépendance à Internet, comparable à celle qu'engendre une drogue.

De même, un certain mystère continue le plus souvent de régner au cours de ces rencontres réelles entre membres de communautés virtuelles. Ainsi, les investissements et les profils de la vie sociale sont ignorés ou escamotés. On sait rarement ce que font « dans la vie » les autres membres d'une communauté, ni quelles sont leurs autres manières de vivre et d'être, en dehors de leur implication communautaire. Ont-ils des enfants, des frères ou des sœurs ? Vivent-ils à la ville ou bien à la campagne ? Qu'aiment-ils, en dehors des motifs liés directement à leur membership ? Communiquent-ils, d'ailleurs, réellement, en dehors des contextes et des enjeux liés à leur implication en ligne ?

Michel Moatti, *La Vie cachée d'Internet*, Éd. Imago, 2002.

Le groupe et son langage, l'exemple des *lingoes*

Un *lingo* (pluriel *lingoes*) est un terme anglo-saxon pour désigner un argot populaire, à l'instar du verlan. Sur Internet, les *lingoes* désignent des langages spécifiques, constitués de contractions, de sigles, de métaphores, d'anglicismes... qui sont autant de signes de reconnaissance pour les membres d'un groupe virtuel. Ainsi, le langage des internautes a-t-il une double fonction : signifier l'appartenance à un groupe avec la gratification symbolique qui va avec et, par ailleurs, exclure ceux qui, par ignorance du *lingo*, font figure d'étrangers.

1. Résumez en quelques lignes l'argumentation de l'auteur.
2. Pourquoi, selon l'auteur, la fonction des jeux en ligne n'est qu'un prétexte pour se retrouver ?
3. Comment expliquez-vous que des internautes veuillent conserver leur identité virtuelle – leur pseudo – lorsqu'il leur arrive de se rencontrer ?
4. Expliquez la phrase : « Le réel, alors, loin d'être un atterrissage ou une déconnexion, n'est qu'un décor de plus dans lequel se poursuivent les aventures esquissées dans le monde virtuel » (ligne 36).
5. Les membres des communautés virtuelles paraissent ignorer, selon l'auteur, ce que sont et font les autres membres du groupe. Que vous paraît traduire cette ignorance ?

PRÉPARATION À L'EXAMEN ► Les épreuves du BTS p. 252

Vers l'écriture personnelle

Appartenir à un groupe favorise-t-il le développement personnel ? Répondez à cette question dans deux paragraphes structurés.

L'émotion de la fête

Un événement local, une foire annuelle, mais aussi l'arrivée ou le départ d'une personne…, ces événements sont souvent des moments de fête dans la vie d'une communauté. Loin d'être une activité accessoire, la fête ne serait-elle pas le moyen par lequel le groupe redonne sens à son existence ?

Le thème
La scène se passe dans une salle où une foule nombreuse entoure une piste de danse. Les coiffures et les chapeaux indiquent un souci de l'apparence. La superposition des formes rend la distinction des personnes difficile, construisant un ensemble bigarré.

Les couleurs
Le tableau est composé d'une juxtaposition de couleurs vives entourées le plus souvent d'un trait noir, à la façon d'un vitrail. Cette technique est inspirée par Gauguin, que Van Gogh admire. Des boules lumineuses se détachent sur un fond plus uniforme.

Vincent Van Gogh (1853-1890), *La Salle de danse à Arles*, 1888. Huile sur toile, 65 x 81 cm.

La profondeur
La grandeur des visages diminue à mesure que l'on monte vers le haut du tableau, créant un effet de profondeur. La position de la balustrade à droite apporte une touche de déséquilibre qui amplifie le mouvement de la foule.

La touche
Les formes sont traitées par de grands aplats de couleur, posés de manière rapide. Les visages sont déformés ou réduits à leur plus simple expression, parfois proche de la caricature. Certains traits disparaissent derrière la force de la couleur.

Maurice Denis (1870-1943), *Fête de la Saint-Jean*, vers 1895. Huile sur papier, 52 x 75,5 cm.

L'image et les grands genres

Au XVIIe siècle, l'Académie de peinture propose une distinction des genres en cinq catégories principales. La *peinture d'histoire* raconte, parfois sous forme symbolique, un sujet sérieux. Le *portrait* montre l'apparence physique d'une ou de plusieurs personnes, mais vise également une vérité psychologique. Le *paysage* représente une vue de la nature, parfois une ville. La *nature morte* reproduit des réalités sans vie. La *scène de genre* met en scène des hommes et des femmes inconnus, souvent dans leurs activités quotidiennes. Même si les images contemporaines sont moins sensibles à cette distinction, celle-ci demeure souvent présente.

1. La couleur : comparez la disposition des couleurs dans les deux tableaux.
2. La profondeur : quels sont les différents plans de l'œuvre de Maurice Denis ? Par quels moyens rend-il compte de la profondeur ?
3. La touche : comment le peintre pose-t-il la couleur sur son support ?
4. Le thème : décrivez la scène représentée dans l'œuvre de Maurice Denis.

PRÉPARATION À L'EXAMEN ► Les épreuves du BTS p. 252

Vers la synthèse

En vous appuyant sur l'analyse de ces deux œuvres, confrontez en quelques lignes le thème de la vie en groupe dans le tableau de Van Gogh et le tableau de Maurice Denis.

L'histoire du groupe et de la cité

Alors que dans les sociétés de l'Antiquité et du Moyen Âge, seuls quelques hommes disposent de libertés, à partir de la Renaissance s'affirme progressivement l'idée d'une égale dignité de tous. Fruit de l'héritage chrétien mais aussi de la pensée philosophique et juridique, la conception moderne de la liberté s'incarne dans la figure du citoyen.

La conception de la cité dans l'Antiquité

Pour le philosophe grec Aristote, l'homme est par nature « un animal politique », ce qui veut dire que vivre dans la cité (*polis*), sous l'autorité des lois, constitue sa véritable destination. Hors de la cité, il ne serait qu'un animal ou une brute. Les hommes, dans la diversité de leurs capacités, doivent y trouver la place qui leur revient. La participation aux affaires de la cité ne concerne toutefois qu'une fraction de la population quand elle n'est pas réduite à sa plus simple expression, comme dans les sociétés de caste ou d'ordre où le pouvoir se concentre dans des groupes très restreints.

Sandro Botticelli, *L'Adoration des Rois Mages* (détail), 1475. Au centre, Laurent le Magnifique, prince de la cité de Florence.

Sculpture de 270 qui représente un groupe de sénateurs romains.

L'humanisme et la dignité de l'homme

La Renaissance et le courant humaniste mettent en avant la dignité de l'homme et insistent sur les droits naturels attachés à la personne humaine. Tous les hommes ont, en tant que membres d'une même humanité, et non en fonction de leur rang dans la société ou de leur appartenance à tel groupe, des droits, à commencer par la liberté pour chacun de disposer de soi-même et de ses biens, comme il l'entend. Cela correspond à une vision *individualiste* et *universaliste* de l'être humain : ce ne sont plus les corporations ou groupes qui jouissent de droits, mais des sujets-individus. De la sorte, l'individu peut, à l'occasion, les faire valoir à l'encontre d'autres individus ou de la puissance publique.

Gravure de Nicolas Ponce (1746-1831), *Jean-Jacques Rousseau évoquant le Discours sur l'origine de l'inégalité.*

Les Lumières et l'idée de contrat

« L'homme est né libre et partout il est dans les fers », écrit Rousseau au début du *Contrat social*, en une formule qui ramasse tous les paradoxes de la vie en société. Comment concilier le principe de la liberté des citoyens avec la non moins nécessaire obéissance aux lois ? La réponse tient dans l'idée de contrat. En admettant, à titre d'hypothèse, que les hommes passent entre eux un pacte par lequel ils s'engagent à renoncer à leur complète indépendance pour constituer un corps politique, Rousseau institue le principe de la souveraineté au sens moderne du terme. Cette souveraineté est à la fois celle du peuple (conçu comme une puissance indivisible et non comme un agrégat de groupes ou de communautés) et celle de chaque citoyen comme membre à part entière de l'État.

Les problématiques actuelles

Nos droits politiques représentent ce qui nous rapproche les uns des autres, comme participer à des élections ou défendre des acquis sociaux. Nos droits civils, eux, auraient plutôt tendance à nous séparer. Les libertés individuelles (d'expression, de circulation, de défense de notre personne et de nos biens…), qui garantissent à chacun sa vie privée, sont souvent en opposition. Comment parvenir à nous entendre, en tant que membres d'une même entité politique, lorsque nos intérêts d'individus, de catégories nous poussent à la division ? Nous retrouvons, dès lors, ce qui fut l'une des grandes intuitions de la démocratie athénienne : c'est le dialogue, le débat rationnel, voire la confrontation qui constituent les plus sûrs moyens de décider et d'agir ensemble. Nul pouvoir extérieur aux citoyens, et surtout pas celui des experts, ne saurait se substituer à l'exercice, difficile mais nécessaire, de leur souveraineté collective.

Le dialogue et le débat respectueux des différences constituent le plus sûr moyen de décider et d'agir ensemble.

Le groupe et ses codes

Les relations au sein d'un groupe sont aussi soumises à des rituels, des valeurs et des codes. Ainsi, les différents groupes sociaux se démarquent-ils les uns des autres par des modes de sociabilité auxquels ils sont particulièrement attachés, comme le montre le texte ci-dessous, à propos des lycéens. Comment caractériser cette sociabilité et l'importance du groupe pour l'individu ?

Nombre de sondages ont montré, au cours de ces quinze dernières années, que c'est parce qu'on peut y retrouver ses amis qu'on aime aller au lycée. À l'inverse, les abandons d'études surviennent souvent chez des jeunes qui ont non seulement perdu toute raison d'adhérer au système scolaire, mais se trouvent également peu intégrés dans les réseaux amicaux qui structurent la sociabilité lycéenne.

Les lycéens refusent donc de se référer de manière trop visible à des normes ou valeurs qui seraient l'ombre portée de celles au nom desquelles la société des adultes voudrait les trier, sans leur garantir une insertion future proportionnelle aux sacrifices consentis à l'étude. Ils interprètent leurs différences plutôt comme des écarts momentanés de « maturité » que comme la manifestation d'inégalités sociales. Dans les pratiques culturelles qui les réunissent, chacun doit pouvoir être soi-même sans craindre de susciter, par la manifestation de ses goûts et préférences, des clivages[1] insurmontables avec les autres. L'évitement de sujets qui fâchent est de rigueur. En revanche, les échanges sur des thèmes comme les événements sportifs ou les goûts artistiques – et principalement les différentes expressions musicales – se taillent la part du lion. Il s'agit de partager, dans l'instant, des émotions et des coups de cœur sans se sentir lié par la nécessité d'apporter des preuves, sans courir le risque de réimporter la forme scolaire en faisant passer à l'autre un examen. De manière corollaire, il est tout à fait permis d'affirmer une originalité dans des looks vestimentaires, qui se réduisent à leur pure apparence, et qui peuvent faire cohabiter « reggaes », « technos » et « babas » hors de toute thématique sociale diviseuse. Tout est permis à condition de faire « jeune » (« papis » et « mamies » s'abstenir) et de ne pas transformer son vêtement en emblème d'une cause politique par laquelle le monde des adultes serait subrepticement[2] réintroduit.

La communauté lycéenne se construit beaucoup plus par agrégation de goûts privés introduits dans l'établissement que par adhésion à des valeurs juvéniles clairement affirmées. Contrairement à d'autres générations qui ont pu se souder à l'occasion d'épreuves fortes comme la Seconde Guerre mondiale ou la guerre d'Algérie, celle des lycéens de cette fin de siècle se construit en reportant à plus tard les occasions de se diviser. Ils n'acceptent ni d'adhérer à une institution qui émet sur eux des jugements qu'ils estiment souvent peu fondés, ni de se livrer entre eux à un travail de catégorisation qui pourrait déchirer le groupe de pairs qu'ils ont l'impression de constituer. Les lycéens préfèrent constituer une « cité invisible », sorte de communauté virtuelle qui, si elle s'engageait dans des dénonciations des injustices sociales dont ils se sentent victimes, courrait immédiatement un risque d'éclatement en révélant les différences réelles qui

1 clivages : séparations, délimitations.

2 subrepticement : se dit de toute chose qui se fait de manière furtive, déloyale.

Le terme « sociabilité »

Le terme « sociabilité » est un néologisme formé à partir du mot « société » pour désigner l'aptitude à vivre en collectivité. Il renvoie au caractère d'une personne facile et agréable ou aux propriétés d'un groupe qui favorise en son sein des relations humaines et amicales. Le philosophe Kant évoque « l'insociable sociabilité » des hommes pour rendre compte de cette double tendance qu'ils ont à vouloir s'associer et à s'opposer les uns aux autres.

la minent de l'intérieur. Les questions de la liberté et de l'égalité tendent à se résorber dans une sorte de mystique[3] de la fraternité, cantonnée toutefois à une communauté d'âge et de situation qui n'implique pas de trop fortes contraintes.

On peut voir là une des raisons pour lesquelles les lycéens s'investissent très peu dans une citoyenneté lycéenne, pourtant souhaitée par les institutions scolaires. Les travaux de Robert Ballion montrent, par exemple, qu'ils revendiquent plus des droits de protection que de participation à la définition, au contrôle et à la gestion de leur univers scolaire. Ils préfèrent se voir mieux respectés dans leur personne que de proposer une autre organisation de la vie collective. Car s'il est assez difficile de contourner aujourd'hui une scolarité obligatoire et stratégiquement indispensable, il est beaucoup plus aisé de ne pas répondre aux sollicitations d'une vie scolaire qui n'est précisément pas la vraie vie. Il vaut mieux, aux dires des lycéens, partager des instants de convivialité à l'intérieur du lycée ou à sa périphérie avec des amis choisis plutôt que d'entrer dans des activités de club perçues comme la continuation de la classe par d'autres moyens.

3 mystique : croyance qui se forme autour d'une idée, d'un sentiment ou d'un personnage.

Patrick Rayou, « Les nouvelles sociabilités des lycéens », *Sciences Humaines*, hors-série, n° 33, juin, juillet, août 2001.

1. Quelle est l'idée générale du texte ?
2. Sous forme de schéma, en vue d'un résumé, présentez les différentes étapes de l'analyse de l'auteur.
3. Expliquez les phrases :
– « Ils interprètent leurs différences plutôt comme des écarts momentanés de "maturité" que comme la manifestation d'inégalités sociales » (ligne 10) ;
– « La communauté lycéenne se construit beaucoup plus par agrégation de goûts privés introduits dans l'établissement que par adhésion à des valeurs juvéniles clairement affirmées » (ligne 27).
4. Le texte parle de « cité invisible » et de « communauté virtuelle » à propos de la sociabilité lycéenne. Comment comprenez-vous ces expressions ? Vous paraissent-elles justifiées ?
5. Comment l'auteur explique-t-il le peu d'intérêt des lycéens pour ce qu'il appelle la « citoyenneté lycéenne » ?

PRÉPARATION À L'EXAMEN ► **Les épreuves du BTS** p. 252

Vers l'écriture personnelle

L'auteur explique que les nouvelles générations lycéennes sont moins marquées par le souci de l'engagement social ou politique, à la différence des précédentes. Partagez-vous son point de vue ou pensez-vous que les jeunes ont encore un intérêt pour l'engagement ?

Le groupe et l'attachement aux marques

Les modes vestimentaires, notamment parmi les jeunes, ont pris une importance considérable au cours des dernières années. Porter un vêtement de marque est à la fois une manière de s'affirmer et d'être reconnu au sein du groupe. Cela se traduit par une frénésie de consommation, qui se transforme en une pseudo-religion.

DOCUMENT 1

Les *fashion victims*[1] sont partout. Dans les lycées de centres-villes ou ceux des cités. Les jeunes Européens ressemblent aux Américains, voire aux Asiatiques des pôles urbains et tous dépensent autant pour se vêtir. En moyenne 450 euros par année et par jeune de 11 à 17 ans ! Ce qui, multiplié par le nombre de collégiens, de lycéens et de grands du primaire, représente une jolie manne pour les fabricants. Car ces 450 euros ne sont qu'une moyenne souvent largement dépassée, lorsqu'il faut ici ou là un accessoire « couture ». Et c'est bien souvent le cas. Pour certains, le temps de la basket basique est maintenant révolu et a laissé place à la basket… rare. Oui, de collection. *Idem* pour le jean. La mode dépasse l'entendement parce qu'elle n'est pas une affaire de raison !

Par la marque, l'objet n'a plus rien à voir avec sa dimension utilitaire. Il est devenu un symbole marquant son appartenance en même temps que sa distance à un groupe. « Du point de vue économique, la marque doit doter le produit d'une valeur symbolique non mesurable qui l'emporte sur sa valeur utilitaire et d'échange. Elle doit rendre l'article de marque non interchangeable avec des articles destinés au même usage et le doter d'une valeur artistique ou esthétique, sociale et expressive », explique André Gorz dans *L'Immatériel*. […]

Pour le jeune, la marque, le code vestimentaire symbolisent l'appartenance à un groupe. Pour le philosophe ou le politologue, cette « consomania » est le vecteur d'une pseudo-religion qui s'empare de l'univers de l'école dans lequel ces consommateurs en herbe évoluent.

Le politologue Paul Ariès a démontré cette logique qui transforme les marques en dieux des cours de récréation. « Cette soumission à la dictature des logos représente une véritable inversion de sacré et du profane. On profane ce qui est considéré habituellement comme sacré : des valeurs comme l'égalité, la fraternité, le goût de l'effort, etc. Et on sacralise le plus profane : le culte de l'argent, de l'objet, de la « gagne », de l'avoir, du paraître, etc. Cette « marquemania » aboutit au fait que l'avoir supplante l'être. Tout conduit donc à la consommation, parce que c'est devenu un idéal de vie. Un but en soi », rappelle-t-il.

Ancien enseignant, théoricien de la décroissance, et cofondateur de RAP – mouvement de Résistance à la publicité –, François Brune dénonce lui aussi cette Église de la très sainte consommation. « Pour ironique qu'elle soit, cette métaphore n'a rien de gratuit. La religion publicitaire fonctionne en effet à plusieurs niveaux. Il y a d'abord la célébration rituelle de la marchandise, sur les affiches ou dans les spots : l'annonce publicitaire est toujours plus ou moins une "annonciation[2]". Le produit apparaît comme salvateur[3] : qu'il fasse l'objet d'un hymne à la jouissance ou d'une liturgie de l'efficacité, il va transformer votre vie… pour peu, bien sûr, que vous adhériez à sa promesse… Le bonheur publicitaire ne se présente pas comme simple consommation matérielle : il s'allie à

1 ***fashion victims*** **:** victimes de la mode.
2 **annonciation :** dans le christianisme, message de l'ange Gabriel annonçant à la Vierge Marie qu'elle sera la mère de Jésus, le Messie qui sauvera les hommes.
3 **salvateur :** qui sauve.

un certain nombre de "valeurs" qu'il récupère – la vie (la vraie !), la liberté, la convivialité, l'art, le rêve, l'idéal, la démocratie, etc. » Témoins le « Just do it » de Nike, le « Impossible is nothing » d'Adidas ou le « I am what I am » de Reebok.

Maryline Baumard, « Marques : la nouvelle religion et ses adeptes »,
Le Monde de l'Éducation, décembre 2005.

DOCUMENT 2

Gérard Neurand, sociologue spécialiste de la jeunesse et des adolescents, explique l'attachement des jeunes des banlieues pour les marques vestimentaires : « Posséder un objet de valeur est "classant" pour les jeunes qui n'ont pas d'argent. En possédant un objet que les autres ne peuvent pas avoir, le jeune signifie aux autres sa valeur. Il y acquiert son prestige, sa reconnaissance. Cela dénote chez le jeune qui a réussi à s'en procurer des qualités de débrouillardise, de savoir-faire. Il y a donc toute une stratégie d'affirmation de soi à travers l'utilisation des marques.

Au-delà de la référence identitaire au sein d'un groupe, il s'agit de se distinguer en affirmant son individualité, sa personnalité. C'est encore plus fort dans la consommation des jeunes de banlieue, dans la mesure où ils ne peuvent pas affirmer leur individualité dans le monde du travail. »

Le Monde, 8 septembre 1999.

La marque

Apparu au XVe siècle, le terme *marque* désigne tout signe mis sur un objet pour le rendre reconnaissable, puis celui placé par un fabricant sur un objet. Le développement du commerce et des grands magasins fait de la marque un moyen de valorisation économique et on commence à utiliser l'expression « de marque » à la fin du XIXe siècle. La marque est donc un moyen d'identification et de reconnaissance au sein d'un groupe.

1. Dégagez le plan du texte (document 1).
2. Expliquez la phrase : « *la marque doit doter le produit d'une valeur symbolique non mesurable qui l'emporte sur sa valeur utilitaire et d'échange* » (document 1, l. 13-14).
3. Relevez les arguments qui font de la consommation des objets de marque une pseudo-religion (document 1).
4. Expliquez en quoi la possession d'un objet de marque individualise et permet en même temps d'appartenir à un groupe (document 2).

PRÉPARATION À L'EXAMEN ► Les épreuves du BTS p. 252

Vers la synthèse

En vous appuyant sur l'étude des documents ci-dessus, rédigez un texte d'une vingtaine de lignes présentant la relation des jeunes aux marques.

La sociabilité à travers le sport

Le sport est devenu un instrument privilégié pour exprimer ses passions et faire partie d'un groupe qui les partage. On s'enthousiasme pour une compétition, on pratique à plusieurs le vélo ou la course à pied, on commente sans fin les résultats de tel club ou les qualités de telle vedette... Le sport serait-il l'un des creusets principaux du lien social ?

DOCUMENT 1

200 000 Français se déplacent dans les stades de football pour assister chaque semaine aux rencontres du championnat de France ; 90 % sont des hommes, 43 % sont ouvriers ou employés, leur âge moyen est de 29 ans, 57 % sont abonnés. Les grandes compétitions sportives constituent des temps forts de la vie collective. Si la réussite d'un champion est un événement, l'exploit d'une équipe nationale revêt un caractère particulier. Ainsi, la victoire des Bleus en Coupe du monde de football, en 1998, puis celle de l'Euro 2000 resteront des moments exceptionnels pour l'ensemble des Français, même les plus réfractaires au sport. Au soir de ces événements « historiques », on a vu des millions de citoyens-supporters se ruer dans les rues et communier dans une joie sincère et multiculturelle. L'ampleur de la liesse populaire du 12 juillet 1998 rappelait à ceux qui l'avaient connue celle de la Libération. La comparaison était évidemment exagérée, mais il s'agissait bien d'une sorte de libération nationale, après des années de crise et de désagrégation du climat social.

Ces grands moments ont mis en évidence le besoin d'émotion, mais aussi d'adhésion des Français à quelque chose qui les dépasse et les transcende ; ils leur ont redonné le goût de la victoire et montré les vertus de l'effort. À l'inverse, le cuisant échec des Bleus lors de la Coupe du monde 2002 a été vécu douloureusement par de nombreux Français et pesé sur un moral qui n'était déjà pas bon. Le miracle ne s'est pas reproduit et le rêve s'est transformé en frustration, confirmant qu'après la fête viennent généralement les lendemains de fête.

Gérard Mermet, *Francoscopie 2003*, Éd. Larousse, VUEF, 2002.

DOCUMENT 2

Le champion est avant tout un homme de fief[1]. Ce n'est pas un homme né *quelque part*, en ce sens qu'il est souvent étranger au quelque part qu'il représente, mais un homme de quelque part. Ce quelque part, il a pour fonction sociale de le donner à célébrer. Il le rend visible par la soudure collective des sentiments, entre le public et son activité sur la scène sportive. Cette soudure métaphorise[2] un être imaginaire et rassurant. Elle symbolise la marche-ensemble d'un groupe solidaire écrivant sa propre histoire sans jamais laisser tomber personne. Le symbole de cette solidarité imaginaire est tout entier contenu dans la belle expression de ralliement qui réassure les supporters anglais du Football Club de Liverpool chaque fois qu'ils passent, dans leur stade, sous cette inscription : « *We'll never walk alone.*[3] »

Paul Yonnet, *Systèmes des sports*, Éd. Gallimard, 1998.

1 **fief :** au Moyen Âge, domaine qu'un vassal tenait d'un seigneur ; par extension, zone d'influence où s'exerce la domination de quelqu'un.

2 **métaphorise :** qui sert à imager.

3 ***We'll never walk alone :*** nous ne marcherons jamais seuls.

1 **B.N. :** initiales d'un responsable d'une entreprise cité par l'auteur.

2 **Paternalisme :** tendance à imposer un pouvoir, notamment dans une entreprise, selon le modèle de l'autorité du chef de famille.

DOCUMENT 3

« Le sport, dit B. N.[1], est un terrain neutre, où tout le monde participe, on se retrouve sur le même plan, cadres et employés. On s'estime par le sport. Avant et après le cross, on se retrouve sous la tente, on parle du travail, on parle du siège. Les présidents de région viennent. Le contact s'établit entre activités du groupe. Les gens, en parlant sport, dérivent sur le plan professionnel, les gens se téléphonent, lient contact d'une région à l'autre. Le sport permet de faire participer tout le monde. Les athlètes portent un regard très différent sur leur patron… Ils voient que les patrons sont des gens simples, que vous pouvez parler avec les chefs. »

Le directeur du holding ne manque pas de venir participer à la fête sous la tente. Image renouvelée du classique paternalisme[2], où le directeur, dans le col roulé de son pull en shetland, tire sur sa cigarette en gratifiant celui qui a couru ses 10 km en moins de 40 minutes, d'un « alors, ça n'était pas trop dur ? »

Le sport se voit ici assigner la fonction de rassembler, niveler les différences sociales, professionnelles, régionales et surtout hiérarchiques : « Le sport, c'est neutre. Les gens commencent par parler sport et ils terminent en parlant travail. Les récompenses stimulent ; les jeunes viennent pour essayer de gagner. Ça fait rêver de partir pour un marathon. »

Martine Segalen, *Les Enfants d'Achille et de Nike*, Éd. Métailié, 1994.

1. Gérard Mermet montre que certaines victoires sportives sont l'occasion de liesses populaires très importantes. Comment explique-t-il ce phénomène (document 1) ?
2. Le sport-spectacle transforme le sportif en « homme de fief ». Comment comprenez-vous cette image et en quoi explique-t-elle l'engouement à l'égard des vedettes du sport (document 2) ?
3. En quoi la devise du club de Liverpool peut-elle symboliser une certaine idée du sport et les valeurs qu'on lui prête (document 2) ?
4. Martine Segalen met l'accent sur les liens entre sport et esprit d'entreprise. Qu'est-ce qui, selon elle, caractérise ces liens (document 3) ?

PRÉPARATION À L'EXAMEN ► **Les épreuves du BTS** p. 252

Vers l'écriture personnelle

L'imaginaire du sport a aujourd'hui pénétré de très nombreux secteurs de la vie sociale ; on célèbre en dehors des stades l'esprit d'équipe ou l'esprit de sacrifice, l'abnégation, le goût de l'effort et du dépassement de soi, mais aussi les vertus de la compétition ou du « challenge »… Pourquoi, selon vous, le sport est-il devenu un modèle de référence pour le fonctionnement de certains groupes sociaux ?

Influencer son lecteur

L'appel aux sentiments et aux valeurs

Le partage des émotions. Des termes à tonalité affective, comme « enfant », « amour », « mort » trouvent en chaque lecteur un écho et provoquent des émotions. Émouvoir le lecteur permet de le rendre plus réceptif aux arguments qui sont développés.

L'appui sur les valeurs. Une argumentation peut faire référence aux grandes valeurs – la liberté, la justice, la fraternité, le bonheur – qui soudent la société. Elle est alors plus facilement acceptée. Une citation d'une autorité reconnue et respectée incite à croire à la justesse de l'argument.

Le bonheur est à la portée de l'homme, à condition, comme le répétait Candide, de « cultiver notre jardin ».

La séduction de l'expression

Le choix des connotations. La présentation des idées par un vocabulaire valorisant ou dévalorisant influence le lecteur.

Il est tentant de lire l'histoire humaine comme un éveil des brumes de l'obscurantisme vers la lumière des vraies valeurs.

Les figures de style. Les figures de style ne sont pas de simples ornements : elles augmentent l'impact des arguments et appartiennent donc aux procédés d'influence. Les hyperboles expressives, les images fortes, les antithèses frappantes convainquent plus facilement le lecteur. L'anaphore, le parallélisme, l'accumulation, la gradation donnent une tonalité oratoire à l'énoncé. Des procédés oratoires, comme les fausses questions, l'exclamation, l'apostrophe rendent le lecteur plus réceptif en l'impliquant.

Faut-il le cacher ? Les petites incivilités sont devenues un vrai poison civique : dans les magasins, sur la route, dans les transports en commun, chacun est tour à tour victime et coupable.

La complicité avec le destinataire

L'ironie. En impliquant son lecteur, le rédacteur d'un texte d'argumentation a de meilleures chances de le convaincre. C'est le rôle de l'ironie, qui crée une complicité entre les interlocuteurs en laissant entendre une vérité qui n'est pas exprimée explicitement.

« Merci de vous être enrichis à nos dépens, car votre prospérité nous tient à cœur », soupirent les pays du Sud à l'intention des plus riches.

L'humour. Il désamorce la méfiance, et cette diminution des défenses augmente la réceptivité de l'argumentation. La publicité, le dessin de presse utilisent cette arme pour convaincre.

La lutte contre le tabagisme a des aspects ridicules. On veut interdire la cigarette. Très bien. Mais il s'agit de la cigarette en chocolat, puissante incitatrice au tabac, comme chacun sait. Pense-t-on vraiment qu'un matin, le jeune consommateur de cigarettes en chocolat se dise en se réveillant : « ça y est, c'est décidé, j'abandonne la cigarette en chocolat, je passe à la vraie cigarette » ?

Exercice 1

Quels sont les thèmes, riches en émotions, utilisés par l'auteur pour influencer le lecteur ?

Il paraît que l'huile de phoque dénaturée entre comme crypto-élément dans certaines margarines. On nous dit que la population locale, qui va assommer les phoques nouveau-nés sur la glace, et parfois les écorche et les découpe à demi-vivants (les bêtes épouvantées "font le mort" comme on sait), a besoin de ces sanglants profits pour vivre ; qu'on lui trouve donc d'autres industries locales non polluantes : on n'a pas le droit de combiner les maux de l'âge atomique et la sauvagerie de l'âge de pierre.

Marguerite Yourcenar, *Les Yeux ouverts*, entretiens avec Matthieu Galley, Paris, Le Centurion, 1980.

Exercice 2

1. Étudiez le champ lexical du hasard.

2. Étudiez les connotations positives et négatives des mots du texte.

3. Quelle est la fonction de la référence à Lacombe Lucien ?

4. Sur quelles valeurs l'auteur s'appuie-t-il pour obtenir l'adhésion du lecteur ?

Lacombe Lucien croise par hasard un collabo : il devient collabo. Il eût croisé un résistant, avec la même ardeur il eût été résistant.

Tout le début d'une vie peut-il se justifier seulement par l'éducation ? À l'âge où l'on cherche sa voie, qui peut se flatter de rester insensible à des séductions inopinées ? Dans l'embrouillamini de la guerre, certains ont choisi d'emblée leur camp. Mais d'autres, les plus nombreux, s'en sont remis aux occurrences, aux circonstances, au gré du hasard. À cette époque, le hasard avait souvent mauvaise haleine.

Pour les meilleurs ou les plus chanceux interviennent ensuite l'intelligence ou la lucidité, le courage, le hasard, mais bon cette fois. On repart dans l'honneur et la dignité. Mais on ne veut pas reconnaître que précédemment on s'était fourvoyé, que le coup de dés était perdant, qu'on eût mieux fait, ces jours-là de prendre d'autres chemins que ceux de Vichy.

Bernard Pivot, « Mitterand et Lacombe Lucien : le hasard propulse, à nous de choisir », *Le Journal du Dimanche*, 18 septembre 1994.

Exercice 3

1. Relevez les mots du texte dont les connotations sont négatives. Quel effet produisent-elles sur le lecteur ?

2. Quelle est la position que l'auteur veut lui faire prendre ?

3. Rédigez quelques phrases présentant votre réaction à ce texte. Vous utiliserez un vocabulaire dont les connotations suggèrent votre position.

Cela s'appelle the *shaming penalty*, le châtiment de la honte. Le principe en est fort simple : tout condamné, pour des faits mineurs, aura la réputation tranchée. Il devra donc s'en aller par les rues de sa ville ou de son village, purger sa peine d'opprobre collective. Il y affichera ses méfaits sur pancarte, homme-sandwich de ses propres turpitudes. Il acceptera que la presse raconte largement ses écarts, sa honte et son repentir. Il déclamera *urbi et orbi* ses méfaits, ses regrets et l'absolue détermination qu'il a désormais de réemprunter le droit chemin de l'honnêteté, de la morale et du civisme.

Ces pratiques judiciaires, évidemment, provoquent un sérieux débat aux États-Unis. Les partisans les justifient par l'exemplarité, une sévère leçon pour le délinquant, et par leur coût modeste, qui, en évitant la prison, promet des économies au contribuable et rassure l'honnête citoyen. Les adversaires en dénoncent l'aspect totalitaire et humiliant. L'Histoire, en effet, prouve que les régimes les moins respectables ont beaucoup donné au chapitre de l'autocritique publique des déviants, délinquants et malfaiteurs présumés

Pierre Georges, « Le pénalty de la honte », *Le Monde*, 7 avril 1997.

Exercice 4

1. Faites le plan du texte.

2. Quelle est la thèse soutenue par l'auteur ?

3. Quel écho ce texte trouve-t-il chez le lecteur ? Analysez l'effet produit.

Un homme qui refuse d'accomplir une action qu'il réprouve le fait par crainte de « ne pouvoir ensuite se regarder en face ». Mais, sans avoir commis de faute, l'homme défiguré est épinglé à cette impossibilité. Une blessure laissant une cicatrice profonde à un bras ou à une jambe, ou sur le ventre, ne met pas en question avec autant de virulence le sentiment d'identité, surtout si elle n'entraîne aucune séquelle fonctionnelle. Toute altération du visage ébranle la personnalité même du sujet. À travers lui se jouent la signification et la valeur même de l'existence. L'expérience douloureuse de la défiguration rappelle que l'homme ne vit pas seulement dans un corps physique. S'il en était ainsi, aucune blessure au visage, à moins qu'elle ne fût fonctionnelle, ne pourrait empêcher quiconque d'exister comme si de rien n'était. L'homme vit d'abord dans un corps imaginaire, il l'investit de significations et de valeurs, avec lesquelles il intègre le monde en lui et s'intègre lui-même au monde. La défiguration introduit une rupture brutale au cœur de l'alliance toujours plus ou moins problématique, mais néanmoins vivable, du corps réel et de l'image que l'individu s'en fait.

David Le Breton, « Greffe du visage, greffe de sens », *Libération*, 5 décembre 2005.

Exercice 5

1. Quels sont les ressorts des messages publicitaires cités par cet article ?

2. Au nom de quelles valeurs le lecteur se sent-il concerné par les questions que se posent les publicitaires ?

Un adolescent se sert dans le réfrigérateur familial, téléphone mobile à l'oreille. Sa mère se jette sur lui avec une rare violence et lui plonge la tête dans la cuvette des toilettes. « Si tu ne veux pas que ta mère t'explose, explose pas ton forfait », conclut le spot publicitaire. Autre campagne vue à la télévision : un homme s'aperçoit qu'il a marché sur une crotte de chien. Il s'essuie les pieds sur le paillasson de son voisin avant de rentrer chez lui. Une autre publicité (pour un service Internet) montre une femme inanimée. Explication : « À la place de mon match, elle voulait voir un document sur les étoiles filantes. Elle les a vues. »

Au moment où les banlieues brûlent et où les actes d'incivilité se multiplient, les publicitaires commencent à se poser des questions. Contribuent-ils, par leurs campagnes, à la violence ? Encouragent-ils les incivilités ou bien ne sont-ils que le reflet de la société ? « Notre société est dure, explique Joseph Besnaïnou, directeur général du Bureau de vérification de la publicité (BVP), l'organisme d'autorégulation de la profession. Contribuons-nous à créer des foyers de dissension ? »

Jean-Sébastien Stehli, « La pub en question », *L'Express*, 17/11/2005.

Exercice 6

Rédigez un paragraphe dénonçant les dangers de la publicité en utilisant un des thèmes suivants : l'enfant, l'atteinte à l'image de la femme, la défense de l'environnement.

Exercice 7

Relevez les passages ironiques du texte.

Une équipe de chercheurs suédois et américains a réalisé le bilan écologique complet d'une arme. Son concepteur, le groupe Nammo, est assez fier de l'engin et vante sur son site la *high probability of kill* de cette munition intelligente qui explose en plus de 2 400 fragments lorsqu'elle arrive à proximité de sa cible. Évidemment, un tel pétard cochonne l'environnement, et de multiples manières : c'est là le sujet de l'étude, qui livre en conclusion quelques précieux conseils pour faire des obus plus « verts ».

Édouard Launet, « L'obus, projectile contre-nature », *Libération*, 19 décembre 2005.

Exercice 8

1. Relevez les passages ironiques du texte.

2. Repérez les mots dévalorisants.

3. Quelle est la thèse défendue par l'auteur ?

4. Quelles sont les réactions du lecteur ?

5. Rédigez un paragraphe dans lequel vous dénoncez ironiquement l'utilisation commerciale des para-sciences : numérologie, astrologie, esprits et fantômes, etc.

Il est au moins un invité qui revient en permanence dans le spectacle télévisé : le Merveilleux. Dimanche soir, *7 à 8* nous entretenait gravement de la malédiction de la momie autrichienne. Tous ceux qui ont croisé le chemin de cette momie, retrouvée conservée dans les glaces du Tyrol voici quelques années, sont morts mystérieusement. Qui sera le prochain sur la liste ? Nul doute que le feuilleton est appelé à un grand avenir. On ne peut jamais prédire par quel visage, par quel thème reviendra le Merveilleux, mais il revient toujours.

De quoi s'agit-il, cette fois-ci ? Le titre du livre de Van Cauwelaert, en trois mots, pose la vaste question. *Cloner le Christ ?* Avec un point d'interrogation, tout de même, mais quel pitch ! Va-t-on pouvoir cloner le Christ ? L'ingrédient de base de cette grande première scientifique serait le fameux saint suaire de Turin. On croyait pourtant la cause entendue. On croyait qu'une datation au carbone 14 avait définitivement conclu que la relique, loin d'avoir enveloppé le corps du Christ, était de fabrication médiévale. Mais non.

Daniel Schneidermann, « Le clonage, le Christ et le marché », *Libération*, 2 décembre 2005.

Exercice 9

1. Préparez les arguments d'un paragraphe ironique contre la vogue de l'irrationnel en utilisant un des thèmes suivants : le best seller, les horoscopes, les médias.

2. Rédigez ce paragraphe ironique en utilisant au moins deux figures de style.

La science en débat

10

Boris Malyuev, *Construction,* 1950. Huile sur toile, 112 x 180 cm.

La science en débat

La science s'est construite en donnant d'elle l'image d'un savoir objectif, détaché des passions humaines, œuvrant au bien-être de l'humanité. Cette image, héritière de la philosophie des Lumières, est aujourd'hui beaucoup plus trouble, car si la science continue de fasciner par ses prouesses, elle inquiète aussi par certaines de ses applications, comme en témoignent les controverses actuelles au sujet des biotechnologies ou des OGM.

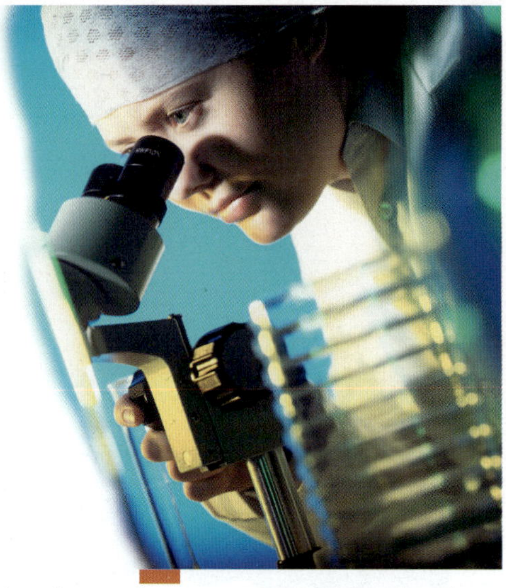

Notre époque vit un essor sans précédent des sciences.

Max Pietschman, *Robert Koch dans son laboratoire*, 1896.
Koch a découvert le bacille de la tuberculose.

Quels objectifs poursuit la science ?

Les sciences ont longtemps voulu représenter un savoir objectif et désintéressé, visant à expliquer les phénomènes du monde physique et humain. Les sociétés contemporaines ont cependant modifié cette vision. Ce modèle qui ne tendrait qu'à l'accroissement des connaissances a cédé la place à un autre modèle qui veut que la recherche trouve immédiatement ses applications. La science s'intègre dans des stratégies industrielles et économiques. Le terme « technoscience » traduit cette évolution, qui consacre désormais les critères d'efficacité et de rentabilité au cœur même de la recherche scientifique.

Le savant, le scientifique et le chercheur

On ne parle plus guère aujourd'hui des savants, si ce n'est pour évoquer ceux du passé. L'image ancienne du savant, conçu comme un sage ou un bienfaiteur, incarne une grande confiance dans les pouvoirs libérateurs de la science. À l'âge de la technoscience, c'est le scientifique ou le chercheur qui ont pris la relève. Travaillant au sein de réseaux, exerçant une activité très spécialisée et souvent obscure, ils ont aussi des comptes à rendre lorsque la rationalité scientifique et technologique est mise en cause : déchets nucléaires, manipulations génétiques, sang contaminé, vache folle, OGM… La science a perdu de son aura au fur et à mesure qu'elle s'est transformée en force productive.

Le clonage issu de la recherche génétique contribue au débat sur la science et sa finalité.

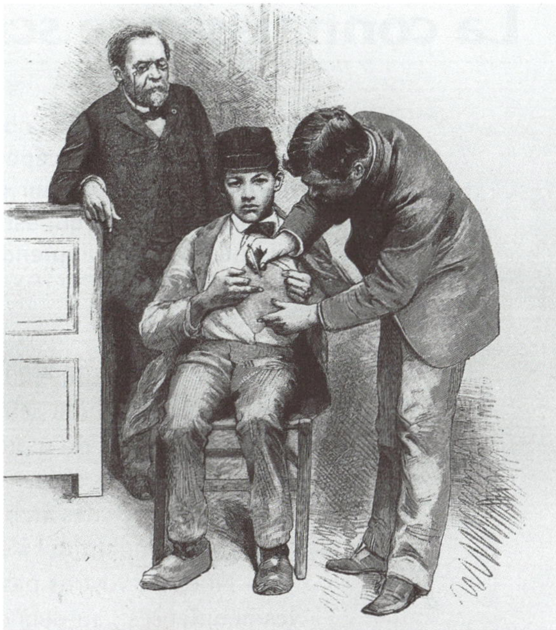

Pasteur dans son laboratoire, lors de la première inoculation contre la rage.

La science a-t-elle réponse à tout ?

L'image prestigieuse du savant, à l'instar de Galilée, Newton ou Pasteur, repose sur l'idée que la science est un savoir neutre, au service de l'humanité. Toutefois, la science sécrète parfois une conception du monde qui la conduit à rejeter dans l'irrationalisme tout ce qui ne trouve pas place dans sa sphère de recherche. Ainsi se développe une « religion » de la science, le scientisme, qui se caractérise par une confiance, souvent aveugle, dans sa toute-puissance. La science est très souvent invoquée, avec le concours actif de savants, comme caution ou instance d'autorité dans de nombreuses questions politiques et morales. La multiplication de comités d'éthique en est, à l'heure actuelle, la meilleure illustration.

La science détermine-t-elle le changement social ?

Le prix que nous attachons à la science dépend de ses capacités à faire reculer notre ignorance en augmentant parallèlement nos connaissances. Il est aussi de plus en plus lié à son pouvoir d'engendrer, par la technologie, de nouveaux produits. Du même coup, la science participe à l'essor de désirs de toute sorte, comme l'illustrent notamment les attentes à l'égard de la génétique et des biotechnologies. La science n'est pas la seule cause du changement social, mais par l'exploration sans fin d'objets inédits, par la multiplication de ses promesses, elle représente une dynamique comportant une part de plus en plus grande d'imprévisibilité et d'incertitude.

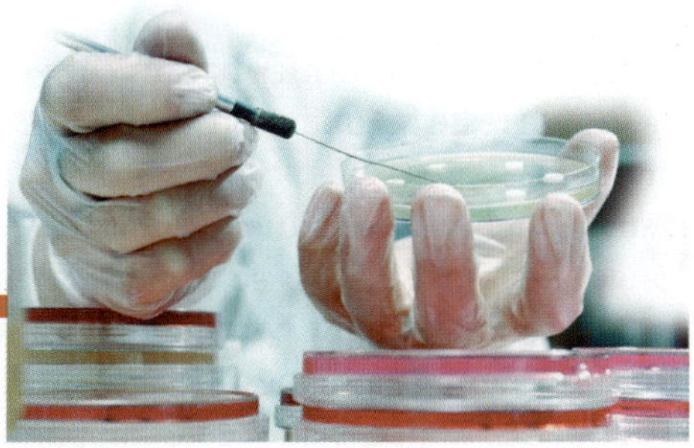

a recherche comporte ne part de plus n plus élevée 'incertitude.

SOMMAIRE

La connaissance scientifique et ses limites

La science symbolise l'objectivité et l'universalité de la connaissance humaine, mais elle ne saurait cependant tout expliquer. L'astronomie, par exemple, illustre autant la rigueur de la démarche scientifique que l'étendue quasi inépuisable de ce qui est à savoir. La première leçon de la science ne serait-elle pas de nous apprendre prudence et modestie ?

Le ciel, très haut, était couvert d'étoiles, les unes brillant par groupes, d'autres à la file, ou bien seules à des intervalles éloignés. Une zone de poussière lumineuse, allant du septentrion[1] au midi, se bifurquait au-dessus de leurs têtes. Il y avait entre ces clartés de grands espaces vides, et le firmament semblait une mer d'azur, avec des archipels et des îlots.

– Quelle quantité ! s'écria Bouvard.

– Nous ne voyons pas tout ! reprit Pécuchet. Derrière la voie lactée, ce sont les nébuleuses[2], au-delà des nébuleuses, des étoiles encore : la plus voisine est séparée de nous par trois cents billions de myriamètres[3].

Il avait regardé souvent dans le télescope de la place Vendôme et se rappelait les chiffres.

– Le Soleil est un million de fois plus gros que la Terre, Sirius a douze fois la grandeur du Soleil, des comètes mesurent trente-quatre millions de lieues[4] ! »

– C'est à rendre fou, dit Bouvard.

Il déplora son ignorance, et même regrettait de n'avoir pas été, dans sa jeunesse, à l'École polytechnique.

Alors Pécuchet, le tournant vers la Grande-Ourse, lui montra l'étoile polaire, puis Cassiopée, dont la constellation forme un Y, Véga de la Lyre, toute scintillante, et, au bas de l'horizon, le rouge Aldebaran.

Bouvard, la tête renversée, suivait péniblement les triangles, quadrilatères et pentagones qu'il faut imaginer pour se reconnaître dans le ciel.

Pécuchet continua :

– La vitesse de la lumière est de quatre-vingt mille lieues dans une seconde. Un rayon de la voie lactée met six siècles à nous parvenir. Si bien qu'une étoile, quand on l'observe, peut avoir disparu. Plusieurs sont intermittentes, d'autres ne reviennent jamais ; et elles changent de position ; tout s'agite, tout passe.

– Cependant le Soleil est immobile !

– On le croyait autrefois. Mais, les savants, aujourd'hui annoncent qu'il se précipite vers la constellation d'Hercule[5] ! Cela dérangeait les idées de Bouvard, et, après une minute de réflexion :

– La science est faite suivant les données fournies par un coin de l'étendue. Peut-être ne convient-elle pas à tout le reste qu'on ignore, qui est beaucoup plus grand, et qu'on ne peut découvrir.

Ils parlaient ainsi, debout sur le vigneau[6], à la lueur des astres, et leurs discours étaient coupés par de longs silences. Enfin ils se demandèrent s'il y avait des hommes dans les étoiles. Pourquoi pas ? Et comme la création est harmonique, les habitants de Sirius devaient être démesurés, ceux de Mars d'une taille moyenne, ceux de Vénus très petits. À moins que ce ne soit partout la même

1 septentrion : désigne le pôle Nord.

2 nébuleuses : régions de l'espace où la matière cosmique interstellaire est plus dense que la moyenne.

3 un billion de myriamètres = mille milliards de fois dix mille mètres.

4 une lieue = 4,445 mètres.

5 constellation d'Hercule : constellation de l'hémisphère Nord.

6 vigneau : nom donné en Normandie à un tertre surmonté d'une treille et situé dans un jardin.

chose. Il existe là-haut des commerçants, des gendarmes ; on y trafique, on s'y bat, on y détrône des rois.

Quelques étoiles filantes glissèrent tout à coup, décrivant sur le ciel comme la parabole d'une monstrueuse fusée.

– Tiens, dit Bouvard, voilà des mondes qui disparaissent. Pécuchet reprit :

– Si le nôtre, à son tour, faisait la cabriole, les citoyens des étoiles ne seraient pas plus émus que nous ne le sommes maintenant. De pareilles idées vous renforcent l'orgueil.

– Quel est le but de tout cela ?

– Peut-être qu'il n'y a pas de but.

– Cependant...

Et Pécuchet répéta deux ou trois fois « cependant », sans trouver rien de plus à dire.

Gustave Flaubert, *Bouvard et Pécuchet*, Éd. du Seuil, 1964.

Le terme « science »

Du latin *scire* (« savoir »), le terme « science » possède, dès le XIe siècle, une double valeur. Il désigne, d'une part, la connaissance et l'habileté liée à celle-ci (proche du mot « art » en ce sens) et, d'autre part, il évoque, de façon plus resserrée, le « savoir théorique », ce dernier sens tendant à s'imposer à compter du XVIIIe siècle. Si le mot a donné lieu à des expressions de portée générale (« de science certaine », « avoir la science infuse »...), il sert aujourd'hui à désigner essentiellement des savoirs théoriques dispensant des connaissances précises, universelles et vérifiables et pouvant, le cas échéant, être traduites sous forme de lois.

1. Pécuchet s'emploie à présenter à son ami Bouvard les étoiles qu'ils observent dans le ciel. Qu'est-ce qui caractérise sa présentation et en quoi est-elle symptomatique d'une approche qui se veut scientifique ?
2. Comment qualifier les réactions de Bouvard aux explications de Pécuchet ? Par quel procédé rhétorique Flaubert les met-il en relief ?
3. Bouvard et Pécuchet se demandent si les étoiles sont habitées. Comment caractériseriez-vous leur réflexion sur ce sujet ?
4. À la fin de l'extrait, Pécuchet répète l'adverbe « cependant » à plusieurs reprises. De quel type de questionnement cette répétition est-elle le signe ?

PRÉPARATION À L'EXAMEN ► Les épreuves du BTS p. 252

L'écriture personnelle

Expliquez et commentez l'extrait suivant : « La science est faite suivant les données fournies par un coin de l'étendue. Peut-être ne convient-elle pas à tout le reste qu'on ignore, qui est beaucoup plus grand, et qu'on ne peut découvrir » (ligne 31).

La science victime de préjugés

Certains voient dans la science un mode de pensée compliqué et obscur, uniquement voué à des objectifs de puissance ou de domination et réservé à quelques esprit forts. Par quel étrange retournement une pensée qui se veut synonyme de lucidité et de rigueur intellectuelle a-t-elle pu laisser se développer à son égard autant d'idées fausses ?

DOCUMENT 1

L'activité intellectuelle fondée sur la rigueur est l'attitude spécifique de notre espèce ; c'est elle qui l'identifie. Pour appartenir véritablement à cette espèce, le trait essentiel est de participer à l'aventure de la connaissance, aventure qui est l'équivalent d'une naissance. Naître, c'est sortir de sa mère pour exister face à elle ; connaître, c'est s'échapper de l'univers pour s'adresser à lui. L'éducation a pour but de permettre cet exploit ; elle ne peut donc faire autrement que de former des scientifiques. Dire d'un être humain qu'il est un scientifique est pur pléonasme.

Hélas, cette affirmation est à l'opposé de ce qu'admet la culture aujourd'hui dominante, celle de la société occidentale. Ayant adopté comme moteur de son activité la compétition généralisée, entre individus, entre entreprises, entre nations, ayant choisi comme critère de réussite le profit, elle diffuse à propos de la science deux idées fausses, l'une sur sa finalité (le bonheur de comprendre est remplacé par le plaisir d'être efficace), l'autre sur sa pratique (la participation à une œuvre collective de l'ensemble humain est oubliée au profit d'une lutte individuelle, souvent désespérée, pour y trouver une place et la conserver).

Il est vrai que la compréhension entraîne parfois l'efficacité, qu'elle peut être la clé du succès pour ceux qui veulent agir. Il est vrai par exemple que, sans la célèbre formule d'Einstein reliant la masse à l'énergie, nous serions incapables de faire éclater des bombes nucléaires ou de produire de l'électricité à partir de l'uranium. Mais cela est loin d'être le cas général.

La plupart des novations conceptuelles n'ont eu, au moins dans un premier temps, aucune application pratique. La découverte par Galilée[1] au XVIIe siècle de la proportionnalité entre la force et l'accélération (et non, comme on le croyait depuis les Grecs, entre la force et la vitesse) a fait renoncer à une erreur de vingt siècles, mais n'a rien changé dans l'immédiat à la vie des hommes, pas plus que l'hypothèse proposée par Darwin au XIXe siècle d'une origine commune de tous les êtres vivants ou que la découverte au XXe par l'astronome Hubble de l'expansion de l'Univers. Ces renouvellements conceptuels transforment fondamentalement notre regard sur le monde et sur nous-mêmes, ils orientent donc notre réflexion dans des directions inédites et ont parfois, à la longue, des conséquences concrètes indirectes ; mais les chercheurs qui les ont proposés n'avaient pour objectif que d'améliorer notre lucidité, non d'accroître une quelconque efficacité.

La dérive économiste actuelle de l'Occident nous fait oublier ces évidences ; elle met l'accent sur l'aspect rentable des découvertes et ramène le merveilleux accomplissement qu'est la compréhension de la réalité à la simple satisfaction de produire des outils permettant de la transformer.

Albert Jacquard, *La Science à l'usage des non-scientifiques*, Éd. Calmann-Lévy, 2001.

1 **Galilée :** savant florentin qui a ainsi pu démontrer, contre les évidences du sens commun, que des boules de masse différentes tombent toutes à la même vitesse.

DOCUMENT 2

Le scientisme a maintenu dans les esprits une confiance aveugle dans le pouvoir de la science et un respect presque universel de son autorité intellectuelle. Cette confiance et ce respect résistent en définitive fort bien à tous les désastres et accidents qu'on lui impute depuis un demi-siècle, d'Hiroshima aux manipulations génétiques. Sans doute cette résistance tient-elle au sentiment, non dénué de fondement, que la science ne peut en être tenue pour coupable, ou du moins pour seule responsable ; et à la conviction que les hommes politiques, les forces économiques, financières et militaires, lui font porter un peu facilement le poids de leurs erreurs, de leurs fautes, quand ce n'est pas de leurs crimes.

Mais la persistance du scientisme tient peut-être aussi à un motif beaucoup plus profond : à la sourde peur que suscite la pensée scientifique, en tant qu'elle est une pensée au sens plein du terme ; une pensée sans dogme toujours tournée vers l'avenir, qui se risque sans cesse tout entière dans un jeu infini avec ses propres limites[1] ; une pensée qui ne progresse qu'en détruisant ses certitudes.

Admirons les exploits, recueillons les connaissances nouvelles, utilisons-les, mais laissons prudemment à son mystère la pensée de feu qui leur a ouvert la voie. Telle est, en définitive, l'attitude de notre siècle devant la science. Incroyable démission de l'esprit ! Les hommes de science, il faut le dire, n'y ont que trop souvent eux-mêmes prêté la main. À force d'affirmer rituellement que les résultats s'obtiennent par la simple mise en œuvre d'une méthode universelle, donc en suivant un chemin tout tracé d'avance, ils ont accrédité l'idée d'un progrès pour ainsi dire automatique.

Résultat : le scientisme a nourri son contraire, la puissante idéologie antiscience qui lui fait face. L'image s'étant en effet imposée d'une science dénuée de pensée, cette « non-pensée » est dénoncée comme une dévastation de la pensée aboutissant à un asservissement sans précédent des esprits. Le thème dominant de cette idéologie est aujourd'hui écologique : « la science » détruirait méthodiquement la planète.

Dominique Lecourt, *Contre la peur*, Éd. Hachette, coll. « Les essais du XXe siècle », 1990.

1 **jeu infini avec ses propres limites :** le progrès des connaissances est un processus indéfini qui ne cesse de remettre en question ce qu'on tenait pour vrai jusque-là.

1. Expliquez l'analogie entre la naissance et la connaissance qu'Albert Jacquard développe dans le document 1.
2. Pourquoi peut-on dire, comme Albert Jacquard, que la compréhension n'est pas nécessairement synonyme d'efficacité ? Vous chercherez d'autres exemples que ceux du texte pour appuyer votre réponse (document 1).
3. Qu'appelle-t-on scientisme ? Quelles sont les deux origines du scientisme selon Dominique Lecourt ? En quoi se distinguent-elles (document 2) ?
4. Expliquez la phrase : « laissons prudemment à son mystère la pensée de feu qui leur a ouvert la voie » (document 2, ligne 16).

PRÉPARATION À L'EXAMEN ► **Les épreuves du BTS** p. 252

Vers la synthèse

En vous aidant des réponses aux questions, rédigez un paragraphe reprenant les principales idées fausses à propos de la science évoquées dans les deux documents.

L'histoire de la pensée scientifique

Les savoirs scientifiques ne sont pas tous apparus au même moment, mais c'est au sein des sociétés occidentales que s'est progressivement affirmé le principe d'un savoir théorique et universel, distinct à la fois des opinions et des croyances ainsi que des savoir-faire et des techniques. Depuis l'époque des Lumières, il n'est plus un secteur du monde physique et humain qui échappe aux investigations de la rationalité scientifique.

Les débuts de la pensée rationnelle

La pensée scientifique apparaît avec l'émergence de la pensée rationnelle dans le monde grec de l'Antiquité (VIe et Ve siècles av. J.-C). À travers les mathématiques (Pythagore), les spéculations sur la nature (Thalès, Anaximandre…) mais aussi l'histoire (Hérodote), la philosophie (Socrate), la logique (Aristote), un nouveau mode de pensée prend ses distances avec la tradition du mythe. Cette science naissante (en grec *épistémé*) revendique le droit de s'adresser à tous, de parler un langage de vérité et prétend couper court à la diversité et à la violence des opinions. Toutefois, pour le savant grec, l'idéal est de contempler l'ordre du monde, mais il n'est pas question pour lui de le transformer.

Le mathématicien grec Pythagore, qui a vécu au VIe siècle avant notre ère, a découvert la théorie des proportions, les formules géométriques et la table de multiplication. Son théorème célèbre permet de calculer le troisième côté d'un triangle rectangle en connaissant les deux autres. Toute la conception pythagoricienne voit dans les nombres la loi de l'Univers.

Le système du monde selon les recherches de Copernic. Sa théorie selon laquelle la Terre n'occupe plus le centre de l'Univers est à l'origine de la révolution scientifique du XVIIe siècle.

Galilée et la naissance de la science moderne

L'héritage de la science et de la philosophie grecque s'est transmis tout au long du Moyen Âge en s'intégrant à celui de la religion. Ce double héritage caractérise la pensée scolastique contre laquelle vont s'élever les savants du XVIIe siècle. Ce qu'il est convenu d'appeler « la révolution copernicienne » (du nom du chanoine polonais Copernic) se traduit par une rupture avec le géocentrisme des anciens, l'affirmation du mouvement de la Terre et de l'infinité de l'Univers. Galilée affirme notamment que la nature est une mécanique, que rien ne s'y produit intentionnellement ou selon des fins occultes. Le langage mathématique devient l'instrument privilégié pour déchiffrer les lois de la nature et les formuler dans un savoir précis que l'on peut soumettre à vérification.

Diego Rivera, détail d'une fresque, 1932.

L'âge d'or de la science

La physique nouvelle, que nous associons à Newton et à sa théorie de la gravitation universelle, devient, à compter du XVIIIe siècle, le cadre de référence obligé pour expliquer les phénomènes naturels. La nature a cessé d'être un monde enchanté pour devenir un champ de forces soumises à la mesure et au calcul. L'esprit scientifique triomphe désormais dans tous les domaines en investissant des territoires jusque-là réservés aux seules spéculations philosophiques et littéraires. Au XIXe siècle, la science triomphante a aussi son idéologie, le scientisme, expliquant que tous les problèmes humains, de la morale à la politique, doivent recevoir une solution scientifique. C'est le moment où la science s'allie étroitement avec l'industrie, comme en témoignent les expositions universelles.

Les sciences dans le monde contemporain

Le XXe siècle marque un essor sans précédent des sciences. La physique, la chimie, la biologie mais aussi les sciences humaines sont désormais omniprésentes dans notre vie quotidienne. Mais cet essor s'est accompagné d'une révision des fondements de la science, comme en atteste la crise de la physique au début du XXe siècle et la naissance de la physique relativiste, avec les travaux d'Einstein. Toutefois, cette révision des fondements concerne surtout les rapports entre les sciences, les techniques et l'industrie. Désormais, le savoir scientifique est sommé de faire la preuve de son utilité : la maîtrise de l'énergie atomique, la connaissance des lois du vivant, les technologies de l'information ont fait entrer la science dans l'âge de la technoscience. L'heure est désormais à l'efficacité, à la productivité au point que, selon certains, la recherche scientifique semble avoir perdu son autonomie, voire sa dimension libératrice.

Le télescope construit par Isaac Newton en 1672. Tous les autres instruments s'inspireront de celui-ci.

Les robots, avec leurs systèmes pneumatiques et électroniques, sont l'aboutissement d'une des applications de la technoscience.

La critique de la technoscience

Le terme « technoscience » désigne l'intégration de plus en plus poussée de la science, de la technique et de l'industrie. Il sert aussi à instruire le procès d'une science qui, à trop vouloir servir certains intérêts, aurait perdu toute autonomie. Peut-on cependant imaginer une recherche scientifique qui soit entièrement indépendante de la société où elle s'inscrit ?

DOCUMENT 1

La technoscience est une activité hautement intégrée. Et cette intégration laisse beaucoup moins d'espace à la recherche pure. L'heure est à l'efficacité, à la productivité. Cela a des conséquences négatives, car la recherche demande des temps longs, des vérifications complexes.

Jusque dans les années 1940 et 1950, on pouvait opérer une distinction assez nette entre l'activité du scientifique comme savant et ses applications. Aujourd'hui, c'est quasiment impossible. Dans la génétique ou la biologie moléculaire, les frontières entre scientifiques, industriels et ingénieurs sont devenues extrêmement floues. Cela présente des aspects positifs mais aussi négatifs. Le parcours traditionnel est souvent renversé. On commence par annoncer la « découverte » à travers les médias. Ensuite, on dépose le brevet et l'on crée une société d'exploitation. Finalement, quand il reste du temps, on écrit un article pour la presse scientifique…

Les scientifiques tiennent souvent plus compte des demandes productives. On a beaucoup parlé de l'utilité des OGM pour éliminer la faim dans le monde. Cette thèse n'est pas plus convaincante que celle selon laquelle le passage du lait maternel au lait en poudre aurait résolu le problème de la mortalité enfantine en Afrique. En fait, on admet aujourd'hui que cette démarche a eu des résultats désastreux. Même chose pour le problème énergétique. Nous devons faire face à l'effet de serre à cause de l'utilisation presque exclusive du pétrole. Les entreprises privées – par exemple, les compagnies pétrolières – ne sont évidemment pas intéressées à la recherche de nouvelles sources d'énergie. Il s'agit d'un programme de recherche scientifique d'intérêt général. Il implique la mobilisation de ressources immenses, et pas seulement être promu par les pouvoirs publics – les seuls qui sont (ou devraient être) – intéressés par le bonheur des gens, et non par les paramètres de productivité. De façon plus générale, les rythmes d'une grande partie des activités technoscientifiques sont conditionnés par une organisation du temps très rigide et très « pressée », qui est souvent en opposition avec les rythmes naturels et humains.

Giorgio Israel, entretien paru dans *Le Monde* du 24 octobre 2001.

La « technoscience »

Apparu dans les années 1980, le terme « technoscience » traduit une mutation des rapports traditionnels entre science et technique, deux activités longtemps séparées. Avec la seconde moitié du XXe siècle s'affirme un couplage de plus en plus étroit entre connaissance scientifique et application technique et industrielle. Dans ce contexte, le mot « technoscience » a souvent un usage critique (voire péjoratif) lorsqu'il vise à souligner que désormais la science est devenue la servante de l'industrie et de l'économie et qu'elle ne dispose plus de véritable liberté de mouvement. Les domaines de l'énergie nucléaire, du génie génétique, de l'informatique, en particulier, sont visés par ce type de critique.

DOCUMENT 2

La technoscience a toujours existé et, plutôt que d'opposer la science et la technique, mieux vaut reconnaître l'existence d'un *continuum* qui va du « savoir » au « faire » et qui inclut la science, la technoscience et la technique. Loin d'attribuer à la technoscience une connotation péjorative, il faut, à l'inverse, lui restituer sa fonctionnalité et lui reconnaître un rôle capital dans l'élaboration des connaissances « utiles ». Pasteur faisait-il autre chose que de la technoscience en démontrant la faisabilité de la vaccination antirabique ? La médecine dans son ensemble, depuis qu'elle a droit à l'épithète de scientifique, est-elle rien d'autre qu'une technoscience ? Dans la biologie contemporaine, on constate l'importance croissante d'activités et de productions émargeant à la technoscience dont témoignent la poussée des biotechnologies et les investissements massifs dont elles sont l'objet. Toutefois, l'expansion du secteur technoscientifique ne s'est pas faite aux dépens de l'activité scientifique *stricto sensu* qui n'a cessé de croître en volume.

On ne saurait donc prétendre que la biologie tout entière a versé dans la technoscience. En revanche, si l'effort de recherche est très soutenu en biologie, c'est bien parce qu'on espère qu'une fraction des connaissances nouvelles s'avérera utile et nourrira la technoscience. [...]

Si on gomme les différences qui séparent la science, la technoscience, la technique et l'exploitation de la technique, en unifiant, dans une simplification grossière, le processus qui mène de la connaissance à son utilisation de masse, on parvient à se représenter une machine scientifique possiblement folle, œuvrant hors de tout contrôle au service d'un délire démiurgique[1]. On en arrive alors à une sorte de fatalisme du progrès comme du désastre. Mais on globalise simultanément la responsabilité des erreurs, des échecs et des fautes, pour en reporter une partie, et pourquoi pas la totalité, sur la science, devenue le bouc émissaire des maux de l'humanité, tandis que les décideurs sociaux et la démocratie se trouvent *de facto* déresponsabilisés.

Philippe Kourilsky, *La Science en partage*, Éd. Odile Jacob, 1998.

1 **délire démiurgique :** délire de celui qui se prendrait pour un créateur tout-puissant.

1. Relevez les principaux griefs que Giorgio Israel adresse à la technoscience (document 1).
2. Dans le document 1, l'auteur conteste l'argument selon lequel les OGM permettraient d'éliminer la faim dans le monde. Qu'est-ce qui permet de justifier une telle critique ? La partagez-vous ?
3. Philippe Kourilsky conteste l'assimilation de la science à la technoscience. Quels sont ses arguments (document 2) ?
4. Expliquez la phrase : « On en arrive alors à une sorte de fatalisme du progrès comme du désastre » (document 2, ligne 23).

PRÉPARATION À L'EXAMEN ► **Les épreuves du BTS** p. 252

Vers la synthèse
En vue de préparer une confrontation de documents, présentez, en quelques lignes, les arguments avancés par les deux auteurs.

Le risque et l'incertitude

L'évolution conjointe des sciences et de la société a conduit à multiplier à l'infini les recherches et les possibilités d'innovation qu'on peut en attendre, pour le meilleur comme pour le pire. L'incertitude et le risque sont désormais inscrits au cœur même des activités humaines. La science deviendrait-elle une activité des plus imprévisibles ?

À une échelle sans précédent dans l'histoire, la science et la société ont choisi de s'orienter vers la production du neuf, en s'engageant dans un processus indéfini qui conduit à une pluralité de futurs inconnus. La valeur attachée à la « recherche » tient d'abord au fait qu'elle est considérée comme le moteur de la compétitivité. Son objet est donc de mettre en lumière les innovations que peut débusquer l'exploration de l'inconnu. Elle le fait en suivant un processus dépourvu de toute autorité centrale (ce qui s'oppose à la « science » qui a en charge la systématisation et la transmission des connaissances, et qui exige donc des infrastructures complexes et conservatrices). Les incertitudes sont innombrables en matière de « recherche ». Comme le dit François Jacob, c'est « le jeu des possibles[2] », puisque le résultat n'est ni connu ni prévisible, avant d'avoir été atteint. L'activité de recherche baigne dans des incertitudes qui traduisent l'augmentation exponentielle du nombre de directions différentes dans lesquelles les chercheurs peuvent s'engager.

L'entreprise moderne de recherche est devenue une machine à innover gigantesque et unique en son genre, qui parvient à stimuler la créativité scientifique. Elle opére un filtrage sélectif des idées, des phénomènes nouvellement découverts ou des nouvelles méthodes et techniques pour déterminer ce qui pourra être approfondi et développé. L'accumulation de découvertes scientifiques fait surgir de nouvelles possibilités qui éveillent l'espoir de fournir des réponses à la montée des demandes, des besoins et des désirs humains. Mais ce n'est pas tout. Les nouvelles avancées scientifiques, notamment dans les disciplines biomédicales, ouvrent des perspectives sur lesquelles la société peut et doit effectuer des choix, et conduisent à des dilemmes douloureux qui ne se seraient pas posés sans elles. Le droit de savoir, et à l'inverse le droit de ne pas savoir, sont devenus des problèmes brûlants pour des individus confrontés à des choix nouveaux liés à leur traitement médical, à la prévention ou à la médecine « alternative ». L'émoi du public à propos des conséquences et des retombées positives éventuelles du clonage réussi de la brebis « Dolly » a apporté une illustration dramatique de la fantastique multiplication des options – dont certaines sont imaginaires, tandis que d'autres traduisent des évaluations plus réalistes de développements à venir. L'ombre de Frankenstein est toute proche. [...]

1 **co-évolution :** évolution conjointe.

2 **« le jeu des possibles » :** titre de l'ouvrage du biologiste François Jacob, paru en 1981 (Éd. Fayard).

Le risque

La notion de risque, notamment en économie, renvoie à la tentative de limiter l'incertitude, en s'appuyant sur les probabilités assignées aux différents résultats escomptés. On parle alors de « risques calculés ». Ce sens est cependant occulté aujourd'hui lorsque le risque est assimilé à un danger et que disparaît l'idée qu'il est un facteur essentiel et indépassable de toute action humaine.

Des sociétés comme la nôtre, qui ont fait de l'innovation, en idéologie et en pratique, comme une nouvelle religion portée par un élan continu vers la production de neuf, ont accepté – inévitable revers de la médaille – une certaine dose de destruction créatrice. Elles ont aussi reconnu la nécessité profonde de vivre avec les incertitudes. Celles-ci s'accumulent à l'infini, en affectant les choix sociaux et les comportements, les styles de vie individuels et les identités. Accumulation qui traduit l'augmentation inexorable des options théoriques et des choix réels, les uns et les autres pouvant subir le poids de contraintes nouvelles. La production d'incertitudes ne peut être limitée, puisque la science et la société ont toutes deux choisi la quête acharnée de la nouveauté par l'innovation.

Helga Nowotny, Peter Scott, Michael Gibbons, *Repenser la science*, « Débats », Éd. Belin, 2003.

Pastèques cubiques obtenues par manipulation génétique en vue d'un stockage plus commode.

1. Comment les auteurs expliquent-ils les incertitudes qui leur paraissent liées à la production des connaissances ? Quelles interprétations rejettent-ils et pourquoi ?
2. Le texte distingue la « recherche » et la « science ». Sur quels points la distinction vous paraît-elle porter ?
3. Qu'est-ce qui caractérise, selon les auteurs du texte, l'état actuel des relations entre les sciences et la société ?
4. Montrez comment l'exemple de la brebis Dolly illustre la thèse des auteurs sur les incertitudes liées à la production des connaissances.
5. Le texte évoque « une nouvelle religion portée par un élan continu vers la production de neuf » (ligne 34). Que peut-on entendre par là ? Vous prendrez des exemples dans l'actualité pour appuyer votre réponse.

PRÉPARATION À L'EXAMEN ► **Les épreuves du BTS** p. 252

Vers la synthèse
Sous forme de schéma, exposez les différentes idées de ce texte et leur enchaînement.

Le progrès scientifique et les nouvelles servitudes

Le progrès des connaissances biologiques permet désormais d'intervenir sur le vivant avec une redoutable efficacité. Le clonage en est l'exemple le plus spectaculaire. En se donnant la capacité de créer un double de lui, l'homme modifierait profondément le sens même de son identité et de sa liberté.

Comme le montre à l'évidence l'exemple des jumeaux monozygotes[1], être un clone ne contredit en rien la libre disposition de soi. S'il y a en quelque manière entrave à l'autonomie par le clonage, elle ne saurait donc advenir du *simple fait biologique* d'être cloné ; car, du point de vue strictement biologique précisément, le clone est comme tout autre dépendant d'un patrimoine génétique qu'il n'a pas choisi et qui le conditionne – pas plus, pas moins que tout autre – dans l'exercice de son autonomie. Cela nous donne à tout le moins cette indication précieuse que, au niveau purement biologique des conditions matérielles d'exercice de la liberté, l'indéterminisme génétique (ou loterie génétique naturelle telle qu'elle est assurée par l'aléatoire de la procréation naturelle) n'est une condition ni suffisante ni surtout nécessaire à l'exercice de la liberté individuelle. Elle n'est pas suffisante, parce que, même lorsque les conditions de cet indéterminisme sont assurées par la procréation naturelle, il y a évidemment bien d'autres facteurs de coercition tant externes (toutes les formes de répression) qu'internes (les névroses, par exemple) qui peuvent entraver la libre disposition de soi ; mais, surtout, elle n'est pas nécessaire, parce que, même dans le cas d'une reproduction d'ensemble du patrimoine génétique nucléaire (le clonage, négation même de l'aléatoire génétique), l'autonomie telle qu'elle s'exerce *relativement au patrimoine génétique* reste entière. Le clonage ne saurait entamer par lui-même l'exercice de l'autonomie, ni, pour les mêmes raisons, la causalité de l'esprit.

Mais ces considérations de « biologie formelle », pourrait-on dire, ne sont assurément pas le dernier mot de l'affaire. Si nous sommes tous effectivement dépendants d'un patrimoine génétique que nous n'avons pas choisi, le clone se trouve cependant dans cette situation inédite que *quelqu'un d'autre l'a choisi pour lui*. Si, comme nous venons de le voir, cela n'entame pas la capacité formelle d'exercer son autonomie, cela le met néanmoins dans cette position ontologique inédite d'être en tant qu'être humain biologique l'expression du désir *déterminé* de quelqu'un d'autre. Le point saillant est ici précisément que ce désir soit *déterminé* : ce n'est pas alors *un* enfant que l'on attend, mais *tel* enfant, un enfant que l'on veut reproduit le plus simi-

1 **monozygotes :** issu du même œuf ; couramment vrais jumeaux.
2 **ontologique :** relatif à l'être.
3 **gamètes :** cellules reproductrices.

La bioéthique

Apparu dans les les années 1970, le terme « bioéthique » désigne l'ensemble des réflexions morales provoquées par les sciences du vivant et leurs applications techniques, ainsi que par les pratiques médicales. Le progrès des « biotechnologies » a conduit certains États à créer des comités d'éthique, qui ont pour but de proposer des avis. Le premier Comité National d'Éthique a été créé en France en 1983. En 1994, le Parlement a voté des lois de bioéthiques, revues en 2004 pour tenir compte des évolutions. L'article 21 précise : « Est interdite toute intervention ayant pour but de faire naître un enfant génétiquement identique à une autre personne vivante ou décédée ».

lairement possible à quelqu'un de connu – le plus souvent, sans doute, à soi-même.

Si donc, formellement, la situation biologique du clone, en tant qu'il est capable de libre disposition de soi, est identique à celle de tout autre être humain, elle est, tant d'un point de vue ontologique[2] que psychologique, radicalement différente, puisqu'il sait que la base matérielle qui le constitue n'est pas le fruit aléatoire de deux gamètes[3], mais l'expression du désir déterminé de ses concepteurs d'être copié à l'identique de quelqu'un d'autre. Il sait qu'il n'était pas *un* enfant désiré, mais *tel* enfant *projeté* – au double sens de la projection du désir et de la planification dans le temps. Cette situation ontologique et l'inévitable conscience qu'il en a (car elle se lira irrécusablement sur son visage même) ne peuvent pas le laisser indemne, quand bien même toutes les conditions juridiques d'égale dignité lui seraient assurées. Ce n'est plus là précisément une question de dignité – car on pourra bien accorder au clone toute la dignité que l'on voudra – ni, pour les mêmes raisons, une question de droits fondamentaux, mais une question de *fardeau ontologique vécu à la première personne.* [...]

Imagine-t-on la charge résultant du fait de devoir sa constitution génétique même au désir déterminé de ses parents ? Au cours de son existence, le ressentiment en cas d'échecs, et, à l'inverse, le sentiment de déficience ontologique de ne pas devoir ses succès à soi-même, ce sentiment fondamental d'être dépossédé de soi, biologiquement dépossédé de soi parce que se sachant une copie sur demande, tout cela ne constitue-t-il pas un poids humainement trop lourd pour les humains que nous sommes ? « Je est un autre » a désormais sa vérité biologique, le clonage humain la lui a conférée.

Mark Hunyadi, *Je est un clone, L'éthique à l'épreuve des biotechnologies*, 2004.

1. Dégagez le plan du texte.
2. Pourquoi, sur le plan du fait biologique, le clonage ne contredit-il pas la libre disposition de soi ?
3. Pourquoi la conscience du clonage par le clone modifie-t-elle la perception de lui-même ?
4. Expliquez la phrase : « Je est un autre » (l. 60).

PRÉPARATION À L'EXAMEN ▸ **Les épreuves du BTS** p. 252

Vers l'écriture personnelle
En vous appuyant sur l'étude du texte, rédigez un texte évoquant les raisons qui peuvent conduire à réprouver le clonage humain.

L'idéal du progrès

Depuis des millénaires, les progrès techniques ont profondément modifié l'environnement de la vie humaine. Même si certaines inventions paraissent néfastes, l'idéal du progrès n'est-il pas profondément inscrit dans le cœur des hommes ?

Le thème
Fernand Léger est fasciné par les capacités techniques qu'apportent la mécanisation et l'industrialisation. Il désire donner une vision positive et heureuse des prouesses techniques de l'homme. Un simple remorqueur devient ainsi un objet poétique.

La composition
Malgré une apparente prolifération de figures géométriques en tous sens, le tableau est fortement équilibré par des lignes verticales et horizontales qui séparent différentes parties dans la scène représentée.

Fernand Léger (1881-1955), *Le Remorqueur*, 1920. Huile sur toile, 104 x 132 cm.

Les formes
Fernand Léger construit sa représentation du remorqueur à partir d'un ensemble de formes géométriques simples et emboîtées les unes dans les autres. Les êtres vivants sont eux-mêmes réduits à une simplification géométrique.

Les couleurs
Chaque figure géométrique possède une couleur uniforme. Les forts contrastes entre les parties claires et foncées sont neutralisés par une répartition très équilibrée, créant une harmonie joyeuse. Le regard du peintre est apaisé et radieux.

Roy Lichtenstein (1923-1997), *La Paix grâce à la chimie*, 1957. Peinture, 85 x 155 cm.

Les symétries et les asymétries dans l'image

La composition d'une image repose souvent sur des effets de symétrie ou d'asymétrie créés par la disposition des formes et des couleurs. Ces effets sont souvent repérables à partir des lignes de force du tableau. Dans le tableau de Fernand Léger, la répétition symétrique de certaines formes, comme le cercle, autour de verticales ou d'horizontales, apporte une unité à l'ensemble. Le peintre évite la monotonie en jouant sur les grandeurs… L'effet de symétrie est plus radical dans la construction ternaire du tableau de Roy Lichtenstein, un artiste du pop art qui travaille sur la dimension répétitive des images de la société de consommation.

1. La composition : distinguez les grandes parties de l'œuvre de Roy Lichtenstein. Montrez qu'elle est composée sur un principe répétitif.
2. Les formes : comparez les formes utilisées dans la composition des deux tableaux.
3. Les couleurs : quel est le nombre de couleurs utilisées par Roy Lichtenstein ? Comment celles-ci sont-elles réparties ?
4. Le thème : que représente l'œuvre de Roy Lichtenstein ? Quelle peut en être la signification ?

PRÉPARATION À L'EXAMEN ► Les épreuves du BTS p. 252

Vers la synthèse

En vous appuyant sur l'analyse de ces deux œuvres, confrontez dans un paragraphe le thème du progrès dans le tableau de Fernand Léger et celui de Roy Lichtenstein.

La lettre de motivation

Le plan de la lettre

La première partie. Dans une première étape, le candidat montre son intérêt pour le poste, révèle sa connaissance de l'entreprise et propose sa collaboration.

Vous avez créé un produit nouveau et votre entreprise se développe... Ces deux critères orientent mon choix. Mais surtout le poste que vous proposez correspond parfaitement à mes attentes.

La deuxième partie. Dans une seconde étape, le candidat explique qu'il y a adéquation entre ses qualités et celles qu'exige le poste. La lettre doit satisfaire point par point aux critères exigés par la fonction, surtout dans le cas d'une réponse à une annonce.

Au cours de ma formation, j'ai appris à maîtriser les domaines de... Lors des différents postes occupés, j'ai pu approfondir... J'ai développé par ailleurs mon esprit d'initiative et mon goût pour le travail en équipe.

La troisième partie. Cette dernière étape exprime le souhait de faire coïncider l'intérêt de l'entreprise et l'ambition du candidat. Elle propose une rencontre pour discuter d'une collaboration. La lettre se termine par une formule de politesse.

Je vous propose de vous rencontrer pour vous expliquer ma motivation et vous prie d'agréer, Monsieur, l'assurance de mes sentiments dévoués.

Les arguments de la lettre

La maîtrise de compétences. Une candidature se justifie par des connaissances et des compétences. Elles ont été acquises à la fois pendant les études, les stages et les postes occupés ou même au cours des loisirs. Un exemple concret peut illustrer une compétence.

Autonome et responsable, j'organise depuis trois ans les régates de mon club nautique, et gére un budget de 2000 euros.

Les qualités personnelles. La lettre présente les qualités intellectuelles, humaines et physiques du candidat. Ce sont les particularités qu'exige la réussite dans le poste convoité. Elles montrent que le profil du candidat et celui du poste sont en parfaite adéquation.

Je ne crains pas les responsabilités et m'engage sans restriction pour faire aboutir les missions qui me sont confiées.

La motivation du candidat. La lettre doit souligner l'intérêt professionnel du candidat pour le poste et le domaine d'activités.

Ce poste me permettrait de vivre pleinement ma passion pour l'électronique.

Les normes à respecter

L'expression. Les phrases sont courtes, le vocabulaire est positif, les verbes à la forme active. L'expression est dense et dynamique. Chaque argument est développé dans un alinéa distinct.

La présentation. La lettre est manuscrite, rédigée sur du papier blanc, de format A4, sans ligne. L'orthographe et l'écriture sont soignées. La lettre est accompagnée d'un CV.

Exercice 1

1. Repérez les trois parties de cette lettre de motivation.

2. Quelles sont les compétences et les qualités mises en valeur ?

Monsieur,

Vous recherchez un assistant technique d'ingénieur maîtrisant les outils informatiques. Vous souhaitez qu'il sache gérer les relations entre les clients et les fournisseurs de votre entreprise.

Répondant à ce profil, je vous adresse ma candidature.

Ma formation de technicien supérieur, les expériences acquises dans ce domaine lors de mes stages, suivis d'un emploi saisonnier (développement informatique, relations fournisseurs/entreprise), ont développé mon goût pour l'organisation, le travail d'équipe et la maîtrise de la technologie.

Parfaitement disponible, je suis à votre disposition pour vous expliquer de vive voix ma motivation.

Recevez, Monsieur, l'expression de mes salutations respectueuses.

Exercice 2

1. Un seul début de ces lettres de motivation est correct. Lequel ? Pourquoi ?

2. Relevez les défauts des autres.

Lettre 1

Monsieur,

Comme suite à votre annonce référencée ci-dessus, proposant un poste de concepteur-graphiste, j'ai l'honneur de vous présenter ma candidature.

Lettre 2

Monsieur (ou Madame),

Votre entreprise a bien besoin d'un collaborateur dynamique. Je suis celui-là.

Lettre 3

Monsieur,

Votre annonce correspond à ce que j'attendais depuis longtemps : un poste correspondant enfin à mes envies.

Lettre 4

Monsieur,

Je suis titulaire d'un diplôme de technicien supérieur, comme vous pouvez le vérifier sur mon CV.

Lettre 5

Vous fabriquez des cartes graphiques. Pour conforter votre image d'un secteur en expansion, pourquoi ne pas embaucher en priorité des jeunes, motivés et compétents, pour accompagner votre développement ?

Lettre 6

Monsieur,

Pour assurer le développement de vos ventes, vous recherchez de nouveaux commerciaux. Votre annonce a retenu mon attention. J'ai en effet une formation et une expérience de vendeur.

Exercice 3

Quels défauts présentent ces extraits de lettres de motivation ?

Extrait 1

Monsieur,

En réponse à votre annonce, j'ai le plaisir de me porter candidat.

Je suis énergique et créatif. Le travail ne me fait pas fuir, bien au contraire, puisque j'ai été capable de mener à bien mes études.

Extrait 2

Vous avez innové dans le secteur du transport et vous recrutez des collaborateurs pour continuer votre expansion.

Je suis titulaire d'un BTS Transport et la logistique est ma passion. J'aime tellement chercher les solutions les plus rationnelles à l'organisation des rotations que, pendant mes temps libres, je travaille à la mise au point d'un nouveau logiciel, plus performant que ceux qui sont proposés actuellement.

Exercice 4

1. Quels défauts comporte cette lettre ? Expose-t-elle les compétences de son auteur ?

2. En lui gardant sa spontanéité et sa franchise, améliorez-la en exposant des qualités et des compétences.

Madame,

Votre annonce parue le 2 septembre a retenu mon attention. En effet, je suis actuellement à la recherche d'un premier emploi.

Je suis très jeune encore et sais que mon âge peut être un obstacle. De plus je n'ai pas d'expérience professionnelle.

Pourtant je suis quelqu'un de motivé et j'ai très envie de démarrer ma carrière.

Mon CV vous permettra de connaître mon parcours scolaire.

Dans l'attente d'un rendez-vous, je vous prie de croire, Madame, en l'assurance de mes sentiments reconnaissants.

Exercice 5

1. Que peut-on reprocher à ces deux lettres ?
2. Apportez les améliorations nécessaires.

Lettre 1

Monsieur,

Dans le cadre de votre récente implantation dans notre région, vous recherchez des techniciens en maintenance industrielle.

Dans mon dernier travail saisonnier de vente de journaux, j'ai su réaliser des performances honorables. J'ai bien aimé ce que j'ai fait en stage en première année de BTS.

C'est pourquoi je pense pouvoir vous donner satisfaction.

Croyez à mes sentiments chaleureux.

Lettre 2

Monsieur,

Votre annonce m'intéresse : je corresponds au poste que vous offrez.

En effet je suis disponible et très mobile. Ma formation en électricité est complète et j'aime le travail en équipe.

Je me propose de vous rencontrer quand il vous plaira.

Je vous prie de recevoir l'expression de mes sentiments dévoués.

Exercice 6

1. Repérez les arguments de cette lettre de motivation.
2. Rédigez la troisième partie et la formule de politesse.

Réf. 231013
Intitulé du poste : technicien maintenance H/F
Type de contrat : Mission en intérim
Spécialisation :
Secteur d'activité de l'entreprise :
Poste : Non cadre
Nombre de poste(s) : 1
Lieu de travail : 13 - région marseillaise
Date de début souhaitée : Dès que possible
Durée du contrat : 6 mois
Description du poste et profils requis :
Minimum BTS.
Travail en autonomie, véhicule de société pour les déplacements régionaux.
Maintenance de climatiseurs à bord de navires de commerce.
Salaire : selon profil

Récemment titulaire d'un BTS Électrotechnique, j'ai pu déjà vérifier que j'avais choisi la voie qui me convenait. Durant mon stage, j'ai pu intervenir dans l'installation et la maintenance d'équipements industriels (climatisation, machines-outils). Mes connaissances en électromécanique me permettront d'intervenir en toute autonomie chez vos clients.

Mobile et disponible, je suis rigoureux et organisé. Ma maîtrise de l'anglais sera nécessairement un plus pour le poste que vous proposez.

Exercice 7

1. Recherchez dans vos bilans de stage les arguments à avancer dans une lettre de motivation : connaissances et compétences acquises à cette occasion, réalisation et niveau professionnel de vos interventions.
2. Exposez vos arguments en un paragraphe.

Exercice 8

Corrigez cet extrait maladroit par lequel un candidat tente d'exprimer sa motivation.

Description du poste et profils requis : Accueil, vente et conseil aux clients pour vente de pneus, accessoires et pièces détachées, facturation, gestion des stocks.
Expérience du milieu automobile indispensable et autonomie dans la gestion des stocks. Forte motivation à s'impliquer sur le poste.

Votre entreprise permet à un jeune vendeur dynamique d'obtenir des responsabilités, de l'autonomie et de profiter du soutien qui permet de s'épanouir, de progresser et de devenir un vendeur performant.

Exercice 9

1. Notez les qualités que vous pensez posséder et qui pourraient étayer l'argumentation de votre lettre de motivation.
2. Illustrez-les par deux exemples empruntés à votre expérience.
3. Rédigez le paragraphe exposant vos qualités.

Rigueur, méthode (esprit de), organisation (sens de l'), ordre, précision, persévérance, volonté, responsabilités (sens des), sérieux, efficacité, dynamisme, enthousiasme, initiative (esprit d'), analyse (capacité d'), synthèse (aptitude à saisir l'essentiel), observation (sens de l'), communication (aptitude à la), écoute, équipe (esprit d'), ouverture (à autrui), imagination, créativité, souplesse.

Les transformations des modes de vie

11

Gérard Fromanger, *La Vie et la Mort du Peuple*, 1975. Peinture, 120 x 180 cm.

Les transformations des modes de vie

Les bouleversements économiques, les innovations technologiques mais aussi l'évolution des mœurs transforment en profondeur les modes de vie des femmes et des hommes du début du XXIe siècle.

Le téléphone portable est à la fois un instrument de liberté et une servitude.

Comment évolue notre environnement technique ?

Le progrès semble s'accélérer et les techniques que nous utilisons, notamment la fusion de l'informatique et de la télécommunication, paraissent engagées dans une course incessante à l'innovation. La miniaturisation des composants, l'usage des ondes pour transporter l'information permettent à chaque individu d'être relié à de multiples personnes ou services, quel que soit le lieu où il se trouve. L'engouement pour le téléphone portable, dont la vitesse de développement dépasse toutes les autres inventions techniques jusqu'à ce jour, souligne combien l'accès à l'univers de la communication est au centre des préoccupations contemporaines.

À côté du travail, la famille reste une valeur refuge.

Que deviennent l'individu et la famille ?

Si les techniques de communication sont les instruments d'une liberté, elles peuvent également créer de nouvelles servitudes. Adaptabilité, culte de l'urgence, repli individualiste sont désormais les caractéristiques d'un individu « hypermoderne » qui semble se plier aux réalités techniques et économiques plutôt que les maîtriser. Cela explique peut-être que la famille demeure une valeur refuge pour une majorité de personnes alors qu'elle a connu de profondes transformations en quelques années.

Quelle idée se fait-on du bonheur aujourd'hui ?

Pour de nombreuses personnes, l'idéal du bonheur n'est plus figuré par l'attente d'un horizon meilleur. Seul le présent compte et l'usage de celui-ci semble écartelé entre une consommation hédoniste et la recherche d'une sagesse individuelle. Si certaines valeurs « morales » apparaissent importantes et provoquent des interventions citoyennes, elles débouchent de moins en moins sur un engagement politique. Il s'agit alors de « cultiver son jardin », afin de préserver un îlot de bonheur au sein d'un monde qui paraît irréductiblement tragique.

Le mode de vie et la mode

Masculin ou féminin, « mode » est issu du latin *modus* (« mesure, manière de se conduire »). En français, le mot « mode » est apparu au masculin au XVIe siècle, d'abord dans le domaine musical (mode mineur ou majeur), avant de désigner une manière de faire, comme dans l'expression « mode de vie ». La mode, mot plus ancien au féminin, désigne d'abord une manière collective de penser, puis le goût pour une apparence, notamment vestimentaire, ou une pratique. Les modes de vie seraient donc aussi parfois le reflet d'une mode.

Les coulisses de la maison Dior avant le défilé des collections.

La transformation des quais de la Seine à Paris pendant l'été.

SOMMAIRE

Le besoin de communication

Apparu en 1992 pour le grand public, le téléphone portable s'est imposé en quelques années, conduisant non seulement à une révolution de la communication, mais aussi à une transformation des modes de vie. En quoi le portable modifie-t-il nos comportements ?

On présente parfois le téléphone portable comme une machine permettant de communiquer à distance, alors qu'il est d'abord bien souvent utilisé… pour ne pas communiquer ! Avant l'invention du portable, il était en effet toujours difficile de faire valoir son désir d'être seul lorsqu'on se trouvait au milieu d'un groupe. Avec le portable, au contraire, il devient plus facile de se mettre à l'écart sans encourir aucune réprobation sociale : celui qui s'écarte du groupe n'est pas suspecté de mépriser sa société, quand tout le monde comprend qu'il se consacre à des relations lointaines et certainement très importantes pour lui. Le téléphone portable modifie donc la représentation de l'existence de chacun dans un groupe, en lui permettant d'affirmer son droit à être physiquement présent et psychiquement absent.

La deuxième transformation introduite par le téléphone portable concerne la relation d'attachement. Cet objet constitue en effet une sorte de cordon ombilical qui permet de garder à tout moment un contact privilégié avec ceux dont on se trouve provisoirement éloigné. Le portable modifie la relation que nous entretenons avec nous-mêmes en écartant le spectre de la solitude et de l'abandon. Où que nous soyons, il nous assure que notre solitude cessera aussitôt que nous le souhaiterons. À la limite, le portable devient une sorte de peluche. Inventée pour rassurer l'enfant, celle-ci est parfois utilisée par lui comme un interlocuteur vivant privilégié : il lui parle en secret. Le téléphone portable, inventé comme un moyen de communiquer avec d'autres humains, devient pour certains le moyen d'échapper à l'angoisse de l'abandon par sa seule présence : poser la main sur lui, comme sur un être cher, rassure.

Cet objet introduit en troisième lieu une expérience différente de l'espace. Avec un téléphone fixe, la première question que se posent les interlocuteurs est en général : « Comment vas-tu ? » Avec un téléphone mobile, cette question devient : « Où es-tu ? » Bien que, parfois, la question ne soit pas posée, c'est souvent par là que le récit débute : « Je suis dans le train », « en voiture », « en montagne », « à la mer ». À la limite, la conversation se réduit à cela : la description du cadre. Avec le téléphone portable, l'identité ne relève pas d'une pensée, mais d'une coordonnée géographique. On raconte non plus ce qu'il y a à l'intérieur de soi, mais autour de soi.

Le mot « communication »

Le mot « communication » est issu du latin *communicatio*, qui renvoie à l'action de « mettre ensemble, d'échanger des propos ». Comme le terme « commun », il est formé avec le suffixe *cum*, « avec » (ensemble) et le terme *munus* (« fonction, charge, devoir »), dérivé en *municus*. La communication bien comprise permettrait donc d'accomplir une action grâce à une mise en commun des individus. L'usage du terme s'est développé avec l'essor des médias.

Enfin, et surtout, le téléphone portable est en train de brouiller les repères attachés à la sphère intime et à la sphère publique. Traditionnellement, ces repères étaient fixés par le groupe de façon précise : la première était liée aux lieux intimes, et la seconde aux lieux publics. Avec le téléphone portable, cette opposition peut être redéfinie par chacun pour son propre compte. Nous y gagnons tous la possibilité de transformer malgré eux les inconnus d'une voiture de chemin de fer ou d'un trottoir en témoins de notre intimité ! Avant le portable, bien entendu, il était toujours possible d'avoir des échanges privés, de couple par exemple, en public. Mais quand l'un des deux conjoints ou amis se laissait aller sur cette pente, il était fréquent que l'autre, saisi par la honte, l'invite à un peu plus de retenue. Avec le téléphone portable, il n'y a pas cette limite parce que, très vite, les deux interlocuteurs oublient chacun les personnes qui se trouvent autour d'eux. Quand celui auquel nous nous adressons est physiquement près de nous, il nous est impossible de le regarder sans voir aussi les inconnus qui nous entourent. Mais quand il est invisible, présent seulement par sa voix, l'attention que nous accordons à celle-ci et l'image que nous tentons malgré nous de nous faire de lui nous rendent très vite aveugles et sourds à notre environnement concret. La pudeur – ou, si l'on préfère, la gêne, cette forme mineure de la honte – n'existe plus. Nous acceptons de mettre à nu nos pensées les plus personnelles d'une manière qui modifie l'intimité psychique aussi radicalement que la nudité a changé l'intimité corporelle ces trente dernières années.

Serge Tisseron, *L'Intimité surexposée*, Éd. Ramsay, 2001.

1. Dégagez la structure du texte.
2. Quel est, selon l'auteur, le paradoxe introduit par le téléphone portable dans la communication ?
3. Analysez les images utilisées par l'auteur à propos de l'attachement au portable.
4. Expliquez la phrase : « Avec le téléphone portable, l'identité ne relève pas d'une pensée, mais d'une coordonnée géographique » (ligne 30).
5. En quoi le téléphone portable modifie-t-il les frontières de la vie privée ?

PRÉPARATION À L'EXAMEN ► **Les épreuves du BTS** p. 252

Vers l'écriture personnelle

La pratique du téléphone et d'autres aspects de la vie contemporaine (comme le développement de la téléréalité, la représentation de la nudité) semblent indiquer que l'intimité est de plus en plus exposée.
Qu'en pensez-vous ? Rédigez une réponse construite et argumentée.

Le progrès des techniques de localisation

Le déploiement de satellites autour de la terre permet d'accélérer les communications et d'apporter une description très précise de ce qui s'y passe. Avec le GPS, tout mobile muni d'un récepteur peut être localisé en temps réel. Ce progrès de la localisation est à la fois sécurisant et inquiétant.

Les applications civiles du GPS[1] sont en plein développement et en pleine diversification surtout en association avec d'autres technologies (téléphonie, réseaux télématiques, multimédia, etc.). Cela va de la balise pour marin au suivi des animaux dans la nature en passant par la boussole pour touriste.

D'où vient ce désir de localiser et d'être localisé ? Premièrement, il répond à un désir de sécurité. Plusieurs technologies comme le téléphone portable ont normalisé ce besoin de toujours savoir où nous sommes et où sont les personnes auxquelles on tient. C'est assez évident dans un environnement hostile comme la mer, la forêt ou la montagne. Le GPS permet aux aventuriers de haut niveau de diminuer les risques qu'ils courent et aux baroudeurs amateurs de pratiquer des activités qui leurs étaient interdites ou d'atteindre des zones avant inaccessibles. [...] Un système GPS permet de localiser la personne en danger. Le quidam peut utiliser le GPS en voiture pour ne pas se perdre ou mieux pour éviter un accident en ayant son attention détournée par les panneaux ou les cartes grâce à un guidage automatique visuel ou auditif.

Deuxièmement, le désir de localiser ou d'être localisé est un désir d'efficacité. Un entrepreneur a besoin de savoir où les choses sont et où elles vont en temps réel. Les travailleurs indépendants et les salariés peuvent améliorer leurs performances grâce au GPS. Il faut limiter les décalages temporels et spatiaux. Il faut éviter que quelque chose ou quelqu'un soit au mauvais endroit au mauvais moment, qu'il arrive en retard ou en avance. Il faut éviter la perte ou la fuite d'objets ou de force de travail. Il faut mesurer, évaluer, améliorer les flux productifs. En France, sept millions de salariés sont dits « nomades », c'est-à-dire qu'ils passent plus de 20 % du temps de travail hors des murs de l'entreprise. C'est une des raisons qui poussent aussi bien les très petites entreprises que les grands groupes à adopter des solutions de mobilité. Le GPS permet par exemple aux travailleurs itinérants de se déplacer plus rapidement, avec plus de facilité. [...] L'amélioration des performances grâce au GPS ne concerne pas uniquement les entreprises. Les enjeux sont aussi bien politiques et globaux qu'individuels et éthiques. Le GPS permet par exemple une surveillance planétaire des mouvements d'animaux. [...].

Troisièmement, le désir de localiser et d'être localisé est un désir d'intensification de l'existence. [...] Le GPS permet d'intensifier l'expérience du visiteur, du voyageur, du touriste en densifiant son environnement selon des critères ludiques. Il peut signaler en temps réel les choses à

1 **GPS** : *Global Positioning System* : système de localisation élaboré par l'armée américaine.

Les techniques de localisation

Placés dans un milieu sans repères manifestes, les marins ont été les premiers pour qui la nécessité de se repérer a été fondamentale. L'astrolabe, qui permet de faire le point en déterminant la latitude à partir de la hauteur apparente des astres, est décrit dès le VIe siècle. La boussole apparaît en Chine au Xe siècle. Sa fonction est d'abord religieuse, puis elle est utilisée sur terre avant d'être emportée en mer au début du XIIe siècle. Elle arrive en Europe par l'intermédiaire des Arabes. Le sextant, plus précis que l'astrolabe, apparaît au XVIIIe siècle. Ses performances sont liées également au perfectionnement des horloges emportées sur les navires. Le radar, qui utilise la réflexion d'ondes électromagnétiques, est inventé dans les années 1930. Quant au système américain GPS, il se déploie à partir de 1993 en s'appuyant sur un ensemble de 24 satellites couvrant n'importe quel point du globe. Il suffit que le récepteur au sol soit en relation avec quatre satellites pour que la position soit parfaitement déterminée. Les Européens ont lancé leur propre système avec Galileo qui doit être opérationnel vers 2010.

voir, les quartiers intéressants, les bons restaurants afin de ne pas perdre de temps. On peut opérer un tri de la réalité en temps réel pour éliminer les expériences faibles et sélectionner celles qu'une source d'information quelconque juge plus intenses, plus avantageuses, afin d'optimiser nos loisirs.

On dira que l'impact du GPS sur la vie quotidienne ne se fait pas que dans ce sens. [...] Avec le GPS, les gens deviennent des « suivis », des « à suivre » et l'on peut trouver beaucoup de raisons légitimes pour le faire.

Les familles ont le droit d'empêcher les leurs, atteints de la maladie d'Alzheimer, de fuguer en attachant un bracelet GPS à leurs poignets ou chevilles. Le bracelet GPS peut rassurer les parents en contrôlant leurs enfants lors de sorties scolaires en groupe. Avant le téléphone portable il fallait croire le salarié quand il disait qu'il avait été à tel endroit à tel moment, maintenant l'employeur peut lui demander à tout instant d'attester cette présence. Avec un téléphone portable équipé d'une technologie GPS, toute dissimulation devient impossible, « Le portable est à tel endroit et c'est le bon employé qui répond. » Le développement de la géolocalisation dans les entreprises a poussé la Commission Informatique et Liberté à rédiger un guide pour les employeurs précisant ce qu'ils ont le droit de faire. Comme d'habitude les restrictions se limitent à promouvoir le « volontariat » et à protéger la « vie privée ». Or, la question n'est pas de savoir si on peut respecter les droits du citoyen en le pistant en temps réel mais de comprendre la place de la géolocalisation dans l'évolution des technologies de pouvoir en général.

On voit bien le croisement des deux logiques. Le désir de sécurité est aussi un désir de localiser les désirs inquiétants. Le désir d'efficacité est aussi le désir d'empêcher les retards, les décalages et les fuites. Le désir d'intensification de l'existence est aussi un désir d'éliminer les expériences pénibles ou simplement inutiles. [...] Il s'agit aujourd'hui de pouvoir mesurer, évaluer, modifier les déplacements, les productions, les comportements tout en les gênant le moins possible.

Olivier Razac, « The Global Positioning System », *Fresh Théorie*, Éd. Léo Scheer, 2005.

1. Dégagez le plan du texte.
2. En analysant les différents exemples, repérez les principaux domaines dans lesquels on peut utiliser le GPS.
3. Expliquez la phrase suivante : « Il faut mesurer, évaluer, améliorer les flux productifs. » (l. 24).
4. Expliquez chaque partie du dernier paragraphe en vous appuyant sur les exemples du texte ou sur des connaissances personnelles.
Le désir de sécurité ⇨ se repérer dans un environnement hostile
Le désir de localiser les désirs inquiétants ⇨...

PRÉPARATION À L'EXAMEN ► **Les épreuves du BTS** p. 252

Vers l'écriture personnelle

En vous appuyant sur l'étude du texte ci-dessus et sur vos propres connaissances, rédigez un texte d'une vingtaine de lignes soulignant les ambiguïtés de l'usage du GPS.

La pensée à l'heure d'Internet

Internet semble être une source infinie de connaissances et devient, pour de nombreuses personnes, l'instrument privilégié de recherches d'information. Les moteurs de recherche renvoient ainsi à des millions de sites proposés par tout internaute qui le désire. Ceux-ci peuvent même participer à la réalisation d'une encyclopédie. Comment faire confiance à des sources si diverses ? Internet est-il un meilleur moyen pour penser ?

DOCUMENT 1

Wikipedia est une sorte de cerveau collectif, un haut lieu du savoir, constitué par des serveurs implantés dans plusieurs pays et alimenté par n'importe quel internaute équipé d'un ordinateur, disposant d'un accès à Internet et ayant l'envie de partager ses connaissances sur un sujet. Des centaines de milliers de personnes ont ainsi écrit des articles pour Wikipedia. Les erreurs sont censées être détectées et corrigées par d'autres contributeurs, ainsi que par les lecteurs eux-mêmes. L'encyclopédie interactive est une entreprise à but non lucratif créée en janvier 2001, sur une idée de Jimmy Wales, 39 ans, un ancien financier établi à St. Petersburg, en Floride. Son but était d'imposer Internet comme un lieu de partage de l'information. À bien des égards, ce fut un succès spectaculaire. Wikipedia est aujourd'hui la plus grande encyclopédie de l'histoire de l'humanité. Elle comptabilise chaque mois 2,5 milliards de pages vues et au moins 1 000 nouveaux articles rédigés en 82 langues. Elle dispose actuellement d'environ 2 millions d'articles. Wales assure que la fréquentation double tous les quatre mois. En dépit de cette réussite, on peut se demander si l'on peut se fier à elle et même à la plupart des informations diffusées en ligne. [...]
Le principal problème tient au volume des documents mis en ligne. Il est tellement élevé que les vérificateurs n'arrivent pas à tenir le rythme. Les bibliothécaires et les chercheurs sont bien placés pour le savoir. [...] Jessica Baumgart, de l'université Harvard, explique que des bibliothécaires vérifient bénévolement des articles de Wikipedia. « Mais, honnêtement, reconnaît-t-elle, nous ne sommes pas plus infaillibles que les autres dans certains domaines, parce que nos connaissances sont limitées et que nous ne pouvons pas tout vérifier rapidement. » D'après elle, la règle d'or consiste à tout revérifier et à considérer simplement l'encyclopédie interactive comme une source parmi d'autres. « Au lieu de trouver un moyen de la corriger, ce que nous ne pouvons pas faire de manière satisfaisante », estime Derek Willis, responsable de la base de données du *Washington Post*, « nous devons plutôt éduquer ceux d'entre nos collègues qui utilisent Wikipedia ».

Katharine Q. Seelye, « Wikipedia : cherchez l'erreur et son auteur », *Courrier International*, 22 décembre 2005.

Les moteurs de recherche

La recherche sur Internet passe essentiellement par l'utilisation de moteurs de recherche. Ceux-ci indexent des milliards de pages et, grâce à leur puissance de calcul, ils peuvent répondre aux requêtes des internautes en un instant. Le moteur le plus utilisé, Google, répondait à 10 000 requêtes par jour à sa création en 1998. On estime qu'à la fin de l'année 2005, le chiffre des requêtes est de 1 milliard par jour. Le site est devenu multiservice en proposant des pages d'actualité, des annuaires, des images, des fonctions de traduction, de retouche photographique et même des recherches sur son propre ordinateur.

DOCUMENT 2

L'accès à l'information ne doit pas être confondu avec l'accès au savoir et à la connaissance : « Information n'est pas savoir[1]. »

L'évidence qu'il ne faut pas oublier c'est que la lecture, l'assimilation de connaissances nouvelles par l'esprit humain demandent toujours autant de temps et d'efforts aujourd'hui que par le passé et que les interfaces techniques ne peuvent que faciliter, dans certains cas et dans une mesure limitée, cette assimilation. Ce que les techniques peuvent apporter est d'une autre nature qui avait été bien décrite par J.-F. Lyotard : c'est la *mise en extériorité* du savoir par rapport à ceux qui croient encore le pratiquer : « l'ancien principe que l'acquisition du savoir est indissociable de la formation de l'esprit et même de la personne tombe et tombera davantage en désuétude[2]. »

Toute personne utilisant des hypertextes[3] et des procédures d'hypernavigation peut *produire* aujourd'hui des bibliographies pertinentes et même des textes sur tout sujet en utilisant la méthode du *copier/coller* mais sans *s'approprier* vraiment le savoir ainsi produit, sans même, à la limite, être obligé de lire ce qui s'inscrit. Chacun est ainsi en mesure de présenter des « documents » relativement pertinents et actualisés en s'assurant superficiellement de leur intérêt et de leur cohérence. Mais cette cohérence n'est pas véritablement garantie par l' « assembleur » de ces documents et l' « intelligence ajoutée » peut être très réduite ou même nulle. En cette période de transition, on peut donc craindre que la pratique de *l'hypertexte* entraîne aussi celle d'une *infra-lecture*, d'une *infra-écriture* et donc finalement d'un *infra-savoir*, d'un savoir plus reproduit que véritablement produit, d'un savoir qui serait seulement une force de production ou bien voué à une consommation insignifiante.

Marc Guillaume, « Le luxe de la lenteur », *Les Cahiers de médiologie*, 2e semestre 1997.

1 **« Information n'est pas savoir » :** article de Denis de Rougemont dans *Diogène*, n° 116, 1981.
2 J.-F. Lyotard, *La Condition postmoderne*, Éd. de Minuit, 1979, p. 14.
3 **hypertexte :** en informatique, procédure qui permet de définir des renvois entre un élément et d'autres (texte, image…).

1. Quelle est l'originalité de l'encyclopédie Wikipedia (document 1) ?
2. Pourquoi Wikipedia pose-t-il des problèmes de fiabilité (document 1) ?
3. Quelle attitude proposent les personnes citées dans l'article pour utiliser Wikipedia (document 1) ?
4. Pourquoi l'usage d'Internet peut-il donner l'illusion de penser (document 2) ?
5. Expliquez la phrase : « la pratique de *l'hypertexte* entraîne aussi celle d'une *infra-lecture*, d'une *infra-écriture* et donc finalement d'un *infra-savoir* ». (document 2, l.21-22).

PRÉPARATION À L'EXAMEN ► **Les épreuves du BTS** p. 252

Vers l'écriture personnelle

En vous appuyant sur l'étude des documents ci-dessus et sur vos propres arguments, rédigez un paragraphe exposant les avantages et les risques de l'usage d'Internet pour la pensée.

L'urgence permanente

Dans le cadre de la mondialisation de l'économie de marché, les progrès des moyens de communication permettent une accélération des échanges. Pour s'adapter, les entreprises et les hommes doivent réagir souvent dans l'instant. Mais l'urgence est-elle toujours justifiée ?

L'urgence semble omniprésente : il n'est que de voir le nombre et le succès des émissions de télévision fondées sur ce concept (*Urgences*, *États d'urgence*…) pour comprendre combien cette notion a envahi le champ médiatique et, en amont, le champ social. Il ne s'agit pas pour autant de dénier le fondement réel de l'urgence sur un plan humanitaire, social ou même économique. Sur ce dernier plan, par exemple, il est clair que les entreprises de ce début de siècle, sans cesse en danger d'être dépassées et anéanties par d'autres dans un contexte de mondialisation et d'intensification extrême de la concurrence, sont confrontées à la nécessité de devoir fournir toujours plus vite des réponses appropriées. Il semble néanmoins que la pratique de l'action en urgence déborde souvent les limites du nécessaire et ait fini par s'ériger en idéologie[1]. En cela, elle constitue un symptôme qui traduit le désarroi d'une société ne sachant plus où donner de la tête pour panser les plaies ou réduire les fractures d'un monde qui « craque » de partout, sous le poids des problèmes qu'il faudrait parvenir à régler à « temps », avant qu'ils ne dégénèrent encore davantage.

Dans l'univers concurrentiel auquel l'entreprise doit faire face, l'immédiateté des réponses constitue, en effet, une règle de survie absolue, d'où un raccourcissement permanent des délais, une accélération continuelle des rythmes et une généralisation de la simultanéité.

Mais – et c'est là un premier glissement – ce fonctionnement s'est souvent érigé en un véritable système d'action qui valorise l'urgence en tant que telle, l'idée étant qu'une entreprise vraiment efficace est censée vivre sous une pression temporelle permanente. Une sorte d'idéologisation de l'urgence imprègne alors toute l'entreprise, une urgence qui a pour but de « recentrer les humains, supposés trop lents, trop mous, trop complexes par rapport aux machines, vers un effort de célérité[2] », et de les entretenir dans une sorte de disponibilité permanente, permettant à l'entreprise d'être sans arrêt à l'affût des opportunités pour les traiter le plus rapidement possible. D'où ces innombrables témoignages que l'on entend dans toutes les entreprises situées dans des secteurs concurrentiels, concernant l'obligation d'« immédiateté » et d'hyperréactivité dans la réponse à apporter aux demandes internes de l'entreprise comme à celles, externes, du marché dans lequel elle est plongée. « Si mon patron me téléphone, témoigne un cadre, je suis tenu de lui apporter la réponse dans l'instant. Il y a une espèce de nécessité de la réactivité immédiate : on doit être capable, les uns et les autres, sur n'importe quel sujet, d'analyser très vite les éléments essentiels et de donner son avis. » « On nous dit sans arrêt : laissez tomber ce que vous faites, explique un autre, et on passe son temps comme ça à sautiller d'un sujet à l'autre en parant au plus pressé en permanence. »

Ce bouleversement du rapport au temps s'est étendu aussi à la vie personnelle, d'abord parce que la logique qui sous-tend l'économie – recherche du

1 **idéologie :** forme de pensée dominante.

2 **célérité :** rapidité (citation de J.-C. Usunier).

L'urgence
Issu du latin, le mot « urgence » désigne ce qui est « pressant » et, dès la fin du XVIIIe siècle, possède souvent une signification médicale. Essentielle, voire vitale, l'urgence ne peut être différée.

maximum de rentabilité, d'utilité, d'efficacité, exigence d'immédiateté des réponses – s'est étendue à l'ensemble des sphères de la société et à l'univers de la vie privée, ensuite parce que, dans cet univers-là aussi, l'instantanéité a fait son apparition. Ainsi, tandis que le mode de fonctionnement professionnel et les canons[3] de la rationalité économique se diffusent inexorablement dans l'univers des occupations privées, de la gestion du temps libre et des relations interpersonnelles, on assiste, comme en réponse à l'instantanéité du temps mondial qui sous-tend les échanges économiques et financiers, à l'émergence d'une instantanéité du « temps relationnel » qui structure dorénavant le champ des relations entre les individus et crée la même exigence d'immédiateté des réponses aux sollicitations de l'autre : ne pas consulter son mail ou son téléphone portable plusieurs fois par jour paraît, sinon irresponsable, au moins suspect : « Comment ! Tu n'es pas au courant ? Mais je t'ai envoyé un mail ce matin… »

Avec le déclin des grands systèmes « porteurs de sens » (idéologiques ou religieux) et le rejet de toute transcendance[4] symbolique ou « supra-humaine », ce n'est plus le salut « dans l'autre monde » qu'il convient d'assurer, ce n'est plus la transcendance « supra-humaine » qui est en jeu, c'est la réussite temporelle comme seul gage du sens de la vie et de l'accomplissement de soi dans un monde où les références à un au-delà se sont évanouies et où l'existence, avec sa finitude, demeure la seule certitude. […] Pour ceux que tourmente le salut de leur âme, fût-ce à l'aune[5] de leur seule existence terrestre, il y a urgence. Urgence à avoir accompli ce que l'on voulait « faire de sa vie », urgence à trouver le sens que l'on veut lui donner, urgence aussi à la « réussir », quels que soient les critères que l'on mette à cette réussite.

Nicole Aubert, « Urgence et instantanéité : les nouveaux pièges du temps », *Modernité : la nouvelle carte du temps*, Éd. de l'Aube-DATAR, 2003.

3 **canons :** règles.

4 **transcendance :** réalité supérieure.

5 **à l'aune :** en prenant comme référence.

1. Dégagez le plan du texte en complétant et poursuivant le schéma suivant :

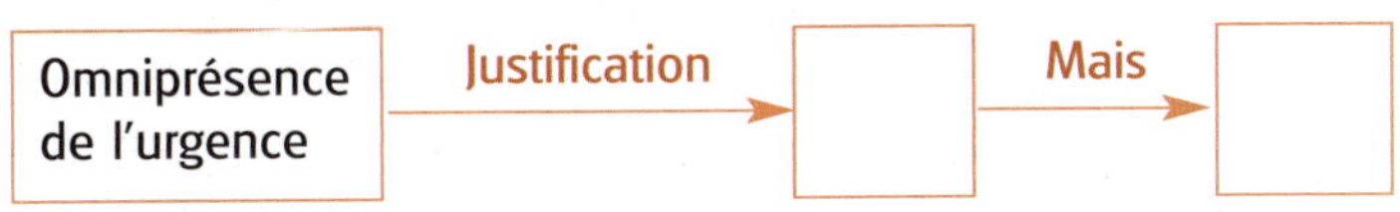

2. Quelles sont les urgences légitimes pour l'auteur ?
3. Faites un relevé précis des informations du texte qui indiquent que l'urgence est liée à la présence d'objets techniques.
4. Expliquez la phrase : « Ce bouleversement du rapport au temps s'est étendu aussi à la vie personnelle » (ligne 40).
5. À partir de l'étude du dernier paragraphe, expliquez pourquoi la notion d'urgence témoigne d'une vision tragique de l'existence humaine.

PRÉPARATION À L'EXAMEN ► Les épreuves du BTS p. 252

Vers la synthèse
Résumez les trois premiers paragraphes du texte.

Les nouveaux liens familiaux

L'allongement de la vie, les nouvelles formes de vie en couple, ainsi que la banalisation du divorce conduisent à une modification des liens familiaux. Pourtant, la famille ne reste-t-elle pas une valeur centrale dans notre société ?

DOCUMENT 1

Au cours de ces dernières décennies, les Français ont vécu de profonds changements en matière de vie familiale : baisse de la fécondité, fragilité accrue des couples, montée des divorces. Plus récemment, les recompositions familiales ont marqué la période allant des années 70 à nos jours. Ces évolutions ont conduit à une baisse de la taille des ménages[1], dont le nombre a de ce fait augmenté entre 1968 et 2000, en France métropolitaine, plus rapidement (+ 51 %) que la population totale (+ 18 %). Plus de la moitié des ménages comptent une ou deux personnes. En l'espace de trente ans, la proportion de personnes seules a doublé, passant de 6,1 % de la population totale en 1962 à 12,6 % en 2000. Désormais, une personne sur huit vit seule, soit au total 7,4 millions d'habitants. Plus de la moitié d'entre elles ont 60 ans ou plus, et 18 % ont moins de 30 ans. La moitié des couples vivent avec au moins un enfant. La grande majorité d'entre eux n'hébergent pas plus de deux enfants, 15,2 % en ont trois, et 5,5 % au moins quatre. Les familles nombreuses se raréfient : entre 1990 et 2000, le nombre de couples avec trois enfants a baissé de 8 % et ceux avec quatre enfants ou plus de 16 %.

64 % des ménages sont composés d'une famille. On compte 9,8 millions de familles avec enfants en métropole : 20 % sont des familles monoparentales et 80 % des couples. Désormais, un enfant sur sept, âgé de moins de 25 ans, vit avec un seul de ses parents, le plus souvent sa mère. Les trois quarts des familles monoparentales se sont constituées à la suite d'une séparation (la moitié après un mariage et un quart après une union libre), 15 % à la suite d'une naissance alors que le parent ne vivait pas en couple et 11 % suite à un veuvage.

Les filles quittent le foyer parental en moyenne trois ans plus tôt que les garçons : dès 22 ans, elles ne vivent plus majoritairement chez leurs parents. Les jeunes optent de plus en plus tardivement pour la vie en couple. Aujourd'hui, 37 % des hommes de 25 ans et 55 % des femmes du même âge vivent en couple contre respectivement 57 % et 72 % en 1982. Les grands-parents sont de plus en plus nombreux (12,6 millions). Parmi eux, 2 millions sont arrière-grands-parents et environ 30 000 seraient arrière-arrière-grands-parents.

Tableaux de l'économie française 2003-2004, Insee.

1 **ménages :** ensemble de personnes résidant sous un même toit ; statistiquement, une personne seule est un ménage

La famille

En latin, la *familia* désigne d'abord l'ensemble des esclaves, puis tous ceux, proches parents ou serviteurs, qui vivent sous le même toit et obéissent au *pater familias*, le maître de maison. Ce sens demeure longtemps en français et l'idée de proche parenté n'apparaît qu'à la fin du XVIe siècle.

DOCUMENT 2

Les liens que vont nouer les grands-parents avec le petit-enfant sont de puissants révélateurs de la qualité des liens de filiation. L'entraide qui se développe autour des petits-enfants concerne directement toute la lignée, enfants, parents et grands-parents. Que ce soit du point de vue des enfants, des parents ou des grands-parents, l'obligation d'entraide est normale, de l'avis quasi général.

La nouvelle génération de grands-parents, celle des *baby-boomers*, est très fortement, et étonnamment, impliquée dans la garde des petits-enfants : 85 % des grands-mères et 75 % des grands-pères fournissent ce service à leurs enfants de façon occasionnelle ou pendant les vacances. Certains s'y investissent même davantage en assurant une garde hebdomadaire (38 % des femmes, 26 % des hommes). L'aide que reçoivent les jeunes pour la garde dépasse ainsi en fréquence celle qu'ont reçue les deux générations précédentes. Comment expliquer un tel investissement, malgré l'activité professionnelle fréquente des grands-mères et en dépit de l'affirmation des normes d'indépendance entre générations ? Contrairement aux aides financières, données de préférence aux enfants en risque de descente sociale, la garde régulière des petits-enfants est plus souvent destinée aux enfants en ascension sociale. Elle s'adresse plus particulièrement aux foyers dans lesquelles la jeune mère travaille. La garde de l'enfant par la grand-mère témoigne ainsi d'une solidarité féminine intergénérationnelle. C'est le signe d'un changement dans l'éducation des filles et d'une nouvelle complicité mère-fille dans la lutte pour l'égalité entre les sexes.

L'aide grand-parentale ne se limite pas au lien, elle porte aussi sur le bien. La généralité des dons d'argent des grands-parents, aux petits-enfants en fait une quasi-institution, voire une obligation. L'argent est à la fois une aide pour ceux qui en ont besoin et un cadeau, symbole du lien grand-parental. Ces dons se font à toute occasion et pour des sommes variables, depuis les transmissions d'actifs financiers, qui représentent de véritables fortunes, jusqu'aux menus cadeaux, la « pièce », l'« enveloppe », l'argent de poche, qui deviennent rituels aux anniversaires ou aux étrennes. L'argent est préféré à d'autres types de cadeaux parce qu'avec cela, les petits-enfants « s'achètent ce qu'ils veulent ». Les cadeaux d'argent reflètent et renforcent l'autonomie des générations. Ils sont aussi une marque d'intimité, un prolongement de la relation à l'enfance des petits-enfants, quand, encore en culottes courtes, ils recevaient de l'argent de poche. Un adulte bien établi, au salaire confortable, raconte qu'il reçoit toujours de sa vieille tante un petit billet pour ses étrennes. Ce geste signe à la fois la relation de parenté et la perpétuation de l'affection portée à l'enfant qu'il a été.

Claudine Attias-Donfut, « Familles : des générations solidaires »,
Sciences Humaines, hors série n° 33, juin-juillet-août 2001.

1. Quelle est l'évolution de la taille des ménages en France (document 1) ?
2. Quelles différences peut-on constater à propos de l'âge de départ du foyer parental entre les filles et les garçons ? Commentez (document 1).
3. Quels sont les rôles des grands-parents (document 2) ?
4. En vous aidant du document 1, expliquez pourquoi les grands-parents sont plus présents auprès de leurs enfants et petits-enfants.

PRÉPARATION À L'EXAMEN ► **Les épreuves du BTS** p. 252

Vers l'écriture personnelle

Expliquez la phrase : « L'entraide qui se développe autour des petits-enfants concerne directement toute la lignée, enfants, parents et grands-parents » (document 2, ligne 2).

L'influence des techniques sur les modes de vie

L'homme s'est distingué progressivement des autres hominidés il y a environ deux millions d'années. L'invention de l'outil lui a permis de modifier son mode de vie. Puis, d'autres inventions n'ont cessé de transformer les conditions de son existence.

Modèle de char en terre cuite, IIIe millénaire avant notre ère.

La naissance de l'agriculture et la sédentarisation

L'homme de l'époque paléolithique est chasseur et nomade. 10 000 ans avant J.-C., il devient un être sédentaire dans certaines régions du monde. Avec la naissance des premiers villages, la culture de certaines plantes, la domestication animale, la fabrication des premières céramiques, l'homme du Néolithique abandonne une économie de subsistance pour une économie de production. Les sociétés deviennent plus complexes et s'engagent dans un contrôle de leur environnement en anticipant leurs besoins.

Tablette mésopotamienne en calcaire datant du IVe millénaire avant J.-C. L'écriture est dite « picto-idéographique ».

L'invention de l'écriture et le développement des États

Vers 3500 avant J.-C. apparaissent les premières formes d'écriture en Mésopotamie. En conservant une trace et une mémoire, l'écrit permet de développer les livres de comptes et donc le commerce dans lequel excellent les Phéniciens. De même, il donne aux États naissants la possibilité de développer une administration puissante : la Mésopotamie et l'Égypte sont des empires et des civilisations extrêmement élaborés. Tous les États s'inscrivent alors dans cette planification permise par l'écriture.

La machine à vapeur et la croissance urbaine

Pendant des millénaires, les civilisations sont agricoles et rurales. Avec l'accroissement de l'énergie rendue disponible par la machine à vapeur, puis électrique, les hommes du XIXe siècle ouvrent l'ère industrielle. La main-d'œuvre nécessaire aux usines, la mécanisation agricole provoquent de fortes migrations des campagnes vers les villes, entraînant une croissance urbaine continue dans les pays développés. Les inventions techniques se multiplient et pro-

Au milieu du XIXe siècle, le premier chemin de fer de Lyon à Saint-Etienne.

voquent de nombreux bouleversements des modes de vie, notamment en accélérant les déplacements et en proposant une multitude de biens. Dans la seconde moitié du XXe siècle, les pays riches entrent dans l'ère de la consommation, alors que les pays en développement connaissent à leur tour une forte croissance urbaine.

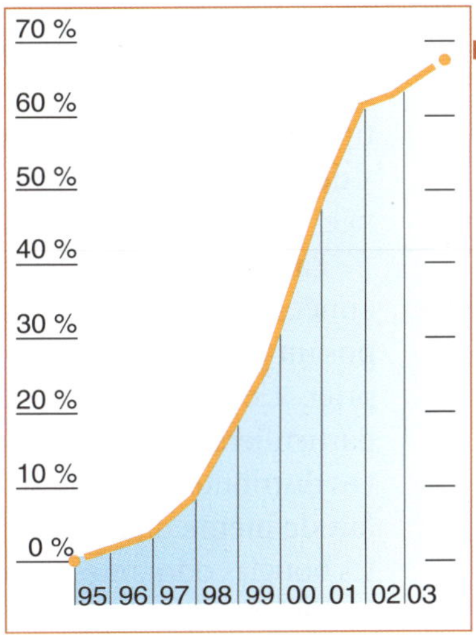

Taux de pénétration du téléphone portable en France (pourcentage d'abonnés par rapport à la population totale).

La télématique et la mondialisation

Le monde actuel semble poursuivre et accélérer un processus de développement né de l'industrialisation. Pourtant, la révolution informatique et des télécommunications modifie à nouveau les modes de vie, qui conjuguent de plus en plus instantanéité et urgence. Au sein d'un marché devenu planétaire et en partie immatériel à travers les flux financiers, l'existence individuelle et collective est dépendante d'une régulation économique qui échappe à l'intervention de la majorité des États. La maîtrise de l'avenir dépend désormais d'une approche globale des problèmes et suppose des accords internationaux.

La transformation des lieux de travail : l'immeuble de la Lloyd's, à Londres

Entre ce Code des lois de Babylone et le droit désormais accessible sur Internet, 4 000 ans se sont écoulés. Le roi Hammurabi est le premier à mettre par écrit et à faire graver les règles de droit qui organisent la vie sociale.

Le recours aux émotions

L'époque contemporaine semble faire l'éloge de la sensibilité. Les sens de chaque individu sont sans cesse sollicités par des images, des sons... Cette sollicitation semble modifier notre rapport au monde sensible. Comment cette transformation s'exprime-t-elle ?

DOCUMENT 1

Les Français veulent voir, entendre, toucher, sentir, goûter. L'émotion devient un moteur essentiel de la consommation et les produits polysensoriels[1] se multiplient. C'est le cas notamment dans le domaine alimentaire, avec les produits « de fête » (saumon, foie gras, champagne...), le grignotage en cours de journée, les bonbons qui pestilent ou les produits exotiques.

La vue est sans doute le sens le plus sollicité. Le design prend depuis quelques années une importance croissante dans la consommation et dans la vie, en proposant des objets porteurs d'identité et de beauté, que l'on a envie de s'approprier. L'odorat, qui avait été jusqu'ici un peu délaissé, est l'objet d'efforts particuliers de la part des industriels et des distributeurs (marketing olfactif). Les distributeurs diffusent ainsi des odeurs dans les rayons des magasins. La RATP fait de même dans les stations de métro parisiennes. Les parfums d'ambiance, les bougies odorantes ou les produits d'aromathérapie sont entrés dans les foyers. Le toucher constitue un autre axe d'innovation pour les fabricants de matières synthétiques, avec des produits comme les microfibres, le lycra ou les tissus relaxants. L'ouïe est également davantage sollicitée, avec une présence croissante de musique et d'ambiances sonores dans les magasins ou les lieux publics. Les constructeurs automobiles travaillent ainsi sur le bruit des moteurs ou celui des portières pour qu'il soit agréable et évocateur du type de voiture.

Gérard Mermet, *Francoscopie 2003*, Éd. Larousse, VUEF, 2002.

1 **polysensoriels :** faisant appel à plusieurs sens.

DOCUMENT 2

La société se gorge de sons, d'images et d'odeurs : l'individu est bercé au creux de l'oreille, orienté du coin de l'œil, mené par le bout du nez. La musique rythme les pas et les rêves, l'esthétique enveloppe le quotidien, le corps est sacralisé, les histoires d'amour et les drames sont industriellement racontés. Le moindre mouvement, la moindre pensée baignent désormais dans un océan de perceptions émotionnelles et sensibles. Des plus subtiles et cultivées, comme l'émoi artistique, aux plus frustes et archaïques : le sexe et la violence. Le sexe, matrice[1] première de la culture de l'émotion, s'installe toujours plus largement comme secret des secrets : il faut en parler et en parler pour tenter d'élucider le mystère de la nouvelle intelligence du monde. La violence envahit les écrans et les stades (sous la forme sublimée de la compétition-spectacle). Car l'homme moderne a besoin de cette excitation pour sentir vibrer son corps, comme il a besoin d'hypertrophier le sexuel. Rien ne vaut en effet les émotions simples et fortes, profondément corporelles, pour étancher la soif de sensible. La nouvelle culture émotive exige toutefois une grande capacité d'autocontrôle : bien que centrales, les sensations doivent rester de simples instruments. Il faut savoir vibrer

1 **matrice :** forme.

intensément sans s'abandonner outre mesure. Il faut savoir se laisser emporter tout en contrôlant la direction. Il faut savoir cultiver la culture sensible : maîtriser le corps tout en s'y alimentant, pour atteindre les raffinements de la pensée émotionnelle. N'être ni trop sec ni trop vif : gérer l'émotion au plus juste.

Jean-Claude Kaufmann, *Le Cœur à l'ouvrage, Théorie de l'action ménagère*, Éd. Nathan, 1997.

DOCUMENT 3

La société de masse [...], ne veut pas la culture, mais les loisirs (*entertainment*) et les articles offerts par l'industrie des loisirs sont bel et bien consommés par la société comme tous les autres objets de consommation. Les produits nécessaires aux loisirs servent le processus vital de la société, même s'ils ne sont peut-être pas aussi nécessaires à sa vie que le pain et la viande. Ils servent, comme on dit, à passer le temps, et le temps vide qui est ainsi passé n'est pas, à proprement parler, le temps de l'oisiveté – c'est-à-dire le temps où nous sommes libres de tout souci et activité nécessaires de par le processus vital[1], et, par là, libres pour le monde et sa culture ; c'est bien plutôt le temps de reste, encore biologiquement déterminé dans la nature, qui reste après que le travail et le sommeil ont reçu leur dû.

Hannah Arendt, *La Crise de la culture : sa portée sociale et politique*, trad. par Patrick Lévy, Éd. Gallimard, 1968.

1 **de par le processus vital :** à la vie.

La sensibilité

La sensibilité regroupe d'abord les cinq sens et désigne la faculté de recevoir des impressions des objets qui sont autour de nous. Mais à partir du XVIIe, elle évoque aussi le sentiment et l'état affectif, idée que le XVIIIe siècle prolonge en parlant de la sensibilité d'un artiste, c'est-à-dire sa capacité à émouvoir. Synonyme de la sensibilité dans ses premiers emplois, la sensualité s'en détache à la Renaissance pour désigner la recherche du plaisir.

1. Dégagez le plan du document 1.
2. Expliquez la phrase : « Le moindre mouvement, la moindre pensée baignent désormais dans un océan de perceptions émotionnelles et sensibles » (document 2, ligne 4).
3. Quelles sont les ambiguïtés du culte du sensible évoqué par Jean-Claude Kaufmann (document 2) ?
4. Quelle est la fonction des loisirs selon Hannah Arendt (document 3) ?
5. Expliquez en quoi la thèse du document 3 constitue une critique des autres documents.

PRÉPARATION À L'EXAMEN ► **Les épreuves du BTS** p. 252

Vers la synthèse

À partir des textes ci-dessus, présentez un tableau de synthèse.

Pistes de réflexion : l'omniprésence du recours aux émotions dans notre société. 1.Présentation du phénomène. 2.Critique du phénomène

L'idéalisation de la nature

Les Français, majoritairement urbains, sont de plus en plus nombreux à redécouvrir les joies du jardinage, même réduit à l'entretien de quelques plantes sur un balcon. Cultiver son jardin, n'est-ce pas s'offrir le refuge d'une nature domestiquée et accueillante ?

DOCUMENT 1

L'art des jardins n'est pas un simple objet d'agrément, c'est un art de vivre, un art de se reposer de la vie et de ses fracas. Ce n'est pas un hasard si les premiers jardins connus naquirent au milieu du désert (en Mésopotamie), d'un travail d'irrigation qui paraissait faire surgir du néant une oasis de fraîcheur et de fécondité. Le jardin réalise le mythe de l'île enchantée qui, protégée des vents du cosmos et de l'histoire, se referme autour d'un espace rassurant de sédentaire ; finie pour un temps l'errance risquée dans l'espace du nomadisme : une autre errance commence, celle de l'imagination occupée dans le jardin à s'enchanter de ses propres productions.

Dès l'origine, le jardin s'offre comme une double demeure. Celle de l'homme d'abord qui, dans la délectation d'une halte, peut enfin sans crainte écouter retentir en lui les rythmes des saisons auxquelles s'accordent les phases et les pulsations de la vie végétale et les rythmes de la vie profonde. Ouvert au cosmos, le jardin est aussi la demeure des dieux ; la clôture du jardin ne laisse filtrer que les puissances bénéfiques ; longtemps il sera un enclos sacré, des temples s'y édifient, des statues des dieux s'y dressent, des sanctuaires dédiés à une foule de divinités s'y multiplient ; parfois, pour mieux encore accueillir les dieux, l'homme suspend ses jardins au haut d'une tour ou d'un palais. Jusqu'à l'époque classique, les jardins italiens et français se peupleront nostalgiquement de divinités païennes.

Cette double familiarité avec une nature et des dieux qu'il apprivoise, implique que le jardin s'offre comme un microcosme[1] : une sorte de « monade[2] » où le monde se concentre dans un minimum d'espace.

Michel Ribon, *L'Art et la nature*, Éd. Hatier, 1988.

1 **microcosme :** monde en réduction.

2 **monade :** selon le philosophe Leibniz, élément dernier de toute chose.

DOCUMENT 2

	1998	1999	2003
Adultes pratiquant le jardinage	65 %	68 %	72 %

« Pour vous, jardiner ou vous occuper de plantes, c'est avant tout… ? » (Base : personnes jardinant en 1999)	%
Un plaisir	76
Une façon comme une autre d'occuper votre temps libre	14
Un choix économique	8
Ne se prononcent pas	2
Total	**100**

Sondage Ifop.

DOCUMENT 3

Photographie d'un projet du festival des jardins de Chaumont
L'art des jardins possède son festival dans lequel la dimension esthétique devient prioritaire.

Le jardin
Étymologiquement, le mot « jardin » désigne un enclos, c'est-à-dire un lieu protégé par une clôture. Or, en persan, le terme « enclos » se disait *pardez* et a donné le mot « paradis ». Le jardin témoignerait ainsi d'une nostalgie du paradis.

1. Dégagez le plan du texte (document 1).
2. Relevez dans le document 1 les indices montrant que le jardin est un refuge.
3. En quoi le jardin donne-t-il l'impression d'une maîtrise de la nature (document 1) ?
4. Commentez les sondages (document 2). Quelles informations essentielles faut-il en retenir ?
5. En analysant la composition du jardin réalisé au festival de Chaumont (disposition, couleurs et formes), expliquez qu'il possède une finalité artistique (document 3).

PRÉPARATION À L'EXAMEN ► Les épreuves du BTS p. 252

Vers l'écriture personnelle
En vous appuyant sur les documents de cette double page, proposez en un paragraphe une interprétation qui permette de comprendre le goût actuel pour les jardins.

La transformation des loisirs

À partir de la fin de la Première Guerre mondiale, l'idée d'un temps pour soi, libéré des contraintes du travail, est devenue une revendication fondamentale. Généralisé à partir de 1936 en France, le temps des vacances est devenu l'occasion d'un usage différent de l'environnement naturel. Le lieu privilégié n'en est-il pas la plage ?

Le thème
La scène se déroule en 1925. La plupart des personnes sont à l'abri du soleil, protégé par de vastes parasols qui occupent une grande partie de la toile. L'usage de la plage est prudent et sans opposition forte avec le reste de la vie sociale

Les couleurs
Des tons chauds se succèdent, allant du rouge brun au rouge ou à l'orangé puis au jaune. Le bleu des habits des deux femmes assises est à proximité d'un orange, sa couleur complémentaire utilisé pour le parasol du premier plan.

Félix Vallotton (1865-1925), *La Plage*, 1925. Huile sur toile, 110 x 145 cm.

La lumière
Une forte lumière vient de la droite. Félix Vallotton joue sur les variations de tonalité. L'alternance de lumière et d'ombre. est visible sur le pantalon blanc de l'homme du premier plan par rapport à celui qui se trouve en arrière.

L'angle de vue
Le peintre se place face aux personnes et donc vraisemblablement dos à la mer. Il ne s'agit pas d'un portrait précis de groupe, mais l'individualité des personnes est respectée, chacun étant engagé dans une action.

Alex Katz (né en 1927), *Neuf heures du matin*, 1999. Huile sur toile, 243,8 x 304,8 cm.

Le jeu des couleurs dans l'image

Toutes les couleurs ont pour base les trois couleurs primaires que sont le bleu, le rouge et le jaune. Le mélange de deux couleurs primaires donne les couleurs secondaires que sont le vert (bleu et jaune), l'orange (rouge et jaune) et le violet (bleu et rouge). Chaque couleur non utilisée pour une couleur secondaire est la complémentaire de celle-ci (le rouge et le vert sont complémentaires). Une couleur secondaire et sa complémentaire se mettent réciproquement en valeur (rouge et vert, jaune et violet, bleu et orange), ce que les peintres utilisent bien souvent, comme le fait ici Félix Vallotton avec le bleu et l'orange.

1. Les couleurs : quelles sont les couleurs dominantes dans le tableau d'Alex Katz ? Sont-elles chaudes ou froides ?
2. Comparez la grandeur des deux tableaux. Quel effet peut produire la grandeur de l'œuvre d'Alex Katz ?
3. La lumière : comment Alex Katz insiste-t-il sur la puissance du soleil ?
4. L'angle de vue : comparez l'angle de vue dans les deux tableaux ? Comment interprétez-vous celui du tableau d'Alex Katz ?

PRÉPARATION À L'EXAMEN ► **Les épreuves du BTS** p. 252

Vers la synthèse

En vous appuyant sur l'analyse de ces deux œuvres, confrontez le thème de la transformation du mode de vie entre le tableau de Félix Vallotton et le tableau d'Alex Katz.

L'entretien de recrutement

Les préalables à l'entretien

La connaissance de l'entreprise. Ses produits, ses positions sur le marché, son développement : ces connaissances permettent au candidat de préparer ses questions. Il peut ainsi envisager des réponses pertinentes à d'éventuelles interrogations. En outre, elles révèlent la motivation du candidat.
Le projet professionnel. Il s'agit de connaître, pour les expliquer, les formes de missions pour lesquelles on se sent motivé. Il faudra pouvoir bien développer les responsabilités que l'on est prêt à prendre, la volonté d'évoluer, la disponibilité, les prétentions de salaire. Ces aspects doivent être maîtrisés avant l'entretien.
La maîtrise de son CV. On peut, avant l'entretien, préparer ses réponses à certaines questions. Pour ne pas être pris au dépourvu, il faut repérer dans son CV les points qui peuvent intriguer ou nécessiter des explications. On s'entraîne à fournir ces explications.

Le contenu de l'entretien

Les questions posées. Lors de l'entretien, certaines questions portent sur les connaissances liées au poste à pourvoir, d'autres sur la maîtrise de l'outil technique, d'autres enfin sur la pratique de l'informatique et d'une langue étrangère. Les savoir-faire sont abordés : procédures de production, démarches techniques et expérience, etc.

Pourquoi avez-vous choisi cette filière ? Qu'avez-vous appris en stage ? Quelles sont, selon vous, les qualités nécessaires à ce poste ?

Le candidat est aussi interrogé sur sa personnalité. Il s'agit de vérifier que son caractère pourra s'adapter à la culture de l'entreprise et contribuer au développement du poste proposé.

Préférez-vous travailler seul ou en équipe ? Comment réagissez-vous si on vous critique ? Quels échecs avez-vous connus ?

La formulation des réponses. En structurant ses réponses par des repères logiques clairs, on montre sa rigueur intellectuelle. On s'attache à ne pas s'égarer dans des aspects secondaires, pour dégager, à chaque fois, les points positifs essentiels qui peuvent intéresser l'entreprise. On s'appuie sur des exemples.

Non, je n'ai pas été un étudiant salarié, pour deux raisons : la première est que… En revanche, j'ai travaillé pendant les vacances. En effet j'estime que…

Le comportement pendant l'entretien

L'attitude. Le bon candidat est honnête. Il est sincère, ne masque pas ses faiblesses éventuelles. Il reste ouvert, dynamique et naturel. Il sait écouter et le montre en prenant, éventuellement, quelques notes.
L'expression orale. Le langage est celui de langue courante. Les phrases sont achevées, le vocabulaire est précis et mis en valeur par une syntaxe correcte. L'usage trop fréquent de mots négatifs, tels que *problème, difficulté, inquiétude*, est à éviter. Des mots comme *solution, défis, avenir* sont préférables car ils donnent une image positive du candidat.
Le langage non verbal. Il est déterminant dans un entretien. Il doit être constructif : la voix est ferme et audible, on regarde son interlocuteur en parlant. Des gestes soulignent la conviction, les mains sont ouvertes, on ne tripote pas un objet ou ses cheveux.

Exercice 1

Constituez un dossier sur l'entreprise dans laquelle vous avez effectué votre stage : histoire, chiffre d'affaire, produits, environnement économique, clients, organigramme. Ces données pourront vous servir lors d'un futur entretien.

Exercice 2

La connaissance de l'entreprise qui vous a accueilli en stage vous permet sans doute d'analyser un poste, par exemple, celui de votre tuteur.

Faites une fiche sur ce poste en identifiant les connaissances, les compétences techniques et les qualités personnelles requises pour l'occuper.

Exercice 3

Présentez à la classe le service dans lequel vous avez fait votre stage. Un groupe d'étudiants joue le rôle d'observateurs pour analyser votre prestation. Vous abordez les points suivants en 10 minutes.

- Définissez et expliquez la mission principale qui vous a été confiée durant ce stage.
- Décrivez les activités que vous avez dû accomplir pour réaliser cette mission.
- Expliquez quelles connaissances et quelles compétences vous avez dû développer.

Exercice 4

1. Faites la liste des compétences et savoir-faire dont vous pouvez vous prévaloir pour obtenir un poste dans le service où vous avez fait votre stage.

2. Présentez-les à la classe en les illustrant par des exemples empruntés à votre rapport de stage.

Exercice 5

Entraînez-vous à répondre à la question suivante : « Quels sont vos points faibles ? » Expliquez que ces points peuvent aussi devenir des points forts.

Exercice 6

1. Demandez à un groupe de camarades de repérer les points de votre CV qui pourraient générer des questions : changement d'orientation, emplois saisonniers, loisir préféré.

2. Demandez-leur de formuler ces questions

3. Préparez les réponses.

Exercice 7

1. Expliquez à un groupe de camarades votre cursus : les raisons de vos choix d'orientation, les bifurcations éventuelles.

2. Demandez-leur d'évaluer le langage utilisé à cette occasion : est-il positif ?

Exercice 8

1. Recherchez les qualités et les compétences que vos emplois occasionnels ou saisonniers vous ont permis d'acquérir.

2. Dressez-en la liste et préparez la réponse à la question : « Que vous ont appris vos expériences professionnelles ? »

Exercice 9

Présentez à un groupe d'étudiants une situation professionnelle que vous avez pu vivre, dans le cadre d'un stage ou d'un emploi saisonnier. Par groupe, les étudiants analysent soigneusement la situation pour identifier les qualités personnelles mises en œuvre. Chaque groupe applique la grille ci-dessous. Vous procédez ensuite à une mise en commun pour confronter les analyses.

- Quel trait de personnalité intéressant pour un recruteur (par exemple : ténacité, initiative, autorité, responsabilité, etc.) la situation illustre-t-elle ?
- Comment ce trait de personnalité aurait-il pu mieux s'exprimer ?
- Dans quelles autres circonstances ce trait de personnalité peut-il être un atout ?
- Dans quelles circonstances pourrait-il devenir une faiblesse ?

Exercice 10

Une entreprise décide de recruter cinq jeunes techniciens supérieurs issus de la même promotion. Lors de l'entretien, elle demande à chaque candidat d'expliquer avec précision, trois missions que le candidat a pu effectuer par le passé. Pour vous entraîner, appliquez la démarche ci-dessous.

- Individuellement, recensez trois travaux différents que vous avez réalisés (ils ne sont pas nécessairement professionnels). Préparez votre explication pendant 15 minutes.
- Dans un groupe de cinq étudiants, présentez l'un après l'autre votre explication : votre expérience (durée, travail réalisé, responsabilité, par exemple), ce que vous avez acquis en réalisant ce travail.

- Après cette présentation, faites une critique collective : les qualités des bonnes présentations, les points à améliorer.

Procédez ensuite à la présentation d'une autre mission en tenant compte des critiques. Et poursuivez sur la dernière mission.

Exercice 11

1. Classez ces qualités qui correspondent aux attentes des entreprises dans l'ordre qui correspond à votre personnalité.

2. Complétez éventuellement une ou plusieurs de ces qualités par d'autres que vous possédez à un plus haut degré.

3. Recherchez dans votre CV des faits, des exemples qui illustrent le portrait ainsi composé.

Qualités les plus recherchées par les entreprises qui recrutent les jeunes diplômés :

- sens des contacts,
- communication,
- capacités de travail en équipe,
- enthousiasme et créativité,
- esprit d'initiative,
- esprit d'analyse et de synthèse.

Exercice 12

Préparez une réponse à ces questions embarrassantes.

- Quels sont les défauts que vous attribuent ceux qui sont en désaccord avec vous ?
- Que n'aimez-vous pas chez vous ?
- Selon vous, que pourriez-vous améliorer dans votre personnalité ?
- Pensez-vous avoir bientôt des enfants ?
- Êtes-vous prêt à partir pendant un an à l'étranger ?

Exercice 13

En recherchant toutes les justifications nécessaires, préparez l'entretien correspondant aux critères définis par cette annonce :

Vous vous adaptez aux nouvelles technologies, vous respectez les processus méthodologiques, vous avez un esprit d'analyse et de synthèse. Autonome, rigoureux et polyvalent, vous justifiez d'une formation bac + 2.

Merci de nous faire parvenir votre CV.

Exercice 14

À l'invitation suivante : « Présentez-vous », répondez en choisissant les points saillants de votre CV et en les classant logiquement.

Exercice 15

Décrivez votre personnalité professionnelle en quatre adjectifs. Justifiez chacun par un exemple.

Exercice 16

1. Imaginez les questions qu'un recruteur pourrait vous poser pour vérifier votre disponibilité.

2. Préparez vos réponses.

Exercice 17

En supposant que l'entreprise où vous avez effectué votre stage réponde favorablement à votre demande d'embauche, préparez une réponse structurée à la question suivante : « Pourquoi souhaitez-vous travailler avec nous ? »

Exercice 18

1. Remplissez ce tableau traitant des relations avec autrui. En fonction des attentes d'une entreprise, attribuez une note de 1 à 5 à chaque qualité (5 = le plus haut degré).

2. À quelles qualités avez-vous attribué la plus haute note ? Les possédez-vous ? Illustrez-les par un exemple vous concernant.

Qualité	Évaluation
Aptitude à animer	
Autorité	
Aptitude à la communication	
Aptitude à la délégation	
Dévouement	
Esprit d'équipe	
Sens de la hiérarchie	
Indépendance	
Aptitude à la négociation	
Ouverture à autrui	
Réactions constructives aux critiques	
Sociabilité	
Tact	
Capacité à proposer des améliorations	
Esprit créatif	

Les chemins de la création

12

Andy Warhol, *Autoportrait,* 1966. Sérigraphie et acrylique sur toile apprêtée.

Les chemins de la création

Les morceaux de musique, les textes littéraires, les œuvres picturales ne sont pas des réalités qui apparaissent naturellement. Ce sont des créations uniques qui témoignent de l'extraordinaire faculté des hommes à ouvrir de nouvelles perspectives et à modifier notre horizon.

Le travail de l'artisan potier est parfois une activité de création, lorsqu'il s'agit d'inventer de nouveaux modèles.

Qu'appelle-t-on la création ?

Alors que le Dieu chrétien crée à partir du néant, le démiurge grec fabrique le monde à partir d'une matière qu'il organise. Il apporte un ordre dans un chaos originel. Parler de création à propos de l'homme, c'est évoquer la production d'une œuvre originale, mais qui s'appuie nécessairement sur une réalité existante. La création humaine n'est ni une reproduction ni une imitation, mais elle n'est pas non plus un mystère absolu. En effet, le travail de l'artiste s'observe et s'interprète.

Quand peut-on dire que l'homme est créateur ?

De nombreuses activités humaines dépassent le cadre d'une simple maîtrise technique et supposent une capacité à inventer. L'artisan ou l'ingénieur découvrent de nouvelles manières d'œuvrer. Pourtant, on parle souvent de création à propos de l'artiste. Cela est lié au fait que l'œuvre d'art est débarrassée de la dimension utilitaire. La création est avant tout le produit d'une liberté face aux contraintes sociales. Mais cela ne signifie nullement qu'elle soit une simple spontanéité.

La Création de l'Homme, bas-relief romain du IIIe siècle de notre ère.

La création

D'origine latine, le mot « création » est lié à *crescere*, qui signifie « croître ». Le créateur est celui qui fait naître et grandir. Utilisé d'abord dans le contexte religieux de la création du monde par Dieu, le terme prend un sens plus général au XIVe siècle pour désigner l'action de réaliser une chose pour la première fois.

Peintre, sculpteur ou écrivain, le créateur est un travailleur qui affronte un donné qui résiste : la couleur et la forme, la pierre ou les mots.

Pablo Picasso,
Le Déjeuner sur l'herbe d'après Manet, 1962.

Quelles sont les sources d'inspiration du créateur ?

Les créations sont toujours liées à un contexte historique ou technique. Les peintres célèbres ont été de grands observateurs des œuvres qui les avaient précédées et ils ont souvent pris appui sur elles. L'esprit créateur est travaillé par les images et les mythes de sa culture. Il offre alors une nouvelle vision de ce qui était pensé jusqu'alors. En fait, si la vision d'une œuvre provoque en nous une émotion, c'est qu'elle rencontre souvent une interrogation qui est celle de tout homme. Rêveur ou visionnaire, le créateur ouvre de nouveaux chemins qui orientent nos pensées et nos interrogations.

L'architecte et peintre Le Corbusier, dans son atelier, à Paris, en 1932.

La Création du Monde, miniature du XVe siècle.

SOMMAIRE

La technique et l'art

La technique et l'art semblent être deux activités différentes. Le monde de la technique serait celui d'une production utilitaire alors que l'art désignerait une création dont la seule finalité serait esthétique. Mais cette distinction est-elle toujours pertinente ?

DOCUMENT 1

Santiago Calatrava, *Pont de l'Alamillo*, Séville, 1987-1992.

Ce pont de 250 m possède un pylône de 142 m de haut, incliné selon un angle de 58°, identique à celui de la pyramide de Kheops. Le poids de cette structure remplie de béton est suffisant pour contrebalancer celui du tablier, éliminant le besoin de haubans en arrière du pylône.

L'artiste et l'artisan

L'étymologie les rapproche puisqu'ils sont liés tous deux au mot d'origine latine « art ». D'ailleurs, jusqu'au XVIIIe siècle, l'art désigne tous les moyens permettant d'obtenir un résultat et ne se différencie donc pas de la technique. L'art comme création esthétique est donc récent et la notion d'« ouvrage d'art », comme l'est un pont, contient encore le sens ancien.

DOCUMENT 2

Santiago Calatrava,
Torse courant,
cubes de marbre et fil de fer en tension, 1986.

DOCUMENT 3

Puisqu'il est évident que l'inspiration ne forme rien sans matière, il faut donc toujours à l'artiste, à l'origine des arts, quelque premier objet ou quelque première contrainte de fait, sur quoi il exerce d'abord sa perception, comme l'emplacement et les pierres pour l'architecte, un bloc de marbre pour le sculpteur, un cri pour le musicien, une thèse pour l'orateur, une idée pour l'écrivain, pour tous des coutumes acceptées d'abord. Par quoi se trouve défini l'artiste, tout à fait autrement que d'après la fantaisie. Car tout artiste est percevant et actif, artisan toujours en cela. Plutôt attentif à l'objet qu'à ses propres passions [...]. Ainsi la méditation de l'artiste serait plutôt observation que rêverie, et encore mieux observation de ce qu'il a fait comme source et règle de ce qu'il va faire. Bref, la loi suprême de l'invention humaine est que l'on n'invente qu'en travaillant. Artisan d'abord.

Alain, *Système des beaux-arts*, Éd. Gallimard, 1953.

1. Comparez le pont de l'architecte et ingénieur Santiago Calatrava à la sculpture qu'il a créée en 1986 (documents 1 et 2).
2. Quels arguments peut-on avancer pour affirmer que le pont de l'Alamillo est une œuvre d'art (document 1) ? Expliquez et justifiez votre réponse.
3. Expliquez la phrase : « l'inspiration ne forme rien sans matière » (document 3, ligne 1).
4. Dégagez la thèse défendue par Alain à propos de la définition d'un artiste (document 3). Relevez une phrase de son texte qui illustre cette thèse.

PRÉPARATION À L'EXAMEN ► **Les épreuves du BTS** p. 252

Vers la synthèse

Présentez, sous forme d'un texte rédigé, les points communs et les différences entre le pont de l'Alamillo, élaboré par Santiago Calatrava et la sculpture *Torse courant* du même artiste.

Le travail de l'artiste

Dans *Le Chef-d'œuvre inconnu*, Balzac évoque la recherche infinie du peintre Frenhofer pour parvenir à exprimer la vie dans sa peinture. Rendant visite au peintre Porbus, Frenhofer expose ce qu'est la finalité de l'art. Comment la beauté de l'œuvre peut-elle atteindre la réalité de la vie ?

DOCUMENT 1

La mission de l'art n'est pas de copier la nature, mais de l'exprimer ! Tu n'es pas un vil copiste, mais un poète ! s'écria vivement le vieillard en interrompant Porbus par un geste despotique. Autrement un sculpteur serait quitte de tous ses travaux en moulant une femme ! Hé ! bien, essaie de mouler la main de ta maîtresse et de la poser devant toi, tu trouveras un horrible cadavre sans aucune ressemblance, et tu seras forcé d'aller trouver le ciseau[1] de l'homme qui, sans te la copier exactement, t'en figurera le mouvement et la vie. Nous avons à saisir l'esprit, l'âme, la physionomie des choses et des êtres. Les effets ! les effets ! mais ils sont les accidents[2] de la vie, et non la vie. Une main, puisque j'ai pris cet exemple, une main ne tient pas seulement au corps, elle exprime et continue une pensée qu'il faut saisir et rendre. Ni le peintre, ni le poète, ni le sculpteur ne doivent séparer l'effet de la cause qui sont invinciblement l'un dans l'autre ! La véritable lutte est là ! Beaucoup de peintres triomphent instinctivement sans connaître ce thème de l'art. Vous dessinez une femme, mais vous ne la voyez pas ! Ce n'est pas ainsi que l'on parvient à forcer l'arcane[3] de la nature. Votre main reproduit, sans que vous y pensiez, le modèle que vous avez copié chez votre maître. Vous ne descendez pas assez dans l'intimité de la forme, vous ne la poursuivez pas avec assez d'amour et de persévérance dans ses détours et dans ses fuites. La beauté est une chose sévère et difficile qui ne se laisse point atteindre ainsi, il faut attendre ses heures, l'épier, la presser et l'enlacer étroitement pour la forcer à se rendre. La Forme est un Protée[4] bien plus insaisissable et plus fertile en replis que le Protée de la fable, ce n'est qu'après de longs combats qu'on peut la contraindre à se montrer sous son véritable aspect ; vous autres, vous vous contentez de la première apparence qu'elle vous livre, ou tout au plus de la seconde, ou de la troisième ; ce n'est pas ainsi qu'agissent les victorieux lutteurs ! Ces peintres invaincus ne se laissent pas tromper à tous ces faux-fuyants, ils persévèrent jusqu'à ce que la nature en soit réduite à se montrer toute nue et dans son véritable esprit. Ainsi a procédé Raphaël[5], dit le vieillard en ôtant son bonnet de velours noir pour exprimer le respect que lui inspirait le roi de l'art, sa grande supériorité vient du sens intime qui, chez lui, semble vouloir briser la Forme. La Forme est, dans ses figures, ce qu'elle est chez nous, un truchement pour se communiquer des idées, des sensations, une vaste poésie. Toute figure est un monde, un portrait dont le modèle est apparu dans une vision sublime, teint de lumière, désigné par une voix intérieure, dépouillé par un doigt céleste qui a montré, dans le passé de toute une vie, les sources de l'expression.

Honoré de Balzac, *Le Chef-d'œuvre inconnu*, 1837, Éd. Garnier-Flammarion.

1 **ciseau :** outil du sculpteur.

2 **accidents :** événements secondaires.

3 **arcane :** secret.

4 **Protée :** dieu grec marin qui peut prendre de multiples apparences.

5 **Raphaël :** peintre italien (1483-1520).

DOCUMENT 2

Pablo Picasso,
Claude dessinant Françoise et Paloma, 1954.

Le chef-d'œuvre

Ce mot composé d'origine latine relie le mot « chef » qui vient de *caput* (« tête » puis « aspect principal d'une chose ») avec le mot « œuvre » qui vient d'*opus* (« l'ouvrage, le travail »). Au XIIIe siècle, le chef-d'œuvre est l'objet difficile qu'un artisan devait produire pour devenir maître dans sa corporation. Le sens général de la meilleure œuvre d'un auteur apparaît dès le XVIe siècle.

1. Frenhofer présente deux finalités du travail de l'artiste (document 1). Quelles sont-elles ? Expliquez.
2. Relevez et analysez le champ lexical de la lutte dans le texte (document 1).
3. Relevez les indices qui indiquent que le travail de l'artiste s'inscrit dans une longue durée (document 1).
4. Quel passage de Balzac le tableau de Picasso pourrait-il illustrer ?
5. La réflexion du peintre Frenhofer peut-elle s'appliquer au travail de Picasso ?

PRÉPARATION À L'EXAMEN ► Les épreuves du BTS p. 252

Vers l'écriture personnelle
Expliquez la proposition: « Toute figure est un monde » (document 1, ligne 33).

Les grands mythes

Les mythes sont des récits imaginaires, transmis par la tradition, qui décrivent l'origine du monde et des êtres, ou qui expriment la condition humaine de manière symbolique. Loin d'être de simples histoires, ils tentent de répondre aux interrogations des hommes et nourrissent l'imagination des créateurs.

Don Juan et l'exaltation du désir

Créé par Tirso de Molina en 1630, le personnage de Don Juan est repris par Molière qui en fait un séducteur athée, collectionnant les conquêtes féminines. Héros solitaire et inébranlable, Don Juan est le symbole du désir, mais aussi un être libre qui se joue de l'ordre social et de l'autorité divine. Repris par des dizaines de dramaturges et de poètes comme Brecht, Montherlant, Baudelaire ou encore par Mozart dans l'opéra *Don Giovanni*, il devient un personnage mythique qui exprime les attentes et les espérances d'un homme sans Dieu. Don Juan est ainsi un symbole de notre modernité.

Don Juan au cinéma dans le film de Joseph Losey, réalisé en 1979 d'après l'opéra de Mozart, *Don Giovanni.*

Gustave Moreau, *Œdipe et le sphinx,* 1869.

Œdipe et le poids du destin

Œdipe ne peut échapper au destin prédit par l'oracle : rencontrant un homme avec lequel il se querelle, il le tue sans savoir qu'il s'agit de son véritable père ; répondant à l'énigme du sphinx, il devient roi de Thèbes et épouse la reine, qui n'est autre que sa mère. Œdipe n'est-il que le jouet d'une fatalité implacable ou est-il un homme libre qui affronte désespérément les épreuves de son existence ? Le tragédien grec Sophocle, mais aussi Racine, Gide ou Cocteau apportent leur vision du drame. Au XIXe siècle, le face-à-face d'Œdipe et du sphinx inspire également les peintres Ingres et Gustave Moreau. Au début du XXe siècle, le mythe trouve une nouvelle actualité avec Freud, qui y puise une interprétation symbolique du rapport psychique de l'enfant à ses parents.

Prométhée et l'audace des hommes

Selon Platon, Épiméthée est chargé par les dieux de distribuer à chaque animal les qualités qui lui permettront de survivre, mais il n'a plus rien pour l'homme. Son frère Prométhée vole alors le feu et la technique aux dieux pour les donner aux hommes. Ceux-ci détiennent désormais la puissance de créer ce que la nature ne leur a pas donné. Hésiode évoque la ruse de Prométhée, bienfaiteur des hommes, alors qu'Eschyle nous montre la colère de Zeus qui punit durement le voleur. Prométhée devient le symbole de la révolte chez Hugo, Camus ou Sartre. L'homme prométhéen est désormais celui qui affronte son histoire et témoigne de sa foi dans les capacités humaines.

Jean Cossiers, *Prométhée volant le feu,* 1651.

L'âge d'or et la nostalgie du bonheur

Dans un lointain passé, désormais révolu, les hommes vivaient parfaitement heureux, sans guerre et sans crainte de la mort, dans une nature qui produisait en abondance. Au début du VIIe siècle avant J.-C., ce mythe d'un âge d'or est évoqué par Hésiode. Renouvelée par la découverte du Nouveau Monde, l'origine perdue s'assimile désormais à un pays lointain avec le thème du bon sauvage. La vie simple des « cannibales », décrite par Montaigne, est ainsi un contrepoint critique à la violence des civilisés. L'optimisme des Lumières et l'idéal du progrès donnent à l'âge d'or une nouvelle orientation : ce n'est plus une époque des origines, mais une époque future. La littérature utopique imagine alors un avenir meilleur. L'âge d'or est toujours un ailleurs.

Paul Signac, *L'Âge d'or n'est pas dans le passé ; il est dans l'avenir,* 1893.

L'imaginaire et l'utopie

En 1516, l'Anglais Thomas More publie l'*Utopie*, un roman qui est une critique de la réalité politique de son époque à travers la description d'une île imaginaire, où vit une société égalitaire et idéale. Passé dans le langage courant, le terme d'« utopie » désigne un projet imaginaire. L'utopie n'est-elle pas le signe de la faculté créatrice de l'homme ?

DOCUMENT 1

Kisho Kurokawa, *Ville flottante*, plan masse. Mine de plomb sur calque, 1961.

La ville flottante est composée de plusieurs structures circulaires réunies par des routes qui se trouvent en hauteur, à l'exception de celles qui débouchent sur la mer. Chaque structure a une forme d'hélice composée de pans qui se décalent en se superposant aux autres. Ces terrasses, qui permettent un dégagement visuel et un bon ensoleillement, sont destinées aux piétons et comportent les unités d'habitations.

DOCUMENT 2

On veut toujours que l'imagination soit la faculté de former des images. Or elle est plutôt la faculté de déformer les images fournies par la perception, elle est surtout la faculté de nous libérer des images premières, de changer les images. S'il n'y a pas changement d'images, union inattendue des images, il n'y a pas imagination, il n'y a pas d'action imaginante. Si une image présente ne fait pas penser à une image absente, si une image occasionnelle ne détermine pas une prodigalité d'images aberrantes, une explosion d'images, il n'y a pas imagination. Il y a perception, souvenir d'une perception, mémoire familière, habitude des couleurs et des formes. Le vocable fondamental qui correspond à l'imagination, ce n'est pas image, c'est imaginaire. La valeur d'une image se mesure à l'étendue de son auréole imaginaire. Grâce à l'imaginaire, l'imagination est essentiellement ouverte, évasive. Elle est dans le psychisme humain l'expérience même de l'ouverture, l'expérience même de la nouveauté.

Gaston Bachelard, *L'Air et les Songes*, Éd. José Corti, 1943.

Le mot « utopie »

Inventé par Thomas More, le mot « utopie » est construit à partir du grec *ou* (« ne… pas ») et *topos* (« lieu »). Étymologiquement, l'utopie se trouve donc nulle part. Les mondes imaginaires sont déjà présents dans l'Antiquité, mais c'est surtout au XIXe siècle que des penseurs vont faire de l'utopie un enjeu social et politique, et certains projets seront partiellement réalisées, comme le familistère Godin à Guise. Au XXe siècle, se développent des contre-utopies qui anticipent un monde futur tragique.

1. La ville flottante de Kurokawa est inspirée par la vie cellulaire et la nature. En étudiant le document 1, expliquez quelles sont les images qui ont pu inspirer l'urbaniste.
2. Kurokawa insiste sur l'importance des moyens de communications et d'échanges. Comment s'organise la communication dans la ville flottante (document 1) ?
3. Quelles sont les deux formes de l'imagination selon Bachelard (document 2) ?
4. Expliquez la phrase : « La valeur d'une image se mesure à l'étendue de son auréole imaginaire » (document 2, ligne 10)

PRÉPARATION À L'EXAMEN ▸ Les épreuves du BTS p. 252

Vers la synthèse

En vous appuyant sur les réponses aux questions, rédigez un texte présentant la thèse de Bachelard (document 2) et illustrez vos propos par le projet de Kurokawa (document 1).

L'interrogation métaphysique

L'homme s'interroge sur le sens de son existence et sur la validité de ses représentations. Ainsi, depuis l'Antiquité, le scepticisme met en doute notre capacité à connaître la vérité et affirme que notre perception du monde ne peut être sûre. Comment cette interrogation s'exprime-t-elle ?

La métaphysique
D'origine grecque, le mot « métaphysique » signifie « au-delà » *(méta)* de « la nature » *(phusika)*. La métaphysique désigne l'ensemble des questions qui dépassent la connaissance scientifique. Elle est une interrogation sur l'existence et le fondement de toute réalité.

DOCUMENT 1

Voici une histoire de science-fiction discutée par des philosophes : supposons qu'un être humain (vous pouvez supposer qu'il s'agit de vous-même) a été soumis à une opération par un savant fou. Le cerveau de la personne en question (votre cerveau) a été séparé de son corps et placé dans une cuve contenant une solution nutritive qui le maintient en vie. Les terminaisons nerveuses ont été reliées à un super-ordinateur scientifique qui procure à la personne-cerveau l'illusion que tout est normal. Il semble y avoir des gens, des objets, un ciel, etc. Mais en fait tout ce que la personne (vous-même) perçoit est le résultat d'impulsions électroniques que l'ordinateur envoie aux terminaisons nerveuses. L'ordinateur est si intelligent que si la personne essaye de lever la main, l'ordinateur lui fait « voir » et « sentir » qu'elle lève la main. En plus, en modifiant le programme, le savant fou peut faire « percevoir » (halluciner) par la victime toutes les situations qu'il désire. Il peut aussi effacer le souvenir de l'opération, de sorte que la victime aura l'impression de se trouver dans sa situation normale. La victime pourrait justement avoir l'impression d'être assise en train de lire ce paragraphe qui raconte l'histoire amusante mais plutôt absurde d'un savant fou qui sépare les cerveaux des corps et qui les place dans une cuve contenant des éléments nutritifs qui les gardent en vie. [...]

Au lieu de ne prendre qu'un cerveau dans une cuve, nous pouvons supposer que tous les êtres humains, peut-être tous les êtres pensants, sont des cerveaux dans une cuve (ou des systèmes nerveux dans une cuve, s'il s'avère que certains êtres au système nerveux minimal sont néanmoins des êtres pensants). Évidemment, le savant fou devrait se trouver à l'extérieur – mais, au fait, est-ce nécessaire ? Il n'y a peut-être pas de savant fou. C'est certainement absurde, mais peut-être l'univers n'est-il qu'une machine automatique qui s'occupe d'une cuve remplie de cerveaux et de systèmes nerveux.

Supposons à présent que la machine automatique soit programmée pour nous faire ressentir des hallucinations *collectives* plutôt que des hallucinations individuelles sans rapport entre elles. Ainsi, lorsque j'ai l'impression de vous parler, vous avez l'impression d'entendre mes paroles. Bien sûr, mes paroles n'atteignent pas réellement vos oreilles – parce que vous n'avez pas d'oreilles, et que je n'ai pas de bouche ou de langue. En fait, ce qui se passe lorsque je prononce des phrases, c'est que les impulsions efférentes[1] vont de mon cerveau vers l'ordinateur et celui-ci fait que j'« entends » ma propre voix et que je « sens » ma langue bouger, etc., et il fait que vous « entendez » ma voix et que vous me voyez parler. Dans ce cas, on peut dire qu'en un sens nous communiquons effectivement. Je ne me trompe pas sur votre existence réelle ; je me trompe, seulement sur l'existence de votre corps et du monde extérieur, à l'exclusion des cerveaux.

Hilary Putnam, *Raison, vérité et histoire*, Éd. de Minuit, 1981.

1 **les impulsions efférentes :** qui vont du centre vers la périphérie.

DOCUMENT 2

Dans le film *Matrix* de Larry et Andy Wachowski, les individus, réduits à l'état de larves, sont maintenus en vie psychiquement et perçoivent un monde qui n'est que virtuel. Seuls les héros du film, dont les principaux sont Trinity, Morpheus et Neo, parviennent à sortir de l'hallucination collective que constitue la matrice. Sur un mode ludique et fictionnel, le film retrouve une interrogation sceptique très ancienne sur la valeur de nos croyances et de nos certitudes en la réalité du monde.

1. Relevez et expliquez les passages du texte qui montrent que le philosophe Hilary Putnam met le lecteur dans la situation qu'il décrit (document 1).
2. Dégagez la structure du texte et montrez qu'il est construit sur des hypothèses successives (document 1).
3. L'hypothèse de l'existence est-elle remise en question par celle du philosophe (document 1) ? Justifiez.
4. En quoi le film *Matrix* (document 2) peut-il être une illustration de l'hypothèse décrite dans le texte 1.

PRÉPARATION À L'EXAMEN ▸ **Les épreuves du BTS** p. 252

Vers l'écriture personnelle

Certains jeux sont construits sur la création d'un monde virtuel. Leur pratique peut-elle être à l'origine de désiquilibres personnels ?

La vision du monde

La naissance de la peinture abstraite est un événement majeur des années 1910. L'abstraction n'a pas surgi d'une manière spontanée, mais constitue l'aboutissement d'une longue histoire. Quelle succession d'échos et d'influences conduit toute création ?

Le genre
Le tableau représente un paysage, mais celui-ci, transfiguré par la couleur, devient à peine visible. Travaillant sur des effets de lumière, le peintre fait de la couleur l'enjeu de son travail.

Les couleurs
André Derain appartient au mouvement des fauves. Les couleurs sont vives, éclatantes. Le peintre ne cherche pas à les rendre conformes à la réalité. C'est le contraste entre elles qui crée l'éblouissement du soleil sur l'eau.

André Derain (1880-1954), *Effets de soleil sur l'eau*, 1905. Huile sur toile, 80 x 99 cm.

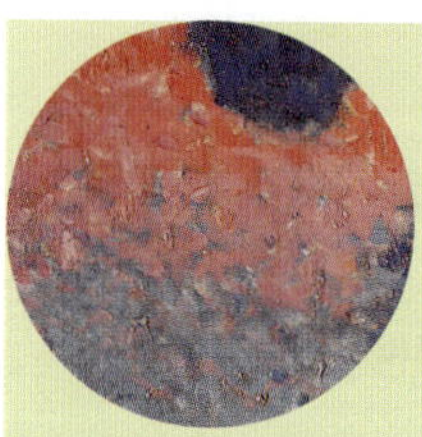

La touche
Les couleurs sont posées par touches assez épaisses. Horizontales, elles créent un effet de scintillement ; verticales, elles s'imbriquent les unes aux autres passant sans rupture nette de la végétation aux nuages. Les détails ont totalement disparu.

La composition
Le tableau est organisé selon de grands ensembles chromatiques qui paraissent se répondre. Le bleu des nuages se retrouve dans l'eau, comme le jaune et le rouge du ciel ; le vert est lui-même partagé par une ligne bleue.

Gino Severini (1883-1966), *Dynamisme de forme-lumière dans l'espace*, 1913. Huile sur toile, 100 x 73 cm.

Les références d'une image

Une image est généralement caractérisée par un auteur, un titre, la date de sa réalisation, la technique utilisée (peinture à l'huile sur toile, gouache sur papier, fresque…) et des dimensions (la première dimension étant toujours la hauteur). Le titre a un rôle déterminant dans la lecture de l'image et en oriente l'interprétation comme le montre le tableau de Derain ou celui de Severini. La date permet de mettre en relation l'image et son contexte. La technique explique certaines caractéristiques comme les effets de transparence dans la peinture à l'huile. La lecture des dimensions permet de saisir l'impact de l'image sur le spectateur.

1. La composition : en analysant la disposition des formes et des couleurs, expliquez pourquoi chaque œuvre apparaît équilibrée.
2. Le thème : en analysant les titres des deux tableaux, présentez la différence de thème entre l'œuvre de Gino Severini et celle de André Derain.
3. La couleur : repérez des parties à fort effet de contraste dans les deux œuvres.
4. La touche : en comparant la technique de Severini et celle de Derain, présentez ce qui rapproche les deux artistes.

PRÉPARATION À L'EXAMEN ► **Les épreuves du BTS** p. 252

Vers la synthèse

En vous appuyant sur l'analyse des deux œuvres, confrontez la vision du monde dans le tableau d'André Derain et dans celui de Gino Severini.

Organiser une recherche documentaire

La préparation de la recherche

Le thème et la problématique. Avant de commencer, il faut clarifier le thème avec un dictionnaire. On décompose ce thème par sous-thèmes, qu'il faudra confirmer. On dresse une série de mots clés.
La problématique s'exprime sous la forme d'une question qui oriente et cadre le travail à engager. C'est à partir de celle-ci que se délimite le sujet. Un plan provisoire peut alors organiser les pistes de travail
Les lieux de la recherche. En fonction du thème, on établit une stratégie : quels lieux et quels outils mobiliser ? Bibliothèque personnelle, CDI, médiathèque, ordinateur personnel ou public. Les terminaux informatiques des bibliothèques permettent de repérer les documents par différentes entrées : auteurs, titres, sujets, supports.

Les ouvrages à consulter

Les ouvrages encyclopédiques. Le dictionnaire encyclopédique fournit une vue d'ensemble sur le thème : définition, histoire, contexte, personnages. C'est l'ouvrage à consulter en premier pour situer et cadrer la recherche. Sur support électronique, cédéroms ou Internet, il propose aussi des images et du son. Un index indique pour chaque mot clé les rubriques auxquelles se reporter.
Les ouvrages de référence. Les titres de certaines collections abordent le thème de manière exhaustive et servent à en approfondir chaque aspect.

Le relevé des informations

La presse et les sites. On affine sa recherche par des articles de presse et des sites Internet dédiés à la question. Sur Internet, les annuaires et les moteurs de recherche renvoient vers de nouvelles pistes. On utilise les fonctions avancées pour éliminer les nombreux sites inutiles.
Les commentaires. On les relève sur des fiches, en dégageant les points forts : la donnée de base qui décrit le phénomène, une évolution, un auteur incontournable, les débats et les controverses importantes. On note des citations. Chaque fiche est identifiée par un mot clé.
Les sources. Il s'agit d'identifier clairement les textes et les données qui sont le support du travail. Elles doivent être scrupuleusement relevées On relève pour chaque document ses références : titre, auteur, cote, page, site. On élimine tout document provenant d'un site éphémère ou peu fiable.

La rédaction du document de synthèse

Le plan du document de synthèse. La documentation doit être ordonnée. On réorganise donc, au fur et à mesure des découvertes, le plan provisoire établi lors de la préparation. On nomme par des titres informatifs les parties et les sous-parties, en vérifiant la logique du plan du document de synthèse.
La rédaction du document de synthèse. À partir des fiches, on rédige un texte de synthèse, structuré en fonction du plan choisi, qui reformule les connaissances acquises lors de la recherche. En annexe : la liste des documents utilisés. L'ensemble – fiches, documents de synthèse, annexes – est rassemblé dans un dossier paginé.

Exercice 1

Vous préparez un exposé sur le thème la famille. Dans quel ordre faudrait-il consulter ces ouvrages de référence ?

1. Encyclopaedia Universalis.
2. Dictionnaire Le Robert.
3. Encyclopédie Quillet

Exercice 2

Vous préparez une recherche sur l'humanitaire. Organisez par ordre de priorité les mots clés que vous pourriez associer à ce thème.

Mots clés proposés :

les métiers de l'humanitaire ; missions ; droit ; ressources ; formation ; *charity business* ; ONG ; logistique ; médias.

Exercice 3

Vous préparez un exposé sur le climat.

En vous aidant d'un ou de plusieurs des mots clés suivants, formulez une problématique.

Mots clés proposés :

réchauffement ; énergies ; changement ; effet de serre ; développement ; croissance.

Exercice 4

En vue d'un exposé sur l'illettrisme vous cherchez un plan. Les pistes de recherche suivantes ont été trouvées. Constituez un plan provisoire. Justifiez l'ordre choisi.

1. Les chiffres de l'illettrisme
2. Illettrisme et inadaptation sociale
3. Les démarches de remédiation
4. L'illettrisme et l'école

Exercice 5

Vous recherchez des informations sur Internet pour vous informer sur le développement durable. Vous vous apercevez que les sites sont très nombreux. Vous décidez de rétrécir le champ de recherche en modifiant la manière d'interroger les moteurs de recherche.

1. Complétez le tableau ci-dessous.

Développement	47 300 000 pages
Développement durable	10 300 000 pages
"Développement durable"	8 300 000 pages
Développement durable + définition	
"Développement durable + définition"	

2. Rédigez une définition de cette notion à l'aide d'un site fiable et pertinent.

Exercice 6

Vous préparez une recherche sur le thème de l'intégration et de la citoyenneté. De quel débat cette bibliographie témoigne-t-elle ?

- Exclusion/Intégration, site mis à jour 14 octobre 2005, synthèse bibliographique.
- *Étranger et citoyen : les immigrés et la démocratie locale* ; Chevallier, Jacques/Delemotte, Bernard L'Harmattan ; Licorne, 1996. 174 p.
- *Éduquer le citoyen ?* ; Canivez, Patrice ; Hatier, 1995. 159 p.
- *La Citoyenneté* ; Le Pors, Anicet ; PUF, 1999. 128 p. (Que sais-je ?)
- *Les Théories de l'intégration : entre universalisme et différentialisme* ; Boucher, Manuel ; L'Harmattan, 2000. 350 p,
- *Une société fragmentée ? Le multiculturalisme en débat* ; Wieviorka, Michel ; La Découverte, 1997. 324 p.

Exercice 7

Sélectionnez les informations qui peuvent enrichir une recherche sur les conséquences du vieillissement de la population en France.

Au 1er janvier 2002, l'Insee dénombrait plus de 12,2 millions de personnes de plus de 60 ans en France métropolitaine, soit plus du quart de la population adulte (plus de 18 ans).

La proportion des plus de 60 ans dans la population française ne cessera de croître dans les deux décennies à venir, passant de 20,6 % en 2000 à 23,1 % en 2010 où elle devrait ensuite dépasser le nombre des plus jeunes (0-20 ans), puisqu'en 2020 ceux-ci ne représen-teraient plus que 22,5 % de la population contre 27,3 % pour les 60 ans et plus.

Cette évolution démographique constitue une menace pour le système des retraites par répartition actuellement en place. L'arrivée de La génération du babyboom et l'allongement de l'espérance de vie se conjuguent pour augmenter la charge des actifs : aujourd'hui, dix actifs financent quatre retraités, en 2040, ils en financeront sept. Si rien n'est changé, l'équilibre des systèmes de retraite sera intenable.

Mais les réformes qui consistent à fiscaliser plus lourdement les revenus des pensionnés, ou à allonger le temps de cotisation, ne sont pas faites pour ravir les retraités, actuels et futurs. La capitalisation, ou bien encore la taxation des transactions financières, appartiennent à des doctrines radicalement opposées entre elles.

Nicolas Journet, « La montée des seniors », *Sciences Humaines*, hors-série n° 50, septembre - octobre 2005.

Exercice 8

Dans le cadre de l'étude du thème « La parole et le dialogue », vous devez préparer un exposé sur la *diversité des langues*.

1. Faites l'inventaire de vos connaissances.

2. Approfondissez vos connaissances sur le sujet à l'aide du dictionnaire et d'une encyclopédie.

3. Sélectionnez trois articles de revues parus en 2005 qui abordent ce sujet.

Exercice 9

Dans le cadre d'une étude sur les pandémies, vous cherchez des informations sur la peste et particulièrement sur son apparition en Europe du XVe au XVIIIe siècle.

1. Approfondissez le sujet à l'aide d'une encyclopédie.

2. Esquissez un plan provisoire.

3. Sélectionnez deux ouvrages et deux articles de revues.

Exercice 10

Dans le cadre d'un thème, « La transformation des modes de vie », vous étudiez l'impact des techniques sur la musique.

Quelles pistes de recherches peut fournir le point de vue développé dans l'article suivant ?

L'Internet a rendu possibles de nouveaux comportements coopératifs. Les logiciels de « peer-to-peer » servent à télécharger des fichiers, et en même temps à mettre ses propres fichiers à la disposition des autres. Cette « toile dans la toile » a initié un gigantesque échange planétaire de fichiers musicaux au format MP3.

Côté majors, comme on pouvait s'y attendre, c'est la guerre. Les CD sont verrouillés par des protections qui empêchent la copie privée légale. Les internautes sont présentés comme des pirates dans une campagne massive d'intoxication et de lobbying. Les élus nationaux et européens font l'objet de pressions, certains aspects des récentes lois sécuritaires en sont le résultat direct.

Pourtant, le téléchargement n'est pas pour grand-chose dans les difficultés de l'industrie du disque et la chute des ventes de CD. En réalité, la production a diminué au rythme des mégafusions de la dernière décennie, pour en arriver à un maigre filet de bien peu d'intérêt, noyé dans l'océan des rééditions et des compilations qui ne coûtent rien. En cessant de produire et en cherchant à tout prix le profit rapide, les majors ont scié leur propre branche.

Benoît Widemann, *Le Web de L'Humanité*, 21 août 2004..

Exercice 11

1. Quels sont les aspects positifs de l'individualisme relevés par François de Singly, dans son essai *L'individualisme est un humaniste* (Éditions de l'Aube, 2005) ?

2. Cherchez des informations sur ses aspects négatifs afin de présenter un point de vue équilibré sur le thème « Le souci de soi ».

« Dans cet essai, François de Singly répond aux détracteurs de l'individualisme. Il fait comprendre comment l'individualisme dessine l'idéal d'une société où il n'y aurait plus "ni juif, ni Grec..., ni esclave, ni libre..., ni homme, ni femme" (Paul, *Épître aux Galates*), mais où chacun serait un individu "à part entière". Souvent on pense l'individualisme comme le règne de la concurrence généralisée, de la guerre de tous contre tous, et du libéralisme économique. C'est oublier que l'individualisme occidental est tout autre chose : avoir, par exemple, le droit d'aimer quelqu'un sans intervention familiale, participer à une élection démocratique et aux décisions concernant sa vie... »

Présentation de l'éditeur.

Exercice 12

Dans le cadre de l'étude du thème « La fête », vous cherchez à comprendre la tradition de Noël.

1. Recherchez la définition du thème et les mots clés qui peuvent lui être associés.

2. Mettez au point votre problématique. Établissez un plan provisoire.

3. Cherchez des informations dans les encyclopédies et les documents archivés au CDI.

4. Recensez les sites Internet consacrés à Noël. Sans oublier, l'histoire, la famille, l'économie.

5. Triez, pour améliorer la qualité des informations recueillies.

6. Réalisez votre document de synthèse décrivant le phénomène, expliquant son origine et ses effets humains et économiques sur la société.

Les épreuves du BTS

• Méthode • Exemple • Exercices

Sommaire

Les épreuves du BTS

Méthode • Exemple • Exercices •

L'étude des textes du dossier de la synthèse

Un dossier de synthèse propose toujours un mélange de documents : un ou plusieurs textes d'idées, un extrait de roman, de théâtre ou de poésie. Il faut savoir en extraire les informations nécessaires à la rédaction.

La lecture des documents

➤ **Lisez la consigne.** Elle précise le thème et parfois la problématique de la synthèse.

➤ **Découvrez le dossier.** Au cas où la problématique ne serait pas proposée par le sujet, proposez, après une première lecture des documents, une hypothèse pour orienter leur étude.

L'étude d'un texte d'idées

➤ **Recherchez les données utiles à la synthèse.** Le texte d'idées peut constater et analyser un phénomène, de manière à le faire comprendre, en chercher les causes et les conséquences, proposer des solutions. Il peut argumenter une opinion, défendre une thèse.

➤ **Analysez la composition du texte.** Étudiez les étapes successives de l'explication, de l'analyse ou de l'argumentation. Vous pourrez éventuellement les réutiliser dans le plan de la synthèse.

➤ **Sélectionnez les données.** Conservez uniquement, sans les déformer, les idées et les exemples du texte qui concernent le sujet.

Exemple : texte d'idées d'une synthèse traitant du droit de mourir

Toute culture a ses propres règles de fonctionnement et cherche à se protéger des comportements, des émotions ou des pulsions qui lui paraissent étrangers et qui la déstabilisent.

Donnée utile : une société se protège de toute déstabilisation

Cette réaction d'autodéfense est d'autant plus vive en période de crise. La chasse aux boucs émissaires devient donc une tentative pour rétablir l'équilibre.

Donnée utile : en crise, elle cherche des boucs émissaires

Marie-Claude Lavallée.

L'étude d'un texte de roman

➤ **Recherchez à quels aspects du thème de la synthèse le document se réfère.** Analysez les personnages, les éléments de l'intrigue ou du décor pour découvrir les idées dont ils sont porteurs.

➤ **Sélectionnez les données.** Conservez l'interprétation des éléments de cette fiction ou les illustrations des idées du texte argumentatif qu'ils permettent.

Exemple : texte de roman d'une synthèse traitant du fonctionnement des sociétés

On me donne à manger. On me donne de l'or. Beaucoup d'or. Mais je n'ai pas le droit de le dépenser. Personne ne veut rien me vendre. J'ai une maison et beaucoup d'or, mais je dois digérer la honte de tout le village. Ils me paient pour que j'aie des remords à leur place. De tout ce qu'ils font de mal ou d'impie. De tous les vices. De leurs crimes.

Boris Vian, *L'Arrache-cœur*, Éd. Jean-Jacques Pauvert, 1962.

Donnée utile : Le village a besoin d'un bouc émissaire, qu'il paie pour garantir sa tranquillité

Donnée utile : un bouc émissaire expie les fautes à la place des vrais coupables

L'étude d'un texte de poésie

➤ **Recherchez le lien entre le poème et la synthèse.** Demandez-vous quels aspects du thème et de la problématique trouvent un écho dans le poème.

➤ **Analysez les effets de style.** Vérifiez s'ils soulignent les impressions ou les idées suggérées par le poème.

➤ **Conservez les données utiles.** Gardez les éléments qui concernent la problématique pour les confronter aux autres documents.

Exemple : poème inclus dans un dossier traitant du rapport à la mort

C'est la Mort qui console, hélas ! et qui fait vivre ;
C'est le but de la vie, et c'est le seul espoir
Qui, comme un élixir, nous monte et nous enivre,
Et nous donne le cœur de marcher jusqu'au soir.

Charles Baudelaire, *Les Fleurs du mal*, CXXII, 1857.

Donnée utile : la mort est un espoir et une consolation pour les malheureux

L'étude d'un texte de théâtre

➤ **Recherchez les liens entre la synthèse et le texte.** Analysez les indications éventuelles concernant les mouvements, les costumes, les lieux, les décors. Dégagez le sens des paroles prononcées par les personnages.

➤ **Conservez les données utiles.**

Exemple : extrait d'une pièce de théâtre dans une synthèse sur l'art.

Chez Serge. Posée à même le sol, une toile blanche, avec de fins liserés blancs transversaux. Serge regarde, réjoui, son tableau.
Marc regarde le tableau. Serge regarde Marc qui regarde le tableau.
Un long temps où tous les sentiments se traduisent sans mot.
MARC. – *Comment s'appelle le…*
SERGE. – *Peintre. Antrios.*
MARC . – *Connu ?*
SERGE . – *Très. Très !*
Un temps.
MARC . – *Serge, tu n'as pas acheté ce tableau deux cent mille francs ?*
SERGE . – *Mais mon vieux, c'est le prix. C'est un ANTRIOS !*
MARC . – *Tu n'as pas acheté ce tableau deux cent mille francs !*
SERGE . – *J'étais sûr que tu passerais à côté.*
MARC . – *Tu as acheté cette merde deux cent mille francs ?! »*

Yasmina Reza, *Art*, Albin Michel, 2002.

Donnée utile : c'est la célébrité du peintre qui fait la valeur du tableau pour son propriétaire.

Donnée utile : ce n'est pas sa qualité esthétique qui fait la valeur du tableau, c'est son coût.

Exemple d'étude des textes du dossier de la synthèse

SUJET. Vous ferez une synthèse objective, concise et ordonnée des documents suivants qui traitent de l'ambition.

DOCUMENT 1

À l'époque, je devais avoir des mains d'ange, une frimousse de petite fille sage et polie, qui ne dit rien, qui fait tout ce qu'on lui demande de faire. J'étais première de la classe sans efforts. Mais quand je disais que je voulais devenir plus tard mécanicienne, ma mère hurlait en se tordant les mains, persuadée que la voisine nous avait jeté un mauvais sort parce que je réussissais à l'école, à la différence de ses enfants à elle. Oui, je rêvais d'être mécanicienne dans un grand garage où je serais habillée de bleu et où je donnerais des ordres aux hommes qui traînasseraient au lieu de travailler. Mon rêve était beau. Je me voyais couverte de graisse et de suie, la tête enfouie dans le moteur d'une grosse cylindrée, inhalant l'essence, les gaz d'échappement. Il n'y avait que moi pour trouver de la beauté à ce rêve.

Tahar Ben Jelloun, *Les Raisins de la galère*, 1996. Éd. Fayard.

Idées en lien avec la problématique

Ambition = réalisation d'un rêve personnel, contre le désir d'une mère

Ambition = savoir bousculer les conventions sociales

L'ambition a besoin de soutien

DOCUMENT 2

Le mot « Ambition », quand il est seul, se prend ordinairement en mauvaise part. Il ne peut être pris dans un sens favorable que lorsqu'il est joint à quelque épithète qui le modifie. On parle alors d'une « noble », « généreuse » ou « louable » ambition. Il ne s'agit plus de viser la fortune, la gloire, les honneurs ou la puissance mais un objet collectif, un idéal qui transcende la personne de l'ambitieux.

On voit donc que le tort majeur de l'ambitieux est de travailler pour son seul compte. Il est non seulement coupable d'indifférence au sort des autres, mais, pire encore, il veut s'échapper de la condition commune et s'élever au-dessus de ses semblables. Là aussi est le mal pour toutes les philosophies qui proclament que le Bien et la Vertu consistent justement à rester à sa place. Sortir de la condition dans laquelle Dieu nous a fait naître est une erreur fondamentale qui défie l'ordre établi.

Élisabeth Badinter, *Émilie, Émile ou l'Ambition féminine au XVIIIe siècle*, Flammarion, 1983.

Idées en lien avec la problématique

« Noble ambition » = objectif collectif, idéal qui dépasse le projet purement personnel

Si ambition = sortir de sa condition, c'est un projet condamnable, car il défie l'ordre établi

DOCUMENT 3

Le berger et la mer

Du rapport d'un troupeau dont il vivait sans soins,
Se contenta longtemps un voisin d'Amphitrite[1]:
Si sa fortune était petite,
Elle était sûre tout au moins.
À la fin, les trésors déchargés sur la plage
Le tentèrent si bien qu'il vendit son troupeau,
Trafiqua[2] de l'argent, le mit entier[3] sur l'eau.
Cet argent périt par naufrage.
Son maître fut réduit à garder les brebis,
Non plus berger en chef comme il était jadis,
Quand ses propres moutons paissaient sur le rivage :
Celui qui s'était vu Coridon ou Tircis[4]
Fut Pierrot[4] et rien davantage.
Au bout de quelque temps, il fit quelques profits,
Racheta des bêtes à laine ;
Et comme un jour les vents, retenant leur haleine,
Laissaient paisiblement aborder les vaisseaux :
« Vous voulez de l'argent, ô Mesdames les Eaux,
Dit-il, adressez-vous, je vous prie, à quelque autre :
Ma foi, vous n'aurez pas le nôtre. »

Ceci n'est pas un conte à plaisir inventé.
Je me sers de la vérité
Pour montrer par expérience,
Qu'un sou, quand il est assuré,
Vaut mieux que cinq en espérance ;
Qu'il se faut contenter de sa condition ;
Qu'aux conseils de la mer et de l'ambition
Nous devons fermer les oreilles.
Pour un qui s'en louera, dix mille s'en plaindront.
La mer promet monts et merveilles :
Fiez-vous-y, les vents et les voleurs viendront .

Jean de La Fontaine, *Fables,* Livre 4, 2

Idées en lien avec la problématique

Ambition = désir de s'enrichir = prise de risques

Ambition = prise de risques = possibilité de tout perdre

Sagesse = renoncer à l'ambition

Il faut se contenter de ce que l'on a et accepter sa condition

1 un habitant du bord de mer. Amphitrite est la déesse grecque de la mer, épouse de Poséidon.

2 fit du commerce maritime avec l'argent de la vente

3 le plaça entièrement

4 noms de bergers dans *Les Bucoliques,* de Virgile. Ils sont propriétaires de leurs troupeaux, alors que le nom de Pierrot est réservé au paysan.

Entraînement

Exercice 1

1. Le texte cherche-t-il à expliquer ou à argumenter ?

2. Quel est son thème ?

3. Pour répondre à la problématique : « les fonctions de la publicité », quelles informations faut-il conserver ?

La réalité et l'importance des représentations sociales sont sensibles tous les jours. Prenons, par exemple, le cas de la publicité relative aux soins du corps et à l'habillement. Les discours et images qu'elles dispensent par le canal des médias et affiches ne nous informent pas seulement sur les diverses qualités des produits accessibles sur le marché. Ils nous donnent aussi une vision de ce que sont et doivent être l'homme et la femme d'aujourd'hui, sur la scène publique et dans la vie privée. Il s'agit de véritables représentations, élaborées au terme d'un examen soigneux des attentes du public et des contraintes de la production. Les images et les significations transmises décrivent, expliquent et prescrivent à la fois : elles fournissent un mode d'emploi pour atteindre les formes canoniques d'une époque, se présenter ou se conduire en société ou dans l'intimité, évaluer les autres et se situer par rapport à eux.

Denise Jodelet, « Les représentations sociales : regard sur la connaissance ordinaire », *Sciences Humaines*, n° 27, avril 1993.

Exercice 2

1. Quel est le problème abordé par ce texte ?

2. Relevez les informations à retenir qui concernent ce problème.

C'est souvent dans sa chambre, loin des regards adultes, que chaque enfant refait le monde avec ses jouets. Et si un œil plus ou moins indiscret vient se poser sur lui, il peut transformer l'action pour conserver son jardin secret. S'il arrive que l'enfant s'exhibe dans des jeux, c'est plus volontiers à partir d'activités physiques qui lui permettent de montrer son adresse. Quand il utilise ses jouets avec des camarades de jeu, la présence de pairs influence le jeu et le transforme. Règle négociée et compromis organisent le jeu en commun. Bien souvent le jouet renvoie l'enfant à sa solitude – n'a-t-il pas été en partie fait puis offert pour meubler ces moments ? –, dimension considérée comme négative, mais dont il faut saisir le versant positif ; c'est ce qui permet à l'enfant de construire, seul, un univers autour de l'objet. C'est sans doute à travers cette solitude (enfant unique, urbanisation, chambre individuelle) que le jouet s'est développé dans notre société. En conséquence, il nous dirige vers le jardin secret de l'enfant, difficile à saisir pour l'adulte volontiers envahisseur.

Gilles Brougère, « Jouet n'est pas jouer », coll. Mutations, *Autrement*, n° 133, novembre 1992.

Exercice 3

Ce texte fait partie d'une synthèse traitant de l'attitude qui consiste à dédaigner la mort. Quelles informations utiles à la synthèse contient-il ?

– Commandant, s'écria le second du bord, en entrant dans la cabine du capitaine, le bateau est en train de sombrer !

– Certes, certes, M. Spoker, répondit le capitaine, mais ce n'est pas une raison suffisante pour vous promener ainsi à moitié rasé. Exercez un peu votre esprit M. Spoker, et vous verrez que, aux yeux du philosophe, notre situation n'a pas changé. S'il faut admettre que le bateau va couler, on peut dire qu'il n'a pas cessé de couler depuis son lancement.

– Il s'enfonce très rapidement, reprit le second, en revenant rasé cette fois.

Ils trouvèrent dans la Sainte-Barbe[1] un vieux loup de mer en train de fumer sa pipe.

– Grands Dieux, s'écria le capitaine, vous rendez-vous compte de ce que vous faites ?

– Ma foi, commandant, répondit le vieux loup de mer, en guise d'excuse, on vient de me dire que le bateau était en train de couler.

– Admettons que ce soit vrai, dit le capitaine. Aux yeux du philosophe, notre situation reste inchangée. La vie, mon vieux camarade, la vie à n'importe quel moment et quel que soit le point de vue dont on la considère, est tout aussi dangereuse qu'un bateau en train de couler ; et cependant l'homme a la noble attitude de porter un parapluie, de mettre des caoutchoucs, d'entreprendre de grandes choses et de se conduire en tout comme s'il ne devait jamais mourir. Et en ce qui me concerne, je dois vous avouer humblement que je mépriserais celui qui, à bord d'un bateau en train de couler, croirait bon de ne pas avaler le remède qu'il doit prendre ou de remonter sa montre : car cela, mon ami, ne serait pas une attitude humaine.

– Je vous demande pardon commandant, fit M. Spoker. Mais quelle différence existe-t-il entre se raser sur un bateau en train de couler et fumer dans la Sainte-Barbe[1] ?

– Ou faire n'importe quoi d'autre dans n'importe quelle autre circonstance ? s'exclama le capitaine. Voilà qui est parfaitement concluant. Donnez-moi un cigare.

Deux minutes plus tard, le bateau était réduit en miettes par une splendide explosion.

Robert Louis Stevenson, *Le Pourvoyeur de cadavres*, trad. par François Rivière, Éditions Marginalia.

1. Sainte-Barbe : magasin où est entreposée la poudre à canon.

Exercice 4

Ce document fait partie d'une synthèse consacrée à la sérénité face à la mort. Quelles informations faudrait-il garder ?

Tu te rappelles ses silences entre deux prières ; chaque ride était une tendresse. Il nous reste la sérénité et la lumière de cette journée. On l'a lavée et parfumée à l'eau de rose et de jasmin. Elle aimait sa fraîcheur. On l'a enveloppée dans ce linceul qu'elle avait acheté il y a longtemps, peut-être avant que tu ne naisses. Elle le parfumait à chaque fête. C'est ce même linceul qu'elle envoya à La Mecque où il séjourna trois jours et trois nuits. Elle qui ne savait pas écrire avait dessiné sur ce drap des roses et des étoiles. Elle le gardait soigneusement au fond de sa valise.

Tu te souviens ? Elle nous disait : « C'est dans la plus belle des robes que je désire arriver chez le prophète. Sa lumière, sa clarté, sa beauté méritent le bonheur de mourir. »

Tahar Ben Jelloun, *Les amandiers sont morts de leurs blessures*, La Découverte, 1976.

Exercice 5

Cet extrait fait partie d'une synthèse consacrée à la propagande. Quelle information délivre-t-il à ce sujet ?

Leipzig, 1934. *Le bureau du directeur dans une usine.*

Un speaker portant un micro s'entretient avec un vieil ouvrier, un ouvrier d'âge moyen et une ouvrière. Dans le fond un monsieur de la Direction et un individu de carrure athlétique en uniforme de S.A.

LE SPEAKER : Nous sommes au milieu de volants et de courroies qui roulent et qui tournent, entourés de camarades qui travaillent avec une ardeur inlassable, apportant leur contribution à cette grande entreprise : fournir à notre chère patrie tout ce dont elle a besoin. Nous visitons ce matin les Filatures Fuchs. Et bien que le travail soit dur, bien que les muscles soient tendus, nous ne voyons autour de nous que des visages joyeux, que des visages heureux. Mais laissons parler nos camarades eux-mêmes. *(Au vieil ouvrier :)* Vous êtes depuis vingt et un ans dans l'usine, Monsieur...

LE VIEIL OUVRIER : Sedelmaier.

LE SPEAKER : Monsieur Sedelmaier. Eh bien, Monsieur Sedelmaier, comment se fait-il que nous ne voyions sur ces visages que gaieté et que bonne humeur ?

LE VIEIL OUVRIER, *après un instant de réflexion :* Ils sont tout le temps à se raconter des histoires drôles.

LE SPEAKER : Bien. Certes, et les plaisanteries enjouées rendent le travail facile, n'est-ce pas ? Le national-socialisme ne connaît pas le pessimisme ennemi de la vie, c'est ce que vous pensez. Autrefois il en allait autrement, n'est-ce pas ?

Bertolt Brecht, *Grand-Peur et misère du IIIe Reich*, trad. Maurice Regnaut, André Steiger, Éd. L'Arche 1971.

Exercice 6

Ces poèmes font partie d'une synthèse sur la souffrance de la disparition de l'être aimé. Relevez les informations utiles à la réalisation de cette synthèse.

TEXTE 1

Notre vie

Notre vie tu l'as faite elle est ensevelie
Aurore d'une ville un beau matin de mai
Sur laquelle la terre a refermé son poing
Aurore en moi dix-sept années toujours plus claires
Et la mort entre en moi comme dans un moulin
Notre vie disais-tu si contente de vivre
Et de donner la vie à ceux que nous aimions
Mais la mort a rompu l'équilibre du temps
La mort qui vient la mort qui va la mort vécue
La mort visible boit et mange à mes dépens
Morte visible Nush[1] invisible et plus dure
Que la soif et la faim à mon corps épuisé
Masque de neige sur la terre et sous la terre
Source des larmes dans la nuit masque d'aveugle
Mon passé se dissout je fais place au silence.

Paul Éluard, *Derniers Poèmes d'amour*, Seghers, 1943.

1. Nush : épouse de Paul Éluard. Sa mort le bouleversa.

TEXTE 2

Comme on voit sur la branche au mois de mai la rose,
En sa belle jeunesse, en sa première fleur,
Rendre le ciel jaloux de sa vive couleur,
Quand l'Aube de ses pleurs au point du jour l'arrose ;

La grâce dans sa feuille, et l'amour se repose,
Embaumant les jardins et les arbres d'odeur ;
Mais battue ou de pluie, ou d'excessive ardeur,
Languissante elle meurt, feuille à feuille déclose.

Ainsi en ta première et jeune nouveauté,
Quand la Terre et le Ciel honoraient ta beauté,
La Parque[1] t'a tuée, et cendre tu reposes.

Pour obsèques reçois mes larmes et mes pleurs,
Ce vase plein de lait, ce panier plein de fleurs,
Afin que vif et mort ton corps ne soit que roses.

Pierre de Ronsard, « Sur la mort de Marie », second livre des *Amours*, 1578.

1. La Parque : déesse de la mort.

Entraînement

Exercice 7

Ces documents sont extraits d'une synthèse intitulée : « Pourquoi parle-t-on ? » Cherchez les informations utiles au traitement de ce sujet.

DOCUMENT 1

J'appelle « parlure vacante » cette forme d'interaction verbale réduite à son strict minimum et qui consiste à « parler pour ne rien dire ». En réalité, on parle toujours pour dire quelque chose, mais il arrive assez souvent qu'on ne dise pas ce qu'on voudrait dire, ou que ce que l'on veut dire semble ne pas mériter d'être entendu. Parler, sans vraiment avoir l'air de le faire, de la pluie et du beau temps (« Fait beau aujourd'hui » – « Pourvu que ça dure »), ce n'est pas vraiment parler du temps qu'il fait, mais bien garnir de mots, dépourvus en apparence de toute charge émotionnelle, un contact fortuit qui ne recouvre en principe aucune négociation ou transaction.

Claude Javeau, « Les rituels du petit mensonge organisé », *Sciences Humaines*, n° 88, novembre 1998.

DOCUMENT 2

Un silence. Ils se regardent à la dérobée comme s'ils n'osaient pas aborder « le sujet ».

A, B et C, *brusquement et ensemble.* Et qu'est-ce que...
A Oh, pardon !
B Oh, pardon !
C Oh, pardon !
A, *à B.*
Je vous en prie !
B, *à A.*
Commencez vous-même !
A
Je n'en ferai rien !
B, *à C.*
Alors, c'est à vous !
C, *à A et à B.*
Je voulais vous dire –
puisque vous m'y invitez,
puisque vous m'y invitez si courtoisement,
puisque vous m'invitez si courtoisement que je ne puis refuser –
je voulais vous dire :
En somme, qu'avez-vous su ?
A, *regardant B.*
Ce que nous avons su ?
B, *regardant A.*
Ce que nous avons su ?
A
Eh bien, mais nous avons su
que nous étions tout près de savoir ce qu'il y a à savoir
quand il y a quelque chose à savoir !
B
C'est évident.
C
Oui, mais encore ?
B
Encore quoi ? Voulez-vous que je recommence ?
C
Peut-être que oui ! Peut-être
n'ai-je pas très bien compris...
B, *à A, conciliant.*
Puisqu'il le demande, recommencez !
A
Eh bien, très volontiers,
puisque vous le demandez.
Alors, voici : nous avons su comment on est quand on
se trouve tout près de savoir ce qu'il y a à savoir
lorsqu'il y a quelque chose à savoir !

Jean Tardieu, *La Sonate et les trois messieurs*, Éd. Gallimard, 1990.

Exercice 8

Ces documents sont extraits d'une synthèse qui s'interroge sur les composantes de l'amitié. Relevez dans les documents les informations utiles au traitement du sujet.

DOCUMENT 1

Mais comment définit-on habituellement l'amitié ? Ce qui ressort, en dépit de certaines variations, c'est la très forte convergence des témoignages concernant la représentation et les critères de l'amitié. Le thème le plus souvent invoqué par les personnes interrogées est la communication : l'amitié arrache le moi à la solitude, permet l'échange et les confidences. « *Pouvoir se confier* », « *être vraiment compris* » sont donnés comme preuve d'une amitié intime. Les amis ont toujours plaisir à être réunis, mais ils peuvent supporter l'absence.

Le souci de l'entraide vient au second rang des fréquences dans le discours tenu par nos sujets. En effet, les histoires d'amitié se réfèrent souvent à des épreuves : « *C'est dans le malheur qu'on découvre (ou qu'on reconnaît) un véritable ami.* » Le critère de l'adversité et du sacrifice constitue à lui seul près du quart des réponses des membres de nos échantillons à une de nos questions.

Puis vient un troisième thème, celui de la fidélité : elle apparaît comme un défi au temps, sinon à la mort. À ce niveau, on enregistre une sorte d'hymne à l'amitié, promu « lien sacré ». L'homme de la modernité retrouve ainsi une maxime antique : « *Qui cesse d'être ami ne l'a jamais été.* »

Le critère de l'adversité et du sacrifice constitue à lui seul près du quart des réponses des membres de nos échantillons à une de nos questions.

Assistance et compassion confirment à l'autre pôle du destin les joies partagées aux jours heureux ; ce recours dont l'absence arrachait jadis à Rutebœuf sa triste complainte :

« *Que sont mes amis devenus que j'avais de si près tenus et tant aimés !*

Ce sont amis que vent emporte et il ventait devant ma porte les emporta... »

En toute occurrence, l'amitié est placée à un rang très élevé (parfois le premier) dans l'échelle des valeurs. Les sujets interrogés refusent majoritairement de sacrifier leurs amis aux urgences professionnelles ou à des considérations de prestige ou de promotion sociale.

On constate également que la moitié des personnes qui déclarent ne posséder actuellement aucun ami (environ 10 % des échantillons) n'en adoptent pas moins une attitude révérentielle envers ce qu'elles considèrent pourtant comme une utopie. Tout se passe comme si elles continuaient à subir l'ascendant d'un modèle idéal, ou à ressentir la nostalgie d'un lien rompu; bonheur rêvé, bonheur perdu...

Jean Maisonneuve, « Les joies de l'amitié », *Sciences Humaines*, n° 75, août / septembre 1997.

DOCUMENT 2

BORIS VIAN[1]

À Ursula.

I

Sa date de naissance
sa date de décès
ce fut langage chiffré
Il connaissait la musique
il savait la mécanique
les mathématiques
toutes les techniques
et les autres avec
On disait de lui qu'il n'en faisait qu'à sa tête
on avait beau dire
il en faisait surtout à son cœur
Et son cœur lui en fit voir de toutes les couleurs
son cœur révélateur
Il savait trop vivre
il riait trop vrai
il vivait trop fort
son cœur l'a battu
Alors il s'est tu
Et il a quitté son amour
il a quitté ses amis
mais ne leur a pas faussé compagnie.

II

Boris jouait à la vie
comme d'autres à la Bourse
aux gendarmes et aux voleurs
Mais pas en tricheur
en seigneur
comme la souris avec le chat
dans l'écume des jours
les lueurs du bonheur
Comme il jouait de la trompette
ou du crève-cœur
Et il était beau joueur
sans cesse il remettait sa mort
au lendemain
Condamné par contumace
il savait bien qu'un jour
elle retrouverait sa trace
Boris jouait à la vie
et avait des bontés pour elle
Il l'aimait
comme il aimait l'amour
en vrai déserteur du malheur.

Jacques Prévert, « Boris Vian » in *Fatras*.

1. Boris Vian, écrivain, musicien, ami de Jacqus Prévert, est décédé d'une crise cardiaque le 23 juin 1959, à l'âge de 39 ans.

Exercice 9

Ces documents font partie d'une synthèse qui porte sur les différentes perceptions du travail. Extrayez dans ces documents ce qui est utile au traitement de ce sujet.

DOCUMENT 1

Pendant très longtemps, le travail a été considéré comme une punition, voire une malédiction. Le paradis terrestre, d'où Adam et Eve furent chassés, se caractérisait notamment par le fait qu'on n'était pas obligé d'y travailler. L'origine latine du verbe travailler, *tripaliare,* signifie torturer avec un *trepalium,* instrument à trois pieux utilisé pour ferrer les bœufs. Condition de la « richesse des nations » selon l'économiste Adam Smith, mais aussi de celle des individus, le travail manifestait pour Marx l'exploitation de l'homme par l'homme et constituait la cause de son aliénation. Cette vision a été renforcée par la division du travail qui s'est s'opérée tout au long du XXe siècle, dans le but de le rendre plus productif.

Pourtant, le rapport au travail a longtemps gardé un caractère *affectif,* lié au partage de valeurs et de pratiques communes (culture d'entreprise), au sentiment de participer à une œuvre collective. Il a même été le lieu principal de la sociabilité, en complément de la famille.

Gérard Mermet, *Francoscopie 2003,* Larousse.

Entraînement

DOCUMENT 2

La première condition du bonheur est que l'homme puisse trouver joie au travail. Il n'y a vraie joie dans le repos, le loisir, que si le travail joyeux le précède.

Le travail le plus pénible peut être accompagné de joie dès que le travailleur sait pouvoir goûter le fruit de sa peine. La malédiction commence avec l'exploitation de ce travail par un autrui mystérieux qui ne connaît du travailleur que son « rendement ».

N'as-tu pas vu certains prendre plaisir à des sports plus pénibles et plus risqués que les plus durs et dangereux labeurs ? La malédiction n'est pas dans la peine, mais dans l'effacement de cette peine, la résorption au profit de ce qui ne participe pas à l'effort. Dès que le travail devient tâche dont l'ouvrier cherche à se délivrer au plus vite, dont il souhaite être quitte, toute joie l'abandonne. La joie n'habite l'effort que lorsque celui-ci tend à la perfection, même sans que l'émulation l'accompagne. La joie s'en va dès que cette perfection n'est assurée que par contrainte.

André Gide, *Journal*, 4 août 1935, Éd. Gallimard.

Exercice 10

Ces documents sont extraits d'un dossier qui s'interroge sur l'amour maternel. Extrayez les informations utiles à la réalisation de cette synthèse.

DOCUMENT 1

L'histoire du comportement maternel des Françaises depuis quatre siècles n'est guère réconfortante. Elle montre non seulement une grande diversité d'attitudes et de qualité d'amour mais aussi de longues périodes de silence. Certains diront peut-être que propos et comportements ne dévoilent pas tout le fond du cœur et qu'il reste un indicible qui nous échappe. À ceux-là nous sommes tentés de répondre par le mot de Roger Vailland : « Il n'y a pas d'amour, il n'y a que des preuves d'amour. » Alors, quand les preuves se dérobent, pourquoi ne pas en tirer les conséquences ?

L'amour maternel n'est qu'un sentiment humain. Et comme tout sentiment, il est incertain, fragile et imparfait. Contrairement aux idées reçues, il n'est peut-être pas inscrit profondément dans la nature féminine. À observer l'évolution des attitudes maternelles, on constate que l'intérêt et le dévouement pour l'enfant se manifestent ou ne se manifestent pas. La tendresse existe ou n'existe pas. Les différentes façons d'exprimer l'amour maternel vont du plus au moins en passant par le rien, ou le presque rien.

Élisabeth Badinter, *L'Amour en plus*, Flammarion, 1980.

DOCUMENT 2

Jeanne, un après-midi, prit Paul en ses bras, et s'en alla par les champs. Elle regardait tantôt son fils, tantôt l'herbe criblée de fleurs le long de la route, s'attendrissant dans une félicité sans bornes. De minute en minute elle baisait l'enfant, le serrait passionnément contre elle ; puis, frôlée par quelque savoureuse odeur de campagne, elle se sentait défaillante, anéantie dans un bien-être infini. Puis elle rêva d'avenir pour lui. Que serait-il ? Tantôt elle le voulait grand homme, renommé, puissant. Tantôt elle le préférait humble et restant près d'elle, dévoué, tendre, les bras toujours ouverts pour maman. Quand elle l'aimait avec son cœur égoïste de mère, elle désirait qu'il restât son fils, rien que son fils ; mais, quand elle l'aimait avec sa raison passionnée, elle ambitionnait qu'il devînt quelqu'un par le monde.

Elle s'assit au bord d'un fossé, et se mit à le regarder. Il lui semblait qu'elle ne l'avait jamais vu. Et elle s'étonna brusquement à la pensée que ce petit être serait grand, qu'il marcherait d'un pas ferme, qu'il aurait de la barbe aux joues et parlerait d'une voix sonore.

Guy de Maupassant, *Une vie* (1883), Éd. Gallimard.

Exercice 11

Ces documents sont extraits d'un dossier qui s'interroge sur l'éducation des enfants. Extrayez les informations utiles à la réalisation de cette synthèse.

DOCUMENT 1

L'écoute et le respect nécessaires de l'enfant ne doivent pas entraîner le renversement de l'ordre des générations entre parents et enfants. C'est le plus mauvais service à leur rendre.

Les parents doivent être des éducateurs, c'est-à-dire qu'ils doivent, par amour pour leurs enfants, savoir poser des limites, édicter des interdits, sans chercher à se justifier ou à séduire. Ils doivent, dès le plus jeune âge, encadrer ce phénomène énergétique considérable qu'est un enfant pour lui permettre de grandir, de canaliser son énergie et d'apprendre à la gérer. Éduquer, c'est frustrer. Je dis souvent aux parents qu'ils doivent faire leur deuil de la possibilité d'être des parents que leurs enfants aimeront. Cela n'existe pas. Si les parents réussissaient à être aimables, leurs enfants n'auraient pas d'enfants.

Aldo Naouri, « L'éducation des humains commence très tôt »,
Label France, n° 43, avril 2001,
propos recueillis par Anne Rapin.

DOCUMENT 2

Couchez-vous, petit Paul ! il pleut. C'est nuit : [c'est l'heure.
Les loups sont au rempart. Le chien vient d'aboyer.
La cloche a dit : « Dormez ! » et l'ange gardien pleure,
Quand les enfants si tard font du bruit au foyer.

Je ne veux pas toujours aller dormir ; et j'aime
À faire étinceler mon sabre au feu du soir ;
Et je tuerai les loups ! je les tuerai moi-même ! »
Et le petit méchant, tout nu, vint se rasseoir.

Où sommes-nous ? mon Dieu ! donnez-nous patience ;
Et surtout soyez, Dieu ! Soyez lent à punir :
L'âme qui vient d'éclore a si peu de science !
Attendez sa raison, mon Dieu ! dans l'avenir.

Marceline Desbordes-Valmore, « Le coucher d'un petit garçon », *Les Pleurs,* Presses Universitaires de Grenoble, 1973.

Vers le BTS

Vous ferez une synthèse de ces documents qui posent la question de l'origine du sentiment amoureux.

Votre travail de préparation : étudiez chaque document pour en extraire les informations utiles au traitement de la synthèse.

DOCUMENT 1

Prenons deux personnes éperdument amoureuses l'une de l'autre. Comme disent les chansons, elles voient « la vie en rose ». Encore un effet chimique ?

Effectivement. L'état amoureux présente cette caractéristique que, lorsqu'on baigne dedans, on ne perçoit plus les défauts de la personne aimée... L'amour est vraiment aveugle, comme on dit. Mais c'est un phénomène qui a une explication naturelle. En termes biologiques, la nature qui, je le répète, veut la perpétuation de l'espèce, se trouve devant un problème ardu : comment faire en sorte que deux êtres qui ne se connaissent pas (cela fait partie des critères de sélection : l'amour jaillit entre presque inconnus) acceptent de vivre l'un près de l'autre au minimum pendant trois ans, et qu'ils trouvent cette période non seulement supportable, mais franchement merveilleuse !

Simple : l'être aimé se trouve avoir toutes les qualités.

Oui, c'est que pour la nature, IL FAUT que pendant quelque temps, l'autre apparaisse absolument idéal, qu'on n'ait aucune envie de le quitter ! Comment le cerveau se débrouille-t-il pour qu'on trouve une autre personne aussi fantastique et digne d'amour ? Élémentaire en effet : notre cerveau met en veilleuse les centres de traitement nécessaires au jugement de la personne aimée.

Lucie Vincent, « Sous le mythe, les phéromones », propos recueillis par Jean-François Duval, *Migros Magazine,* n°06, février 2005.

DOCUMENT 2

Amours chimiques

L'organe vomironasal, la dopamine, l'ocytocine, vous connaissez ? La leçon de chimie que nous donne Lucy Vincent me laisse pantois. Non que je doute du savoir et des passionnantes explications que cette docteur en neurosciences nous livre sur l'amour. À l'heure de la romantique Saint-Valentin, plus personne ne conteste le rôle des phéromones ou des endorphines dans les manifestations du désir et de la séduction.

J'imagine Vénus, Mars et Cupidon, tout là-haut, assistant au décryptage de nos molécules amoureuses. Quoi ! Nos passions, nos coups de foudre, nos extases transposés en formules mathématiques? Très peu pour moi !

Joël Guillet, rédacteur en chef, *Migros Magazine,* n°06, février 2005.

DOCUMENT 3

Je t'attendais ainsi qu'on attend les navires
Dans les années de sécheresse quand le blé
Ne monte pas plus haut qu'une oreille dans l'herbe
Qui écoute apeurée la grande voix du temps

Je t'attendais et tous les quais toutes les routes
Ont retenti du pas brûlant qui s'en allait
Vers toi que je portais déjà sur mes épaules
Comme une douce pluie qui ne sèche jamais

Tu ne remuais encor que par quelques paupières
Quelques pattes d'oiseaux dans les vitres gelées
Je ne voyais en toi que cette solitude
Qui posait ses deux mains de feuille sur mon cou

Et pourtant c'était toi dans le clair de ma vie
Ce grand tapage matinal qui m'éveillait
Tous mes oiseaux tous mes vaisseaux tous mes pays
Ces astres ces millions d'astres qui se levaient

Ah que tu parlais bien quand toutes les fenêtres
Pétillaient dans le soir ainsi qu'un vin nouveau
Quand les portes s'ouvraient sur des villes légères
Où nous allions tous deux enlacés par les rues

René-Guy Cadou, extrait de *Hélène ou le Règne végétal,* Éd. Seghers.

La rédaction de la synthèse

Une synthèse correctement rédigée doit satisfaire à quatre obligations : respecter les normes de composition, reformuler les données de la documentation, rédiger avec adresse les références aux documents, présenter correctement le devoir. Et, bien entendu, il faut surveiller la qualité de l'expression.

Rédiger l'introduction

➤ **Commencez par énoncer le thème et la problématique.** Pour y parvenir, aidez-vous du titre du dossier et du libellé du sujet. Il faut être concis et précis pour formuler clairement la problématique en une ou deux phrases courtes.

➤ **Présentez ensuite les documents et leurs auteurs.** Pour rendre cette présentation plus concise et plus dynamique, essayez de regrouper les documents par genres, par spécialités de l'auteur, par approches, par points de vue. Soyez bref, ne rentrez pas dans le détail bibliographique.

➤ **Annoncez le plan de la synthèse.** En quelques phrases, précisez les idées directrices de chaque partie en marquant les liens logiques qui relient ces idées entre elles. L'ensemble de l'introduction ne doit pas dépasser une douzaine de lignes.

Rédiger la conclusion

➤ **Rédigez un bilan objectif.** Résumez en quelques lignes les grandes étapes de la synthèse. La conclusion objective se contente de reformuler les idées principales en soulignant leur agencement logique. N'introduisez aucune idée personnelle ou d'analyse nouvelle, ne citez pas le texte.

➤ **Élargissez pour clore.** Pour terminer la synthèse, proposez un rapprochement avec un problème similaire ou une autre manière d'aborder la question. Vous pouvez aussi établir un lien entre la résolution de la problématique de la synthèse et le sujet proposé pour l'écriture personnelle. Autre possibilité : trouvez une formule frappante qui constitue une chute.

Rédiger chaque partie

➤ **Reformulez les idées.** Utilisez une expression personnelle pour traduire les idées et les informations des documents que vous exploitez.

➤ **Servez-vous des techniques du résumé de texte.** Cherchez des équivalents aux mots et aux expressions des auteurs, tout en conservant les mots clés qui concernent le sujet et la problématique choisie. Évitez les répétitions de certains mots, comme *auteurs, documents, dire,* et trouvez des équivalents pour varier votre style.

➤ **Proscrivez le montage de citations.** Il est interdit au BTS et sévèrement sanctionné. Réservez les citations aux bonnes formules trouvées par les auteurs et intégrez-les à votre développement.

➤ **Soyez concis(e) et fidèle.** Ne déformez pas les propos des auteurs par une reformulation approximative, partielle ou partiale : l'objectivité est un critère essentiel dans une synthèse.

Introduire les références

– Le tableau suivant classe les possibilités suivant le rôle que joue, dans la démonstration, l'idée à reformuler.

Pour amener une affirmation	**Pour amener une contestation**	**Pour amener une réflexion**	**Pour amener une confirmation**
Selon x, d'après x… x pense, x croit… x s'exclame, pour x… Si l'on en croit x… x fait part de… x évoque…	x refuse, s'indigne… x revendique… x conteste… x s'insurge contre… x déplore que… x doute, regrette que…	x explique, montre… x analyse… x fait apparaître… x démontre… x découvre que… x met en évidence…	x insiste sur… x souligne que… x confirme que… x rappelle que… x est d'accord avec… x partage cette idée…
Pour amener un complément	**Pour amener une question**	**Pour amener un souhait, un conseil**	**Pour amener une information implicite**
x prolonge… x complète… x ajoute… x précise…	x se demande si… x s'interroge sur… x questionne… x se demande	x souhaite… x préconise, propose… x conseille…	x laisse entendre que … x sous-entend que… x suggère que…

– N'utilisez pas l'abréviation « doc. 1, doc. 2 » mais attribuez le document à son auteur en donnant son prénom et son nom entier.

Soigner la présentation

Pour souligner la structure du devoir, respectez certaines règles de présentation :
- passez deux lignes entre l'introduction et le développement, le développement et la conclusion ;
- sautez une ligne entre les parties du développement ;
- commencez chaque paragraphe par un retrait ;
- soulignez les titres des ouvrages.

Exemple de rédaction de la synthèse

Sujet. Vous ferez une synthèse objective et ordonnée des documents cités, qui s'interrogent sur l'ambiguïté du rapport des Français à la consommation.
L'exemple s'appuie sur les documents des pages 288 à 290 et sur le plan page 303.

Le plan proposé est le suivant :

1. La consommation, un système oppressant
2. La perception critique de la consommation
3. La fonction réparatrice de la consommation

Synthèse proposée

Les trois articles de presse qui composent ce dossier portent sur la consommation et s'interrogent plus particulièrement sur l'ambiguïté des rapports des Français avec cette dernière. Dans le premier, publié par Les Échos, Sophie Peters expose les effets pervers du culte des marques. Le second, un sondage paru dans Libération en octobre 2005, révèle la distance critique des Français à l'égard de la consommation. Dans le dernier, Nicolas Riou analyse pour le même journal le rôle ambigu de la consommation. Tous les documents constatent la pression qu'elle exerce sur la société. Cela explique sans doute les critiques nombreuses dont elle est l'objet. Pourtant, les mêmes qui la dénoncent lui reconnaissent des fonctions nécessaires dans la société contemporaine.

Les trois étapes de l'introduction

La pression exercée par la consommation est nettement perceptible à la lecture de ce dossier.

Première partie : annonce de l'idée directrice

Sophie Peters le remarque : entre la télévision et les enseignes, les sollicitations sont multiples et incessantes. La métaphore qu'elle utilise, celle des mâchoires de l'étau, montre la violence du système, qui renvoie en miroir à une autre violence, celle des symboles qui sont brûlés. Et ce cycle semble infernal, c'est ce que suggère le sociologue qu'elle interroge, Gérard Mermet.

Les références sont introduites

Le sondage confirme ce diagnostic : les questions qui obtiennent le plus fort pourcentage de réponses positives concernent l'aspect invasif de la publicité. Nicolas Riou en explique le motif : il n'y a aucun répit laissé au désir, il faut surtout éviter ce qu'il nomme « la panne de jouissance », synonyme de stagnation de la consommation.

Les sous-parties sont aisément repérables

Cette situation s'explique par la nature même de la consommation. Ce sont les qualités immatérielles vantées par la publicité qui sont attirantes. Ainsi, selon Sophie Peters, un vêtement coûteux de marque exprime le rêve de richesse de son propriétaire. Nicolas Riou montre que la capacité de rêve attribuée aux produits provoque leur consommation. Que ce soit pour un véhicule ou une marque de couche, pouvoir devenir meilleur, plus fort, mieux considéré, telle est la vertu attribuée à l'objet. C'est ce plus qu'il confère au consommateur qui est acheté. On comprend dès lors pourquoi, pour une majorité de Français, consommer peu, c'est prendre le risque d'être mal considéré.

Cette pression exercée par la consommation peut expliquer les critiques formulées à son encontre. — La deuxième partie

Le premier reproche est celui du gaspillage. Dans le sondage rendu public par Libération, les Français dénoncent le surendettement, l'achat de produits inutiles, l'exagération des prix des marques.

Plus globalement, les documents révèlent une perception plutôt négative de la consommation. Ainsi le philosophe Bernard Stiegler, interrogé par Sophie Peters, estime que les marques créent des fantasmes dangereux pour des individus privés d'autres repères. Gérard Mermet explique que la consommation, en général, crée autant de frustration que de désir, ce qui provoque une sorte de malaise dans une société en manque d'idéal et de projet. De même, une large proportion des consommateurs sondés par Louis-Harris exprime sa méfiance en dénonçant l'opacité des produits, leur dangerosité supposée.

En somme, les consommateurs ressentent un sentiment d'impuissance face à la consommation. Ils pensent qu'ils sont plutôt mal défendus face aux pouvoirs des industriels auxquels il est difficile de résister (93 % des sondés dénoncent la toute-puissance de la publicité). Enfin, selon Sophie Peters et Gérard Mermet, le système production-consommation semble incontrôlable.

Pourtant, sans consommation, point de salut. — La troisième partie

En effet son rôle identitaire est primordial. Sophie Peters explique qu'on existe à travers la marque. Pour ceux auquel le travail ne peut apporter une identité, elle est fondamentale pour apporter une visibilité sociale, un statut. En quelque sorte, la consommation et l'affichage de marques remédient aux difficultés sociales, en particulier à la relégation dans les cités. Pour Nicolas Riou, elle pallie le déficit identitaire du consommateur en apportant un surcroît d'estime de soi à travers l'achat de produits valorisant. On l'a vu, ce sentiment est partagé par 55 % des Français.

En fait, les peurs suscitent une consommation d'objets qui prétendent y remédier. C'est surtout la consommation elle-même qui est un moyen de combler l'angoisse du vide. Cette fonction thérapeutique est explicitée par Nicolas Riou. Il rejoint Gérard Mermet sur ce point : pour les individus, consommer permet de masquer l'absence de « projet collectif » .

Ainsi les sentiments des Français vis-à-vis de la consommation sont ambigus. Tous accordent au système une certaine violence, d'autant plus forte que les inégalités sont grandes. Mais ils se positionnent face à elle de manière ambivalente puisque la consommation semble avoir un double effet sur eux. D'une part elle génère des inquiétudes, d'autre part elle en calme d'autres, elle soigne les maux des individus et de la société. Pourtant, dans les pays nantis, des voix discordantes commencent à se faire entendre, qui prônent la décroissance et donc de nouvelles formes de consommation. — La conclusion :
- bilan
- ouverture

Entraînement

Exercice 1

1. Retrouvez les différentes étapes de cette introduction d'une synthèse qui porte sur les rites.

2. Analysez la conclusion de cette même synthèse : retrouvez le bilan objectif et l'élargissement final.

Introduction

Ce dossier traite des rites et s'interroge plus particulièrement sur leurs fonctions. Quatre documents le composent. Un extrait de l'ouvrage de Boris Cyrulnick, intitulé Les Nourritures affectives, nous présente les innombrables rites de salutation. Jean Maisonneuve, dans une page de son « Que sais-je ? » Les Rituels, explicite les différentes fonctions des rites. Dans un extrait de son Voyage autour du monde, Bougainville observe les Tahitiens qu'il découvre au milieu du XVIIIe siècle. Plus près de nous, Claude Rivière analyse Les Rites profanes et plus précisément ceux des enfants.

Ce dossier met en évidence trois fonctions des rites : une fonction de communication et de socialisation, une fonction de médiation avec le sacré, enfin une fonction de conjuration de l'angoisse.

Conclusion

On le voit, les rites sont indispensables aux individus comme aux sociétés. Ils rassurent, ils fédèrent et ils permettent d'accéder au sacré. Que ce soit au XVIIIe siècle ou maintenant, en Europe ou sous d'autres latitudes, les rites sont universels : sans eux il n'y a pas d'hominisation possible.

Exercice 2

1. Distinguez les différentes étapes de cette introduction d'une synthèse portant sur l'influence des nouveaux outils électroniques sur la communication.

2. Le même verbe « constate » a été utilisé pour présenter tous les documents. Remplacez-le par le verbe approprié choisi dans la liste suivante : *analyse, illustre, se réjouit, se montre beaucoup moins enthousiaste*.

3. Analysez chaque partie de la conclusion de cette synthèse.

Introduction

Le dossier traite des nouveaux outils électroniques de communication et s'interroge sur la signification réelle de cette nouvelle manière de communiquer. Marc Coutty, dans un article du journal Le Monde, constate que « les tribus urbaines adoptent le talkie ». Nathalie Levisalles constate le succès d'Internet, dans un article du journal Libération, intitulé « Pèle-Mail » ; un dessin de Gilles Boogaerts constate le succès des mini-messages SMS ; enfin, Marc Guillaume, dans un article du Magazine Littéraire, constate des changements que ces nouveaux outils introduisent dans la communication. Philippe Breton, quant à lui, constate dans un point de vue exprimé le 14 août 2001 dans l'hebdomadaire La Vie que : « Internet anesthésie l'échange. »

Le dossier montre en effet que ces moyens électroniques modifient profondément le rapport à l'autre dans la communication. Il révèle aussi des changements importants de la relation des communicants avec la société. Est-ce un progrès ou au contraire le symptôme d'un nouveau malaise dans la civilisation ?

Conclusion

Ainsi, les documents proposés montrent que les nouveaux moyens électroniques de communication ont un réel impact sur la relation et que cela modifie la nature même de l'échange. En outre, la référence à la norme, donc le contrôle social implicite qu'elle exerce, est moins prégnante, ce qui change la manière de communiquer. Peut-on parler d'un renforcement des échanges ? Le débat est vif entre les optimistes et ceux qui ont des exigences plus grandes en matière de communication.

Exercice 3

1. Les documents suivants traitent de la place des loisirs dans notre vie. Confrontez ces documents.

2. Rédigez un paragraphe structuré, reprenant les données mises en évidence par le tableau de confrontation.

DOCUMENT 1

	1986	2000		
	Ensemble	Hommes	Femmes	Ensemble*
Temps de loisirs	3 h 26	4 h 20	3 h 32	3 h 55
dont : télévision	1 h 46	2 h 12	2 h 02	2 h 07
lecture	27	25	25	25
jardinage, soins aux animaux	19	25	15	20
promenade	15	22	18	20
jeux	10	20	11	16
sport	8	12	5	9

* Personnes de 15 ans et plus de France métropolitaine

INSEE 2003.

DOCUMENT 2

L'accroissement régulier du temps libre est une donnée sociologique majeure, conséquence directe de la réduction du temps de travail (sur la journée, la semaine, l'année et la vie) et de rallongement de l'espérance de vie. En 1900, la durée du travail représentait en moyenne 12 années sur une durée de vie de 46 ans pour un homme, soit un quart. Elle ne représente plus aujourd'hui que 5,5 années sur une espérance de vie de 75,5 ans, soit 7 % seulement du capital-temps.

La conséquence est que le temps libre, celui qui reste après le travail, le temps physiologique (sommeil, alimentation, soins du corps), le temps d'enfance scolarité et celui de transport, a connu une croissance spectaculaire. Il peut être évalué à 15,5 années sur une vie d'homme, soit plus du double du temps de travail, contre 3 années en 1900. Il représente donc 21 % du temps de vie. Si on raisonne en « temps éveillé » (en enlevant à la durée de vie totale le temps de sommeil, estimé en moyenne à 7 h 30 par jour), le temps libre représente alors 30 % du temps disponible, soit près du tiers.

Gérard Mermet, *Francoscopie 2003*, Larousse.

DOCUMENT 3

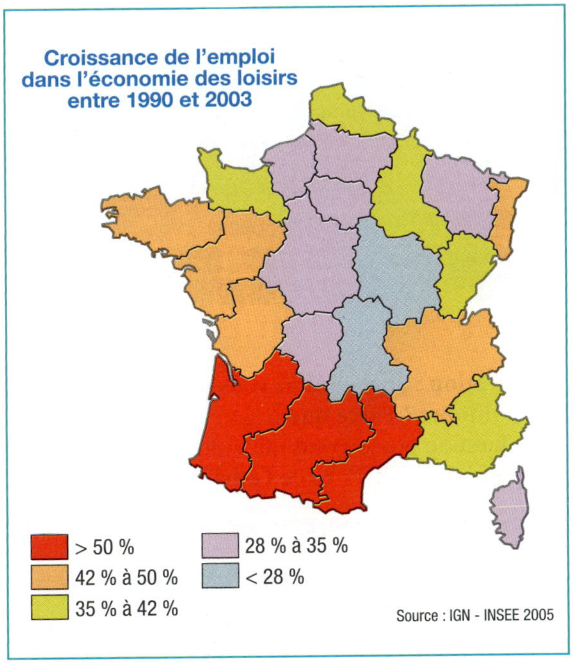

Exercice 4

1. Les deux documents suivants formulent une même piste de réflexion. Laquelle ?

2. Formulez cette piste de réflexion et développez-la dans un paragraphe utilisant les données des deux documents.

DOCUMENT 1

Le bonheur habite le présent, et le plus quotidien des présents. Il faut dire : « J'ai ceci, j'ai cela, je suis heureux. » Et même dire : « Malgré ceci et malgré cela, je suis heureux. »

Les éléments du bonheur sont simples, et ils sont gratuits, pour l'essentiel. Ceux qui ne sont pas gratuits finissent par donner une telle somme de bonheurs différents qu'au bout du compte ils peuvent être considérés comme gratuits. La vie moderne passe pour être peu propice au bonheur. Toutes les vies, qu'elles soient anciennes ou modernes, sont également propices au bonheur. Il n'est pas plus difficile de faire son bonheur aujourd'hui qu'il ne l'était sous Henri II, Jules César ou Virgile. La civilisation a même parfois ajouté à la liste des éléments du bonheur. Il n'est pas de condition humaine, pour humble ou misérable qu'elle soit, qui n'ait quotidiennement la proposition du bonheur : pour l'atteindre, rien n'est nécessaire que soi-même. Ni la Rolls, ni le compte en banque, ni Megève, ni Saint-Tropez ne sont nécessaires. Au lieu de perdre son temps à gagner de l'argent ou telle situation d'où l'on s'imagine qu'on peut atteindre plus aisément les pommes d'or du jardin des Hespérides[1], il suffit de rester de plain-pied avec les grandes valeurs morales. Il y a un compagnon avec lequel on est tout le temps, c'est soi-même : il faut s'arranger pour que ce soit un compagnon aimable. Qui se méprise ne sera jamais heureux et, cependant, le mépris lui-même est un élément de bonheur : mépris de ce qui est laid, de ce qui est bas, de ce qui est facile, de ce qui est commun, dont on peut sortir quand on veut à l'aide des sens...

Dès que les sens sont suffisamment aiguisés, ils trouvent partout ce qu'il faut pour découper les minces lamelles destinées au microscope du bonheur.

Jean Giono, *La Chasse au bonheur*, 1959.

1. Les pommes d'or du jardin des Hespérides : dans l'Antiquité elles étaient censées apporter le bonheur à ceux qui les possédaient.

DOCUMENT 2

Ce qu'il faut pour être heureux

Il faut penser ; sans quoi l'homme devient,
Malgré son âme, un vrai cheval de somme.
Il faut aimer ; c'est ce qui nous soutient ;
Sans rien aimer, il est triste d'être homme.

Il faut avoir douce société,
Des gens savants, instruits, sans suffisance,
Et de plaisirs grande variété,
Sans quoi les jours sont plus longs qu'on ne pense.

Il faut avoir un ami, qu'en tout temps,
Pour son bonheur, on écoute, on consulte,
Qui puisse rendre à notre âme en tumulte,
Les maux moins vifs et les plaisirs plus grands.

Entraînement

Il faut, le soir, un souper délectable
Où l'on soit libre, où l'on goûte à propos,
Les mets exquis, les bons vins, les bons mots
Et sans être ivre, il faut sortir de table.

Il faut, la nuit, tenir entre deux draps
Le tendre objet que notre cœur adore,
Le caresser, s'endormir dans ses bras,
Et le matin, recommencer encore.

Voltaire

Exercice 5

1. Les trois documents suivants posent la question de savoir si, désormais, les jeunes se différencient de leurs parents dans leur rapport à la politique. Faites le plan de cette synthèse.

2. Rédigez l'introduction, la conclusion et une partie au choix.

DOCUMENT 1

Les Français ont longtemps éprouvé un intérêt réel pour la vie politique et fait preuve d'un respect certain envers ceux qui en avaient la charge. Mais l'absence d'un « grand projet » collectif, le report permanent de réformes difficiles mais nécessaires, la succession des « affaires » touchant les hommes politiques, la pratique de la « langue de bois » et la critique systématique des adversaires leur ont fait perdre la foi.

De nombreux citoyens ont le sentiment que les partis politiques se sont sclérosés et ne sont plus en mesure de comprendre le monde et ses enjeux, de les expliquer et de proposer des solutions. C'est pourquoi les partis se sont vidés de leurs militants. L'ambiance de corruption entretenue par les scandales (Mairie de Paris, Elf, MNEF, sang contaminé…) a des relents de IIIe République. Le nombre d'élus mis en examen a été en moyenne de 250 par an au cours des dernières années.

La désaffection n'a pas seulement touché les partis politiques. Elle s'est étendue à l'ensemble des institutions : administrations, syndicats, Église, entreprises, médias. La perte de confiance envers les hommes politiques concerne l'ensemble des « élites » et des « experts ». À cet égard, la date du 6 mai 1986 marque sans doute un tournant. Dix jours après la catastrophe de Tchernobyl, un communiqué officiel indiquait en effet que « le territoire français, en raison de son éloignement, a été totalement épargné par les retombées de radionucléides consécutives à l'accident de Tchernobyl ».

L'élection présidentielle de 2002 aura été l'occasion d'un début de réhabilitation de la politique. Les jeunes qui n'avaient pas voté au second tour ont compris qu'ils avaient failli à leur responsabilité de citoyens. Entre les deux tours, les partis ont battu les records de recrutement. Les manifestations du 1er Mai se sont transformées en un front républicain anti-Le Pen. L'avenir dira si la leçon a été durablement entendue, à la fois par les hommes politiques, les partis et les citoyens.

Gérar Mermet, *Francoscopie 2003*, Larousse, VUEF, 2002.

DOCUMENT 2

Sondage : « Les jeunes et la citoyenneté »
Question : personnellement, vous intéressez-vous beaucoup, assez, peu ou pas du tout à… ?

	Beaucoup	Assez	Peu	Pas du tout	Ne se prononcent pas	Total
Ce qui se passe dans le monde	19	50	25	6	-	100
	69		31			
Ce qui se passe dans la société française	13	53	25	9	-	100
	66		34			
Ce qui se passe dans votre quartier	27	37	24	12	-	100
	64		36			
La vie politique	3	19	32	45	1	100
	22		77			

Question : pourquoi ne vous intéressez-vous pas à la politique ? Parce que…

(Question posée à ceux qui s'intéressent peu ou pas à la politique, soit 77 % de l'échantillon.)

Les hommes politiques ne sont pas honnêtes	53	1
Vous êtes trop jeunes	33	2
Vous n'avez pas le temps	28	3
Les hommes politiques ne pensent qu'à leur carrière	25	4
Il y a d'autres façons de s'occuper des autres	13	5
Vous ne vous en sentez pas capable	12	6
Il faut d'abord trouver un travail	7	7
Les hommes politiques n'ont plus réellement de pouvoir	5	8
Le pouvoir appartient aujourd'hui à l'économie et à la finance	5	8
Ne se prononcent pas	2	

Total supérieur à 100, les interviewés ayant pu donner deux réponses

Sondage exclusif CSA/*Aujourd'hui en France*/*France Loisirs* réalisé du 5 au 14 janvier 2000.

DOCUMENT 3

Non, les jeunes ne sont pas dépolitisés. Plus informés, ils sont aussi plus critiques et plus exigeants à l'égard de la classe politique. Souvent pessimistes, ils expriment un désenchantement qui reflète avant tout celui de leurs parents. Réalistes, ils n'ont pas rangé leurs illusions et sont en demande de politique. Ils cherchent à restaurer les valeurs d'engagement au travers d'actions concrètes, non différées et donc efficaces. S'ils votent moins que leurs aînés, ils se mobilisent dans le cadre d'actions collectives et interviennent souvent de façon spectaculaire sur la scène publique. Enfin leur rapport à la politique, loin d'être univoque, est socialement diversifié et révèle fractures et dysfonctionnements dans la société.

Au début du XXIe siècle, leur expérience politique s'avère donc plutôt dense, sans doute conflictuelle, mais aussi riche de promesses.

Le lien au politique des nouvelles générations se recompose entre héritage et expérimentation, entre identification et novation, et participe au renouvellement des valeurs et des pratiques des futurs citoyens.

Anne Muxel, *L'Expérience politique des jeunes*, Presses de la FNSP, Paris 2003.

Exercice 6

Les documents ci-dessous font partie d'une synthèse qui traite des changements intervenus dans le passage à l'âge adulte.

1. Confrontez-les pour dégagez des pistes de réflexion.

2. Rédigez un paragraphe qui développerait l'idée que les conditions de passage à l'âge adulte ont changé.

DOCUMENT 1

Pour les sociologues comme pour les parents, le passage des jeunes de l'âge de la formation à celui de la responsabilité a longtemps été marqué par une indépendance à trois facettes : financière grâce à l'occupation d'un emploi stable, résidentielle par l'accès à un logement séparé, affective par la formation d'un couple.

Las, au cours des dernières décennies, ce schéma classique d'intégration sociale a beaucoup souffert. Allongement de la durée des études, arrivée de plus en plus progressive sur le marché du travail : nombreux sont les parents qui constatent que les frontières d'entrée dans la vie adulte, jadis très nettes, sont devenues bien floues.

Arnault Schwartz, « L'autonomie des jeunes adultes... à quel prix ? », *La Croix*, 30/01/2002.

DOCUMENT 2

Les 15-24 ans subissent les conséquences des changements économiques, culturels et sociaux qui ont agité et transformé le monde depuis leur naissance. Leur conception de la vie est influencée par les contradictions contemporaines. La première oppose le confort matériel important dont la plupart bénéficient (logements, équipements, argent disponible...) et l'inconfort moral lié aux difficultés d'insertion professionnelle. Ils vivent aussi une contradiction permanente entre la protection dont ils bénéficient au sein de la famille (notamment lorsqu'ils vivent au foyer parental) et les menaces d'un monde extérieur où la compétition et l'instabilité dominent. Enfin, ils ont le sentiment que l'augmentation générale du pouvoir d'achat s'est accompagnée d'un accroissement des inégalités ; une impression justifiée en l'occurrence puisque les jeunes ont moins profité que les aînés de la redistribution des fruits d'une croissance économique plus faible.

Gérard Mermet, *Francoscopie 2003*, Larousse.

DOCUMENT 3

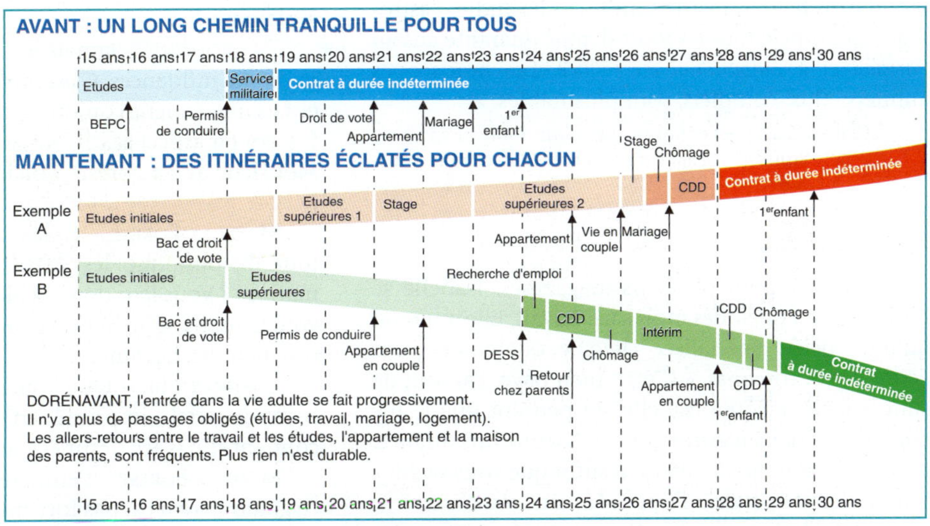

Stéphane Jourdain, « L'Europe en pleine crise d'adolescence », *L'Expansion*, n° 658, 6 décembre 2001.

Entraînement

Exercice 7

1. Ce dossier traite de la croyance à l'astrologie et aux horoscopes. Retrouvez dans les trois documents les données du tableau de confrontation.

2. Réalisez le plan de la synthèse.

3. Rédigez l'introduction et la première partie.

DOCUMENT 1

Les Français raffolent des horoscopes : plus d'un sur quatre en est un adepte régulier, mesure un sondage BVA. Une passion qui est surtout le fait des femmes (36 %) tandis que 20 % des hommes reconnaissent consulter ces prévisions. Le fait est là, nous avons besoin de ces bonnes paroles, de ces voix qui, même si elles ne nous promettent pas la lune, éclairent au moins notre chemin. C'est chez les moins nantis que l'horoscope prend le plus de place. Les foyers aux revenus les plus faibles sont 37 % à y être assidus contre 16 % pour les familles les plus riches.

Peu ou prou, chacun cède à cette tentation de savoir de quoi demain sera fait. En ce moment, tous les magazines féminins éditent des dossiers spéciaux ou des suppléments.

C'est que les horoscopes alimentent un business. Dans la presse, ils permettent de fidéliser le lectorat. Dans l'édition aussi, ils sont devenus incontournables : les meilleurs crus font l'objet de cadeaux de Noël. Sur le mobile, sur Internet, l'horoscope vous suit partout.

Pas simple, toutefois, de se retrouver dans ce maquis astral. Si certains horoscopes sont signés d'astrologues réputés, d'autres sont écrits par des petites mains anonymes qui copient les vedettes ou inventent un destin. « Pour réaliser un horoscope quotidien, cela prend trois heures, insiste Caroline Alexandre, l'astrologue qui officie tous les jours depuis quarante ans au *Parisien* et à *Aujourd'hui en France*. Les horoscopes annuels, plus complets, sont plus fiables. »

Claire Chantry, « Les horoscopes nous donnent envie d'y croire », *Aujourd'hui en France*, 22 décembre 2005.

DOCUMENT 2

Rédactrice pour plusieurs magazines, Isabelle se retrouve il y a quelques mois sans travail. Elle apprend qu'une société spécialisée cherche quelqu'un pour écrire des horoscopes. « C'était bien payé, j'ai tout de suite appelé, raconte Isabelle, en pensant que je n'y connaissais rien en astrologie. » « Aucune importance, lui répond son interlocuteur. Il suffit que vous sachiez renouveler votre style. » Depuis, la jeune femme envoie ses grilles d'horoscope chaque mois à la société qui les vend à la presse locale et à des revues professionnelles. « Au début, je me suis demandé comment j'allais faire, confie Isabelle. Moi-même, je n'ai jamais fait confiance aux horoscopes, et je n'imaginais pas que les gens puissent y croire. » Pourtant, quand elle parle de son nouveau travail à ses proches, tout le monde tombe des nues. Du coup, Isabelle décide de parsemer ses chroniques de « conseils valables pour tous ».

« Quand j'écris, je pense à des soucis, des déceptions que tout le monde pourrait ressentir, et je donne des trucs pour aider à mieux les supporter. Je refuse d'être trop affirmative, pour ne pas influencer la vie des gens. » Quant aux spécificités de chaque signe du zodiaque, Isabelle ne les connaît pas. Pour les différencier, elle pense à ses amis et s'inspire de leur quotidien. « Quand j'ai une copine qui se sépare de son ami et que je vois qu'elle est malheureuse, je conseille à son signe de tourner la page ! Et quand je suis en panne d'inspiration et qu'il y a des amis à la maison, je leur demande un petit coup de main. »

Violette Lazard, « Je m'inspire de mes amis », *Aujourd'hui en France*, 22 décembre 2005.

DOCUMENT 3

M. de La Forest se prépare à épouser Florice, la fille d'un astrologue, lorsque celui-ci s'oppose soudain au mariage, parce que la comète est de mauvais augure.

L'ASTROLOGUE – Tout est perdu. Je viens de voir une affreuse Comète qui passe sur nos têtes.

M. DE LA FOREST – Hé bien, il faut la laisser passer.

L'ASTROLOGUE – Comment ! la laisser passer. Oui, de par le diable, il faut la laisser passer ; mais elle ne passera pas sans nous le faire savoir. Que je te plains, pauvre genre humain !

FLORICE – Hé ! mon père, de quoi est-il tant à plaindre ?

L'ASTROLOGUE – Jamais le Ciel ne versa sur lui de si malignes influences. C'est mille fois pis que si Saturne et la Lune étaient conjoints, ou que Mars et Mercure fussent en aspect sextil. Ne songez pas à vous marier, Monsieur de La Forest ; voici un temps trop funeste. [...]

M. DE LA FOREST – Hélas ! Monsieur, croyez-vous tout de bon que les Astres s'inquiètent de notre mariage ? Vous leur donnez bien de la pratique si vous voulez qu'ils se mêlent de tous les menus tracas qui occupent les hommes.

L'ASTROLOGUE – Que voulez-vous dire ? Ce grand livre du Ciel, imprimé en caractères de feu, ne contient-il pas les destinées de tous les hommes ?

M. DE LA FOREST – Permettez-moi de vous dire que ce grand livre n'est pas fort aisé à déchiffrer, et qu'avec toutes vos lunettes, vous avez bien de la peine à en lire quelques mots.

L'ASTROLOGUE – Non, ce n'est pas pour vous sans doute qu'il est écrit. Il n'appartient qu'à nous, descendants du fameux Nostradamus[3], de développer ces mystères. À quoi serviraient, à votre avis, tous ces aspects des Astres, sextil, trin et quadrat ? À quoi serviraient ces conjonctions, ces oppositions, ces stations, ces directions, ces rétrogradations ?

M. DE LA FOREST – Mais, Monsieur, écoutez-moi, je vous en conjure ; et rendons-nous un peu de justice. Sommes-nous des gens si importants, que nous puissions nous imaginer que le Ciel fasse pour nous la dépense d'une Comète ?

Fontenelle, *La Comète*, comédie, 1681.

Le tableau de confrontation

Document 1	Document 2	Document 3	Pistes de réflexion
Horoscopes = gros succès			Le phénomène
Sont un besoin car rôle d'éclairage de la vie	Aide, conseille, soutien	Astrologie = peur, démission, soumission aux astres	Rôle et signification
Surtout pour les moins riches			Acteurs du phénomène
Plus prisés par les femmes que par les hommes	Rédigés par une femme (et ses amies)		Acteurs du phénomène
Horoscopes = une bonne affaire pour tous les types de médias.	Bien payée	Gratification symbolique du pseudo-savant	Causes et conséquences
Si certains ont des connaissances, d'autres n'en ont aucune	Bricolage cynique par une ignorante en astrologie	Fatras de références aux signes du Zodiac pour impressionner	Composantes du phénomène
	Scepticisme à l'égard de l'astrologie	Croyance superstitieuse ↔ arguments rationnels	Composantes et signification

Exercice 8

1. Les documents suivants s'intéressent aux différents aspects de la fraternité. Réalisez un tableau de confrontation pour trouver les pistes de réflexion.

2. Proposez un plan.

3. Rédigez la dernière partie et la conclusion.

DOCUMENT 1

Les membres d'une même famille se disputent, se font les pires coups, mais ils sont unis en même temps par une sorte de solidarité fondamentale. J'ai souvent dit que, dans la Résistance aussi, il y avait quelque chose de ce type. Quand je rencontre quelqu'un que je ne connais pas et dont je sais qu'il a été un résistant actif, même si c'est un adversaire politique, j'éprouve un sentiment d'appartenance analogue à celui que je peux avoir en retrouvant un arrière-cousin : « Il est des nôtres... » Dans une famille, les histoires qui circulent, les traditions qu'on a entendu raconter, les souvenirs d'enfance forment une espèce d'horizon commun que l'on partage. Quand quelqu'un s'y inscrit, cela ne signifie pas que ce soit un ami ou un copain, ni qu'on ait envie de se précipiter dans ses bras, mais on l'embrasse quand même sur les deux joues, ce qui est une façon de le reconnaître comme proche.

L'amitié a aussi ceci de particulier qu'elle nous change. Pour revenir à la Résistance, c'est une expérience qui a changé ceux qui l'ont vécue. Avant-guerre, j'avais mes groupes d'amis qui pensaient comme moi. Pendant la guerre, je me suis trouvé proche de gens qui étaient des militants catholiques, ou même qui avaient été membres de l'Action française[1]. Le fait d'avoir pris ensemble, avec passion, des risques très grands m'a conduit à ne plus les voir de la même façon, et moi, je ne suis plus exactement le même depuis. Je n'ai plus porté le même regard sur les chrétiens ni même sur les nationalistes, à certains égards, dès lors qu'ils sont devenus presque automatiquement mes amis, c'est-à-dire mes proches de par notre engagement commun dans des choses d'une importance affective considérable. De même, ceux qui étaient communistes et qui ont participé activement à la Résistance à côté de non-communistes ont été profondément modifiés dans leur façon d'être communistes : ils ont, à mes yeux, cessé de croire qu'il s'agissait soit de conquérir les autres, soit de les éliminer. Ils ont été amenés à penser qu'il devait exister un moyen de s'entendre avec les autres pour créer quelque chose ensemble. Et l'amitié, c'est aussi cela : s'accorder avec quelqu'un qui est différent de soi pour construire quelque chose de commun.

Jean-Pierre Vernant, *Entre mythe et politique*, 1996.

DOCUMENT 2

Tendresse humaine, adhésion de l'homme à l'homme,
Ô joie de nous sentir des cœurs contemporains
Et de multiplier nos esprits l'un par l'autre.

Parce qu'on nous a conçus tous la même année,
Une secrète entente est vivante entre nous,
Quelque chose de fort relie nos jeunes fronts
Comme le joug relie ceux des bœufs accouplés.
Comme eux, nous nous mouvons d'un effort solidaire,
Comme eux, d'un poids égal nous pesons sur le sol.

L'air où sonnent nos voix, où monte notre rire,
À notre âge, et est né en même temps que nous :
Parce que nous avons grandi tous à la fois,
Chacun de nous exprime et entend tous les autres :
Chacun de nous comprend d'emblée et sans effort,
Ce que ne comprend pas ce grand vieillard lucide...

Des fils souples, brillants comme les fils de la Vierge,
Au matin de nos vies sont tendus entre nous...

Henri Franck, « Tendresse humaine », *La Danse devant l'arche*, Éd. Gallimard, 1912.

DOCUMENT 3

Je veux simplement dire que dans notre wagon, prévu pour huit chevaux ou quarante hommes, nous étions près de cent et que lorsque nous sommes arrivés à Dachau, aucun d'entre nous n'était mort ou devenu fou, contrairement à ce qui s'est passé dans d'autres wagons d'où l'un de mes camarades, Marcel Miquet, se souvient avoir vu retirer huit corps. Cela a été dû à l'extraordinaire organisation fondée sur la solidarité et l'entraide. Dès le départ, nous avons nommé des responsables, rationné l'eau, organisé des tours pour aller respirer un peu près des ouvertures, nous tassant contre une paroi, massés là à tour de rôle pour permettre à d'autres de s'allonger, etc. Une grande discipline a été respectée et cela nous a sauvé la vie en évitant la panique et les comportements trop égoïstes, voire les crises de folie. Certains d'entre nous ont même eu la force de faire sourire, voire même rire, les autres. Par exemple, en décrivant puis sifflant une belle fille qui passait dans une gare. Un sursaut de jeunesse et d'humanité qui fit passer soudain dans ce wagon de damnés un inappréciable vent de légèreté et d'optimisme : la vie continuait et un jour nous la retrouverions...

Je veux rendre hommage à mes cent camarades. Quelles qu'aient été nos souffrances, nous ne nous sommes jamais sentis seuls et cela nous a donné la force de tenir. Dans le wagon de Miquet, une botte glissée à l'extérieur lors d'un orage récupéra un peu d'eau de pluie pour les plus insupportablement déshydratés. Plus tard, en gare de Karlsruhe, un civil allemand fit passer une bouteille d'eau par la petite ouverture du wagon d'Arjaliès. Le train roulait depuis deux jours. Les cent prisonniers de ce wagon étaient totalement assoiffés mais tous ont bu une gorgée et une seule de cette bouteille qui a circulé de bouche en bouche. Aucun n'a faibli. Arjaliès a été le dernier. Après lui, il restait encore deux ou trois gorgées dans la bouteille. Nul dit-il, ne les a bues. Notre solidarité a été extraordinaire.

Après trois jours et trois nuits, nos jambes avaient quintuplé de volume, nous étions blêmes et titubants. Mais nous étions vivants.

Georges Charpak. Dominique Saudinos, *La Vie à fil tendu*, Éd. Odile Jacob, 1993.

Exercice 9

1. Les quatre documents suivants traitent des défis à relever pour construire un avenir durable. Réalisez un tableau de confrontation et dégagez les pistes de réflexion.

2. Faites le plan.

3. Rédigez la synthèse.

DOCUMENT 1

L'expansion de l'espèce humaine à la surface de la Terre a pris un tour explosif. En trois siècles, la population et le bétail ont décuplé, de même que l'urbanisation en à peine un siècle. Les réserves de combustibles fossiles engendrées au cours de centaines de millions d'années sont en voie d'épuisement. Près de la moitié de la surface du globe a été transformée par l'action humaine. Chaque année, la forêt mondiale se réduit d'une surface égale à celle du Portugal. La moitié des mangroves a disparu. Plus de la moitié de l'eau douce accessible est exploitée par l'homme. La composition de l'atmosphère a subi des modifications radicales, avec notamment l'émission massive de gaz à effet de serre. Des quantités énormes de substances toxiques créées par l'industrie sont déversées quotidiennement dans l'atmosphère, les sols, les rivières et l'océan. L'ozone, une protection naturelle de la vie contre les rayons ultraviolets nocifs, est détruit par les émissions de composés chlorés. Par dizaines de milliers, les espèces animales et végétales des forêts tropicales sont vouées à l'extinction. Les ressources vivantes de l'océan sont menacées d'épuisement par la pêche intensive.

Il apparaît à l'évidence que la trajectoire des sociétés humaines au début du XXIe siècle est inéquitable, instable et insoutenable : il sera impossible de poursuivre durablement dans la même voie.

Jean-Louis Fellous, « La planète en proie au changement global », *Atlaséco 2005*, Le Nouvel Observateur.

DOCUMENT 2

Aujourd'hui, en partant de ce que savent les géologues et en tenant compte des progrès technologiques, on peut estimer en fait que c'est vers la fin de ce siècle que nos descendants utiliseront les dernières gouttes de pétrole conventionnel. Le monde ne manquera certes pas d'autres énergies fossiles : le gaz naturel (soixante ans de réserves exploitables à l'heure actuelle), mais qui réclame des moyens logistiques plus coûteux dès lors qu'il s'agit de traverser les océans : le charbon (deux cents ans de réserves), dont on commence à mieux maîtriser les techniques de liquéfaction et qui pourrait être une solution au problème spécifique de la Chine. L'uranium, quant à lui, ne manque pas, mais on sait que les freins au développement du nucléaire sont d'un autre ordre.

Tout cela mis bout à bout, nous devrions passer le XXIe siècle avec nos seules énergies fossiles. Convenons simplement que ce ne serait pas raisonnable. Il faudra d'ores et déjà préparer le terrain à de nouvelles technologies (la pile à hydrogène peut-être). Et surtout enclencher la mutation fondamentale qui nous fera passer du fossile au renouvelable.

Cela laisse donc la place aux énergies en provenance de l'agriculture : le Brésil fait déjà rouler son parc automobile avec un mélange dans lequel l'alcool provenant de la canne à sucre est prépondérant. En France, des autobus roulent avec un diesel de colza. Tout cela devrait se développer encore, au moins pour les cultures présentant un bilan énergétique favorable.

Philippe Chalmin, « Oui, la planète a un avenir », *Challenges* n° 6, 6 octobre 2005.

DOCUMENT 3

Imaginez que vous deveniez propriétaire d'une maison qui produise plus d'énergie qu'elle n'en consomme.

Imaginez que vous consommez des produits issus de fermes qui favorisent la biodiversité pour assurer leurs rendements.

Imaginez que votre marque préférée de régénérant l'environnement au lieu de le détruire, et qui parvient à reconnecter les personnes qu'elle touche plutôt que de les exclure.

Maintenant réveillez-vous ! Tout cela existait déjà en 2005, et cette économie positive est parfaitement rentable. Il est temps d'en parler...

Avec Sylvain Darnil, j'ai effectué un voyage de quinze mois autour de la planète, ce qui nous a permis de rencontrer des architectes, des chimistes, des médecins, des agriculteurs ou des designers qui illustrent concrètement ces initiatives porteuses de sens.

Leur audace ? C'est d'avoir réinventé leur métier, brisé des préjugés économiques réputés indestructibles. Mais surtout, loin du fatalisme ambiant, ces personnes exceptionnelles ont réussi à construire le monde auquel elles rêvent au lieu de subir celui qui existe.

Après 440 jours de voyage, plus d'une centaine de rencontres avec ces entrepreneurs, nous sommes revenus convaincus que l'urgence n'est plus à la dénonciation des coupables ou à la description minutieuse du mur vers lequel on foncerait. L'urgence est à la remise en route des imaginations et à la célébration des esprits pionniers de tous bords et de tous horizons. Si les problèmes à résoudre sont inédits par leur ampleur, rappelons-nous que nous n'avons jamais été aussi nombreux à y réfléchir. Six milliards et demi de cerveaux qui se creusent, voilà la vraie raison d'espérer...

Tout ce que je peux souhaiter est que l'on reprenne goût au futur, que l'on célèbre l'innovation et la prise de risque lorsqu'elle va dans le bon sens, celui de nous vêtements se soit rendue célèbre en refusant la délocalisation, tout en payant leurs salariés deux fois le Smic.

Imaginez travailler dans une entreprise qui prospère en réconcilier avec notre planète et entre nous.

Mathieu Le Roux, « 2006, retrouvons le goût du futur », *Madame Figaro*, 30 décembre 2005.

DOCUMENT 4

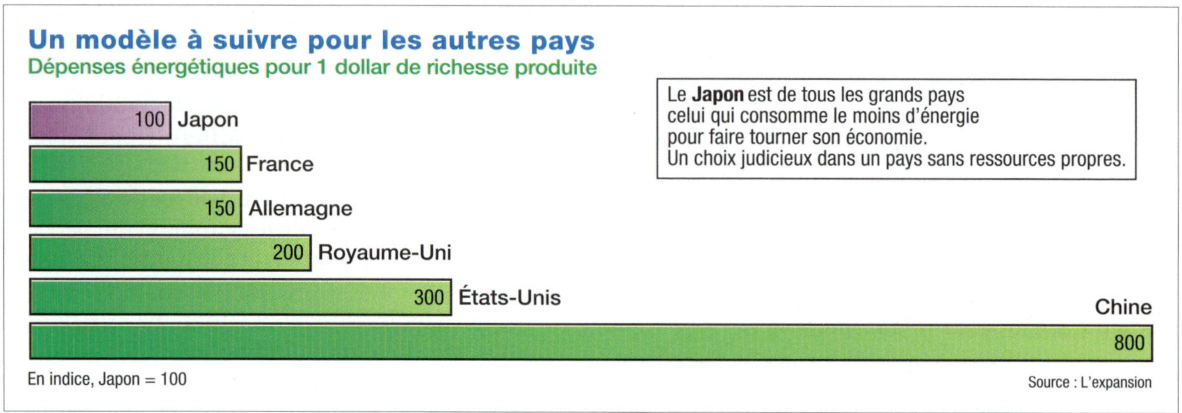

« Les révolutions de l'après-pétrole », *L'Expansion*, octobre 2005.

Vers le BTS

Vous ferez une synthèse objective et concise de ces documents qui s'interrogent sur le lien qui unit l'homme à l'animal de compagnie.

Document 1
Jean-Pierre Digard, *Les Français et leurs animaux*, Fayard, 1990

Document 2
Patrick Pageat, « Des animaux de plus en plus humains dans nos têtes », *Libération*, 31 décembre 2005

Document 3
Charles Cros, « Une chatte », *Le Coffret de santal*, 1873.

Document 4
Photographie de caniche à Hollywood

DOCUMENT 1

Comme les autres humains, les Français du tournant du XXe et du XXIe siècle entretiennent avec les animaux des relations qui représentent toute une palette d'attitudes et de comportements collectifs contrastés, en apparence contradictoires, mais qui prennent sens dès lors qu'on les replace dans le système domesticatoire occidental dont ils font partie intégrante. Le contraste le plus saisissant se situe entre les animaux de compagnie, omniprésents, maternés et surprotégés, parfois à l'égal des enfants, et les animaux de rente, élevés pour être mangés ou durement exploités. Le cheval, depuis qu'il est passé dans la sphère des loisirs, tend à se rapprocher des premiers. Quant aux animaux sauvages, ils se situent dans une position symétrique et inverse de celle des animaux de compagnie.

Si les Français (moins que les Américains mais plus que les autres Européens) aiment tant leurs animaux de compagnie, c'est parce que ceux-ci leur renvoient d'eux-mêmes l'image valorisante, et d'autant plus rassurante qu'elle vient contredire la réalité vécue au quotidien, d'êtres supérieurs et indispensables à d'autres êtres : les animaux familiers représentent pour eux à bien des égards les seuls éléments stables et constants de leur vie d'hommes modernes, les seuls êtres toujours présents quand ils ont besoin d'eux et sur lesquels ils gardent encore à peu près prise. Si les Français aiment si fort, de manière si visiblement exagérée, avec tellement d'ostentation, leurs animaux de compagnie, c'est aussi pour se sentir autorisés à manger les autres ; de même, si nous supportons (au demeurant de plus en plus mal) de manger des animaux que nous élevons (ou d'élever des animaux pour les manger), c'est parce que nous en élevons d'autres parfois comme nos propres enfants, en les protégeant au point de nous interdire de les manger : mangerions-nous nos enfants ?

Les Français ont à l'égard des animaux des attitudes que l'on qualifie volontiers d'« irrationnelles » quand on les trouve chez les autres, notamment chez les « primitifs ». Irrationnelles ou non, elles soulèvent dans la société française des problèmes dont plusieurs apparaissent aujourd'hui préoccupants.

Jean-Pierre Digard, *Les Français et leurs animaux*, 1990

DOCUMENT 2

Le chat est lié à une population sédentaire, de cultivateurs. Jusqu'au IVe siècle, les paysans défendaient leurs greniers contre les rongeurs avec l'aide de la genette (famille de la civette), un petit carnivore, chasseur nocturne gris argenté, animal de forêt . Mais alors que la genette restait définitivement sauvage, la dimension affective a fait le succès du chat et lui a permis de la détrôner dans la surveillance des grains. Plus l'humain a construit des environnements sans rongeurs, plus le chat est entré dans une relation affective et esthétique. Au Moyen Âge, le chat, du fait de son origine orientale et de son caractère nocturne, était associé aux puissances infernales, au diable.

Ceci était renforcé par la forme de ses pupilles : dans l'imaginaire collectif on trouve toujours le diable avec ses pupilles verticales d'un chat. Sa propension à se frotter contre l'humain, sa sensualité, la mise en scène de son comportement sexuel sont aussi à l'origine des propos diaboliques que l'Église pouvait tenir contre lui.

Plus l'animal a une fonction affective, plus il doit être décoratif ?

La fonction de l'animal de compagnie est associée non plus à la fonction sociale de l'animal mais à celle du maître : je me montre avec mon animal de compagnie, et je montre ce que je veux que vous voyiez de moi. Le cavalier fier de sa stature va choisir un cheval spectaculaire par son crin, ses muscles. Le propriétaire d'un chien choisit son animal en fonction de ce qu'il veut faire passer : je suis très fort, donc je peux maîtriser une bête très forte – la loi sur les pitbulls, les présentant comme des animaux féroces, est responsable en partie de l'engouement pour ces animaux. La rareté d'une race peut aussi servir de système de communication. Quand le mur de Berlin est tombé, on a vu apparaître des races inconnues qui sont devenues très à la mode. On assiste également au phénomène des animaux stars ou associés à des vedettes.

À l'animal de compagnie et de travail d'antan s'ajoute donc le statut d'un bien de consommation ?

L'individu a de plus en plus souvent des attentes équivalentes à celles que l'on a avec un objet et qui, du coup, justifient toutes les manipulations génétiques pour accentuer tel ou tel trait d'une race. Le consommateur voudrait pouvoir acheter avec son chat ou son chien une « promesse produit » : si j'achète un labrador, c'est que je veux un chien calme et obéissant, ça sera un chien de famille. Si j'achète un rotweiller, il va garder ma maison, et si la « promesse produit » n'est pas réalisée, c'est la panique. L'animal devient de plus en plus humain dans notre tête, alors que l'animal reste ce qu'il est.

Patrick Pageat, « Des animaux de plus en plus humains dans nos têtes », *Libération*, 31 décembre 2005. Propos recueillis par C.H.

DOCUMENT 3

Une chatte

Chatte blanche, chatte sans tache,
Je te demande, dans ces vers,
Quel secret dort dans tes yeux verts,
Quel sarcasme sous ta moustache.

Tu nous lorgnes, pensant tout bas
Que nos fronts pâles, que nos lèvres
Déteintes en de folles fièvres,
Que nos yeux creux ne valent pas

Ton museau que ton nez termine,
Rose comme un bouton de sein,
Tes oreilles dont le dessin
Couronne fièrement ta mine.

Pourquoi cette sérénité ?
Aurais-tu la clé des problèmes
Qui nous font, frissonnant et blêmes,
Passer le printemps et l'été ?

Devant la mort qui nous menace,
Chats et gens, ton flair, plus subtil
Que notre savoir, te dit-il
Où va la beauté qui s'efface,

Où va la pensée, où s'en vont
Les défuntes splendeurs charnelles ?
Chatte, détourne tes prunelles :
J'y trouve trop de noir au fond.

Charles Cros, *Le Coffret de santal*, 1873.

DOCUMENT 4

Un caniche sur Sunset Boulevard (Hollywood)
Photo de Steeve Mc Curry

L'étude des chiffres et des images de la synthèse

Le dossier de synthèse comporte des graphiques ou des tableaux de chiffres, des dessins ou des photographies. Il faut savoir extraire les informations de ces documents.

Étudier les graphiques

➤ **Le graphique en barres.** Il facilite la compréhension des parties d'un ensemble.

Exemple : ce document fait partie d'une synthèse qui porte sur les études à l'étranger des étudiants français.

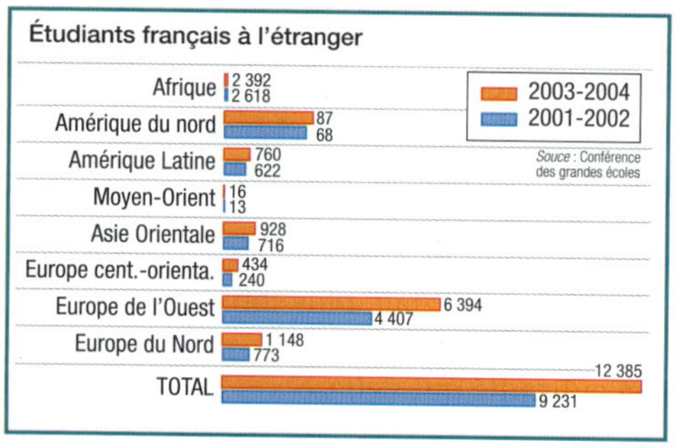

Source « Le Monde campus », supplément au *Monde* du 5 novembre 2005.

Données utiles à la synthèse
- L'Europe est choisie par plus de 60 % des étudiants.
- Les États-Unis viennent en second (20 % environ)
- L'Asie et l' Amérique latine attirent moins de 10 % chacune.
- L'Afrique et le Moyen-Orient sont marginaux.
- On note une nette augmentation des départs à l'étranger entre 2003 et 2004.

➤ **Le graphique en secteurs.** Il visualise les proportions et met en relief les phénomènes majoritaires.

Exemple : ce document fait partie d'un dossier consacré à la vision de l'avenir.

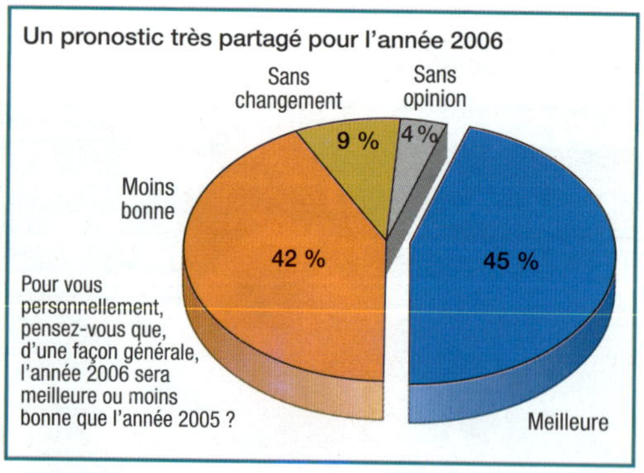

http://www.tns-sofres.com/etudes/pol/151205_attentes2006.htm

Données utiles à la synthèse
- Deux camps presque égaux.
- Un optimisme légèrement majoritaire.
- Un assez fort pourcentage de pessimistes.
- Seulement 9 % pour le statut quo.

➤ **Le graphique en courbe.** Il permet de visualiser les évolutions d'un phénomène.

Exemple : ce graphique fait partie d'une synthèse consacrée à l'appropriation des technologies du numérique.

Utilisateurs de téléphones mobiles

	15-17 ans	18-24 ans	25-29 ans	30-39 ans	40-59 ans	80 ans et +
Déclarent savoir utiliser toutes les fonctions de son mobile	51	38	30	19	13	3
Une bonne partie	48	48	50	45	28	24
Quelques-unes seulement	1	13	20	33	46	53
Aucune à part les appels	0	1	0	3	13	19

Déclarent savoir utiliser :	Ensemble
Toutes les fonctions de son mobile	20
Une bonne partie	36
Quelques-unes seulement	45
Aucune à part les appels	9

http://www.afom.fr/v3/FILE_DOWNLOAD.php?doc_ID=831&mode=directOpen

Données utiles à la synthèse
- Le sentiment de maîtriser son téléphone mobile varie fortement en fonction de l'âge.
- Les plus jeunes sont les plus à l'aise avec les nouvelles technologies.
- De nombreuses fonctions sont sous-utilisées par l'ensemble des propriétaires de mobiles.

➤ **Conservez les interprétations.** Elles portent sur l'ensemble d'un phénomène et les points particuliers qui concernent le sujet de la synthèse : évolution, stagnation, chute brutale, tendance…

Décoder les tableaux de chiffres

➤ **Recherchez les informations.** Analysez les lignes et les colonnes pour faire ressortir les tendances, les écarts, les évolutions.

➤ **Conservez les éléments d'interprétation de l'ensemble.** Sélectionnez au besoin des chiffres significatifs.

Étudier une photographie ou un dessin

➤ **Recherchez le lien entre la synthèse et le document.** La photographie et le dessin se rattachent nécessairement au thème de la synthèse. Ils apportent une illustration du problème, parfois un point de vue critique, ou ils donnent une vue globale, synthétique du problème traité.

➤ **Analysez les éléments de la photographie ou du dessin.** Étudiez la composition, les personnages et les objets, les couleurs en cherchant leur signification, en interprétant leurs connotations éventuelles.

➤ **Conservez les informations utiles.** Elles expriment des idées en rapport avec la problématique du dossier et plus particulièrement avec les textes d'idées.

Exemple : ce document fait partie d'un dossier consacré aux supporters sportifs.

Un groupe de supporters tricolores. Photo d'Élodie Grégoire.

Données utiles à la synthèse
- Les supporters sont organisés pour être vus ou filmés.
- Ils constituent un élément du spectacle de football.
- Ils expriment leur sentiment d'appartenance à leur pays.
- Ils sont habillés aux couleurs nationales.

Exemple

L'étude des chiffres et des images de la synthèse

Sujet. Ce dossier de synthèse traite des caractéristiques de la mondialisation.

DOCUMENT 1

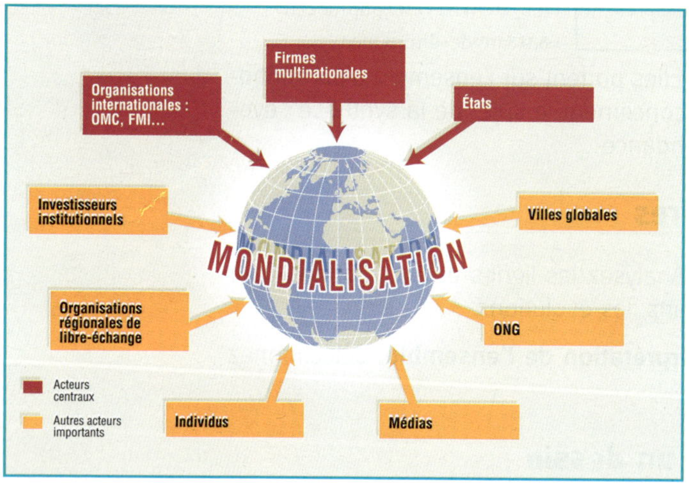

Informations à retenir
- Le poids des acteurs économiques : les firmes multinationales, les investisseurs institutionnels les villes globales.
- L'importance des acteurs politiques : organisations internationales, régionales, États.
- Le rôle des ONG et des médias.
- Les individus, cibles et acteurs, dont les choix orientent le marché.

DOCUMENT 2

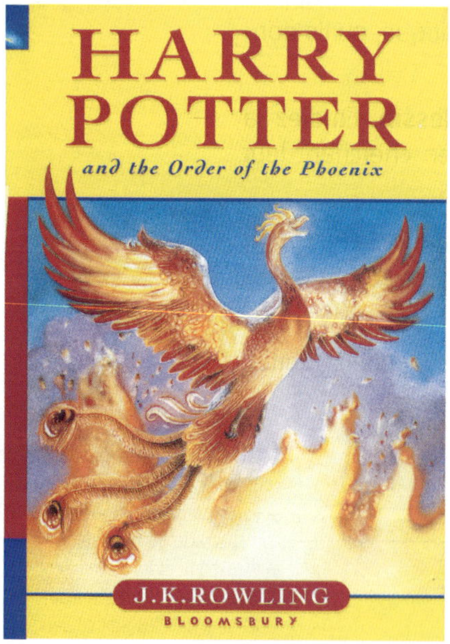

Harry Potter et l'ordre du Phénix, 5e tome de la série, a été mis en vente le samedi 21 juin 2003 à 00h01 heure locale, au Royaume-Uni, aux États-Unis, au Canada et en Australie, dans des milliers de points de vente spécialement ouverts pour la circonstance.

Informations à retenir
- C'est un ouvrage en langue anglaise qui a cette diffusion mondiale.
- Le marketing est mis en scène à l'échelle de la planète.
- L'effet d'uniformisation culturelle.

DOCUMENT 3

Les firmes multinationales

a. Origine des 100 premiers groupes industriels et de service en 2002

États-Unis	42	Italie	2
Japon	21	Pays-Bas	2
Allemagne	12	Chine	2
France	8	Suisse	1
Royaume-Uni	5	Espagne	1
Corée du Sud	3	Bermudes	1

b. La firme Nike : des salariés dans le monde entier

Répartition des 556 000 salariés travaillant pour Nike

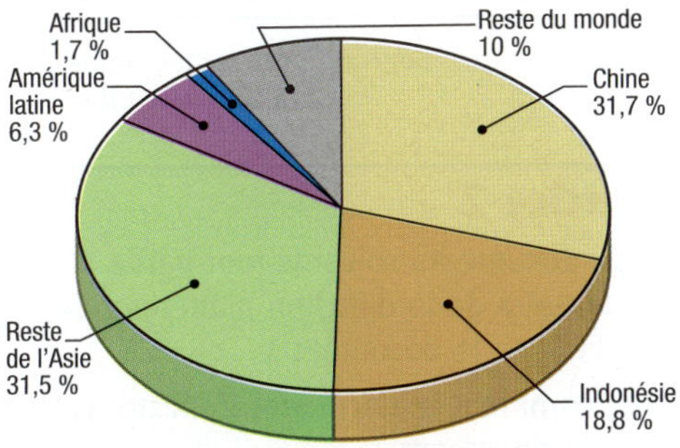

Nike, dont le siège est à Beaverton, dans la banlieue de Portland (Oregon, USA) emploie directement 13 000 personnes aux États-Unis et moins de 10 000 en Europe, et ces employés occupent essentiellement des fonctions financières, de design et de marketing. Nike ne possède aucune usine : les articles sont produits par des sous-traitants qui emploient 556 000 salariés travaillant dans 736 usines, réparties dans 56 pays.

Informations à retenir
- Les États-Unis dominent le monde.
- L'Europe représente près d'un tiers des groupes industriels..
- Les firmes japonaises sont nombreuses (électronique).
- Les pays d'Asie commencent tout juste à émerger en 2002.
- Nike illustre une méthode : sous-traiter là où la main-d'œuvre est la moins chère.

DOCUMENT 4

L'investissement direct à l'étranger, en 2002.

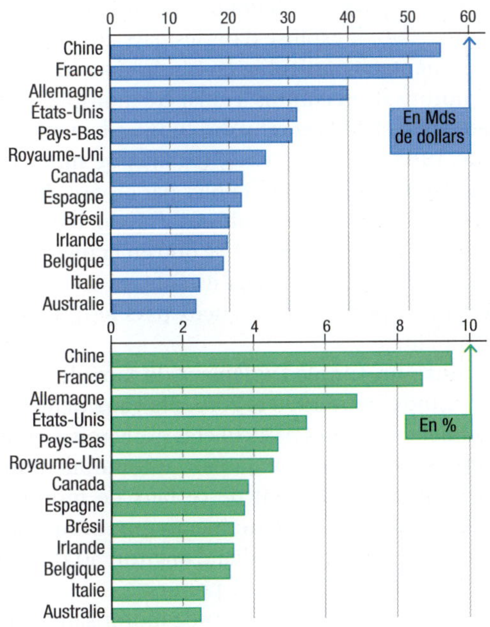

Informations à retenir
- La Chine est le premier pays destinataire des investissements mondiaux : le marché potentiel est très attirant.
- Les investissements en France sont importants (2e rang mondial).
-12 pays captent 62 % des flux.
- Les pays du tiers-monde sont absents.

Entraînement

Exercice 1

Ce dossier de synthèse traite des problèmes nouveaux posés par le développement urbain dans le monde.

1. Relevez dans le document 1 les informations utiles à la synthèse.

2. Quelles informations contient le document 2.

3. Montrez comment le document 2 complète les idées du document 1.

DOCUMENT 1

Les conditions de cette époque révolue décrites par Dickens – le travail des enfants, la détérioration des conditions de logement, le crime et les tensions entre les classes – semblent exister aujourd'hui dans les mégapoles des pays pauvres, mais à un degré beaucoup plus élevé. Qui plus est, ces conditions s'accompagnent souvent de niveaux élevés de pollution et d'accidents automobiles mortels, de l'utilisation de drogues illicites et d'infections sexuellement transmissibles très répandues telles que le VIH. L'ampleur des problèmes que connaissent les mégapoles aujourd'hui est imputable à leur croissance rapide ayant abouti à leur surpopulation excessive.

Ceux qui sont dans le camp adverse mettent en relief les avantages futurs dont pourraient bénéficier les mégapoles des régions en voie de développement. Nombre d'économistes soutiennent que depuis toujours, les villes ont été la force motrice de la croissance économique d'un pays et qu'elles deviennent des mégapoles uniquement parce qu'elles sont économiquement viables pour leurs pays. Au fur et à mesure que les capitales deviennent plus mobiles avec la mondialisation, de larges réserves de main-d'œuvre relativement peu spécialisée peuvent encourager l'entrée de capitaux étrangers qui multiplient les créations d'emploi dans les secteurs de la production et de l'industrie. La croissance de la technologie Internet permet aux administrations municipales de partager, à peu de frais, les informations concernant les approches efficaces visant l'allègement de la pauvreté, la gestion des déchets, le logement à prix abordable et autres questions importantes des villes géantes.

Martin Brockerhoff, *La Révolution démographique urbaine*, http://www.prb.org/FrenchTemplate.cfm?Section=Accueil.

DOCUMENT 2

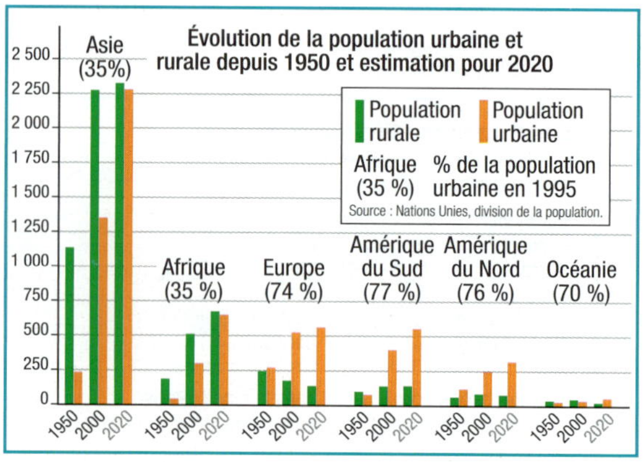

Source : « Atlas géopolitique et culturel » du *Petit Robert des noms propres*.

Exercice 2

Les deux documents suivants font partie d'une synthèse qui traite de la diffusion planétaire de l'automobile. Étudiez le document 1.

Montrez comment le document 2 illustre certains aspects du document 1.

DOCUMENT 1

Le modèle occidental de l'automobile individuelle est en passe de se généraliser à l'échelle mondiale depuis les années 1990. Alors que le taux de motorisation (nombre de voitures pour 1000 habitants) des pays occidentaux continue de progresser depuis 1990, il explose dans les pays en voie de développement, en particulier en Chine et en Inde. Le taux de motorisation chinois a ainsi été multiplié par trois entre 1990 et 2003 et celui de l'Inde également par trois entre 1985 et 2002. Certes, ces taux de motorisation restent particulièrement faibles par rapport à ceux des pays occidentaux (15 voitures / 1000 habitants en Chine en 2003 contre près de 600 en France ou même 800 aux États-Unis), mais ils sont en très forte progression et portent sur les deux pays les plus peuplés de la planète.

Ainsi, un simple triplement du taux de motorisation chinois entre 1990 et 2003 a fait augmenter le parc mondial de voitures particulières d'environ 15 millions d'unités (soit la moitié du parc automobile français). Un nouveau triplement de ce taux de motorisation entre 2005 et 2020 entraînerait une nouvelle augmentation du parc mondial d'environ 50 millions de voitures... Quand la Chine polluera...

Autre hypothèse, si le taux de motorisation chinois atteignait seulement la moitié du taux de motorisation français (soit environ 300 voitures/1000 habitants) d'ici 2050, le seul parc automobile chinois serait alors composé de près de 500 millions de voitures...

Marcel Robert, *Pour en finir avec la société de l'automobile,* ouvrage édité numériquement par http://carfree.free.fr.

DOCUMENT 2

Parkings à Houston, États-Unis.

Exercice 3

Ce document fait partie d'une synthèse sur les cadeaux de Noël préférés des Français en 2005. Quels enseignements utiles à la synthèse apporte-t-il ?

Question : dans cette liste, quels sont les cadeaux de Noël que vous pensez offrir à vos enfants, petits-enfants ou aux enfants de votre entourage ?

	%	Rang
- De l'argent, un chèque, un chèque-cadeau	36	1
- Un livre	26	2
- Un CD, DVD ou film	23	3
- Un jeu de société	22	4
- Un jeu vidéo ou CD Rom	17	5
- Une poupée, une peluche, ou des accessoires pour jouer à la poupée	16	6
- Un jouet ou un jeu en bois	15	7
- Un jouet associé à des héros de dessins animés	12	8
- Des voitures, un train ou un circuit	11	9
- Une console de jeu	8	10
- Un lecteur de CD ou K7	7	11
- Un appareil-photo numérique	5	12
- Une dînette, un étal de marchande ou des accessoires de maison	5	12
- Un téléphone mobile	4	14
- Un karaoké pour jouer au chanteur	2	15
- Un robot ou animal électronique	1	16
- Sans réponse / non concerné	19	
Sous-total cadeaux traditionnels	55%	
Sous-total cadeaux technologiques	43%	

Sondage SOFRÈS pour le groupe Casino et L'Hémicycle, 14 décembre 2005.

Source http://www.tns-sofres.com/archives_eco.htm

Exercice 4

Ces deux documents font partie d'une synthèse qui traite du tourisme. Quelles informations utiles apportent-ils ?

DOCUMENT 1

Cela fait trente ans que cela dure, trente ans que le nord de la Bretagne est victime des ulves vertes. La liste des sites touchés n'a cessé de s'allonger, même si les tonnages restent difficiles à évaluer, malgré la surveillance aérienne mise en place par le Centre d'étude et de valorisation de l'algue (Ceva) à Pleubian. Désormais, le sud de la Bretagne et la Normandie sont eux aussi affectés.

Si l'algue verte s'est mise soudain à proliférer dans les années 1970, c'est qu'elle a bénéficié de la pollution des eaux en azote agricole, explique Patrick Dion au Ceva. Coupable ? Le modèle intensif d'agriculture développé en Bretagne. En bref, il y a trop de porcs, bovins et volailles par rapport à la surface des exploitations, donc trop de déjections animales qui, épandues sur les champs, farcissent la terre, les rivières et les eaux de ruissellement d'azote sous forme de nitrates.

Éliane Patriarca, « La Bretagne, trente ans sous les algues », *Libération*, 7 septembre 2004.

Entraînement

DOCUMENT 2

« Marée verte » sur une plage des Côtes d'Armor

Exercice 5

Ce graphique fait partie d'une synthèse sur les images et la vie quotidienne. Quels renseignements utiles retenir dans le document ?

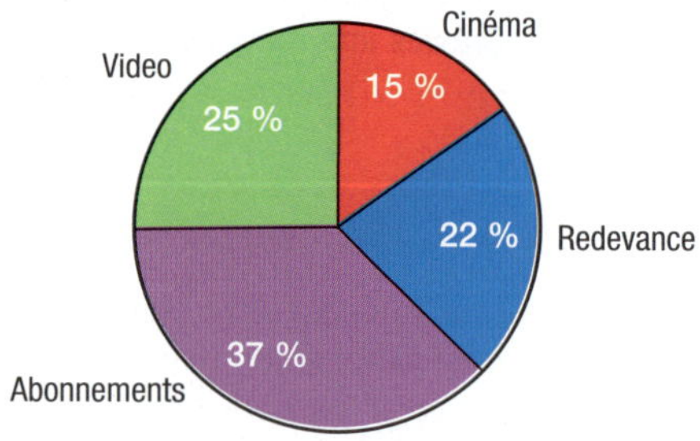

Exercice 6

Ces deux documents font partie d'un dossier qui traite des loisirs des jeunes. Quelles informations utiles à la synthèse délivrent-ils ?

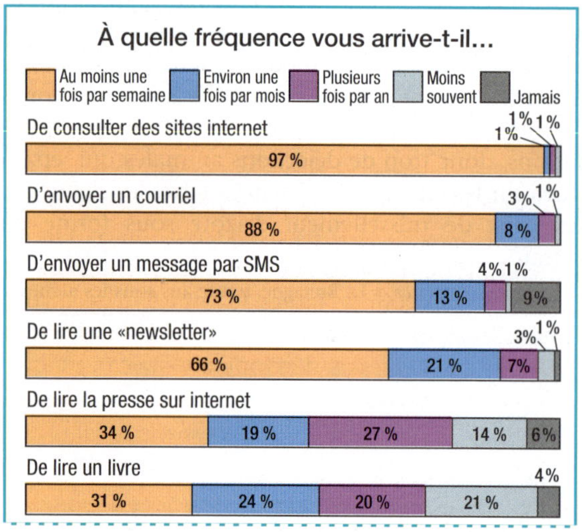

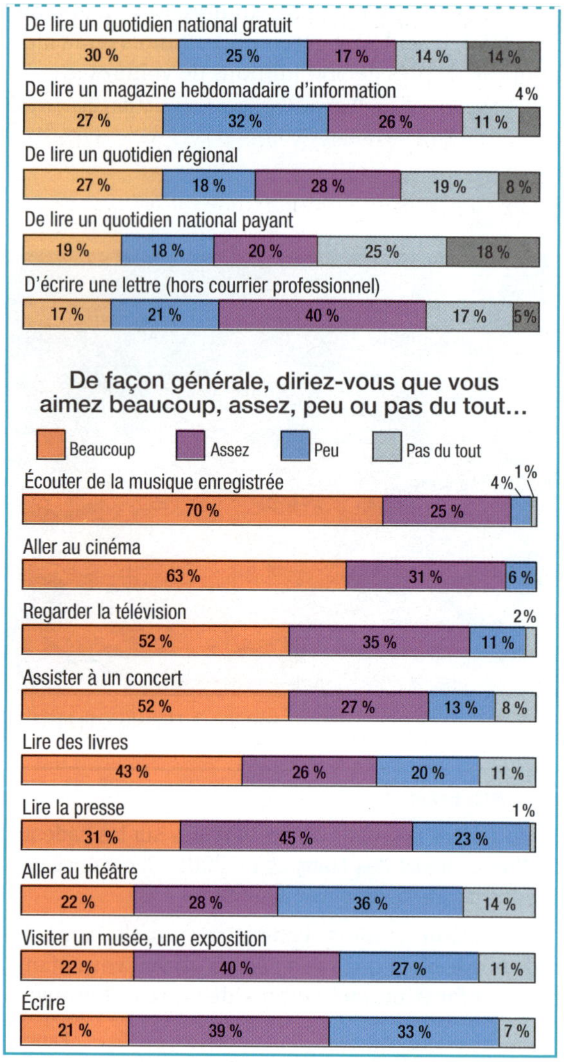

Phosphore, juillet 2004.

Exercice 7

1. Ces deux documents sont extraits d'un dossier de synthèse qui traite du sujet suivant : « Peut-on tout montrer ? » Étudiez le document 1.

2. Quelles informations utiles à la synthèse apporte le document 2 ?

DOCUMENT 1

Peut-on publier n'importe quelle photo ? Peut-on, en tant que reporter, photographier n'importe quelle scène ? Pour répondre à ces deux questions tout journaliste doit d'abord s'interroger sur la nécessité de l'information apportée au lecteur. Cette nécessité ne doit pas, en effet, être celle du coup médiatique, du caractère spectaculaire ou sanglant de l'image. Elle est liée à son utilité, à son aspect informatif : elle doit d'abord faire progresser la réflexion du lecteur. Par ailleurs, celui qui prend la photo comme celui qui la publie doivent toujours penser que l'image, même lorsqu'elle est prise dans un pays lointain, peut porter atteinte à la dignité d'une personne, à sa vie privée ; blesser le sentiment profond que tout être humain a de lui-même.

Pascal Bour, « Le respect des Images », *Primo Nova*, 12 octobre 2004.

DOCUMENT 2

Tardi et Pennec, *La débauche*, Éditions Gallimard, 2000.

Vers le BTS

1. Ce document est extrait d'un dossier portant sur la fracture sociale en France. Relevez les informations contenues dans l'article du *Monde*.

2. Quelle contribution le dessin de Plantu apporte-t-il au dossier ?

Voyage dans le France de la fracture sociale

L'écart ne cesse de grandir entre les cinq millions de personnes qui vivent dans des « zones urbaines sensibles », parmi lesquelles deux millions et demi dans les deux cents quartiers les plus difficiles.

Pendant plusieurs semaines, Marie-Pierre Subtil est alle à la rencontre de ceux –enseignants, éducateurs, médecins– qui, chaque jour, travaillent dans les cités ; des « passeurs » qui, inlassablement, tentent de désenclaver ses zones déshéritées. Ils décrivent les deux Frances qu'ils côtoient, deux mondes qui s'ignorent. des chercheurs évoquent la thèse d'une « sécession » entre, d'une part, les couchent richent et moyennes, d'autre part, les couches les plus pauvres de la population. « *Avec la ville contemporaine, explique Marie-Christine Jaillet, du Centrte interdisciplinaire d'études urbaines* (CNRS[2], Toulouse), *vient la possibilité de nier les autres, c'est-à-dire non seulement de rechercher l'entre soi, mais ausi de refuser de payer pour les autres, pour cdeux qui n'en font pas partie.* »

Auteur de l'ouvrage 1,2,3... cités !, Akim Malouk raconte Paris, « un autre monde ». « *Quand j'y suis, je me sens mal, je ne suis pas chez moi. Les gens me regardent de haut en bas. Ils ont peur.* » Trois jeunes habitants dans les cités sont, eux, allés dans un grand magasin chic e la river gauche[2]. Ils constatent le luxe, l'opulence, mais ausssi l'ignorance des uns pour les autres : « La Goutte-d'Or[3] est plus riche, parce que c'est comme un village. Ici, chacun est dans son petit nuage, fait sa petite vie. C'est des gens qui communiquent pas. »

Les 28 et 29 juin, à Nantes, le ministère de la ville a organisé les 3es Rencontres nationales sur la politique de la ville consacrées au développement économique des quartiers en crise.

Le Monde, 30 juin 1999.

1. C.N.R.S. : Centre National de la Recherche Scientifique.
2. Rive gauche : quartier de la rive gauche de la Seine à Paris
3. La Goutte d'Or : nom d'un quartier populaire de Paris

La confrontation des documents de synthèse

Le meilleur moyen d'obtenir une vue d'ensemble du dossier pour dégager les grands axes de la synthèse est de réaliser un tableau permettant de confronter les données de la documentation.

Étudier les documents

➤ **Situez les documents.** L'origine, l'auteur, le titre, la date sont des éléments qui permettent de situer les documents dans leur contexte. Ces informations ouvrent des pistes de réflexion et permettent d'éviter des contresens ou des anachronismes. Certains documents sont comiques, ironiques, satiriques ; d'autres sont véhéments ou de parti pris : interprétez le ton d'un document de manière à éviter les contresens.

➤ **Choisissez le document pivot.** De nature variée, les documents fournissent des informations spécifiques. Repérez le texte qui contient le plus d'idées car il sert de pivot à la confrontation des documents.

Cerner la problématique abordée par le dossier

➤ **Le thème traité et la problématique sont indiqués par le sujet.** Lisez les documents en fonction de la problématique proposée en écartant les données qui sont sans rapport avec elle.

➤ **La problématique n'est pas indiquée par le sujet.** Le thème est fourni mais sa formulation est très générale. Aucune perspective de réflexion n'est clairement indiquée. Faites une première lecture des documents en cherchant à donner un sens plus précis au sujet abordé. Proposez une problématique englobant l'ensemble des documents.

Dessiner un tableau d'inventaire des données

➤ **Tracer un tableau.** Il comprend une colonne de plus que le nombre de documents. Attribuez chaque colonne à un document. Intitulez la dernière colonne « Pistes de réflexion ». Elle recevra les idées issues de la confrontation des documents. Le plan de la synthèse résultera de leur combinaison logique.

– Utilisez le crayon et la gomme pour pouvoir aisément modifier les esquisses qui aboutiront au choix final des idées de la synthèse.

Document 1	Document 2	Document 3	Pistes de réflexion

Étudier un premier document

➤ **Commencez par le texte d'analyse le plus riche.** Il contient les aspects les plus variés de la question. Les autres documents viendront se confronter à ce texte qui permet l'entrée la plus complète dans le traitement de la problématique. Ils illustreront, compléteront, nuanceront, contrediront les données du premier texte.

➤ **Notez dans la première colonne les données du document pivot.** Ne retenez que les idées qui concernent la problématique, en les reformulant de façon concise. N'ajoutez aucune idée personnelle.

Confronter ce document avec un autre

➤ **Choisissez le bon document.** Il est préférable d'opter pour un deuxième document d'analyse si le dossier en propose. Les documents iconographiques et les statistiques ont le plus souvent une fonction illustrative et peuvent être confrontés en dernier.

➤ **Faites une lecture comparative.** Chaque idée de ce deuxième document doit être confrontée à celles du premier. Notez une idée semblable ou opposée au niveau où se trouve l'idée correspondante du premier document. Disposez une idée nouvelle plus bas sur la colonne, même si cela ne correspond pas à l'ordre du texte.

➤ **Proposez des pistes de réflexion dans la dernière colonne.** En synthétisant les données placées sur un même niveau du tableau, formulez les pistes qui seront utilisées pour rédiger le plan de la synthèse. Rectifiez-les si des pistes vous paraissent plus riches ou plus précises.

Exemple :

Document 1	Document 2	Pistes de réflexion
Les supporters s'identifient au club de football	À chaque ville son équipe de sport collectif	Fonction identitaire du sport

Étudier les autres documents

➤ **Conservez la même méthode pour tous les documents textuels.** Complétez progressivement le tableau, colonne par colonne, en enrichissant les premières pistes de réflexion.

➤ **Approfondissez votre inventaire des données du dossier.** L'étude d'un nouveau document peut amener à découvrir certains aspects du problème qui n'ont pas été pris en compte dans les documents précédents. Il faut alors corriger cet oubli.

Faire parler le tableau

➤ **Procédez à une lecture globale des colonnes et des lignes.** La lecture verticale de chaque colonne permet de retrouver les données de chaque document. La lecture horizontale des lignes permet de confronter les idées de différents documents.

➤ **Observez les pistes de réflexion.** Elles synthétisent les données de la documentation et, en les analysant, vous trouverez le plan de la synthèse.

Exemple de confrontation des documents de synthèse

Sujet. Vous ferez une synthèse objective et ordonnée des documents ci-joints, qui s'interrogent sur les ressorts de la consommation.

Document 1
Sophie Peters, « Marques et banlieues, des liaisons dangereuses », *Les Échos,* 24 novembre 2005.

Document 2
Sondage Louis-Harris, pour *Libération,* 29 et 30 octobre 2005.

Document 3
Nicolas Riou, « Dis-moi ce que tu consommes, je te dirai qui tu es », *Libération,* 31 octobre 2005.

DOCUMENT 1

« En banlieue, les habitants ont d'autant plus besoin des "marques" qu'ils existent à travers elles, tout en n'en ayant pas véritablement les moyens. Ils n'ont aucun échappatoire : entre la télévision constamment allumée qui organise le désir de consommer et les dizaines de kilomètres de zones commerciales qui entourent leurs habitations, parents et enfants sont pris en étau dans une énergie du désespoir », analyse le philosophe Bernard Stiegier, directeur de l'Ircam, qui a grandi à Sarcelles. [...]

Les jeunes des cités se sont emparés des logos pour en faire leur signe extérieur de richesse. Ne pouvant affirmer leur valeur et leur individualité au sein de la société par le biais du monde du travail, ils revendiquent un statut à travers le paraître. [...] « Les fantasmes que manipulent les marques sont nécessaires mais dangereux sur des populations qui n'ont pas d'autres horizons. Il faut les charger aussi d'ambitions culturelles et artistiques », estime le philosophe Bernard Stiegler. Aujourd'hui, sur le sujet, aucune firme n'a envie de s'exprimer. [...] Le silence serait-il le premier effet pervers du culte des marques ? « On sait pertinemment que le succès d'une marque se joue dans sa capacité à sortir de son territoire. Mais il faut ensuite faire face au paradoxe de cet environnement exhausteur de désir mais qui n'exauce pas les frustrations », répond le sociologue Gérard Mermet. « Dans ce système fermé où on suppose que consommer rend heureux, ceux qui en ont la possibilité savent bien que cela ne leur procure pas les bénéfices escomptés. Quant à ceux qui en rêvent, ils en subissent les frustrations. D'où l'attention des nantis envers les exclus. Tout le monde se retrouve dans une même condamnation du système. » Pour l'auteur de *Francoscopie*, les sollicitations commerciales ont pris une telle place que plus personne ne sait les gérer.

Sophie Peters, « Marques et banlieues, des liaisons dangereuses », *Les Échos*, 24 novembre 2005

DOCUMENT 2

LA PERCEPTION GLOBALE DE LA SOCIÉTÉ DE CONSOMMATION

Êtes-vous tout à fait d'accord, plutôt d'accord, plutôt pas d'accord ou pas du tout d'accord avec chacune des opinions suivantes :

Réponses en %	*Sous-total d'accord*	*Sous-total pas d'accord*	*NSPP*
La publicité devient omniprésente dans notre vie quotidienne	93	7	–
Il faudrait aider financièrement les produits respectueux de l'environnement	93	7	–
Aujourd'hui, on consomme trop de choses inutiles	89	10	–
Ça n'a pas de sens de payer un produit plus cher avec une marque connue si un produit équivalent est disponible	88	12	–
Aujourd'hui, on incite trop les ménages à s'endetter pour consommer	88	11	1
Les grandes marques abusent de leur position dominante pour vendre cher leur produits	86	12	2
Il y a trop de publicités mensongères	84	14	2
Les enfants ne sont pas assez protégés vis-à-vis de la publicité	82	16	2
Les grandes marques ne sont pas véritablement en concurrence et s'entendent entre elles sur les prix pratiqués	75	18	7
Les consommateurs sont mal informés sur la nature et la qualité exaacte des produits proposés	75	23	2
En France, les droits des consommateurs sont trop faibles	71	24	5
Quand on consomme peu, on est mal considéré dans la société	55	42	3

Sondage Louis-Harris, pour *Libération*, 29 et 30 octobre 2005.

DOCUMENT 3

Par la multiplication des objets, et des messages, la consommation protège de la panne de jouissance. Il n'y a plus de temps morts, ceux-ci sont comblés par des objets, qui ont une nouvelle fonction, celle de béquille identitaire. Ils deviennent une partie de nous-mêmes, traduisent qui nous sommes, ou qui nous rêverions d'être. Le choix paradoxal d'un 4x4, alors qu'on conduit en milieu urbain, vise avant tout à exprimer sa personnalité, à s'identifier à un style de vie rêvée. Dans une société de cols blancs, on se sent plus libre en Levi's, plus viril en Harley Davidson ! On se sent une meilleure mère en utilisant des couches de marque. On maîtrise son corps et son image en utilisant un nouveau shampooing à forte composante technologique. De même qu'on est plus féminine en Chanel. Les marques cultes développent une valeur ajoutée affective.

Dans une société vieillissante, en panne de repères et de projet collectif, la consommation devient une véritable thérapie. Le discours santé des marques alimentaires, les arguments sécurité des marques automobiles rassurent une société anxieuse et peu sûre d'elle. Les objets nous consolent, nous confirment dans notre existence, ou meublent le vide de sens auquel nous sommes confrontés.

Nicolas Riou, « Dis-moi ce que tu consommes, je te dirai qui tu es »,
Libération, 31 octobre 2005.

L'étude des documents

➤ Le document 3 présente l'analyse la plus large. On commence donc le tableau par lui.

➤ Le document 2 présente la perception de la consommation.

➤ Le document 1 est centré sur un aspect particulier, celui des marques.

La problématique abordée par le dossier

Le libellé du sujet invite à s'interroger sur la dynamique des motivations de la consommation.

La problématique traitée par le dossier peut donc être : quelle relation ambiguë lie le consommateur à la pratique de la consommation ?

Le tableau de confrontation

Document 1 *Marques* Article des *Échos*	Document 2 *Sondage Louis-Harris*	Document 3 *Dis-moi ce que tu consommes* Article de *Libération*	Pistes de réflexion
On existe à travers la marque	Consommer peut donner l'impression d'être en marge (mais 42 % n'approuvent pas cette idée)	La consommation compense un déficit identitaire	Rôle identitaire de la consommation
Les marques compensent l'absence de reconnaissance sociale	On rêve de produits « verts », inoffensifs pour l'environnement	Les objets traduisent notre personnalité réelle ou rêvée	Les objets révèlent nos besoins immatériels
Les marques sont des signes extérieurs de richesse	Payer plus cher à cause de la marque n'a pas de sens	Les marques développent une valeur ajoutée affective	La consommation de la valeur affective des objets
La consommation crée du désir et de la frustration	La consommation crée des peurs et comme un soupçon sur la dangerosité des produits. Les droits des consommateurs sont mal défendus	La consommation est une thérapie : – contre le vide – contre la peur	Ambivalence de la consommation : - une fonction thérapeutique - une source de malaises
Tout le monde condamne le système, mais se sent impuissant	On consomme trop de choses inutiles sous l'effet de la pression de la publicité	Il y a multiplication des objets et des messages de jouissance, de désir	La critique de la consommation
Certains sont pris dans l'étau de la consommation	L'incitation à la consommation conduit à l'endettement		L'impératif de la consommation

Entraînement

Exercice 1

1. Quelle thème le texte aborde-il ? Quelles idées développe-il ?

2. Confrontez l'image au texte. Quelles idées du texte illustre-t-elle ?

3. Quelles autres idées suggère-t-elle ?

DOCUMENT 1

Lequel d'entre vous n'a pas entendu une fois ses parents lui demander s'il n'avait pas un livre (intéressant, forcément) à lire plutôt que de s'atrophier les méninges devant *Les Colocataires* ? Ces remarques énervées recouvrent une préoccupation plus angoissée : les jeunes vont-ils devenir des illettrés ?

Ce sondage, réalisé auprès des 15-25 ans pour le Comité de l'écrit, apporte des réponses nuancées. « La première, c'est la prééminence absolue des médias électroniques », note Hugues Cazenave, président de Opinionway, l'institut qui a réalisé ce sondage. « Cependant, l'image de l'écrit et même du papier reste étonnamment forte et positive », poursuit-il. D'accord, les jeunes ne lisent plus, comme leur grand-père, le journal avec le café du matin. Aujourd'hui, ce serait plutôt appuyer sur le bouton de Skyrock ou Fun.

Mais certains pensent proche l'heure de la revanche. « On constate un véritable retour en force de l'écrit, assure Jacques Huybrechts, organisateur du Forum de l'écrit, à travers les nouvelles technologies et au sein de l'enseignement. » « En fait, les jeunes ne sont pas hostiles à l'écrit, conclut Hugues Cazenave. Il faut que les professionnels trouvent les contenus qui plaisent et les formes plus adaptées à l'époque. » À bon entendeur...

Béatrice Toulon, « Aimez-vous lire ? », *Phosphore*, juillet 2004.

DOCUMENT 2

Illustration de Piem, pour le livre de Jacques Plaine, *Souvenir d'un libraire*, Éd. Le Cherche-midi, 2002.

Exercice 2

1. Cette synthèse traite de l'évolution de la population mondiale. Sur ce thème quelles sont les quatre informations principales à retenir dans le texte ?

2. Confrontez la photographie au texte. Quelles idées du texte l'image illustre-t-elle ?

2. Quelle autres idées liées au thème apporte-t-elle ?

DOCUMENT 1

Une campagne du planning familial en Inde.

DOCUMENT 2

La population mondiale atteint les 6,5 milliards d'individus. Les experts, qui avaient prédit il y a 50 ans que 2005 serait l'année où l'humanité atteindrait ses 6,5 milliards, ont réalisé un sans-faute.

Les prévisions peut-être trop optimistes (ou pessimistes, selon les points de vue) concernant l'évolution de la population mondiale d'ici 2050 seront probablement fausses. On estime actuellement que l'on atteindra environ 8 à 9 milliards à cette date, contre des prévisions antérieures de 15 milliards.

La moitié de habitants vivent actuellement en ville, dans des aires urbaines de plus en plus gigantesques et de plus en plus polluantes. D'ici 45 ans, les effets de l'urbanisation se feront sentir surtout dans les pays en développement, ceux-ci représentant déjà la majorité de la croissance des grandes villes.

Rendez-vous dans 7-8 ans pour les 7 milliards.

http://www.populationdata.net/demographie/population-mondiale-2005.php

Exercice 3

1. Quel est le thème commun aux deux documents suivants ?

2. Quel problème évoquent-ils ?

3. Quelles idées de chaque document correspondent au problème posé ?

DOCUMENT 1

Le tourisme et les vacances sont devenus des pratiques sociales banalisées, courantes et ritualisées d'une société urbaine, mobile et mondialisée. Ainsi, c'est l'entrée dans l'ère de la banalité et de la répétition qui marque le principal tournant de ce mode de rapport au temps et à l'espace qui n'est vraiment devenu populaire et massif que dans les années 1970. Nous sommes aujourd'hui face à un mode d'organisation sociétale qui a profondément intégré dans l'organisation de son espace et de ses temporalités « la norme vacancière ». Partir en vacances est devenu la règle, ne pas partir un problème, symptôme d'une position marginale ou des prémisses d'une exclusion. Ce, alors que hier encore, partir en vacances était un événement, voire un privilège.

Dans la plupart des familles, nous entrons dans la troisième génération de consommateurs de vacances, ce processus étant devenu actif d'une génération sur l'autre. Aux vacances des parents qui étaient un arrachement à une ancestrale sédentarité, ont succédé des vacances consommatrices de produits normés, puis des vacances de plus en plus auto-organisées et multipliées.

Jean Viard, « La richesse des vacances », *Sciences Humaines* n°92, mars 1999.

DOCUMENT 2

Notre banlieue, en 1905, était considérée comme la campagne, aussi ne bougions-nous pas ou peu pendant les vacances. D'ailleurs les grands départs pour la mer, la montagne ou la vraie campagne n'étaient pas entrés dans les mœurs. Il y avait aussi le manque de ressources, surtout quand les familles comptaient beaucoup d'enfants.

Le travail scolaire n'était pas perdu de vue. Le maître nous avait donné un viatique pour ne pas perdre notre acquis. Chaque jour, nous avions au moins un problème à résoudre, un exercice de français à faire : analyse, conjugaison ou rédaction.

Nous nous mettions autour de la grande table et nous donnions le temps qu'il fallait pour que notre travail fût bien fait, bien présenté.

Notre tâche terminée, nous pouvions nous consacrer à nos jeux et organiser de bonnes randonnées. Notre père se reposait une semaine par an et la grande affaire était la partie de pêche. Notre joie était grande quand il annonçait :

« Les enfants, je prends mes vacances, la semaine prochaine, jeudi, s'il fait beau, nous irons à la pêche ! »

Édouard Bled, *Mes écoles,* Éd. Robert Laffont, 1977.

Exercice 4

1. Ces deux documents traitent de la diversité culturelle. Établissez un tableau de confrontation.

2. Dégagez les pistes de réflexion

DOCUMENT 1

Chaque homme est unique. L'avenir de l'espèce, sa capacité d'adaptation, d'évolution biologique passe par la conservation jalouse de cette diversité. L'uniformisation conduirait au déclin, puis à la dégénérescence et à la mort. L'idée de « race pure » est donc un non-sens biologique.

Par analogie, l'évolution culturelle de l'humanité passe par une préservation jalouse des diversités intellectuelles des individus et des groupes ethniques. Elles lui ont permis de s'adapter aux conditions les plus différentes et les plus rudes. Elles lui permettront de s'adapter aux nouvelles structures, notamment à celles socio-économiques qu'impose la technologie moderne.

La liberté de pensée ou d'opinion, le libre exercice des cultes ne sont que la libre expression des diversités individuelles. Elles sont le levain d'une humanité constamment en marche. Ici encore, uniformité serait l'équivalent de mort.

Jean Dausset, « Éloge de la différence », *Le Courrier de l'UNESCO,* septembre 1982.

DOCUMENT 2

Article 1 - La diversité culturelle, patrimoine commun de l'humanité

La culture prend des formes diverses à travers le temps et l'espace. Cette diversité s'incarne dans l'originalité et la pluralité des identités qui caractérisent les groupes et les sociétés composant l'humanité. Source d'échanges, d'innovation et de créativité, la diversité culturelle est, pour le genre humain, aussi nécessaire qu'est la biodiversité dans l'ordre du vivant. En ce sens, elle constitue le patrimoine commun de l'humanité et elle doit être reconnue et affirmée au bénéfice des générations présentes et des générations futures.

Article 4 - Les droits de l'homme, garants de la diversité culturelle

La défense de la diversité culturelle est un impératif éthique, inséparable du respect de la dignité de la personne humaine. Elle implique l'engagement de respecter les droits de l'homme et les libertés fonda-

Entraînement

mentales, en particulier les droits des personnes appartenant à des minorités et ceux des peuples autochtones. Nul ne peut invoquer la diversité culturelle pour porter atteinte aux droits de l'homme garantis par le droit international, ni pour en limiter la portée.

Déclaration de l'Unesco sur la diversité culturelle, Paris, novembre 2001.

Exercice 5

1. Ces trois documents traitent du rapport entre l'argent et le bonheur. Relevez dans un tableau les idées correspondant au problème posé et confrontez-les.

2. Quelles pistes de réflexion se dégagent de cette confrontation ?

DOCUMENT 1

Selon les études rapportées par l'American Psychological Association (APA), « les individus sont plus heureux s'ils vivent dans les pays riches plutôt que dans les pays pauvres. Cependant, une fois qu'ils ont assez d'argent pour subvenir aux besoins de base comme la nourriture, un toit, etc., l'argent ne contribue pas beaucoup à améliorer leur bonheur. Ni les hausses de la croissance économique nationale, ni les augmentations de revenus personnels n'ont beaucoup d'effet sur le bien-être personnel des citoyens. En outre, ceux qui adhèrent aux messages de la culture de consommation ressentent moins de bien-être personnel ».

Selon une étude récente, les individus qui déclarent que « l'argent et la popularité sont relativement importants à leurs yeux obtiennent moins de satisfaction dans la vie, moins d'expériences d'émotions plaisantes et sont atteints de plus de dépression et d'anxiété ». Des résultats similaires ont été démontrés pour une variété de groupes d'âge et de populations à travers le monde. En outre, cette étude suggère que « la lutte pour la richesse nuit aussi aux relations sociales et favorise des comportements non écologiques ».

En réaction à cette réalité, on constate que beaucoup de gens essaient d'adopter un mode de vie qui leur permet de libérer du temps plutôt que de viser l'acquisition de biens matériels. Ils sont soutenus par l'idée que l'augmentation du temps libre apporte plus de bonheur et de sens à la vie.

Elisabeth Berthou, « Matérialisme et bonheur, des valeurs qui s'opposent », *Courrier International*, 29 septembre 2005.

DOCUMENT 2

TOPAZE. – Mais ouvre les yeux, regarde la vie, regarde tes contemporains... L'argent peut tout, il permet tout, il donne tout... Si je veux une maison moderne, une fausse dent invisible, la permission de faire gras le vendredi, mon éloge dans les journaux ou une femme dans mon lit, l'obtiendrai-je par des prières, le dévouement, ou la vertu ? Il ne faut qu'entrouvrir ce coffre et dire un petit mot : « Combien ? » (Il a pris dans le coffre une liasse de billets.) Regarde ces billets de banque, ils peuvent tenir dans ma poche, mais ils prendront la forme et la couleur de mon désir. Confort, beauté, santé, amour, honneurs, puissance, je tiens tout cela dans ma main... Tu t'effares, mon pauvre Tamise, mais je vais te dire un secret : malgré les rêveurs, malgré les poètes et peut-être malgré mon cœur, j'ai appris une grande leçon : Tamise, les hommes ne sont pas bons. C'est la force qui gouverne le monde, et ces petits rectangles de papier bruissant, voilà la forme moderne de la force.

Marcel Pagnol, *Topaze*, 1928, Éditions Bernard de Fallois.

DOCUMENT 3

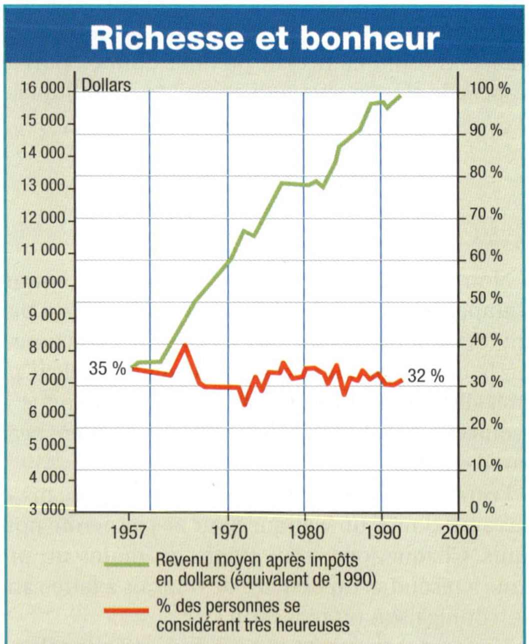

Comparaison entre l'évolution du revenu par habitant et l'évolution du taux de personnes heureuses dans la population américaine.

Sciences Humaines, n° 75, août / septembre 1997.

Exercice 6

1. Choisissez un ordre pour l'étude des quatre documents. Justifiez-le.

2. Établissez un tableau de confrontation.

3. Formulez de façon concise vos pistes de réflexion.

Sujet

Vous ferez une synthèse concise, ordonnée et objective de ces documents qui traitent du devoir de désobéissance.

DOCUMENT 1

Dans nos démocraties dites *libérales*, l'obéissance aux lois, même les plus stupides et contraires au bon sens et aux libertés individuelles, est considérée comme une vertu. Nous sommes conditionnés à obéir aux lois, que l'on doit considérer comme *parfaites* jusqu'à ce qu'un juge les invalide ou qu'elles soient modifiées ou abrogées par le parti au pouvoir. Nous entretenons ainsi une culture de soumission au lieu de former des gens responsables et libres de penser par eux-mêmes.

Yvon Dionne, « Du devoir de s'opposer aux lois injustes », *Le Québécois libre*, 18 janvier 2003.

DOCUMENT 2

La désobéissance civile[1] est un droit propre à chaque citoyen. Il ne peut y renoncer sous peine de cesser d'être un homme. La désobéissance civile ne conduit jamais à l'anarchie. La désobéissance criminelle le peut. Tout État réprime la désobéissance criminelle par la force sous peine de périr. Mais réprimer la désobéissance civile, c'est tenter d'emprisonner la conscience. La désobéissance civile ne peut conduire qu'à la force et à la pureté. Le résistant civil n'utilise jamais les armes et il est, de ce fait, inoffensif pour un État qui a la volonté d'écouter la voix de l'opinion publique. Il est dangereux pour un État autocratique car il provoque sa chute en attirant l'attention de l'opinion publique sur la question qui le conduit à résister à l'État. La désobéissance civile, par conséquent, devient un devoir sacré lorsque le gouvernement est devenu injuste ou, ce qui est la même chose, corrompu. Et le citoyen qui traite avec un tel État partage sa corruption et son injustice.

Gandhi, *Résistance non violente*, 1986.

1. Acte de résistance d'un citoyen devant un système politique qu'il estime injuste.

DOCUMENT 3

Alger, 26 juin 1943

J'ai donc dîné hier soir avec le général de G.

L'accueil de de Gaulle avait été très cordial et très simple ; déférent presque à mon égard comme si l'honneur et le plaisir de la rencontre eussent été pour lui. On m'avait parlé de son « charme » ; on n'avait rien exagéré. Pourtant on ne sentait point chez lui, comme à l'excès chez Lyautey, ce désir ou souci de plaire qui entraînait ce dernier à ce que ses familiers appelaient en riant : « la danse de la séduction ». Le Général restait très digne et même un peu sur la réserve, me semblait-il, comme distant. Sa grande simplicité, le ton de sa voix, son regard attentif mais non inquisiteur et chargé d'une sorte d'aménité, firent en sorte de me mettre à l'aise. Et je l'eusse été tout à fait si je ne sentais toujours, auprès d'un homme d'action, combien le monde que j'habite reste écarté du monde où il opère.

Je venais de lire avec un intérêt très vif, pourquoi ne pas dire : avec admiration, nombre de pages de lui, excellentes, susceptibles même de faire aimer l'armée, présentant celle-ci non telle qu'elle est, hélas ! mais telle qu'elle devrait être. Lui rappelant ce mot qu'il cite, disant que Jellicoe[1] avait toutes les qualités de Nelson, sauf celle de savoir ne pas obéir, je lui demandai comment et quand, à son avis, un officier pouvait et devait prendre sur lui de passer outre. Il répondit fort bien que ce ne pouvait être que lors de grands événements et lorsque le sentiment du devoir entrait en opposition avec un ordre reçu.

André Gide, *Journal*, 1950.

1. Amiral commandant la flotte anglaise pendant la Première Guerre mondiale.

DOCUMENT 4

Des actes de désobéissance civile interviennent lorsqu'un certain nombre de citoyens ont acquis la conviction que les mécanismes normaux de l'évolution ne fonctionnent plus ou que leurs réclamations ne seront pas entendues ou ne seront suivies d'aucun effet – ou encore, tout au contraire, lorsqu'ils croient possible de faire changer d'attitude un gouvernement qui s'est engagé dans une action dont la légalité et la consitutionnalité sont gravement mises en doute.

Hannah Arendt, *La Désobéissance civile*, 1970.

Entraînement

Exercice 7

Dans le cadre d'une synthèse consacrée à la valeur du travail en groupe, le tableau de confrontation qui suit a été élaboré à partir de trois documents. Les pistes de réflexion n'ont pas été indiquées. Quelles sont ces pistes ? Dans quel ordre faudrait-il les présenter dans une synthèse ?

Document 1	Document 2	Document 3
Perte de temps.	Il permet des gains de temps.	Un mode de travail à utiliser avec prudence.
Certains membres sont passifs, d'autres dominent.	On y acquiert des habitudes de civilité.	Il faut avoir appris à travailler en groupe.
Un individu est plus efficace pour construire un document ou pour trancher une question.	Il permet d'analyser plus en profondeur.	Il libère la créativité, il favorise l'innovation.
Source de conflits bloquant.	Il détend l'atmosphère, il améliore l'ambiance.	Il provoque des gains de productivité.
	Il facilite l'application des décisions.	Il entraîne l'adhésion.

Exercice 8

1. Confrontez à l'aide d'un tableau ces documents qui traitent du « retour aux sources familiales ».

2. Par quel document faudrait-il commencer ? Justifiez votre choix.

3. Formulez les pistes de réflexion suggérées par les documents.

DOCUMENT 1

Les résultats du recensement montrent que 28% des nouveaux arrivants dans la région sont nés en Bretagne. Si l'on y ajoute les conjoints et ceux dont un parent est né en Bretagne, on peut parler « d'un retour aux sources familiales » pour un arrivant sur deux. Ces « retours » s'effectuent souvent soit vers 30 ans, soit vers 60 ans. Dans le même temps, la Bretagne attire de plus en plus de jeunes actifs sans origine bretonne ; c'est à la fois une marque d'attractivité dans une région jouissant d'une bonne image et le fruit d'une nouvelle dynamique économique.

Le retour au pays peut s'entendre également comme un retour aux sources des racines familiales. Un certain nombre de migrants reviennent non pas dans leur région natale mais dans celle de leurs parents. En les comptant et en admettant donc cette définition au sens large du retour, la part des « retours au pays » parmi les arrivées entre les deux recensements atteint 53 %. [...]

Historiquement, la Bretagne a été une région d'émigration jusque dans les années 1960.

Communiqué de presse INSEE Bretagne, *Octant* n°94, 2 juillet 2003.

DOCUMENT 2

Je sais ce que je dois à ma famille. Je suis l'enfant de toutes ces vieilles choses, dans la maison de ma grand-mère, à Meillac, ou dans la ferme de ma ! tante, à Combourg, les armoires, les horloges, les buffets, les vieilles photos en noir et blanc (...).

Oui, je sais tout ce que je dois à ma famille. Mais il ne faut pas se laisser dévorer par les vieilles choses sur les buffets, les photos et les obus, par les vieilles histoires sans cesse racontées, encore et encore ressassées. Ma chance a été de partir, de vivre cinq ans à l'étranger, puis de m'installer à Paris, de devenir parisien. J'ai, comme un trésor en moi, le royaume de l'enfance, la chaleur de la tribu, la maison à Trans, le jardin de ma grand-mère, à Meillac, la ferme de ma tante, à Combourg. Mais il faut partir, s'échapper, vivre seul. Trouver sa liberté sans trahir les vieilles choses.

On aimerait être léger, bouger à sa guise, voyageur détaché de sa propre histoire. Mais on trimballe de si lourds bagages, on a de si gros souliers aux pieds...

Alain Rémond, *Comme une chanson dans la nuit,* 2003.

Exercice 9

Deux documents participent à une synthèse consacrée à la thérapie génique. Les pistes de réflexion n'ont pas été notées dans le tableau de confrontation. Complétez-les à l'aide des pistes proposées.

Pistes de réflexion

Les risques psychologiques – Les avancées de la biomédecine – Une solution – Un risque plus important encore – Les risques de discrimination – Les progrès attendus.

Document 1	Document 2	Pistes de réflexion
L'analyse du génome permet de connaître la situation pathologique créée par les déficiences génétiques.		
On pourra prévoir les futures maladies.	On pourra éviter le déclenchement de la maladie et mettre en garde contre les risques.	
La famille, l'employeur, les assureurs, l'État doivent-ils connaître ce bilan ?	Il y a des risques de discrimination à l'égard du malade potentiel.	
Quelle angoisse pour le malade potentiel ?	Risque d'angoisse et d'atteinte à l'image de soi.	
	Il faut légiférer pour réduire ces difficultés : réserver ces techniques à des cas limités et préserver le secret médical.	
	Plus grave encore est la possibilité de modifier le patrimoine génétique.	

Exercice 10

Cette synthèse porte sur l'entreprise Coca-Cola. Établissez un tableau de confrontation et dégagez les pistes de réflexion.

DOCUMENT 1

[Coca-Cola est présent] dans 200 pays différents, grâce à plus de 230 marques. Les clients de Coca-Cola, de Boston à Budapest en passant par Bahrein, boivent des produits des marques Ambasa, Vegitabeta et Frescolita. Dans les coins les plus reculés de la planète, il est toujours possible de boire un Coca-Cola. Si l'entreprise est devenue une énorme multinationale, la stratégie de Datt (son P.D.-G.) est de la conduire à fonctionner comme un ensemble d'entités plus petites, gérées au niveau local. Selon Datt, « personne ne décide d'apprécier l'un de nos produits de façon globale ». C'est la raison pour laquelle Coca-Cola reste attaché aux marchés locaux, à l'écoute de ce que les gens issus de cultures et de contextes différents aiment boire et où et comment ils souhaitent le boire. Toutes les 10 secondes, 126 000 personnes choisissent un produit fabriqué par *The Coca-Cola Company.* La publicité Coca-Cola renvoie l'image d'une marque en totale harmonie avec la gaieté, l'enjouement et la liberté.

Extrait du site Internet www.coca-cola.fr

DOCUMENT 2

Couverture de *Time Magazine,* du 15 mai 1950.

DOCUMENT 3

Il y a quarante épiceries dans ce secteur d'Iztapalapa, vaste quartier populaire de Mexico. Celle de Raquel Chavez ressemble à ses voisines : un minuscule comptoir, des grilles pour se protéger des attaques à main armée et, du sol au plafond, des caisses de *refrescos,* les boissons gazeuses dont raffolent les Mexicains.

Mais Raquel Chavez n'est plus une épicière comme les autres. Elle a osé porter plainte contre Coca-Cola, qui voulait l'empêcher de vendre un produit concurrent, d'origine péruvienne. Après deux ans et demi de bataille judiciaire, les tribunaux lui ont donné raison. Coca-Cola Export Corp., filiale mexicaine de la puissante multinationale basée aux États-Unis, et ses dizaines de fabricants et distributeurs locaux ont été condamnés à verser 15 millions de dollars d'amende à l'État fédéral mexicain pour avoir enfreint les règles de la libre concurrence

Le conflit de Raquel Chavez avec le géant des boissons gazeuses a commencé en mars 2003, lorsque son distributeur habituel a cessé de la livrer sans préavis, par mesure de rétorsion. Depuis peu, elle vendait aussi un *refresco* que des clients de plus en plus nombreux lui réclamaient : une bouteille de 3,3 litres, plus avantageuse pour les familles modestes que la bouteille de 2,5 litres produit vedette de la firme d'Atlanta. Fondée à la fin des années 1990 par un homme d'affaires péruvien, la marque Big Cola s'est vite taillé une place dans les pays andins, puis en Amérique centrale et au Venezuela, où elle profite du sentiment antiaméricain. « Même au Mexique, nous avons déjà conquis 10% du marché », affirme José Luis Peralta Ramirez, représentant de Big Cola dans le quartier d'Iztapalapa.

À l'en croire, Coca-Cola va jusqu'à proposer de l'argent liquide aux petits commerçants afin qu'ils relèguent les bouteilles de Big Cola le plus loin possible de la vue des clients. « Tous ont subi le même type de pression que Mme Chavez, mais elle a été la seule à protester. » Pendant trois mois, jusqu'en mai 2003, l'épicière a dû aller acheter au prix fort, au supermarché, les caisses de bouteilles de 2,5 litres que l'on refusait de lui livrer, en les chargeant elle-même à l'arrière de sa vieille camionnette. Un marathon solitaire : « Mon mari était furieux contre moi, mon père était à l'hôpital, et la commission de la concurrence faisait la sourde oreille. »

Lorsque celle-ci se décide à entamer une procédure, son puissant adversaire ne s'en émeut pas. « Ils m'ont dit que ça les faisait rire : Coca-Cola avait tellement d'argent et d'avocats que je n'arriverais jamais à mes fins ! » Au bout du compte, le pot de terre a eu raison du pot de fer. Même si le montant de l'amende est confirmé en appel, la petite épicière ne deviendra pas millionnaire : « Il y a des gens qui croient que c'est moi qui toucherai les 15 millions de dollars. Hélas, non ! Pour moi, c'était une question de survie commerciale, et aussi de dignité. Le Mexique est un pays libre. Une multinationale n'a pas à me dicter ce que je vends dans ma boutique. »

Joëlle Stolz, « Une épicière mexicaine contre Coca-Cola », *Le Monde*, 29 décembre 2005.

Bilan BTS

Le dossier suivant porte sur les problèmes posés par le tourisme.

Vous réaliserez le tableau de confrontation et dégagerez les pistes de réflexion.

DOCUMENT 1

Le tourisme « fatigue » les monuments visités. Le Centre Pompidou, vingt ans après son ouverture, a dû être fermé pour une rénovation complète : le bâtiment était usé par l'affluence. Les parquets de Versailles ne sont pas faits pour des millions de piétinements. Et pourtant, la France, première destination touristique au monde avec 75 millions de visiteurs en 2004, a une longue pratique de la gestion de son patrimoine, qu'elle entretient plutôt bien. Enfin, le tourisme peut également être vécu comme une agression insupportable par certaines sociétés. Le touriste est un envahisseur qui paye, dit-on parfois.

Il y a, par ailleurs, une contamination. Que va-t-on montrer au touriste ? Que va-t-on lui offrir ? Une identité, bien sûr. Mais laquelle ? Cela débouche presque toujours sur la fabrication de stéréotypes qui finissent par être plus vrais que la réalité. Le tourisme stimule donc une production plus ou moins authentique de culture.

Yves Michaud, Propos recueillis par Emmanuel de Roux, *Le Monde*, 12 août 2005.

DOCUMENT 2

On a estimé à 700 millions les voyages touristiques de l'an passé. Soit vingt-huit fois plus qu'au lendemain de la Seconde Guerre mondiale ! On en prévoit plus du double d'ici à dix ans. À moins, bien sûr, de graves pandémies ou d'une vague de terrorisme...

Le tourisme est devenu la première activité économique mondiale, devant le pétrole et l'automobile. C'est une révolution en marche, « auprès de laquelle l'industrialisation victorienne aura été une bluette », prévient le philosophe Yves Michaud. Du paysage à la langue, en passant par l'urbanisme, la santé, l'économie, l'emploi, la pollution, la gastronomie, les mœurs... rien n'en sortira indemne. Et bien sûr pas la culture...

Car le tourisme est à double tranchant : rémunérateur autant que dévastateur. Les collusions entre culture et commerce se multiplient : dans la plupart des musées, la sortie se fait par la boutique. Sera-t-il possible de résister longtemps aux projets caricaturaux comme ce « Chambordland », arrêté de justesse, qui, sous prétexte de Centre pédagogique d'interprétation de la Renaissance, aurait ressemblé à un vaste salmigondis culturo-commercial aux portes du château de François Ier ?

Dans le pire des cas, les lieux touristiques sont soumis à un cycle infernal qui commence par la dégradation naturelle du site, suivie d'un sauvetage et d'une dénaturation. Dans le meilleur des cas, une intervention fine peut faire des miracles, comme au pont du Gard, modèle de rationalisation réussie.

Catherine-Firmin-Didot, « Ne suivez pas le guide ! », *Télérama*, 29 juin 2005.

DOCUMENT 3

Dix-sept mille mètres cubes d'air propre et climatisé par heure ont commencé vendredi à être insufflés dans la Chapelle Sixtine pour protéger les fresques de Michel-Ange de l'agression provoquée par l'haleine, la sueur et les microbes apportés quotidiennement par 700 visiteurs.

Un système très perfectionné de climatisation et de filtrage, d'un coût de 800 000 dollars, a été offert par la société américaine United Technologies Carrier au pape Jean-Paul II, qui a remercié vivement le donateur lors d'une audience.

Par leur présence, les 700 touristes qui visitent chaque jour la chapelle Sixtine produisent 50 000 watts de chaleur « sensible » et 32 000 watts de chaleur « latente ». Les 700 visiteurs dégagent également 20 000 litres d'anhydride carbonique par heure, sans compter bactéries et micro-organismes, a indiqué un responsable de l'installation.

« De l'air ! », *Textes et Méthodes, Français seconde*, Éd. Bertrand-Lacoste.

DOCUMENT 4

Touristes sur la grande Muraille de Chine.

La mise au point du plan de la synthèse

La recomposition des pistes trouvées grâce au tableau développe la problématique exposée par l'ensemble du dossier. Ainsi apparaît la signification réelle de la documentation.

Respecter les critères d'un bon plan

➤ **Utilisez plusieurs documents dans chaque partie :** ils ne doivent pas être traités successivement puisque chaque idée maîtresse est la synthèse de données issues de plusieurs documents.

➤ **Utilisez tous les matériaux** qui composent le tableau de confrontation.

➤ **Regroupez les données semblables.**

➤ **Équilibrez les parties** et prévoyez les transitions entre elles pour permettre au plan de progresser logiquement.

Regrouper les pistes de réflexion en rubriques et construire votre plan

➤ **Observez les pistes de réflexion :** regroupez-les en les organisant en deux ou trois rubriques.

➤ **Titrez ces rubriques :** ce sont les idées directrices de la synthèse.

➤ **Construisez les grands axes du plan** en classant logiquement ces idées directrices de manière à faire progresser le développement de la problématique.

➤ **Réintroduisez dans chaque partie** les pistes de réflexion et les données qui les composent.

➤ **Vérifiez** que le plan correspond à la problématique choisie.

Choisir un type de plan

Chaque dossier est original et génère son propre plan. Mais vous pouvez utilement vous aider de plans types pour organiser les idées maîtresses.

➤ **Le plan par catégories.** Il sert à décrire les différents aspects d'un phénomène, par exemple d'un point de vue économique, sociologique, historique…, d'un point de vue local, national, mondial…, ou tout autre aspect. Ces catégories sont des sous-problèmes du problème général qui est formulé dans le sujet ou traité dans la documentation.

Exemple : le dossier s'interroge sur le rôle des archives nationales.

– La conservation des documents de justification des droits des individus.

– La conservation des documents utiles aux particuliers et aux chercheurs.

➤ **Le plan analytique.** Il étudie un fait, une situation, en présentant les composantes et les acteurs du fait, en analysant ses causes, ses conséquences, les solutions et, éventuellement, l'avenir du fait.

Exemple : le dossier traite de la bonne santé du cinéma français.

– La description du phénomène : le nombre de films français tournés depuis 20 ans, le nombre de spectateurs.

– Les causes : la volonté politique de résister à l'hégémonie des États-Unis, l'exception culturelle, l'aide au financement des films, le niveau culturel du public, le travail des associations…

– Les conséquences : économiques, culturelles, politiques.

– L'avenir : un combat difficile face à la puissance hollywoodienne.

➤ **Le plan alternatif.** Il confronte les points de vue : avantages/inconvénients, pour/contre, aspects positifs/négatifs, tradition/modernité, etc.

Exemple : le dossier s'interroge sur la lutte contre les voitures en ville.

– Les arguments des partisans de cette lutte.

– Les arguments des adversaires.

➤ **Le plan dialectique.** Il expose des points de vue opposés – la thèse, puis l'antithèse – et dépasse cette opposition dans une troisième partie.

Exemple : le dossier se demande si la prise en compte de la différence représente un risque pour la communauté nationale.

– Les risques qu'implique la prise en compte de la différence.

– L'enrichissement par la reconnaissance de la différence.

– Le bon usage de la différence.

➤ **Le plan mixte.** Il combine certains aspects des plans précédents : par exemple, la première partie définit le problème, la deuxième l'étudie sous différents aspects et la troisième analyse les effets.

Exemple : les documents s'interrogent sur la judiciarisation de la société.

– Il est normal que la justice défende les droits de ceux qui s'estiment victimes.

– Mais l'inflation des recours à la justice montre qu'on cherche de plus en plus à obtenir des profits grâce au droit.

– Il faut lutter contre ce phénomène en pénalisant les abus.

Organiser les idées à l'intérieur des parties

➤ **Classez les idées fournies par les pistes de réflexion.** Cet ordre doit être progressif et logique. À l'intérieur d'une partie, on peut utiliser un micro-plan type ; par exemple par catégories, alternatif ou analytique.

➤ **Reliez entre elles les données du tableau qui développent les pistes de réflexion.** Suivez une progression logique, voire chronologique, si les documents sont écrits à des époques différentes.

Exemple de la mise au point du plan de la synthèse

SUJET. **Vous ferez une synthèse objective et ordonnée des documents ci-joints, qui s'interrogent sur l'ambiguïté du rapport des Français à la consommation.**
L'exemple s'appuie sur les documents et le tableau de confrontation des pages 288 à 291.

La problématique : les relations des Français avec la consommation

Le rappel du tableau

Document 3	Document 2	Document 1	Pistes de réflexion
La consommation compense un déficit identitaire	Consommer peut donner l'impression d'être en marge (mais 42 % n'approuvent pas cette idée)	On existe à travers la marque	Rôle identitaire de la consommation
Les objets traduisent notre personnalité réelle ou rêvée	On rêve de produits « verts », inoffensifs pour l'environnement	Les marques compensent l'absence de reconnaissance sociale	Les objets révèlent nos besoins immatériels
Les marques développent une valeur ajoutée affective	Payer plus cher à cause de la marque n'a pas de sens	Les marques sont des signes extérieurs de richesse	La consommation de la valeur affective des objets
La consommation est une thérapie contre le vide contre la peur	La consommation crée des peurs et comme un soupçon sur la dangerosité des produits. Les droits des consommateurs sont mal défendus	La consommation crée du désir et de la frustration	Ambivalence de la consommation : - une fonction thérapeutique - une source de malaises
Il y a multiplication des objets et des messages de jouissance, de désir	On consomme trop de choses inutiles sous l'effet de la pression de la publicité	Tout le monde condamne le système, mais se sent impuissant	La critique de la consommation
	L'incitation à la consommation conduit à l'endettement	Certains sont pris dans l'étau de la consommation	L'impératif de la consommation

Le type de plan proposé

Le plan par catégories : il sert à décrire les différentes types de relations avec la consommation

Le regroupement des pistes de réflexion

Rubriques possibles
Fonction identitaire (effet réparateur) 3 documents sur 3
Les composantes de la consommation 3 documents sur 3
Les composantes de la consommation 3 documents sur 3
Fonction thérapeutique (effet réparateur) 1 document sur 3 Perception négative 2 documents sur 3
Vision négative de la consommation 2 documents sur 3
La pression de la consommation 2 documents sur 3

L'ordre des parties proposées

La consommation, une pression constante

Tous les documents y font référence, soit directement soit indirectement, par le biais du désir.

[D'où]

La perception négative de la communication

Deux documents la présentent.

[Pourtant]

Les fonctions réparatrices de la consommation

Les trois documents en parlent.

Le plan proposé

1. La consommation, un système oppressant

La pression de la publicité (doc. 1 et 2)

Un appel constant au désir (doc. 1 , 2, 3)

On consomme autant d'immatériel que du fongible (doc. 1, 2, 3)

2 La perception critique de la consommation

Le gaspillage (doc. 2)

La création de malaise, de suspicion (doc. 1,2 ,3)

Une remise en cause mais un sentiment d'impuissance (doc. 1, 2)

3 Les fonctions réparatrices de la consommation

Sa fonction identitaire (doc. 1, 2, 3)

Sa fonction thérapeutique (doc. 1)

Entraînement

Exercice 1

1. Lisez ces idées relevées dans un tableau de confrontation. La problématique de la synthèse est : « Le principe de précaution est-il un frein pour la science ? »

2. Classez ces idées en les regroupant et proposez un plan.

1. S'en tenir au principe de précaution, c'est s'assurer que la raison prend le pas sur la peur.

2. L'introducteur d'une innovation (le clonage thérapeutique, par exemple) doit prendre en considération les risques éventuels et justifier que les avantages espérés dépassent les risques.

3. Ceux qui redoutent les risques du génie génétique doivent donner des arguments qui introduisent de l'incertitude par rapport à l'espoir thérapeutique.

4. La compétition internationale exerce une pression sur les scientifiques et le principe de précaution est un handicap dans cette compétition.

5. Selon le principe de précaution, des actions de prévention sont légitimes lorsqu'il paraît justifié de limiter, encadrer ou empêcher certaines actions potentiellement dangereuses, sans attendre que leur danger éventuel soit scientifiquement établi de façon certaine.

6. Le choix systématique du scénario du pire est une attitude technophobe, voire antiscientifique, car elle n'encourage pas à la délibération sur les risques dans un état controversé du savoir.

7. La précaution n'implique pas l'interdiction. Elle introduit une dynamique qui permet de sortir de l'impasse par une incitation à développer les connaissances. Il y a, du point de vue éthique, une obligation de savoir qui passe par la reconnaissance de notre ignorance. La question n'est pas d'empêcher de faire, mais de contraindre à savoir ce qu'on ne cherche pas à savoir habituellement.

8. Soumettre en Europe les processus de décision politique au primat du principe de précaution aurait pour conséquence d'étouffer, de casser ce qui, par l'innovation économique et technologique, a précisément rendu possible le monde dans lequel nous vivons.

Exercice 2

Ces idées ont été relevées dans un dossier traitant de la publicité. Elles ont suggéré les pistes de réflexion suivantes : la publicité et l'éthique, la publicité et l'environnement, la publicité et l'économie.

1. Regroupez dans une même rubrique celles dont le thème est commun. (Une idée peut être utilisée dans plusieurs rubriques.)

2. Proposez un plan en organisant le contenu de ces rubriques.

Rubrique	Numéro des idées
Publicité et éthique	
Publicité et économie	
Publicité et environnement	

Idées relevées

1. Pour une ville de 60 000 habitants, la publicité distribuée dans les boîtes à lettres représente 1 200 tonnes par an et une dépense de 120 000 euros par an en frais de collecte et traitement.

2. La publicité favorise l'obésité des jeunes téléphages, en les poussant à se goinfrer de sucreries : les 4-14 ans passent en moyenne deux heures et dix-huit minutes par jour devant le petit écran.

3. La publicité rend obèse, avilit la femme, abrutit la société.

4. La publicité donne une image déformée de la vie.

5. La publicité est souvent laide ou vulgaire.

6. L'exigence d'éthique : Les femmes en ont assez d'être mises en scène par la publicité dans des situations d'infériorité. Il faudrait créer un délit d'atteintes à la dignité de la personne par l'image publicitaire.

7. La publicité a une responsabilité sociale importante dans le monde d'aujourd'hui

8. Il y a 2 publicités. La bonne et la mauvaise. L'imaginative, la novatrice, la différente d'un bord ; la banale, la simplette, l'archaïque de l'autre.

9. La publicité est un bouc émissaire facile, parce qu'elle récupère les tendances de la société en les exacerbant.

10. La publicité peut être créative et gaie, belle à voir ou à entendre.

11. La publicité est nécessaire à l'économie.

12. On peut utiliser l'arme de la pub pour créer un monde meilleur par ces temps de doute, de scandales, de tensions, de guerre.

13. La publicité peut faire bénéficier les ONG de ses méthodes. Elle secoue et réveille le récepteur, car elle traverse toutes les barrières qui lui font rejeter les messages qu'il ne veut pas entendre.

Exercice 3

Cette synthèse porte sur la tendance des jeunes au conformisme.

1. Réalisez un tableau de confrontation des deux documents.

2. Proposez un plan.

DOCUMENT 1

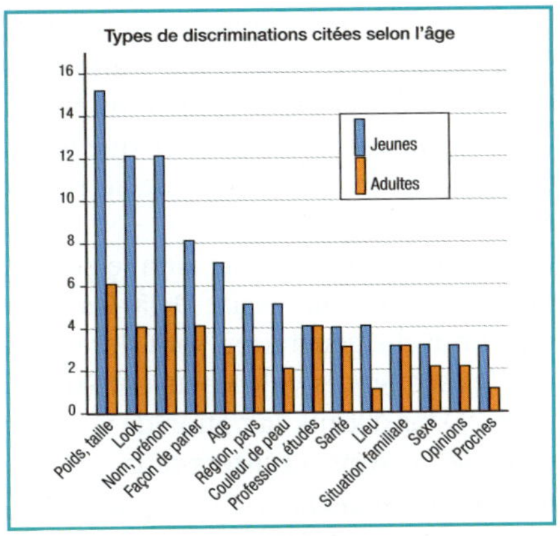

Les jeunes, *Comprendre 2004*, n° 5.

DOCUMENT 2

Rien ne sert de soigner son look ou de collectionner les félicitations des profs si l'on ne gère pas sa cote de popularité. La course aux potes est donc lancée, et l'image du jeune en tribu véhiculée par la pub, les séries *(Friends)* et les émissions de télé-réalité *(Les Colocataires, Loft Story)* devient le symbole d'une vie sociale réussie. Même pour les parents ! Luc en sait quelque chose, lui qui s'est fait sermonner pendant des années parce qu'il rentrait tôt et ne voulait pas de scooter !

Fringues dernier cri, musiques pointues, soirées hypes... Pour s'attirer les faveurs de la foule, il faut afficher tous les critères de la branchitude. Vous avez dit dictature ? « J'ai subi la pression humiliante d'un " ami " qui voulait à tout prix me faire venir en boîte, sachant très bien que je déteste ça, se souvient Benoît. Résultat : une réputation de mec complètement à côté de ses pompes. »

Éjecté du groupe, on a tôt fait de devenir une cible facile de moqueries. Un destin réservé en priorité aux bosseurs obsédés par les notes. Car pour préserver son capital popularité, le (la) cool doit avoir l'air de prendre les études à la légère... même s'il (elle) est excellent(e) élève. « Bon sans bosser », c'est le sommet : on s'attire à la fois les faveurs des potes, des profs et des parents !

Suivi(e) d'un troupeau d'amis, il faudra quand même assurer aussi en amour... Pour paraître « normaux », certains collectionnent les relations. Le but ? Montrer que l'amour inonde notre vie, comme dans les séries à la *Dawson*. La popularité est à son comble et les amis accourent. Mais une seule petite phrase touchant à l'intimité suffit à faire ou à défaire la très précieuse réputation. Il faut donc séduire mais pas trop, être amoureux(se) mais pas plan-plan, et vivre des histoires sans lâcher ses potes. Bon courage !

« Pas cool, tu coules », *Phosphore*, décembre 2004.

Exercice 4

Ce dossier de synthèse traite des menaces que les nouvelles technologies d'information et de communication (NTIC) font peser sur la vie privée.

1. Retrouvez dans les quatre documents les données du tableau.

2. Complétez le tableau en cherchant des pistes de réflexion.

3. Proposez un plan.

DOCUMENT 1

Le pire serait de voir, dans la « société Internet », un progrès. La « société du spectacle » a été suffisamment critiquée pour ses illusions. Sera-t-elle remplacée demain par la société Internet ?

Faudra-t-il un « Titanic » de la cyberculture pour que les États prennent conscience des risques que ces systèmes d'information font peser sur les libertés fondamentales ? Les conditions du naufrage sont en effet réunies quand on voit triompher tant d'orgueil rationnel et technologique. Sans parler de cette contradiction majeure : Internet se présente comme un espace de communication alors qu'il n'est le plus souvent qu'un espace d'expression – ce qui n'est pas exactement la même chose – et, peut-être surtout, un marché de l'information.

L'homme occidental a mis des siècles à se « libérer » de toutes les tutelles : religieuses, politiques, sociales, militaires. Enfin libre de penser, de circuler et de s'exprimer, il décide aujourd'hui de s'enfermer dans les mille fils de la communication technique. Il est constamment rattaché à elle, joignable en permanence, par portable, fax, téléphone, e-mail (courrier électronique)... Comment faisait-on avant ? Après nous être « en-mailés » au nom de la liberté et du progrès, ne nous faudra-t-il pas, au nom de cette même liberté, de ce même progrès et de cette même modernité, apprendre à nous «dé-mailer » ?

Dominique Wolton, *Le Monde diplomatique*, juin 1999.

DOCUMENT 2

Tout au fond d'un vallon reculé noyé de brouillard, près de Sugar Grove en Virginie-Occidentale, se trouve le plus grand centre d'écoute du pays. Ses antennes paraboliques captent chaque jour en secret des millions de communications téléphoniques privées et de courriels.

Dirigée par l'ultra-secrète Agence de sécurité nationale (NSA), cette station intercepte toutes les communications internationales arrivant dans l'est des

États-Unis, tandis qu'une autre station de la NSA, située à Yakima, dans l'État de Washington, s'occupe de l'ouest du pays. La NSA s'efforce encore de s'adapter à la guerre contre le terrorisme, dans laquelle elle a pour mission de surveiller non pas des États mais des individus disséminés dans le monde entier. Pour cela, elle a développé un système encore plus sophistiqué, qui exploite d'énormes quantités de données. Il est cependant d'une utilité limitée à l'étranger, mais il a incité l'agence, sur le plan intérieur, à mépriser les libertés civiles et à court-circuiter les formalités juridiques requises.

À environ 160 kilomètres de Sugar Grove, à Washington, la NSA se retrouve aujourd'hui au cœur d'une controverse concernant la mise sur écoute de ressortissants américains à la demande du président Bush sans l'aval d'un tribunal compétent. La polémique fait rage, et certains démocrates ont même demandé la destitution du président.

James Bamford, *The New York Times*, cité par *Courrier international* n°792, du 5 au 11 janvier 2006.

DOCUMENT 3

Getty Images.

DOCUMENT 4

Vous liez nouvelles technologies et pouvoir accru des individus. À Pékin, en mai 2005, un SMS a été envoyé à des milliers de citoyens pour les dissuader de se rendre à une « manifestation illégale ».

Le pouvoir des États et des multinationales va s'accroître car les nouvelles technologies vont leur permettre de connaître plus finement nos comportements et nos croyances. Déjà sur Internet, les entreprises surveillent nos habitudes pour nous proposer des offres commerciales en adéquation avec nos centres d'intérêt. Regardez ce que fait Google qui scanne nos courriels pour nous envoyer des propositions publicitaires ciblées. Cependant, je reste persuadé que les citoyens découvriront de nouvelles façons de se réunir et de résister.

Dans l'avenir, tout le monde aura le pouvoir d'espionner, de surveiller son voisin. Déjà, les téléphones mobiles de nouvelle génération sont dotés de petites caméras et les séquences vidéo peuvent être publiées sur Internet... Dans dix ans, la notion de vie privée telle que nous la définissons n'existera plus.

Hooward Rheingold, « Dans dix ans, la vie privée telle qu'on la définit n'existera plus », *Le Monde*, 27 novembre 2005, propos recueillis par Laure Belot et Stéphane Foucart.

Tableau de confrontation

Document 4	Document 3	Document 2	Document 1
Piratage des courriels par le secteur marchand	Espionnage	Pratiques d'écoutes illégales	Internet = risques pour libertés
L'individu dispose outils d'espionnage	Énormes moyens d'écoutes par l'État	Centres d'écoute au nom de la lutte antiterroriste	Invasion des NTIC
Pouvoir accru des États et entreprises			Dépendance des individus à l'égard des NTIC
Nouvelles formes de résistance possibles grâce aux NTIC			

Exercice 5

Vous ferez une synthèse objective et ordonnée des documents ci-joints qui s'interrogent sur les fonctions des rites familiaux.

DOCUMENT 1

Les rites sécurisent les membres de la famille qui doivent s'adapter à de nouvelles réalités. La coutume de la pièce de monnaie glissée sous l'oreiller du bambin qui vient de perdre sa première dent n'a pas été inventée pour rien. Avec une dent en moins, l'enfant se sent diminué, il se trouve « moche ». La pièce de monnaie de la fée des dents le rassure, le valorise.

Parmi les fonctions que remplissent les rites, la plus importante est celle de forger l'identité familiale. À travers l'identité familiale, l'enfant trouvera la sienne : « Chez nous, c'est mon père qui vient nous réveiller tous les matins en chantant une chanson. Chez mon copain, c'est sa mère qui joue le réveille-matin en ouvrant les rideaux et en commentant le temps qu'il fait. Lui et moi, nous sommes différents et nos familles aussi ! » Les rites fournissent aux enfants des repères qui leur permettent de bâtir leur personnalité.

Une autre fonction importante des rites familiaux est d'assurer la cohésion de la famille. Les activités familiales quotidiennes, tout comme les occasions spéciales, anniversaires, fêtes, etc., alimentent le sentiment d'appartenance des membres et enrichissent leurs relations. Elles permettent aussi aux parents de transmettre leurs valeurs à leurs enfants. Lors des moments difficiles, les rites jouent également un rôle de protection dans la mesure où ils aident les membres de la famille à s'y adapter.

Claude Laflamme, « Les rituels familiaux », *Petit à Petit*, mars-avril 1994, Ministère de la famille et de l'enfance, Canada.

DOCUMENT 2

Pourrait-on se passer de ces automatismes, d'apparence si anodine ? Non, affirme le sociologue Jean-Claude Kaufmann, qui décrypte depuis de longues années les habitudes ménagères. Selon lui, « par ces us et coutumes, c'est la base d'existence du groupe familial qui se fabrique. Sans ces gestes, affirme-t-il, la famille n'existerait pas ». Robert Neuburger, psychanalyste et thérapeute familial, partage le même avis et l'expose dans son dernier livre *Les Rituels familiaux*. Cet ouvrage est d'ailleurs un véritable plaidoyer en faveur de « ces codes invisibles indispensables au bien-être de la famille et à l'épanouissement de ses membres ».

Pourquoi donc accorder une telle valeur à des pratiques répétitives auxquelles parents et enfants s'adonnent sans même y penser ? C'est que ces règles de vie, appliquées machinalement par tous les membres de la famille, remplissent en réalité de nombreuses fonctions. « La plus importante étant celle de forger l'identité familiale », explique Robert Neuburger. Rien que cela. Retourner les couverts avant de les placer dans le lave-vaisselle, embrasser quatre fois le visiteur ami, fermer chaque soir la porte d'entrée à double tour, etc., sont autant d'indices pour être reconnu comme membre de la tribu. Pas besoin d'ouvrir le livret de famille. Ces gestes qui échappent à la génétique suffisent à prouver « qu'Untel est bien de chez nous ». Sorte de carte d'identité, les habitudes dessinent avec précision la singularité de chaque groupe familial. De plus, elles offrent une sécurité et des repères à tous ses membres, à commencer par les enfants.

Agnès Auschitzka, « Ces habitudes qui nous gouvernent », *La Croix*, septembre 2004.

DOCUMENT 3

La galette des rois. Photo de Pascal Sittler.

Exercice 6

Les quatre documents suivants traitent de la diversité des conceptions du sport.

1. Réalisez un tableau de confrontation.

2. Proposez un plan.

DOCUMENT 1

Des gens qui ont perdu le goût et presque la faculté de marcher ou qu'une panne d'ascenseur suffit à mettre de mauvaise humeur, se pâment devant l'exploit d'un coureur à pied. Des gamins qui ne circulent qu'en pétrolette font leur idole d'un champion cycliste. Il faut voir là un phénomène de transposition un peu analogue à celui qu'on observe dans l'érotisme : les fanatiques du sport-spectacle cherchent dans les images et les récits du sport-exercice une compensation illusoire à leur impuissance effective. C'est la solution de facilité dans toute sa platitude. Admirer l'exception dispense de suivre la règle ; on rêve de performances magiques et de records pulvérisés sans bouger le petit doigt ; l'effervescence cérébrale compense la paresse musculaire…

Le sport est une religion qui a trop de croyants et pas assez de pratiquants. Remettons-le à sa place, c'est-à-dire donnons-lui un peu moins d'importance dans notre imagination et un peu plus de réalité dans notre vie quotidienne.

Gustave Thibon, *L'Équilibre et l'Harmonie*, 1976.

Entraînement

DOCUMENT 2

On ne parle plus que de sport de compétition, oubliant que l'origine de ce mot est l'ancien français *desport* qui signifiait « amusement ». Oui, il s'agit de m'amuser, de profiter de la conscience que j'ai du fonctionnement de mon corps, pour en jubiler, pour obtenir de lui plus qu'il ne voulait donner. Entrer en compétition, oui, mais avec le seul compétiteur digne de moi : moi. Pourquoi vouloir sauter plus haut que X ou courir plus vite que Y ? Il est plus important de sauter aujourd'hui plus haut que moi hier, de courir plus vite que moi. Pour y parvenir, j'ai sans doute besoin de l'exemple des autres ; pour descendre de 20 à 19 secondes aux 100 mètres, j'ai besoin de l'exemple de ceux qui sont descendus à moins de 10 secondes ; c'est là leur seule utilité.

Albert Jacquard, *Abécédaire de l'ambiguïté*, 1989.

DOCUMENT 3

Il semblerait que la pratique du basket de rue s'organise autour de quatre principes : pas de règle (chaque playground a les siennes), pas d'arbitre, pas d'horaire, pas d'entraîneur.

Comment lire ce comportement de refus ? Brièvement, il semble que deux pistes interprétatives sont à considérer.

D'une part, les basketteurs de rue nous donnent à voir leur peur de l'intégration sociale et/ou leur volonté infraconsciente de s'exclure. À ce sujet, M. Fize écrit : « Quand on reste entre soi, sans adulte, comme dans les sports de rue, on ne grandit pas, cela révèle l'angoisse d'une génération pour le passage à l'état adulte ou le contact avec la vie sociale. »

D'autre part, on peut penser que ces adolescents stigmatisent les grandes institutions sociales (l'école mais aussi les fédérations sportives) dont la légitimation repose essentiellement sur une logique d'ordre, sur un espace normé et un temps mesuré, socialisant par excellence. Enfin ils dénoncent à leur façon le contexte de rejet, d'exclusion voire de mépris qui les entoure.

Les jeunes du basket de rue revendiquent le droit à un usage « détourné » d'un sport institué qui, en participant à l'intégration des règles du social, génère souvent inégalité et exclusion. Doit-on rappeler que le sport de compétition, le basket-ball entre autres, repose sur une logique économique de la rentabilité et de l'efficience, celle du marché de la concurrence ? Les jeunes acteurs de basket de rue, tout en étant fascinés par le modèle « académique » du basket-ball américain, affirment leur autonomie en le réécrivant et en échappant aux différents programmes qui leur sont appliqués.

Le basket de rue se construit autour d'une tribu, le groupe se solidarisant autour d'un terrain/territoire et une reconnaissance qui s'appuie sur un imaginaire d'identification au jeu des stars du basket-ball américain.

Betty Lefèvre, « Mythologie de la solidarité sportive », *Corps et Culture* [disponible sur : http://corpsetculture.revues.org/document776.html].

DOCUMENT 4

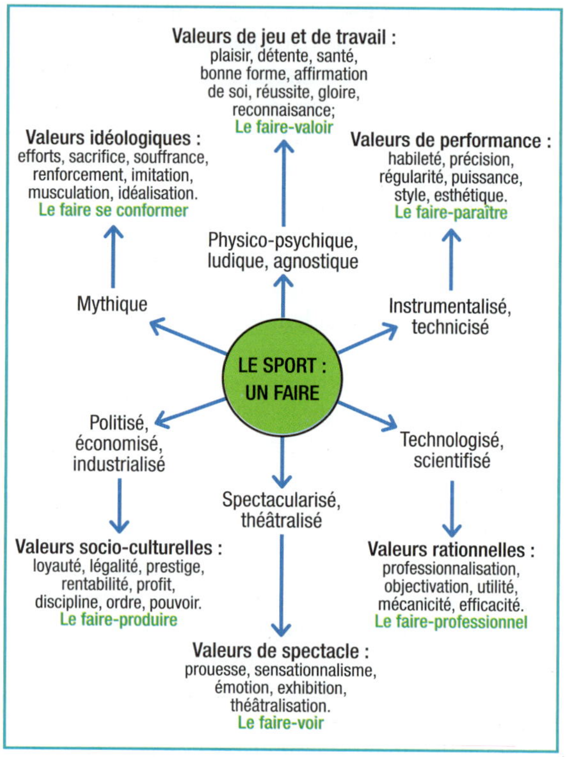

Leo-Paul Bordeleau, *Païdeia (sagesse) et Sport*, Université d'Otawa.

Vers le BTS

Les quatre documents suivants s'interrogent sur les raisons des recherches sur les OGM.

1. Réalisez un tableau de confrontation.

2. Proposez un plan.

DOCUMENT 1

Le cas des OGM est plus intéressant que ceux du nucléaire ou du changement climatique, justement parce qu'il n'implique pas une perspective de catastrophe, mais un problème majeur de souveraineté : des consommateurs sur ce qu'ils mangent, des paysans sur ce qu'ils sèment, des États sur ce qu'ils contrôlent – et des citoyens par rapport à l'expérience scientifique. Il faut trouver l'accord de tous ces acteurs pour diffuser les OGM. C'est en ce sens-là qu'il y a question de souveraineté globale. Tout le monde doit participer à la définition du protocole de l'expérience, puisqu'elle se produit sur l'espace qui appartient à tous. L'accusation selon laquelle on affame ainsi le tiers-monde est à prendre au sérieux. Mais si l'on veut mener une expérience collective en Inde et ailleurs, il faut en passer par eux, parler avec eux. Et plus généralement, même si les OGM sont fondés scientifiquement, cela ne répond pas à la question : veut-on vivre dans un monde avec les OGM ou pas ?

« Trois questions à Bruno Latour », *Le Monde*, 25 juin 2003, Propos recueillis par Hervé Kempf.

DOCUMENT 2

L'opposition aux organismes génétiquement modifiés (OGM) repose sur plusieurs constats : le caractère irréversible de la pollution environnementale qu'ils peuvent provoquer ; la volonté d'une poignée de grandes entreprises de contrôler des marchés potentiellement gigantesques ; la tentative de mainmise des intérêts économiques et politiques américains sur l'Europe et sur le reste du monde.

La culture commerciale des OGM s'étend rapidement. En 2000, quelque 45 millions d'hectares étaient plantés dans le monde, les États-Unis représentant 68 % de ce total, l'Argentine 23 %, le Canada 7 % et la Chine 1 %. Le maïs et le soja couvrent plus des quatre cinquièmes de ces surfaces, le colza, le coton et les pommes de terre venant assez loin derrière. Le chiffre d'affaires annuel du marché mondial des semences s'élève à plus de 45 milliards d'euros, mais 80 % des agriculteurs, surtout ceux du Sud, n'ont pas encore renoncé à les conserver d'une année sur l'autre et à les échanger avec des voisins au lieu de les acheter. Les transnationales des semences visent donc une triple expansion : géographique, variétale et commerciale.

Leur domaine d'intervention dépasse les seules semences : elles produisent et commercialisent également herbicides et pesticides, et parfois produits pharmaceutiques. Monsanto, Syngenta, Aventis, DuPont, Dow et quelques autres géants du secteur s'autodésignent comme entreprises des « sciences de la vie », mais leur objectif est de breveter à la fois les gènes, les semences et toutes les technologies qui leur sont associées afin de s'assurer rien moins que le contrôle effectif de l'agriculture mondiale.

Susan George, vice-présidente d'Attac France, « Personne ne veut des OGM sauf les industriels », *Le Monde diplomatique*, avril 2003.

DOCUMENT 3

Depuis le début des années 1990, les entreprises d'agrochimie sont confrontées à une baisse régulière de la vente des produits phytosanitaires. Contraintes à réorienter leurs activités, elles ont investi massivement dans les OGM et elles ont acquis pour cela des entreprises de semences et des PME de biotechnologies.

La principale application des OGM est la création de plantes qui peuvent pousser en présence de concentrations d'herbicide qui tuent les autres plantes. Elle assure aux entreprises d'agrochimie qui produisent les herbicides un marché captif puisque chaque variété OGM ne résiste qu'à un seul herbicide. Les entreprises équilibrent les coûts de recherche et de développement en les répartissant entre la vente des semences et la vente de l'herbicide.

L'autre application est la création de plantes résistantes aux insectes. Elle contrebalance les restrictions de plus en plus nombreuses à l'usage des insecticides. […]

Les efforts portant sur la qualité nutritionnelle des aliments décroissent aussi bien en Europe qu'aux États-Unis car l'industrie agroalimentaire n'est pas intéressée. C'est également le cas pour les variétés non-OGM. Il est en effet plus simple et plus rentable de produire des aliments équilibrés en y ajoutant des éléments (tels que les vitamines dans le jus d'orange) au cours de leur transformation.

CNRS, *Science et Décision*. http://www.science-decision.net

DOCUMENT 4

Analyser la question

Dans l'épreuve d'écriture personnelle, on demande au candidat d'exprimer un point de vue personnel sur un sujet du thème de la synthèse, de rédiger une réponse raisonnée à une question faisant débat et appelant une prise de position. Pour réussir, il faut bien analyser la problématique de cette question et choisir un plan qui mette en évidence son point de vue personnel

Étudier la formulation du sujet

➤ **Le thème de réflexion.** Il s'agit de réfléchir sur un thème qui se prête au débat d'idées en relation avec les textes du corpus de la synthèse. On repère les mots clés en les remplaçant par un synonyme et on reformule la question qui est posée pour bien éclairer le sens du sujet.

Certains sujets comportent une citation qui peut être extraite d'un document du dossier. Elle fournit un point d'appui que la synthèse a déjà exploré.

Exemple : selon vous, pour quelles raisons le sport est-il « l'un des plus forts vecteurs d'identité nationale » ?
Thème : *le sport*
Mots clé : *vecteur ; identité nationale.*
Reformulation : *on demande pourquoi le sport est l'un des moyens les dynamiques d'identification à un pays.*

➤ **La consigne de travail.** Le sujet précise souvent l'objectif principal de l'épreuve d'écriture : argumenter, structurer, développer, illustrer.

Exemple : pensez-vous, comme l'auteur du document 2, que le travail soit la seule façon de « développer le potentiel d'un individu » ? Vous répondrez à cette question dans un développement construit et argumenté.

En l'absence de consigne, la réponse attendue doit être conforme aux normes de l'exercice. C'est une argumentation, dans un développement structuré comprenant une brève introduction et une conclusion.

Exemple : les droits de l'homme sont-ils un objectif à atteindre ou une réalité à défendre pour vous ?

Identifier la problématique du sujet

➤ **L'objet de la réflexion.** On appelle problématique le problème auquel la question posée invite à se confronter, l'objet de la réflexion suggérée par la question.

Pour l'identifier clairement, on reformule la question en visualisant le problème posé.

Exemple
Partagez-vous le point de vue d'André Bazin quand il déclare : « L'originalité de la photographie par rapport à la peinture réside dans son objectivité essentielle » ?
Vous justifierez votre opinion par des arguments illustrés d'exemples.

L'analyse des mots clés

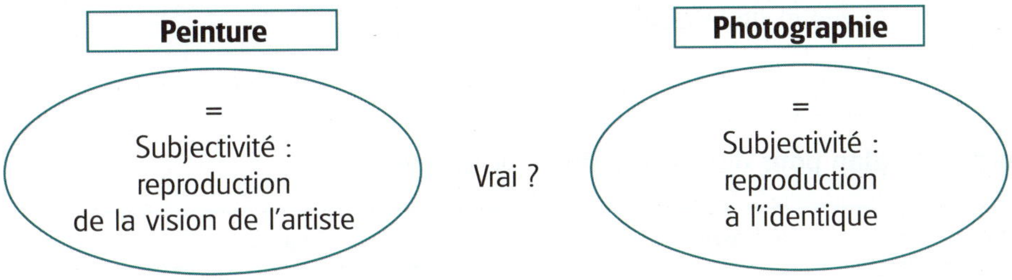

La reformulation : la photographie est-elle une simple reproduction fidèle de la réalité ?

➤ **L'approfondissement de la réflexion.** Quand la problématique n'apparaît pas clairement, on procède par étape pour mieux la cerner.

Il faut réinterroger la définition des mots clés du sujet et utiliser des grilles de questionnement, comme *Qui ? Quand ? Quoi ? Où ? Comment ? pourquoi ?*

Un schéma permet de visualiser les réponses aux questions et par association de suggérer des premières pistes.

Exemple
Est-ce aux experts ou aux citoyens de décider des choix de la recherche scientifique ?

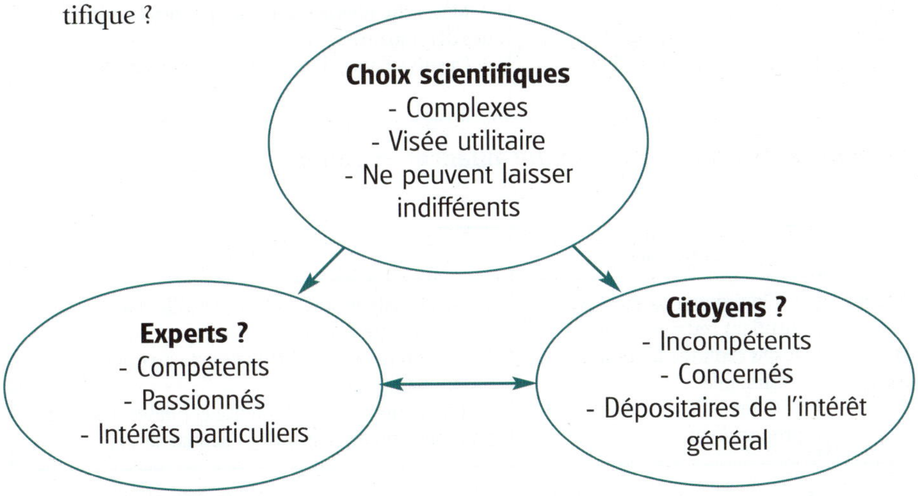

L'interprétation du schéma : Devant un choix complexe, il y a opposition des objectifs des experts et les préoccupations des citoyens ordinaires.
La problématique : Le peuple peut-il garder la maîtrise des choix scientifiques ?

Choisir la thèse que l'on va développer

➤ **Le sujet demande d'exprimer un point de vue sur une thèse.** Trois positions découlent de la question posée :
« Je suis d'accord » : il s'agit de défendre et de justifier une thèse.
« Je ne suis pas d'accord » : il s'agit de réfuter une thèse.
« Je suis partiellement d'accord » : il s'agit de nuancer et de corriger une thèse.

➤ **Le sujet demande de développer une opinion personnelle.** La question est ouverte, du type « Que pensez-vous du bonheur ? ». Il s'agit alors de choisir son propre point de vue et de le justifier.

Mettre au point le plan

➤ « Je suis d'accord » : le plan pour défendre et justifier une thèse

Exemple de question	La démarche	Le plan
« Celui qui ne lit que ce qui lui plaît, je le vois bien seul. Toujours en compagnie de ses chétives idées personnelles, comme on dit ; mais il ne sortira pas de l'enfance. » Partagez-vous cette opinion d'Alain ?	1. On explique d'abord la thèse de l'auteur 2. On approfondit ensuite cette thèse en l'enrichissant	1. Des lectures variées obligent à se confronter à des idées ou des expériences nouvelles 2. Cette ouverture enrichit et permet de mûrir.

➤ « Je ne suis pas d'accord » : le plan pour réfuter une thèse

Exemple de question	La démarche	Le plan
« Surveiller Internet est une atteinte aux droits de circulation de l'information » Est-ce aussi votre avis ?	1. On présente la thèse qu'on ne partage pas en résumant ses arguments. 2. On réfute ces arguments. 3. On développe la thèse qu'on défend.	1. La surveillance d'Internet limite la liberté d'expres-sion de la démocratie. 2. Mais cette liberté est utilisée par des criminels ou des délinquants. 3. La surveillance d'Internet est une nécessité.

➤ « Je suis partiellement d'accord » : le plan pour nuancer et corriger une thèse

Exemple de question	La démarche	Le plan
Êtes-vous de l'avis de Voltaire quand il déclare : « Il faut savoir s'instruire dans la gaieté. Le savoir triste est un savoir mort. »	1. On présente la thèse en justifiant certains aspects. 2. On explique les points contestables. 3. On rectifie avec d'autres propositions.	1. Sans plaisir et sans joie, on travaille mal. En outre le jeu peut être éducatif. 2. Mais on ne peut s'instruire sans un véritable travail, parfois ardu. 3. Il faut alterner travail intense et phases ludiques pour parvenir au plaisir de la connaissance.

➤ **« Je dois faire comprendre un problème » : le plan pour analyser une situation ou un problème.** Il s'agit d'expliquer une situation ou un thème en étudiant différents aspects d'un problème et, si nécessaire, d'évoquer des solutions.

Question	La démarche	Le plan
Qu'est-ce pour vous qu'être européen aujourd'hui ?	Examen des différents aspects	- Au point de vue culturel - Au point de vue politique - Au point de vue sociétal

Exemple d'analyse de la question

Les documents de la synthèse

Document 1
Jean Courtes, Jean-Hervé Lorenzi, « L'innovation, moteur de la croissance », *Économie et société,* n° 3, mai juin 1998.

Document 2
Hervé Fisher, *Le Choc du numérique,* coll. « Gestations », VLB Éditeur.

Document 3
Henning Mankel, *La Muraille invisible,* Éditions du Seuil 2002.

Document 4
Photo de couverture, « Les images numériques », revue *Les Dossiers de l'ingénierie éducative,* n° 47- 48, juin-octobre 2004.

Question d'écriture personnelle

Pensez-vous que « le choc du numérique » dont parle Hervé Fisher soit le prélude d'une nouvelle civilisation ?

Vous exprimerez votre point de vue dans une réponse argumentée et illustrée d'exemples.

Étude de la question

➤ **Le mot numérique a plusieurs acceptions :**
- le codage en système binaire de données d'informations ;
- le système employant ce mode de codage (caméra, appareil photo) ;
- l'ensemble des techniques de télécommunication utilisant des signaux numériques.

➤ **Le « choc du numérique » pénètre dans tous les secteurs de la vie.**

– Il rend obsolètes de nombreux appareils analogiques.

– De nouveaux produits utilisent cette technologie, créant des usages et des besoins inédits.

➤ **Civilisation**

Ce mot désigne ici l'ensemble des caractères d'une société. L'expression « choc du numérique » sous-entend que l'impact du numérique entraîne une révolution technique et sociétale.

Étude de la consigne

Elle demande de prendre une position par rapport à une thèse, de la justifier par des arguments et des exemples.

Étude de la problématique

➤ Interrogations soulevées par cette problématique

Numérique

Effets sur la société	Effets sur l'individu
Le travail	Le rapport au passé et au temps
L'économie	Le rapport à la vérité
La communication	Le rapport à la liberté
Le droit	La communication
L'art	L'individualisme
La démocratie	Le rapport aux autres
La mondialisation	

Formulation de la problématique

Les effets du numérique sont-ils de nature à créer une nouvelle civilisation ? Est-ce une vision utopique de l'avenir ?

Choix de la thèse soutenue dans la réponse

Je suis d'accord avec Hervé Fischer : le choc du numérique est tel qu'il annonce des changements considérables et peut-être même une nouvelle civilisation.

Plan proposé

1 Le choc du numérique crée une société nouvelle

- une économie nouvelle
- une culture de masse « marchandisée » et contrôlée par les « majors »
- deux modèles de société en opposition et à la cohabitation difficile : Internet, moteur du modèle libéral, ou Internet, contre-modèle alternatif

2. Des changements profonds affectent l'individu

Un nouveau rapport au temps et à l'espace

Un nouveau rapport à la réalité

- les images virtuelles
- une créativité nouvelle

L'encouragement de l'individualisme

Un contrôle social renforcé

Conclusion

On peut penser que le « choc du numérique » annonce une évolution aussi importante que celle de l'imprimerie.

Une révolution ?

Entraînement

Exercice 1

1. Définissez les mots clés de ces sujets.

2. Reformulez-les.

Sujet 1
Selon vous, l'école est-elle un univers démocratique ?

Sujet 2
« Le scientifique cherche plus loin, ce qui n'est pas nécessairement vrai du technicien. Bien des gens qu 'on présente comme des scientifiques sont en fait des techniciens. Ils savent faire, mais pas interroger. »
Êtes-vous d'accord avec cette opinion qu'exprime Albert Jacquart dans le document 1 ?

Sujet 3
« L'expérience : un peigne qu'on vous offre quand vous n'avez plus de cheveux. » Partagez-vous cette conception de l'expérience exprimée dans l'un des documents de la synthèse ?

Exercice 2

Reformulez le sujet suivant après en avoir étudié les mots clés.

Sujet
Pensez-vous qu'il soit possible de concilier la consommation et la survie de la nature ? Vous répondrez à cette question en appuyant votre justification par des exemples différents de ceux qui sont présentés dans les documents de cette synthèse.

Exercice 3

Analysez ces consignes et dites ce qu'elles demandent d'effectuer.

Sujet 1
On a dit que : « l'homme a deux devoirs à concilier : bien faire son métier et rester homme, au plein sens du terme ». Pensez-vous qu'il y ait des cas ou les deux puissent être incompatibles ? Vous justifierez votre point de vue en l'illustrant d'exemples empruntés à la littérature, au cinéma ou à votre expérience.

Sujet 2
Pensez-vous comme Philippe Ariès que la scolarisation conduise à « l'enfermement » ? Vous répondrez à cette question en construisant une réponse argumentée à l'aide d'exemples empruntés aux textes de la synthèse mais aussi à votre expérience personnelle, à la littérature ou au cinéma.

Exercice 4

1. L'une de ces reformulation est erronée. Expliquez pourquoi.

2. Présentez le problème posé sous la forme d'un schéma.

Sujet
« Je suis la meilleure amie de mon fils », déclare une mère célibataire dans le document 3. Que pensez-vous de cette manière de se situer par rapport à son enfant ?

Reformulation 1
Une mère déclare être la meilleure amie de son fils parce qu'elle élève seule son enfant.

Reformulation 2
En se déclarant la meilleure amie de son fils, une mère témoigne de la force du lien qui l'unit à son enfant. Ce lien est situé au plan de l'amitié. Est-ce le domaine d'une mère ? Le fait qu'elle élève seule son enfant a-t-il un rapport avec cette situation ?

Exercice 5

1. Ces reformulations comportent chacune une erreur : laquelle ?

2. Constituez le bon schéma de reformulation.

Sujet
La vie des hommes est pleine d'ambivalence : je ne peux devenir moi-même qu'en appartenant à un groupe qui me propose des circuits de développement. Mais si j'appartiens trop à ce groupe, je ne pourrai pas devenir moi-même, je deviendrai ce que veut le groupe.

Boris Cyrulnik, *Les Nourritures affectives,* Odile Jacob,1993.

– Devenir soi-même = ne pas appartenir trop à un groupe.
– Devenir soi = appartenir à un groupe mais risquer de ne pas devenir soi-même.

Exercice 6

1. Étudiez la citation et explicitez son sens en la reformulant.

2. Recherchez les questions (Qui, Quoi, Quand, Comment, Pourquoi, Où) auxquelles renvoie éventuellement ce sujet.

3. Faites un schéma qui récapitule l'ensemble de ces questions.

4. Formulez la problématique du sujet.

Entraînement

Sujet

Partagez-vous l'opinion de l'auteur du document 1 quand il écrit :

« Qu'est-ce qu'un livre qui compte dans une vie ? C'est un livre qui constitue, pour son lecteur, une ¨ expérience de vérité ¨, ce qui vaut non seulement pour un livre d'idées, mais aussi, parfois, pour un roman. C'est un livre qui nous dévoile et met en forme une vérité ignorée, cachée, profonde, informe, que nous portions en nous, et qui nous procure ainsi un double ravissement, celui de la découverte de notre vérité intérieure dans la découverte d'une vérité extérieure à nous. »

Edgar Morin, *Les livres qui m'ont marqué*, Lire en fête 1999, Centre national du livre

Exercice 7

Étudiez la question posée et formulez sa problématique.

Sujet

Partagez-vous le point de vue de Paul Bourget quand il déclare : « Il faut vivre comme on pense, sans quoi l'on finira par penser comme on a vécu. »

Exercice 8

1. Prenez position face aux thèse suivantes.
2. Justifiez votre réponse par un argument.

1. Le sacré est indispensable à l'homme.
2. Il faudrait interdire le clonage.
3. Il faudrait supprimer les référendums.
4. L'égalité est impossible entre un homme et une femme.
5. L'argent est le nerf de la guerre dans le sport de haut niveau.
6. Il y a des civilisations meilleures que d'autres.
7. L'incitation à la consommation est une forme de violence.
8. On reste soi même dans le mariage.
9. L'humanité est de moins en moins barbare.
10. Il faut rétablir les punitions corporelles à l'école.

Exercice 9

1. La synthèse proposait un dossier sur l'éducation. En quoi la problématique du sujet d'écriture prolonge-t-elle ce dossier ?
2. Sur quels mots clés du sujet d'écriture faut-il s'appuyer ?
3. Quelle problématique la question posée aborde-t-elle ?
4. Pour répondre à cette problématique quelle thèse défendez-vous ?
5. Rassemblez une liste de quinze idées. À partir de votre liste, mettez au point votre plan.
6. Comment exploitez-vous la couverture du livre de Jules vallès pour l'intégrer dans votre argumentation ?

Sujet d'écriture personnelle

« Je considérais le jeune enfant comme une page blanche ou comme un morceau de cire que je pouvais façonner ou mouler à mon gré… » (John Locke, *Quelques pensées sur l'éducation des enfants*, 1693.)

Patagez-vous ce propos de Locke sur l'éducation ? Vous illustrerez votre argumentation à l'aide d'exemples pris dans la littérature ou le cinéma.

Couverture du livre *L'Enfant*, de Jules Vallès, Folio, Gallimard.
Le tableau figurant sur la couverture est une peinture de Paul Mathey, *Enfant et femme dans un intérieur* (détail).

Exercice 10

1. Cherchez les différents aspects de ce sujet.
2. Formulez sa problématique.
3. Choisissez un point de vue pour répondre à la question posée.

« Autrui c'est un modèle. C'est à travers toute une série d'identifications à un autre qu'un individu assimile un aspect, une caractéristique d'une personne valorisée (parent, camarade, héros, vedette…) et se construit son identité ».

Pensez-vous que c'est ainsi que se construit l'identité ?

Vers le BTS

Analysez le sujet suivant en vous aidant des documents de la synthèse et proposez un plan.

Sujet d'écriture personnelle

En vous appuyant sur les documents de la synthèse sous répondrez à la question suivante : Selon vous, « la construction de l'identité et l'acquisition de l'autonomie » sont-elles perturbées par l'allongement de la durée de cohabitation des jeunes chez leurs parents ?

Documents de la synthèse

DOCUMENT 1

Les enfants ne quittent plus leur père et leur mère comme dans les années 1970. Si la précédente génération a connu le plein emploi et la prospérité, la jeunesse d'aujourd'hui ne peut se projeter dans l'avenir avec la même confiance. Si son espérance de vie s'est élevée, son entrée dans la vie se fait dans une économie marquée par la crise, le ralentissement de la croissance et le vieillissement de la population. Le spectre du chômage nécessite des ajustements en termes de formation et de stratégies professionnelles autant que familiales. Les femmes ont massivement investi le marché du travail, le taux de nuptialité a baissé, celui de natalité est passé de 6,1 pour 1 000 en 1970 à 3,5 pour 1 000 en 1999. Dans le même temps, le nombre de divorces a augmenté et l'autorité a subi un affaiblissement sans précédent ; l'ensemble dessine des contours nouveaux à la vie familiale et met à mal la transmission des repères et des savoirs entre générations. De plus, l'individualisme ambiant pousse au développement personnel, insiste sur la « construction de soi » et incite surtout les de jeunes à chausser le plus vite possible les bottes du consommateur, marginalisant ainsi tous ceux qui, pour toutes sortes de raisons, sont exclus de la fête.

La poursuite des études au-delà de l'âge de l'obligation scolaire et de l'âge de la majorité est devenue majoritaire : en 1998, 55,6 % d'une classe d'âge sont encore scolarisés à 21 ans et 46,3 % à 22 ans. Le report de l'accès à un emploi stable et au logement mais aussi le retardement de la procréation vont de pair. Les trajectoires des jeunes ont donc tendance à s'infléchir, ces derniers acquérant leur indépendance financière et résidentielle plus tardivement et cohabitant avec leurs parents plus longtemps. On a ainsi parlé de « cocooning forcé » pour qualifier cette situation de cohabitation des jeunes chez leurs parents, la famille jouant bien ce rôle de « filet de sécurité », selon les revenus des parents. Même si les trois quarts des jeunes reçoivent une aide de leur famille sous des formes diverses, les étudiants demeurent les plus aidés. Aides en argent, aides en nature, le soutien est apporté par la famille-refuge, en dépit de sa fragilité actuelle.

On comprend que la construction de l'identité et l'acquisition de l'autonomie soient perturbées par cette nouvelle donne.

Colette Barroux, « Entre expérience et déshérence », *L'école des parents*, octobre-novembre 2001.

DOCUMENT 2

Tanguy, film d'Etienne Chatiliez.

DOCUMENT 3

Pour les sociologues comme pour les parents, le passage des jeunes de l'âge de la formation à celui de la responsabilité a longtemps été marqué par une indépendance à trois facettes : financière grâce à l'occupation d'un emploi stable, résidentielle par l'accès à un logement séparé, affective par la formation d'un couple. Las, au cours des dernières décennies, ce schéma classique d'intégration sociale a beaucoup souffert. Allongement de la durée des études, arrivée de plus en plus progressive sur le marché du travail : nombreux sont les parents qui constatent que les frontières d'entrée dans la vie adulte, jadis très nettes, sont devenues bien floues.

A. S. « L'autonomie des jeunes, À quel prix ? », *La Croix*, 30 janvier 2001.

La recherche des arguments

L'épreuve d'écriture personnelle exige du candidat qu'il écrive un texte argumenté dans lequel s'exprime un point de vue personnel. Celui-ci est défendu à l'aide d'arguments. Pour les trouver, il convient de s'appuyer sur la connaissance du thème. Mais le principal gage de réussite reste le caractère personnel de l'argumentation.

Noter ses premières idées

➤ **Les idées spontanées.** Des premières idées viennent immédiatement à l'esprit. Celles-ci, par association, peuvent suggérer une autre idée, un exemple : on les note rapidement au brouillon.

Des notes peuvent être prises sur une feuille à part dès la réalisation de la synthèse. En effet la lecture des documents génère des idées utilisables ensuite pour l'épreuve d'écriture personnelle.

➤ **La connaissance du thème.** La question posée s'inscrit nécessairement dans le thème au programme. On recherche alors dans ses connaissances tout ce qui peut servir d'argument ou d'exemple.

– On peut procéder par association spontanée. Un mot clé du sujet rappelle une caractéristique du thème traité en cours. On clarifie ce souvenir et on note l'idée retrouvée.

– On peut aussi mobiliser ses connaissances. Sur un brouillon où figurent plusieurs colonnes avec les mots clés du texte, on note dans chaque colonne les situations, les exemples, les aspects du thème évoqués en cours et en lien avec le sujet. Il s'agit d'enrichir ses premières idées avec des arguments et des exemples.

Exploiter le corpus de la synthèse

➤ **Le relevé des idées.** On relit les documents de la synthèse pour retrouver d'éventuelles idées et arguments qui répondent à la problématique. On note et on reformule brièvement ces arguments en vérifiant à ne pas sortir du cadre de la problématique du sujet.

➤ **L'élargissement des idées.** Les données recueillies dans les documents du dossier de synthèse peuvent servir de points d'appui à partir desquels de nouvelles idées peuvent naître. On note celles-ci : à ce stade il ne s'agit pas de trier mais de rassembler un maximum d'idées pour enrichir la réflexion sur le sujet.

Exemple : document sur la famille.

Normes = règles, lois, repères collectifs : existe-t-il de nouvelles normes ?

« On fait comme si la filiation ne pouvait être que naturelle et fondée sur la présence d'un père et d'une mère, alors que cela ne correspond plus à une réalité. Ce sont des normes politiques, sociales et historiques, donc susceptibles de changer : Il s'agit de savoir si nous vivons dans une société où elles sont établies une fois pour toutes ou dans une démocratie capable de les adapter. »

Éric Fassin, professeur à l'École normale supérieure.

- Quelles sont les nouvelles normes de filiation ?
- Société = groupe avec ses codes, ses traditions etc.
- Histoire : il y a différentes situations dans l'histoire. Importance de la transmission du patrimoine.

Susciter de nouvelles idées

Il convient de ne pas se limiter aux arguments fournis par une exploitation du dossier de synthèse ou par une première recherche. D'autres techniques de recherche peuvent être mises en œuvre.

➤ **L'association.** On se demande à quel autre mot fait penser un mot clé du sujet. On note sans trier ceux qui viennent à l'esprit. On ne critique pas les rapprochements de mots qui surgissent : ils multiplient les chances de trouver une idée intéressante. Certaines, qui paraissent fantaisistes au premier abord, peuvent susciter des pistes inattendues et, finalement, fécondes.

Exemple : sujet d'écriture personnelle

Croyez-vous, comme l'auteur du document 2, que « d'institution, la famille est devenue affaire individuelle où le libre choix est la règle » ?

Institution ➜ Loi ➜ obligation ➜ législation ➜ règles collectives

individuelle ➜ Individualisme ➜ solitude ➜ indépendance ➜ vit dans une communauté pourtant.

➤ **L'inversion.** Quand on ne trouve aucun argument, on imagine ce que dirait un adversaire de l'idée, puis on cherche quelles réfutations on lui opposerait. On saura alors comment justifier cette idée.

Exemple : le tag est-il de l'art ? Thèse choisie par le candidat : le tag est de l'art. Inversion : le tag n'est pas de l'art.

Nuisance sur les murs ≠ couleurs sur les murs. Atteinte à la propriété ≠ liberté. Répétition du même dessin ≠ mêmes thèmes traités dans la peinture

➤ **Le questionnement.** Qui ? Comment ? Pourquoi ? On interroge les mots clés du sujet.

Exemple : la famille

Qui ? = Qui fonde une famille ? (Un homme et une femme, des personnes de même sexe), quel type de famille ?(Recomposée, élargie, biologique , monoparentale).

Comment ? = devant un officier d'état civil ? devant la communauté des proches, du village, etc. ?

Pourquoi ? = choix individuel, norme sociale ?

➤ **La décomposition.** On décompose le problème initial en plusieurs sous-problèmes. Pour chacun d'entre eux on cherche des justifications, des contestations, des illustrations.

Exemple : l'aide humanitaire, sa dimension politique, économique, humaine.

➤ **La recherche des causes et des conséquences.** Leur recherche appliquée au sujet permet de trouver divers types de causes ou de conséquences. Elle aboutit à d'éventuelles solutions pour pallier les effets négatifs. On dispose alors de nouveaux arguments.

Exemple : la transformation de la famille.

Les causes : la montée de l'individualisme, le recul des modèles traditionnels, etc.

Les conséquences : décalage entre la pratique sociale et la loi, difficultés de certaines mères seules, etc.

Exemple de recherche des arguments

Le sujet de la synthèse

Document 1 : Albert Jacquard, *La Science à l'usage des non-scientifiques*, Éd. Calmann-Lévy, 2001 (voir page 194).

Document 2 : Giorgio Israel, entretien paru dans *Le Monde*, 24 octobre 2001 (voir page 198).

Document 3 : Helga Nowotny, Peter Scott, Michael Gibbons, *Repenser la science*, « Débat », Éd. Belin 2003 (voir page 200).

Le sujet d'écriture personnelle

Question : Si la science, comme le rappellent les auteurs du document 3, est « le jeu des possibles », faut-il selon vous être inquiet ?

Vous répondrez à cette question dans un développement construit, argumenté et illustré d'exemples.

Le plan envisagé

Partie 1. La diversité des découvertes possibles est une chance.

Partie 2. La limitation du « jeu des possibles » peut inquiéter.

Les idées spontanées qui peuvent enrichir le plan

– La vocation des scientifiques ➜ la découverte des secrets de la nature.

– La recherche fondamentale ➜ un chercheur ne peut pas savoir ce qu'il va trouver.

– Applications de la science qui font peur ➜ nucléaire, OGM, génie génétique, etc.

– Améliorations concrètes dues à la science ➜ ont changé la vie de l'homme : électricité, énergies, etc.

Les idées tirées des textes de la synthèse

Document 1

– La motivation des scientifiques = le bonheur de comprendre.

– Le but des grandes découvertes = améliorer notre lucidité et non accroître notre pouvoir.

– La dérive économiste = privilégier découvertes rentables.

Document 2

– Science actuelle = efficacité, productivité.

– Les choix de recherche = en fonction des demandes de rentabilité et de profit.

Document 3

– La valeur de la recherche = si elle est moteur de la compétitivité.

– La recherche = machine à innover.

– L'innovation = une démarche que rien n'arrêtera.

– Des dilemmes = des problèmes de transparence douloureux.

– Nos sociétés = vivre avec l'incertitude et des risques liés à l'innovation.

Les idées nouvelles

– Le « jeu des possibles » : Einstein et ses travaux théoriques sur la lumière ou sur l'atome ont permis beaucoup plus tard le laser et le nucléaire.

– La science est aveugle, sans conscience : « tout ce qu'il est possible de faire se fera », c'est la loi du marché.

– L'absence d'explication de la science crée des craintes irrationnelles.

– L'inquiétude a des fondements : l'amiante, les colles = l'augmentation des cancers, le réchauffement climatique, etc.

– La nécessité d'un contrôle démocratique.

– L'exigence d'une éthique.

Le plan détaillé

Partie 1. La diversité des découvertes est une chance.

a) La science est imprévisible puisqu'elle ne sait pas ce qu'elle va trouver.

b) Les découvertes sont gratuites, pure connaissance.

c) Elles débouchent parfois sur des technologies qui améliorent les conditions de vie de l'homme.

Partie 2. La limitation du « jeu des possibles » peut inquiéter.

a) On canalise les recherches vers l'innovation rentable.

b) La compétition économique peut entrer en contradiction avec l'intérêt général.

c) Cela suscite un climat de méfiance, parfois irrationnel, à l'égard de la science.

Entraînement

Exercice 1

À quelles premières idées spontanées ces sujets renvoient-ils ?

Sujet 1. Selon vous, dans les grandes catastrophes naturelles de ces dernières années, l'homme peut-il avoir une part de responsabilité ?

Sujet 2. Les voyagistes qui proposent aux familles des raids ou des randonnées dans le désert sont-ils une menace pour les populations locales ?

Sujet 3. Pour vous, dans quelle mesure l'atteinte à la démocratie peut-elle être une conséquence du terrorisme ?

Exercice 2

Sur le sujet suivant, notez cinq idées suggérées par vos connaissances.

Sujet. « Contrairement au langage, l'image est aisément accessible. Mais il faut se méfier de son apparente simplicité. »

Selon vous quelles sont les raisons de cette méfiance ?

Exercice 3

Dans ce texte, recherchez des idées ou des exemples pour enrichir chacun des thèmes suivants :

- **L'apprentissage de la vie**
- **L'évolution de l'enfant**
- **Le rôle des parents**

« Le nouveau-né n'a certainement dans l'esprit nulle trace de ce qu'apprirent ses pères. Il lui faut tout acquérir. Aucune étape n'a été franchie pour son compte. Il vient d'aussi loin que les premiers humains. Non seulement petit-fils de deux premiers « sociaux », mais de deux individus, il est un petit d'homme, et c'est tout. Il devra refaire en quelque vingt ans le chemin qui a demandé des millénaires à l'humanité. Ses chromosomes, contemporains du mammouth et du rhinocéros à narine cloisonnées, ignorent tout de la civilisation actuelle. »

Jean Rostand, *L'Aventure humaine*, Grasset et Fasquelle.

Exercice 4

1. Choisissez un point de vue pour répondre au sujet.

2. Cherchez des arguments pour justifier votre opinion.

Sujet. « Travailleur, époux, parents. Toutes les enquêtes montrent que les jeunes aspirent à exercer ces rôles adultes traditionnels. »

Partagez-vous ce point de vue ?

Exercice 5

1. Relevez dans les documents du chapitre sur la mort, page 129, quinze idées pour répondre au sujet d'écriture suivant.

2. Vous compléterez votre recherche par deux idées suggérées par ces propos de Socrate.

Sujet d'écriture

Comment les hommes réagissent-ils devant la mort ?

Texte complémentaire

« Qu'est-ce, en effet, que craindre la mort, citoyens, sinon se prétendre en possession d'un savoir que l'on n'a point ? En définitive, cela revient à prétendre savoir ce que l'on ne sait point. Car personne ne sait ce qu'est la mort, ni même si elle ne se trouve pas être pour l'homme le plus grand des biens, et pourtant les gens la craignent comme s'ils savaient parfaitement qu'il s'agit du plus grand des malheurs. »

Platon, *Apologie de Socrate* (399 avant J.-C.).

Exercice 6

1. Cherchez dans les deux documents de cette synthèse consacrée au coup de foudre amoureux des idées pour enrichir votre réponse au sujet.

2. Trouvez des idées nouvelles en utilisant la technique de l'association, puis du questionnement.

Sujet d'écriture personnelle

Selon vous, un couple doit-il se fonder sur « la logique d'une alliance entre deux familles », comme l'écrit l'auteur du document 2 , ou sur le coup de foudre amoureux ?

DOCUMENT 1

À l'évidence, les histoires de coup de foudre présentent toutes les caractéristiques de la passion. Elles se réfèrent initialement à un impact inattendu – l'irruption de la foudre –, attribué à une origine externe ainsi que l'exprime, parmi tant d'autres, cet extrait d'entretien : « Pour moi, c'est devenu très violent. C'est quelque chose comme un éclair qui te traverse. C'était un courant électrique qui est vraiment fou, comme l'éclair qui te rentre de la tête aux pieds. » Brusque et violente, la foudre s'empare de celui qu'elle atteint : « On est tétanisé, il n'y a plus rien qui bouge », raconte l'un ; alors que l'autre nous dit : « Je suis resté pétrifié sur place. » Nombreux sont ceux qui adoptent les images spatiales de la projection ou du renversement : on se trouve chaviré, catapulté, déporté. Et celles d'un corps bouleversé, marqué : souffle coupé, estomac serré, tremblements, suffocations, palpitations, incapacité de parler ou, plus encore, paralysie.

Marie-Noëlle Schurmans, « Ce que nous apprend la passion amoureuse », *Sciences Humaines* n° 141, août 2003.

DOCUMENT 2

L'envers du coup de foudre est une relation progressive, fondée sur l'amitié, une démarche raisonnée, respectueuse d'une organisation sociale préexistante au sein de laquelle s'insère la relation de couple. Elle est scandée par des étapes temporelles formelles qui renforcent le lien social. Le modèle non immédiat est caractérisé par l'intervention de tiers : présentation aux familles et aux amis, célébration collective des fiançailles et du mariage. .. Les futurs époux sont ainsi amenés à se conformer aux normes d'un groupe social qui les accueille et les intègre. L'union, dans ce cas, respecte la logique d'une alliance entre deux familles, à travers celle de deux agents sociaux.

Marie-Noëlle Schurmans, « Le coup de foudre amoureux », *Sciences Humaines* n° 86, août 1998.

Exercice 7

En appliquant la technique des questions Qui, Quoi, Quand, Où, Comment, Pourquoi, cherchez des idées et des exemples pour illustrer le sujet suivant :

« L'adolescence est la période la plus créatrice qui soit, parce qu'elle s'appuie sur des expériences constamment renouvelées. »

Partagez-vous ce point de vue ?

Exercice 8

1. Relevez dans le document suivant tous les arguments pour traiter le sujet d'écriture.

2. Complétez-les par des idées personnelles.

Sujet d'écriture

Si, à la télévision « le réel n'est plus mis à distance », quels risques cela peut-il présenter pour le téléspectateur ?

DOCUMENT

Un film se déroule dans un autre monde, dans un autre temps et le monde de la salle n'est pas celui de l'écran. Il y a des acteurs, c'est une fiction et vous êtes sortis de chez vous, vous interrompez volontairement votre vie quotidienne pour une sorte de cérémonie consentie avec un début et une fin. À la télévision, outre que vous n'allez pas dans une salle de spectacle pour la regarder mais qu'elle vient à vous, vous partagez le même temps et le même monde. Il n'y a plus de coupure sémiotique, de décalage entre le signe et la chose. Le réel n'est plus mis à distance, le regard confond la carte et le territoire.

Régis Debray, entretien avec Daniel Schneidermann, *Le Monde*, 19 janvier 1993.

Bilan BTS

1. Cherchez dans les deux documents de cette synthèse consacrée au mariage toutes les idées qui pourraient enrichir votre réponse au sujet suivant.

2. Complétez ces idées par des arguments personnels.

Sujet d'écriture personnelle

Pensez-vous, comme l'auteur de cet article, que « les comportements peinent à suivre l'évolution des mentalités » et qu'on épouse toujours son « promis » ou sa « promise » ?

DOCUMENT 1

À l'époque du melting-pot, des amours libres, des unions réinventées, des 30 000 mariages interethniques par an, on ne s'amourache pas du premier venu. Aujourd'hui comme hier, on se marie le plus souvent dans son milieu. Les enfants de bourgeois avec des enfants de bourgeois, les commerçants avec des commerçants, les ouvriers avec des ouvriers...

N'en déplaise aux âmes romantiques, la fin des mariages arrangés entre familles n'a pas entraîné une vraie redistribution des cartes amoureuses. Et même si les catégories professionnelles sont un peu moins étanches, les critères de revenus et de statut résistent à l'émoi amoureux. Les comportements peinent à suivre l'évolution des mentalités. On épouse toujours sa « promise ».

Marie Lemonnier, « Les jeux truqués de l'amour et du hasard », *Le Nouvel Observateur*, 8 août 2002.

DOCUMENT 2

C'est à partir du XIXe siècle que l'on commence à parler de ce qui nous paraît naturel aujourd'hui, le mariage d'amour. Au XVIe siècle, à l'exception de Marguerite de Navarre et de Shakespeare, il s'agissait d'un oxymoron, c'est-à-dire de deux notions antithétiques. En effet, le mariage est un acte social dont il faut rendre compte à la collectivité en publiant les bans. De la légitimité du mariage dépend la légitimité des enfants, c'est-à-dire la transmission du patrimoine, de la culture familiale et sociale. Parce qu'il est un acte social, le mariage ne tient pas compte des désirs personnels des époux. On marie les enfants dès leur naissance, ou très jeunes, parce qu'on marie non pas des êtres mais des terrains, des territoires, des pays, des troupeaux, des vaches, des moutons ou des dromadaires. Les comédies de Molière en portent encore témoignage.

G. Dewulf, E. Coss, P. Bougy, *La Passion amoureuse*, Presses Universitaires de Nancy, 1991.

Rédiger son argumentation

Quand le plan détaillé est prêt, on rédige directement au propre, pour gagner du temps. Toutefois l'introduction et la conclusion doivent être préparées à l'avance car elles orientent l'impression du lecteur. S'impliquer pour développer des idées personnelles contribue à l'efficacité de l'argumentation.

Rédiger l'introduction et la conclusion

L'introduction et la conclusion doivent être courtes. Elles clarifient la problématique, elles ne doivent pas empiéter sur l'argumentation qui lui est consacrée.

L'introduction

➤ **Elle présente la question.** Elle expose le plus nettement possible la question posée et la problématique du sujet. Quelques lignes suffisent. Si le sujet est construit à partir d'une courte citation, on reprend celle-ci telle quelle dans la présentation.

➤ **Elle annonce le plan.** On présente les différentes parties de son argumentation en insistant sur le lien logique qui les unit.

Exemple

Sujet. Ce slogan d'une radio : « Les infos, c'est comme le café, c'est bon quand c'est chaud et quand c'est fort », correspond-il votre conception de l'information ?

Un des premiers gestes du matin consiste pour beaucoup à allumer la radio. C'est sans doute ce qui explique ce slogan célèbre : « Les infos, c'est comme le café, c'est bon quand c'est chaud et quand c'est fort.»
Cette comparaison mène à deux réflexions : si une bonne information ne saurait être refroidie, parce que en retard, ni tiède, parce que sans intérêt, une radio doit-elle toujours se limiter à des informations immédiates ? L'information doit-elle être toujours spectaculaire ?

La conclusion

➤ **Elle résume l'argumentation.** On reformule de manière synthétique l'argumentation annoncée dans l'introduction et on énonce clairement le point de vue auquel on a abouti.

➤ **Elle se termine par une chute.** Un élargissement est possible quand le point de vue adopté peut ouvrir une autre problématique. On clôt le texte par une dernière phrase qui donne au lecteur une impression d'achèvement. Elle s'appuie sur un effet de surprise, de style, sur une formule marquante.

Exemple : conclusion du sujet précédent

Il est donc évident que pour retenir son public, tout média d'information au plus près de l'actualité diffuse souvent des informations chargées d'un certain pouvoir émotionnel. Cela peut conduire aussi à des dérives comme le sensationnalisme ou la partialité dans le choix des faits. On peut se demander si cette dérive n'est pas inéluctable.

Rédiger les paragraphes

➤ **Le paragraphe pour expliquer une opinion.** Il commence par la formulation de l'argument. Il se poursuit par la présentation de ses différents aspects, illustrés d'exemples. Il se termine par une phrase conclusive.
Exemple : *Au XVIe siècle, l'amour n'est pas un motif « honnête » pour se marier. C'est sur les alliances interfamiliales ou la nécessité d'un héritier que repose la légitimité du mariage. Le sentiment amoureux, qui déjoue les stratégies des parents, est perçu comme une faute.*

➤ **Le paragraphe pour contredire une opinion**

Il commence par la présentation de la thèse combattue. Il se poursuit par la critique directe de cette thèse. Il peut aussi concéder d'abord une part de vérité, puis procéder à une réfutation globale.
Exemple : *Dans certaines familles, comme autrefois, ce sont les parents qui décident du choix du conjoint. Des intérêts supérieurs aux individus concernés sont en jeu. Mais faire son malheur en partageant la vie d'un homme ou d'une femme qu'on n'aime pas est inacceptable.*

➤ **Le paragraphe pour justifier l'argument**

Il commence par la formulation de l'argument. Il se poursuit par sa justification à l'aide d'un raisonnement illustré d'exemples. Il se termine par une phrase conclusive.
Exemple : *La tolérance est nécessaire pour vivre en société. Elle permet, en effet, de vivre ensemble. La tolérance est même la seule attitude qui facilite les relations et l'harmonie sociale. Chacun accepte que l'autre pense et vive autrement : « je n'aime pas sa façon de s'habiller, mais c'est son goût ». Sans tolérance, une communauté se replie sur elle-même.*

➤ **Le paragraphe pour comparer**

Il tire un argument d'une comparaison. Il commence par la mise en relation de faits, de lieux, d'époques différents. Il se termine par la différence constatée. Cette différence ou ces points communs deviennent un argument.
Exemple : *Lorsque le mariage était arrangé par les parents, les gestes et les vêtements avaient pour fonction de signifier l'appartenance sociale. Maintenant, avec le mariage d'amour, ils expriment l'intimité de la personne, qui elle est et qui elle recherche. Nos rencontres ne sont pas le fruit du hasard car chez l'homme tout fait signe.*

S'impliquer dans son texte

➤ **La première personne.** Elle témoigne de la présence de celui qui argumente. Mais il faut éviter les formulations trop personnalisées, telles que « Moi, je pense que... », au profit de formulations plus propices à la généralisation, telles que « Nous pouvons estimer que... ». La première personne du pluriel, *nous,* marque la présence du candidat de manière plus discrète, tout en incluant le destinataire de l'argumentation.

➤ **La deuxième personne.** On n'interpelle pas le correcteur. On écrit donc « Nous tenterons de montrer » et non « Nous allons vous montrer ». L'utilisation de la deuxième personne du singulier, fréquente à l'oral, est naturellement ici à proscrire.

➤ **Le pronom « on ».** Il sert à associer dans une même réflexion l'auteur et le lecteur. Mais « on » peut aussi désigner les partisans de la thèse adverse. Il s'oppose alors au pronom de la première personne « nous ». Dans un souci de cohérence, on n'inclut pas dans une même phrase le on et le nous.
Exemple : On prétend que l'informatique permet de gagner du temps. Mais nous savons bien qu'il n'en est rien.

Mettre en valeur son opinion

➤ **Les termes modalisateurs.** Certains mots ou certaines expression peuvent défendre, nuancer ou réfuter une thèse ou un argument.

– Pour traduire le doute : *peut-être ; probablement ; sans doute ; soit-disant ; prétendu ; sembler ; paraître ; douter ; se demander si ; se garder de ; douteux ; sceptique ; curieux.*

– Pour nuancer : *en un sens ; d'une certaine façon ; dans une certaine mesure ; admettre ; nuancer ; être prudent, nuancé.*

– Pour traduire la certitude : *certainement ; sûrement ; incontestablement ; évidemment ; vraiment ; indubitablement ; démontrer ; prouver ; affirmer ; certain, sûr ; incontestable ; évident ; bien réel, vrai.*

– Pour réfuter : *nullement ; aucunement ; certainement pas ; contester ; critiquer ; réfuter ; inexact ; faux ; contestable ; erroné.*

➤ **Les connotations positives ou négatives**

Les connotations positives ou négatives du vocabulaire reflètent et amplifient l'argumentation et les positions en présence. C'est le contexte du mot qui révèle ces connotations.

	Verbes	Noms	Adjectifs
Connotations positives	Analyser Démontrer Comprendre Expliquer	Conviction Thèse Opinion Référence	Clair Original Précis Habile
Connotations négatives	Prétendre Soutenir S'imaginer Asséner	Préjugé Assertion Parodie Approximation	Approximatif Excessif Banal Aléatoire

Exemple de rédaction

Les documents de la synthèse figurent pages 194, 198, 200, le plan est donné page 321

Le sujet de la synthèse

Document 1 : Albert Jacquard , *La Science à l'usage des non-scientifiques*, Éd. Calmann-Lévy, 2001 (voir page 194).

Document 2 : Giorgio Israel, entretien paru dans *Le Monde*, 24 octobre 2001 (voir page 198).

Document 3 : Helga Nowotny, Peter Scott, Michael Gibbons, *Repenser la science*, « Débat », Éd. Belin 2003 (voir page 200).

Le sujet d'écriture personnelle

Si la science, comme le rappellent les auteurs du document 3, est « le jeu des possibles », faut-il, selon vous, en être inquiet ?

Vous répondrez à cette question dans un développement construit, argumenté et illustré d'exemples.

Le plan envisagé

Partie 1. La diversité des découvertes possibles est une chance.
Partie 2. La limitation du « jeu des possibles » peut inquiéter.

L'introduction

Le XXe siècle a vu d'énormes découvertes scientifiques qui ont bouleversé notre mode de vie. Ces connaissances semblent déboucher sur des applications de plus en plus imprévisibles. Cette dynamique que rien ne semble arrêter commence à inquiéter. Cette situation suscite deux interrogations : est-ce la recherche fondamentale qu'il faut redouter ou bien certaines orientations utilitaires qu'on veut lui faire prendre ?

Présentation du sujet

Annonce du plan

Le développement

Est-il raisonnable de craindre la science fondamentale ? Certes la recherche est, par nature imprévisible puisqu'on ne connaît pas encore ce que l'on va trouver – sinon on ne le chercherait pas. Mais cette imprévisibilité doit-elle nous faire peur ? Non, puisque la connaissance nouvelle est pur savoir, son objectif étant de comprendre et non de faire. La curiosité est au centre de l'aventure humaine, elle est « le propre de l'homme » et il n'y a aucune raison de la condamner, au contraire.

Première partie

Premier argument

Cette crainte est d'autant plus injustifiée que ces découvertes fondamentales génèrent ultérieurement – et de façon imprévisibles – d'importants progrès pour l'humanité. C'est plusieurs siècles après leur

Deuxième argument

publication que les travaux de Kepler et de Newton ont permis d'envoyer dans l'espace le télescope Hubble, lui-même à l'origine de découvertes totalement inattendues.

Toute recherche comporte des risques. Il faut d'autant plus savoir les prendre qu'elles débouchent souvent sur des technologies qui améliorent les conditions de vie de l'homme. Ainsi, grâce au laser, une application des travaux fondamentaux qu'Einstein a réalisés au début du XXe siècle sur la lumière, on soigne des malades. On trouve dans tous les domaines du quotidien des exemples des bienfaits des applications de la science. Que devenons-nous sans électricité ?

Mais il est tentant de mettre cette puissance créatrice de la science au service d'ambitions moins nobles. Dès lors, la science entre dans l'ère du soupçon. — Transition vers la deuxième partie

Deuxième partie

Pourquoi la science cantonnée dans une recherche purement utilitaires peut-elle inquiéter ? — Idée clé de la deuxième partie

Il semble qu'une priorité de financement soit accordée aux programmes dont la vocation est plus de créer de la croissance économique que du savoir. Le primat de l'économie sur la connaissance aboutit à une répartition des crédits qui privilégie les applications industrielles de la recherche. Par exemple aux États-Unis les travaux de génétique ne sont pas menés dans le seul but désintéressé de connaître le génome humain, mais pour tirer profit de brevets déposés sur les découvertes du génome. Cette mise sur le marché du patrimoine génétique de l'humanité peut choquer… — Premier argument

La recherche se dévoie quand elle se consacre à des objectifs contraires à la morale. Se servir de la science pour accroître le pouvoir de tuer, ne peut qu'accentuer le malaise qu'elle suscite. C'est la cas, évidemment, quand la recherche porte sur des armes bactériologiques, atomiques et autres procédés sophistiqués sur lesquels travaillent des scientifiques sans scrupules. — Deuxième argument

Mais cela ne doit pas conduire à un amalgame dangereux. Ce n'est pas parce que l'activité humaine provoque parfois des accidents, fortement médiatisés, que les scientifiques doivent être mis en accusation. Certes, les changements climatiques provoqués par les retombées technologiques de la sciences inquiètent à juste titre. Mais trop de craintes irrationnelles circulent dans l'opinion, qui ne sait plus distinguer le faux du vrai. Si, demain, le cancer est vaincu grâce à un gène inoculé à l'embryon, faudra-t-il le refuser ? — Troisième argument

La conclusion

On le voit, l'homme invente et découvre toujours plus. Le désir de connaissance a toujours conduit l'humanité. Mais cette démarche ne peut s'affranchir de principes. En effet, la recherche doit se poursuivre. Elle est source de progrès. — Résumé de l'argumentation — Chute

Entraînement

Exercice 1

Analysez la composition de l'introduction suivante pour en retrouver les différentes étapes.

Sujet d'écriture

Peut-on, selon vous, se passer de la presse ?
Vous répondrez à cette question dans un développement argumenté et illustré d'exemples.

Introduction

Autrefois les lecteurs de la presse faisaient la démarche d'aller vers elle en achetant leur quotidien. Maintenant les journaux, gratuits, viennent à nous. Un tel changement semble montrer un désintérêt du lecteur qui lit au hasard. Comment expliquer ce recul ? Ce phénomène menace-t-il le lien social, voire la démocratie ?

Exercice 2

1. Quelles erreurs comporte l'introduction suivante ?

2. Améliorez-la en apportant les corrections nécessaires.

Sujet d'écriture

Avec la mondialisation l'État est-il devenu inutile ?
Vous répondrez à cette question en argumentant votre point de vue.

Introduction à améliorer

Quelle curieuse question ! Ne sommes-nous pas membres d'une communauté fière de son passé, de sa culture, de sa langue ? Bien sûr, nous sommes connectés sur Internet, mais ce n'est pas pour cela que nous allons oublier notre pays et son gouvernement. C'est ce que je vais expliquer maintenant.

Exercice 3

1. Étudiez l'introduction suivante et repérez l'étape qui manque.

2. Améliorez sa rédaction.

Sujet d'écriture

« Un appareil lourd de communication fonctionne au principe de plaisir, il est donc télécommandé par son audience. Le propre de l'information, au contraire, c'est de briser une clôture, de déranger un confort intellectuel. »
En vous appuyant sur les caractéristiques de la télévision, examinées dans la synthèse, vous direz si vous partagez le point de vue de Régis Debray.

Introduction à améliorer

On imagine bien ce que peut coûter la création et le fonctionnement d'une chaîne de télévision. C'est pourquoi son financement est assuré par la vente de produits dérivés, tels que les spots publicitaires. Du coup la question de son audience se pose puisque c'est elle qui justifie le prix payé par les annonceurs. Dans ces conditions, ne pas tenir compte de la satisfaction du spectateur risque de faire chuter l'Audimat. Le « principe de plaisir » sans lequel il n'y a pas d'audience et le principe de qualité rentrent-ils en contradiction ? N'y a-t-il pas la possibilité de conjuguer l'un avec l'autre ?

Exercice 4

Rédigez l'introduction du sujet suivant.

Sujet d'écriture

« L'Audimat est devenu le symbole du déclin de la culture. Les œuvres offertes par les médias s'alignent sur la facilité ou le conformisme, sur les désirs les plus médiocres ou sur les attentes les moins exigeantes », écrit Francis Balle, dans son livre *Les Médias.*

Pensez-vous que l'Audimat exerce une influence comparable sur l'information ?

Plan proposé

1. Les effets de l'Audimat sur la télévision
2. Une information soumise aux mêmes lois

Exercice 5

Analysez la conclusion correspondant au sujet précédant en retrouvant les étapes qui la composent.

On le voit l'Audimat exerce une véritable dictature sur certaines chaînes. La recherche du plus grand nombre de téléspectateurs conduit à préserver du risque le contenu et la forme des journaux télévisés. Parfois le sensationnalisme et une certaine démagogie guident la hiérarchie des informations. Pourtant succès public et qualité peuvent coïncider comme le montrent maints exemples. Mais la recherche effrénée du plus large public possible guide à tout prix la concurrence entre les chaînes, ce qui explique l'ampleur des moyens engagés.

Exercice 6

En vous aidant du plan proposé, rédigez une introduction et une conclusion au sujet suivant.

Sujet d'écriture

« Un bon instantané vaut mieux qu'un long discours. L'avenir est aux hommes politiques qui ne font pas de politique. Enfin, dans l'immédiat. »

Entraînement

Vous analyserez l'influence de l'image et plus particulièrement de la télévision sur la vie publique.

Plan proposé

1. L'image influe sur la vie publique.
- La place prépondérante de la communication.
- La vedettisation du personnel politique.

2. L'explication du phénomène.
- Séduire pour convaincre
- Le pouvoir de l'image

3. Les conséquences et les solutions.
- L'explication supplantée par la communication
- Les risques de démagogie et de populisme
- Former le téléspectateur à lire les images

Exercice 7

1. Cherchez des exemples et des idées pour traiter le sujet suivant.

2. Rédigez un paragraphe de votre choix en utilisant un vocabulaire aux connotations négatives pour les idées que vous combattez.

Sujet d'écriture

« Il faut qu'on parle d'un livre et qu'on en fasse parler plus que le livre lui-même ne parle ou n'a à dire. À la limite, il faut que la multitude des articles de journaux, d'interviews, de colloques, d'émissions radio ou télé remplacent le livre, qui pourrait très bien ne pas exister du tout. »

Gilles Deleuze, *À propos des nouveaux philosophes et d'un problème plus général*, Éditions de Minuit, Paris, 1977.

Cette remarque – qui peut valoir pour un film, un disque aussi bien que pour un livre – vous paraît-elle pertinente ?

Plan détaillé

1. Le statut des œuvres culturelles est double.
- Ce sont des œuvres d'art.
- Mais aussi des produits, des marchandises.

2. Les stratégies pour vendre les œuvres.
- Un moyen traditionnel : la publicité.
- Utiliser les médias : faire parler du produit (Michel Houellebecq, Harry Potter).

Conclusion : parfois l'œuvre disparaît sous les commentaires dus à l'emballement médiatique.

Exercice 8

1. Étudiez le document ci-après extrait d'une synthèse portant sur la recherche d'un premier emploi.

2. Rédigez un paragraphe répondant à la question posée dans le sujet d'écriture personnelle.

Sujet d'écriture

Parmi les raisons invoquées à la difficulté de trouver un emploi, laquelle pourrait éventuellement vous concerner ? Vous expliquerez pourquoi.

DOCUMENT

Serai-je toujours « dans le coup » d'ici à quelques années ? Ainsi pourrait se définir l'« employabilité ». Un terme qui sonne comme du bon vieux jargon managérial, mais dont l'usage ne cesse de s'étendre dans l'entreprise, faute d'avoir trouvé meilleur mot. Serai-je en mesure de retrouver un emploi, en cas de changement – subi (chômage) ou souhaité ? Aurai-je, demain, les capacités nécessaires pour progresser dans l'entreprise ? Me sera-t-il possible de conserver mon poste alors que les exigences de mon employeur vont toujours croissant et que les techniques et les organisations connaissent une valse incessante ? C'est tout l'intérêt du sondage exclusif de l'Observatoire du travail L'Express-Bernard Brunhes Consultants (groupe BPI), mené auprès de 1 345 salariés des secteurs privé et public, que de se pencher sur les ressorts individuels de l'employabilité.

Extrait du sondage

Selon vous quels sont les principaux obstacles qui vous gêneraient dans votre recherche d'emploi ?

– Votre manque de connaissance d'une langue étrangère : 43 %

– Votre âge : 41 %

– Le manque d'opportunité d'emploi dans votre région ? : 37 %

– Votre manque de connaissance de l'informatique : 24 %

– Votre niveau de qualification : 20 %

– Votre expérience professionnelle : 8 %

– Ne savent pas : 6 %

Jacques Trentesaux, avec BVA et Bernard Brunhes Consultants Groupe BPI, « Mon emploi, l'avenir et moi », *L'Express*, 21/03/2005.

Exercice 9

1. Une synthèse consacrée au vêtement confronte deux documents aux thèses opposées. L'auteur du document 2 pense que le vêtement n'a aucune signification. Cherchez des idées dans le document 1 pour rédiger un paragraphe développant la thèse suivante : « À l'adolescence le vêtement prend une grande importance ».

2. Incluez une citation extraite de ce texte.

DOCUMENT 1

Le vêtement est l'outil de l'autonomisation, de la différenciation du modèle parental. Il permet de multiplier les références au groupe des pairs. L'adolescent tente de dire à sa mère que le corps adolescent n'est plus à elle, contrairement au corps infantile. C'est aussi le moment où, tout à fait inconsciemment, il devient urgent de déplaire au parent du sexe opposé puisque, dans la réalité, tout devient possible. C'est une grande période de réactivation de l'Œdipe. Enfin, le vêtement est surinvesti à cet âge parce que l'adolescent cherche à récupérer en partie la maîtrise de ce corps qui lui échappe, qui se sexualise. Soit en le mettant en avant. Soit en le cachant. Un garçon qui est terrorisé à l'idée de devenir très masculin peut ainsi conserver une allure un peu androgyne. Une fille peut masquer une trop forte poitrine. Le vêtement participe à l'apprivoisement du corps sexué.

Catherine Joubert, « L'habit fait le soi », *Le Monde 2*, 10 septembre 2005. Propos recueillis par Pascale Kremer.

Exercice 10

1. Étudiez le sujet suivant. Puis cherchez des idées et des exemples en vous aidant du document.

2. Développez un argument en rédigeant un paragraphe d'une dizaine de lignes.

Sujet d'écriture personnelle
Avec laquelle des réponses de ce sondage vous sentez-vous le mieux en accord ?

DOCUMENT

Selon vous, aujourd'hui, comment s'effectue le mieux la transmission des valeurs ? Est-ce à travers :

	%	Rang
- La famille	91	1
- L'école	60	2
- Le monde du travail	12	3
- La vie associative	10	4
- Les médias	6	5
- L'Église	4	6
- Autres modes de transmission	1	
- Sans opinion	1	

(1) Le total des % est supérieur à 100, les personnes interrogées ayant pu donner deux réponses.

Bilan BTS

1. Demandez-vous si vous êtes d'accord, pas d'accord, partiellement d'accord avec la critique radicale de la publicité proposée par ces documents.

2. Justifiez votre point de vue sur la publicité en rédigeant un texte utilisant des termes modalisateurs qui mettent en valeur votre opinion.

DOCUMENT 1

La publicité est un fléau. Un cauchemar éveillé, comme une gangrène, comme un pot de colle. Elle m'abrutit, me lessive, me stresse, me harcèle. Je me réveille : radio, pubs. Petit déjeuner : télé, pubs. Journaux : pubs. En route : panneaux publicitaires. Courrier : pubs (avalanche). Internet : pubs. Ils ont même envisagé d'offrir des communications téléphoniques gratuites, moyennant un encart régulier de spots publicitaires.

www.liberation.fr.

DOCUMENT 2

Revue *Casseurs de pub* n° 2, novembre 2001

Sommaire

Les annexes du BTS

Rédiger un curriculum vitae

Le curriculum vitae fournit des informations permettant de savoir si une candidature correspond au profil d'un poste donné. Il sert, avant tout, à obtenir un entretien. Le CV, qui accompagne la lettre de motivation, est la première image qu'offre de lui le postulant. Sa présentation est donc déterminante.

L'ÉTAT CIVIL

Présenter son état civil. Indiquer nom, prénom, adresse, âge ou date de naissance, téléphone, situation familiale. Pas de photo, sauf si elle est explicitement demandée.

Proposer un texte d'accroche. Un texte d'accroche, placé entre les coordonnées d'état civil et la rubrique formation, permet au recruteur de visualiser de manière synthétique la valeur professionnelle de la candidature. Le candidat présente ainsi ses points forts ou le diplôme obtenu dans le cas d'un jeune diplômé.

LA FORMATION

Le diplôme le plus récent du cursus : il est mentionné en premier. Viennent ensuite les autres diplômes, lorsqu'ils peuvent valoriser le parcours effectué. Un bachelier ne mentionnera pas le brevet des collèges mais le détenteur d'un BTS pourra mentionner le baccalauréat. Chaque diplôme cité est accompagné de sa date d'obtention. Les sigles trop spécialisés sont explicités.

– *Les compétences particulières* concernent surtout la maîtrise de logiciels ou de techniques particulières.

– *Les langues* font partie intégrante de la formation. Il faut évaluer de manière objective son niveau de connaissance linguistique, et surtout ne pas surestimer ses compétences.

L'EXPÉRIENCE PROFESSIONNELLE

L'expérience professionnelle est exposée avec précision (date, poste occupé, entreprise) dans l'ordre chronologique. Les activités extra-professionnelles mettent en valeur les qualités personnelles du candidat, dans la mesure où ces qualités peuvent être utiles à l'entreprise : qualités relationnelles, d'organisation, curiosité intellectuelle ou qualités morales comme la pugnacité ou le sens de la solidarité.

– *Les postes occupés* : il faut les mentionner en précisant le rôle spécifique joué dans l'entreprise, ainsi que les activités et les tâches effectuées.

– *Les stages, les emplois temporaires ou saisonniers* : il est important de les valoriser, surtout en début de carrière. Pour chaque expérience, la période durant laquelle s'est déroulé le stage ou l'activité est indiquée, ainsi que le nom et l'activité de l'entreprise d'accueil.

LA RÉDACTION DU CV

Rechercher une lisibilité maximale. L'utilisation du traitement de texte est indispensable. Il faut en utiliser les possibilités avec sobriété, de manière à faire apparaître immédiatement l'essentiel.

Rechercher la concision. Il faut éviter les mentions inutiles qui font perdre de la place et perturbent la lecture du CV : la date d'obtention du permis de conduire, par exemple.

Les maladresses de conception. Le CV doit être adapté au poste visé et ne pas donner l'impression d'être passe-partout. Les informations fournies, facilement vérifiables, doivent être authentiques.

Daniel Marchand
4, rue des Rosiers
59140 Dunkerque
Tél. :
21 ans, célibataire

L'état civil en haut à gauche

Technicien supérieur en électronique
Maîtrise du néerlandais et de l'informatique

Afficher clairement votre spécialisation professionnelle

Formation
2005 : Technicien supérieur en électrotechnique au lycée Angellier de Dunkerque
2003 : Baccalauréat STI mention Bien

Langues
Néerlandais langue maternelle, anglais courant et technique (deux séjours linguistiques en Grande-Bretagne), allemand niveau scolaire

Faire ressortir clairement les rubriques

Informatique
Maîtrise des logiciels Autocad 12
Excel et Word, notions de PAO

Expérience professionnelle
2003 : contrat temporaire à Auchan Dunkerque (juillet-août)
Activités : aide-magasinier, technicien de maintenance (SAV)
2004 : stage en entreprise chez Dassault Nord
Activités : maintenance électrique et câblages réseaux informatiques

Ne citer que les activités les plus intéressantes celles que vous pratiquez vraiment

Autres centres d'intérêt
Ski alpin, escalade
Water polo
Animation d'un blog associatif
(e mail : Daniel Marchand @ wanadoo.fr)

La lettre

La lettre est un outil de communication, elle transmet des informations au destinataire, mais elle lui fournit aussi une image de l'émetteur. Élaborer une lettre impose le respect de normes, afin de permettre aux interlocuteurs de se connaître.

LE DÉBUT DE LA LETTRE

Rédiger l'en-tête. Elle fournit le nom, l'adresse complète (téléphone, fax, e-mail), la date, le lieu d'émission, les références indispensables au traitement de la lettre, le numéro de dossier. Elle précise aussi l'objet de la lettre : réclamation, demande de catalogue, précision sur une date...

Choisir l'appellation. Elle varie en fonction du destinataire et de la nature de sa relation avec l'émetteur. En général : Madame, Monsieur. S'il a un titre, on y fait référence : Maître, Monsieur le député.

LE CORPS DE LA LETTRE

Aller à l'essentiel. Il faut bannir les précisions inutiles à la compréhension du message. Par contre, il faut fournir les informations qui permettent d'exploiter la lettre : date, références, numéro de compte...

Organiser le contenu de la lettre.

La lettre doit être structurée en paragraphes qui, chacun, constituent une unité de sens. On peut, en général, construire une lettre à partir du plan type suivant :

- l'introduction : c'est une première prise de contact avec le destinataire, ou un rappel des faits ;
- le développement de la lettre : c'est l'exposé du problème posé, avec éventuellement ses conséquences ;
- la conclusion : elle incite le destinataire à agir, ou à entreprendre l'action suggérée dans l'introduction, elle est, en général, brève et précise ;
- la formule de politesse : cette formule, le plus souvent stéréotypée, tient compte des relations hiérarchiques entre le destinataire et l'expéditeur.

LA PRÉSENTATION

L'écriture. Suivant les circonstances une lettre est soit rédigée avec un traitement de texte, soit écrite à la main. Le traitement de texte facilite la lecture. L'écriture manuscrite est réservée à la correspondance à caractère personnel.

Soigner la présentation. Il faut écrire de préférence à l'encre noire ou sur papier blanc, format 21 x 29,7. Les marges sont de 2,5 cm à gauche et 2 cm à droite.

LA FORMULE DE POLITESSE

Choisir la formule en fonction des conventions d'usage, en fonction de celui qui écrit la lettre et de celui qui la reçoit.

Le contenu de la formule de politesse varie en fonction de plusieurs éléments.

– La relation entre l'expéditeur et le destinataire. Entre amis : « Reçois nos cordiales salutations. » Entre un employé et son supérieur hiérarchique : « Veuillez agréer, Monsieur le Directeur, l'expression de mes sentiments dévoués. » Entre un homme et une femme : « Veuillez accepter, Madame, l'expression de mes respectueux hommages » ; ou d'une femme à un homme : « Veuillez agréer, Monsieur, l'expression de mes salutations distinguées. »

– Le type de lettre. Lettre de demande : « Dans l'attente d'une réponse favorable, je vous prie d'agréer, Monsieur, l'expression de mes sincères sentiments. » Lettre de remerciements : « Recevez, Monsieur, l'assurance de mes sentiments reconnaissants. »

LES FORMULES DE POLITESSE SOBRES
Acceptez – Agréez – Veuillez agréer – Je vous prie d'accepter
Madame – Monsieur – Madame la Directrice – Cher Monsieur – etc
l'expression de mes sentiments distingués (ou les meilleurs), mon profond respect, mon sincère dévouement, mes profonds regrets, ma vive gratitude, ma profonde sympathie.

LES FORMULES DE POLITESSE SOUTENUES
Recevez – Veuillez recevoir – Je vous prie de recevoir
Madame – Monsieur – Madame la Directrice – Mon Général – Monsieur le Maire, Maître – Cher Monsieur – etc
l'assurance de mes sentiments distingués (reconnaissants, dévoués, les meilleurs), l'assurance de ma cordiale sympathie, mes sincères salutations, mon amitié sincère.

LES FORMULES DE POLITESSE PLUS SOUTENUES
Croyez – Veuillez croire – Je vous prie de croire
Madame – Monsieur – Madame la Directrice – Mon Général – Monsieur le Maire, Maître – Cher Monsieur – etc
à l'expression de mes sentiments dévoués (ou reconnaissants, respectueux, distingués, sincères, les meilleurs, amicaux), à l'assurance de mes sentiments dévoués, à mes respectueux hommages (d'un homme à une femme, formule un peu vieillie)

Rédiger une lettre de motivation

La lettre de motivation est à la fois le tremplin et le mode d'emploi du CV. Elle doit retenir l'attention et donner envie de rencontrer celui qui l'envoie. Elle est donc déterminante dans la perspective d'un entretien.

LA PRÉPARATION DE LA LETTRE DE MOTIVATION

Être conscient de l'enjeu. L'objectif de la lettre de motivation est d'obtenir un entretien. Il faut donc trouver des arguments susceptibles de convaincre le recruteur. Celui-ci a des attentes, qu'il s'agit de déterminer préalablement afin de ne pas le décevoir.

Définir son projet professionnel. Il faut chercher à bien connaître le poste souhaité de manière à définir les qualités nécessaires pour l'obtenir. Quels diplômes, quelle expérience, quels niveaux de qualification sont exigés ? Chaque lettre de motivation doit être adaptée à la demande à laquelle elle répond.

Faire un bilan professionnel et personnel. Le candidat doit faire le bilan des stages ou des postes qu'il a déjà occupés : il s'agit de récapituler les capacités mises en œuvre et les compétences acquises durant ces expériences professionnelles.

Parallèlement, le candidat fait le bilan des activités à mettre en valeur (travail en association, bénévolat, maîtrise d'une ou plusieurs langues étrangères...). Il met en avant ses qualités et tire la leçon des expériences passées.

LA RÉDACTION

La lettre de motivation respecte à la fois la logique et la courtoisie. Pour cela, on peut adopter le plan « vous-moi-nous » qui revient à rédiger sa lettre en trois parties.

Vous. Il s'agit de montrer au destinataire que vous connaissez l'entreprise et le poste auquel vous postulez. Il ne faut pas se placer en position de demandeur, mais plutôt en position de collaborateur.

Moi. La seconde partie de la lettre s'attache à montrer que votre projet personnel rejoint le projet de l'entreprise, qu'il peut lui apporter quelque chose. Cette partie doit mettre en valeur le candidat, ses qualités, exemples à l'appui (stage à l'étranger, expérience concrète, etc.).

Nous. La lettre se termine par une suggestion de rencontre, dans la perspective d'une collaboration. Il s'agit d'inciter l'employeur à vous rencontrer : pour cela, évitez les phrases creuses et n'hésitez pas à lui proposer un rendez-vous.

LA PRÉSENTATION

Vérifier certains aspects essentiels. Lettre manuscrite – Papier blanc format A4 – La lisibilité de l'écriture – La rédaction de chaque phrase – L'organisation des paragraphes – L'implication de l'interlocuteur – L'esprit dynamique et positif.

Éviter certaines maladresses fréquentes. Une lettre écrite recto-verso – Une lettre qui commence par « je » – Des allusions à une situation personnelle ou professionnelle difficile.

Maxime Rignac
30, rue Jules Ferry
44000 Nantes
Tél. 02 20 19 55 01

Nantes, le 10 octobre

Objet : demande d'emploi de type étudiant

Monsieur,

La société Auchan a su se développer, se constituer une belle image de marque, et créer des emplois, en particulier pour les jeunes à la recherche d'expériences professionnelles diversifiées.

Étudiant en deuxième année de BTS (analyse biologique), je suis à la recherche d'un emploi de type étudiant, soit le week-end, soit durant les vacances scolaires, soit pour deux ou trois soirées hebdomadaires. J'apprécie le travail en équipe et je me suis toujours facilement intégré lors de mon stage en entreprise ou lors de mes expériences professionnelles. Je ne crains pas les responsabilités, j'aime prendre des initiatives, je me sens prêt à mener des missions très diverses.

Le curriculum vitae, ci-joint, vous donne des informations plus précises sur mon parcours scolaire et mon expérience professionnelle. Je demeure à votre entière disposition et souhaite vivement pouvoir vous rencontrer afin que vous puissiez apprécier ma bonne volonté.

Je vous prie d'agréer, Monsieur, l'expression de mes respectueuses salutations.

Maxime Rignac

L'en-tête respecte les règles de la présentation

Vous : le candidat montre sa connaissance de l'entreprise

Le **Moi** fait converger le projet personnel et les besoins de l'entreprise

Le **Nous** et le vous placent le candidat dans une logique de collaboration

Rendre vivant un exposé

Lors des épreuves orales, lors de la soutenance du rapport de stage et du projet, le jury juge aussi la communication orale. Celle-ci est une composante essentielle de la vie professionnelle.
Comment maintenir l'intérêt tout au long d'un exposé ?

Préparation du matériau et du matériel

Étude du sujet : dégager clairement le problème ou le thème et délimiter précisément ses contours.
Collecte des documents de fond : regrouper par thèmes les documents intéressants (ne pas craindre d'en éliminer certains : ce n'est pas la quantité de références qui fait la valeur d'un exposé, mais leur qualité). Hiérarchiser ces thèmes de manière à mettre en valeur les aspects, idées ou points essentiels. Établir un plan détaillé (grandes parties, sous-parties) rigoureux et clair.
Recherche d'exemples précis : témoignages, souvenirs, anecdotes personnelles viendront illustrer les remarques et surtout maintenir, voire « réveiller » l'intérêt des auditeurs.
Réalisation éventuelles de supports explicatifs ou illustratifs. Prévoir, suivant les besoins, des panneaux présentant des schémas, des photographies, des transparents, des montages audio ou vidéo.

Préparation des notes et structure de l'exposé

L'introduction. Elle est intégralement rédigée, pour aider à surmonter le trac. Elle doit capter l'attention de l'auditoire, présenter le sujet de l'exposé, annoncer le plan et ses étapes principales.
Le développement. Il ne doit absolument pas être rédigé de façon à éviter de le lire. En revanche, il faut élaborer un plan détaillé, un canevas clair, précis et très lisible dont les transitions sont clairement rédigées. Distinguer, par la disposition et par l'emploi de couleurs différentes : les grandes parties, les idées « maîtresses ». En cours d'exposé, des phrases récapitulatives reprennent rapidement le point traité et annoncent le point suivant. Elles jouent, à l'oral, le rôle des intertitres.
La conclusion. Elle doit être rédigée. Elle doit constituer un bilan, un point d'aboutissement de l'exposé et faire appel à la réflexion de l'auditeur. On doit nettement percevoir que l'exposé est terminé. Il faut donc prévoir une chute ou une ouverture sur un aspect nouveau de la réflexion.

Usage des notes

Pour manipuler aisément ses notes, on les prépare sur des fiches de petit format, numérotées, écrites d'un seul côté en gros caractères pour être lues du premier coup d'œil. On peut diviser chaque fiche en deux. En haut, les éléments du plan sous la forme de mots clés qui rappellent l'étape dans laquelle on se trouve. En bas, quelques données de l'exposé, un chiffre, une citation, une référence pour lesquels l'exactitude s'impose ou que l'on a peur d'oublier.

Les appuis visuels

Le tableau noir. Il est réservé à un schéma, à l'écriture d'un nom propre ou d'un mot difficile (en langue étrangère par exemple). Ne pas oublier que ces notes restent un moment sous les yeux de l'auditoire et que leur présentation influencera le jugement autant que la valeur explicative de l'exposé. On parle en même temps que l'on écrit, et on ne tourne pas le dos complètement au public. Ce qui serait plus long à écrire ou à dessiner est préparé à l'avance et affiché ou projeté (plan d'exposé, schémas techniques).
Les transparents (ou les écrans powerpoint). Servent à projeter des organigrammes, des schémas, etc. on les numérote par ordre d'utilisation. Attention au format, aux caractères et à la distance de projection pour que tout soit bien lisible.

Une langue adaptée à l'auditoire.

Le niveau de langue. Ni trop familière, ni pédante, la langue doit rester naturelle mais d'un niveau correspondant à la situation de communication surtout devant un jury. Le vocabulaire technique spécialisé est expliqué, les abréviations explicitées.
La reformulation. Si l'auditoire manifeste une certaine incompréhension, on doit être capable de reprendre une explication en variant les termes et en utilisant des synonymes. On adapte son langage à l'auditoire et aux circonstances précises de la communication.

Les exemples

Le but est double : faire comprendre les données abstraites, relancer l'intérêt de l'auditoire. Ainsi l'exposé doit être illustré d'exemples précis qui rendent l'explication plus claire et plus imagée. Mais, on évite l'anecdote longue qui fait perdre le fil du raisonnement et la description de détails qui noient l'essentiel. On écarte donc toute observation qui ne sert pas directement l'idée.

L'expression

La voix, double préoccupation. se faire entendre de tous par le volume et l'articulation, varier le débit et les intonations pour éviter la monotonie et la perte d'attention de l'auditoire.

La gestuelle. Les gestes sont au service de la parole. Ils renforcent le sens. Ils ne doivent pas attirer l'attention ailleurs que sur l'exposé (éviter toutes les mimiques nées de l'embarras du stress).

L'attitude. Ne pas se cacher derrière le bureau (ou pire derrière ses cheveux, ses mains, ses notes). Le corps ne doit pas protéger (c'est à dire restreindre, atténuer, inhiber) la pensée, mais au contraire l'accompagner, la souligner, la mettre en relief. Ne pas avoir peur des gestes vers le public ou vers un document illustratif. Regarder franchement chacun des membres de votre auditoire et ne jeter sur ses notes que des regards discrets et discontinus. On essaie d'occuper l'espace avec naturel. Le regard est essentiel pour conserver le contact avec le public. Éviter la position assise. Lors des projections, se placer à côté du projecteur en regardant l'assistance. Utiliser un crayon pour désigner un élément.

Les redondances.

C'est une caractéristique de l'expression orale. Ne pas hésiter à rappeler, à la fin d'un développement, l'idée maîtresse qui a été annoncée au début de ce développement, avant d'en exprimer une autre ; lorsqu'une information est complexe et très importante, l'exprimer plusieurs fois sous des formes différentes : cela facilite la compréhension de tous ; rappeler souvent la progression de l'exposé pour aider l'auditoire à se repérer « voilà ce que je viens de montrer… ».

L'écoute

Le désaccord de l'auditoire. Après l'exposé ou parfois en cours d'exposé, certains désaccords peuvent vouloir s'exprimer. On peut suggérer à l'interlocuteur d'attendre un peu ou le laisser s'exprimer tout de suite. Il faut de toute façon l'écouter et lui laisser la parole mais en ne perdant pas de vue le temps dont on dispose.

L'effort d'écoute. On doit se préparer à écouter dans sa totalité un message qui ne satisfait pas complètement. Cet effort s'appelle l'empathie : on tente de comprendre l'autre en gardant son sang froid et son objectivité. Le public perçoit en général cet effort qui est compris comme une démarche d'ouverture et de tolérance.

Les silences

Le silence permet de reprendre son souffle et sa respiration. Mais le silence sert l'argumentation : il crée un moment d'attente, il recentre l'attention d'un auditoire dispersé. C'est aussi un moment de réflexion collective après plusieurs interventions. Le silence ponctue le discours oral.

Lexique

A

Acquis/Inné : Ce qui est acquis, c'est ce qui est le résultat d'une expérience, d'un apprentissage, d'une influence du milieu sur l'individu. Par opposition, l'inné concerne tout ce qui appartient à un être dès sa naissance, ce qui fait partie de sa nature.
L'opposition inné/acquis provoque débats et controverses en sciences humaines : l'être humain se construit-il surtout par influence du milieu, ou devient-il essentiellement ce que lui permet de devenir son bagage génétique ?

Acte manqué : Ce terme appartient au vocabulaire de la psychanalyse. Freud définit ainsi les actes manqués : « Ce sont tous ces actes innombrables de la vie quotidienne… qui se caractérisent par le fait qu'ils manquent leur but… Ils ont un sens… expriment des pulsions et des intentions que l'on veut cacher à sa propre conscience. » On croit qu'ils sont le fait du hasard, alors qu'ils expriment nos désirs inconscients. Il en est de même de deux types particuliers d'actes manqués que sont le lapsus de langage et le lapsus d'écriture : sans le vouloir, on exprime ce que l'on se cache à soi-même, il ne s'agit pas d'une erreur fortuite.

Aliénation : Au sens juridique, elle signifie la transmission d'un bien d'une personne à une autre personne. Le sens philosophique est évidemment différent, mais trouve son origine dans le sens juridique : c'est l'état de celui qui devient la chose d'autrui. L'être aliéné n'existe plus en tant que sujet, il est devenu un objet entre les mains de ceux qui ont pouvoir sur lui. Enfin, le terme d'aliénation a un troisième sens, psychiatrique : il désigne l'état de celui qui a perdu la raison (qui est dépossédé de lui-même).

Altruisme : Ce terme est de la même famille que *autre* et *autrui*. L'altruisme, c'est le souci désintéressé d'autrui, exactement opposé à l'égoïsme.

Ambivalence : Ce terme appartient au lexique de la psychologie. Il désigne l'état d'un être qui éprouve en même temps, pour un autre être ou face à une situation, des sentiments opposés : il ressent à la fois de l'attirance et de la répulsion, de l'amour et de la haine. Il ne s'agit pas d'un état anormal, tous les attachements forts comportent un certain degré d'ambivalence. Mais une ambivalence trop marquée, mal assumée, peut entraîner des comportements névrotiques.

Amoral : Cet adjectif qualifie tout être ou comportement qui est étranger à la morale. Il ne faut pas confondre l'amoralisme avec l'immoralisme : ce qui est immoral rejette la morale, se définit contre elle, tandis que ce qui est amoral est indifférent à toute forme de morale.

Anachronisme : C'est une erreur qui consiste à attribuer à une époque des événements, des coutumes, des idées qui appartiennent à une autre époque. L'anachronisme peut aussi être voulu, pour provoquer le comique par exemple.

Animisme : L'animisme est la croyance que toute chose est animée et intentionnée. On l'observe dans le comportement psychologique des enfants qui très souvent attribuent des intentions aux choses, imaginant qu'elles sont comme eux capables de volonté. C'est ainsi que le petit qui se cogne au coin d'une table va la traiter de « méchante ». Mais c'est aussi une forme de pensée religieuse, fréquente chez les peuples primitifs, qui consiste à donner une « âme » aux objets pour nous inanimés. L'animisme n'est pas à confondre avec le panthéisme : pour l'animiste, chaque chose a son âme propre, alors que pour le panthéiste chaque élément de la nature participe du tout divin.

Anthropologie : Ce terme désigne de nos jours la science qui rend compte de la diversité des comportements et des organisations humaines en étudiant la variété des populations à travers le temps et l'espace. On distingue l'anthropologie physique, qui étudie les caractéristiques physiques des diverses races humaines, et l'anthropologie culturelle, qui analyse les organisations sociales, les croyances, les coutumes…

Appartenance : Le fait de se situer dans un groupe : professionnel, national, familial, social. L'appartenance ne permet pas de définir un individu, en effet celui-ci participe à de multiples systèmes d'appartenance. On distingue les groupes d'appartenance et les groupes de référence. Par exemple, le bourgeois gentilhomme de Molière prend l'aristocratie comme groupe de référence. Certains groupes de référence servent de repoussoirs et permettent de fédérer le sentiment d'appartenance à une communauté dans le rejet de l'autre.

Archétype : Dans un sens général, il s'agit d'un modèle primitif, type suprême que les choses particulières imitent. En psychanalyse, introduit par Jung, il désigne les images anciennes de l'inconscient collectif, part de l'humanité entière qui se retrouve en chaque individu, comme par exemple la nostalgie du paradis perdu ou l'angoisse, à la tombée de la nuit, que la lumière du jour ne revienne jamais. Les archétypes affleurent dans les récits légendaires, les contes, les rêves, les arts.

Ascétisme : L'ascétisme caractérise une existence sévère, dirigée par des convictions morales ou religieuses ; c'est le renoncement aux biens spirituels, ce qui implique une vie de privation et d'efforts.

Asocial : Ce terme s'emploie pour qualifier un individu non intégré à la société. Cet individu se révèle incapable d'adopter les normes et les comportements du groupe social auquel il devrait appartenir, et même de tout groupe social. Il agit en marginal, de façon consciente ou inconsciente selon les cas.

Athéisme : Ce mot vient du grec *theos* (dieu), et du préfixe privatif *a* (sans) : l'athéisme, c'est la doctrine de celui qui pense que Dieu n'existe pas.

Autochtone : En grec, *autos* (soi-même) et *khthôn* (terre). L'autochtone est l'individu qui est originaire du pays où il habite, par opposition à l'étranger.

Autorité : C'est le pouvoir reconnu de se faire obéir, donc de commander à autrui. Dans la mesure où il est reconnu, ce pouvoir n'est pas fondé sur la force. Il peut être légitimé essentiellement de trois façons :
- ~~par la tradition, justifiée par l'ordre naturel ou par l'ordre divin ;~~
- par le charisme de l'individu auquel on reconnaît des qualités exceptionnelles l'autorisant à commander ;
- par la mise en place d'un système rationnel de règles que certains individus, par la fonction qu'ils occupent, sont autorisés à faire respecter : c'est le fonctionnement général de nos sociétés modernes.

Lexique

Axiome : L'axiome énonce une vérité indémontrable, qui va constituer le point de départ d'une démonstration. Il peut être accepté comme point de départ soit parce qu'il est d'une clarté évidente à laquelle la raison est forcée d'adhérer, soit parce qu'on le choisit arbitrairement pour monter une théorie, comme dans les mathématiques modernes par exemple.

B

Biologie : Ce terme a été créé par le savant Lamarck, à partir des mots grecs *bios* (vie) et *logos* (discours) : c'est la science de la vie, qu'il définissait de façon très large : « Tout ce qui est généralement commun aux végétaux et aux animaux, comme toutes les facultés qui sont propres à chacun de ces êtres sans exception doit constituer l'unique et vaste objet de la biologie. » Les êtres humains, dans cette conception, font évidemment partie du règne animal.

Bureaucratie : C'est une organisation administrative dont les caractéristiques essentielles sont : une hiérarchie complexe de fonctionnaires dont les postes sont rigoureusement définis, l'impersonnalité des mesures dont personne n'est considéré comme responsable, l'importance de l'écrit.
Le terme est souvent pris de façon péjorative par le sens commun, pour qualifier un appareil administratif hypertrophié entraînant l'inefficacité ou des abus de pouvoir de la part des fonctionnaires.

C

Caste : Une caste est un groupe social qui ne se confond pas avec une classe sociale, car l'appartenance à une caste est strictement héréditaire. C'est donc un groupe très fermé, qui assume certaines fonctions spécifiques dans des domaines économiques, juridiques, religieux. Une société fondée sur les castes les organise en système. Le système de castes le plus achevé est celui de l'Inde traditionnelle.

Charisme : Il s'agit de l'ascendant, du rayonnement d'une personnalité perçue comme exceptionnelle. Le terme prend un sens plus particulier en sociologie et psychosociologie : il est lié à la notion d'autorité, si bien que le charisme devient un type de légitimité de l'autorité. Selon la célèbre analyse de Max Weber dans *Le Savant et le Politique*, l'autorité charismatique « se caractérise par le dévouement tout personnel des sujets à la cause d'un homme et par leur confiance en sa seule personne en tant qu'elle se singularise par des qualités prodigieuses, par l'héroïsme ou d'autres particularités exemplaires qui font le chef ».

Citoyen : Il participe à la volonté générale qui fait la loi. Il accepte d'abandonner sa liberté naturelle, source de violence dans ses rapports à autrui, pour acquérir la liberté politique, qui est soumission à la loi promulguée dans la recherche de l'intérêt commun. Ainsi le citoyen fonde la république. Le concept de citoyen fait abstraction de l'origine sociale, du particularisme culturel, de l'origine ethnique. Il considère que les individus sont égaux parce qu'ils ont fait le libre choix du système de droits et de devoirs qui organise leur communauté.

Classe sociale : En sociologie, il s'agit, à l'intérieur d'une société, d'un groupe de grande dimension caractérisé par une même situation économique et culturelle. Les membres d'une société sont donc répartis en classes par la division du travail, les inégalités et les relations de pouvoir. Ces classes sont une réalité de fait et non de droit. Dans les sociétés industrielles avancées, l'éclatement de la société rend difficile la vision en quelques classes bien identifiées (bourgeoisie, prolétariat, paysannerie).

Codifié : Régi par des règles organisées en codes, en systèmes connus à l'intérieur d'un groupe.

Complexe : En psychanalyse, ce terme désigne un ensemble organisé et inconscient de représentations, d'idées, de tendances, qui sont fortement chargées affectivement, et qui orientent les comportements de l'individu. Les complexes se forment dans les premières années de la vie. Contrairement à ce que l'on croit souvent, ils ne sont pas pathologiques, même s'ils peuvent le devenir. Ils participent au développement normal de l'individu. Le plus connu est le complexe d'Œdipe.

Comportement : C'est l'ensemble des réactions observables d'un individu aux *stimuli* d'un milieu. Le comportement est la recherche d'une situation ou d'un objet qui permette de résoudre la tension ou de satisfaire le besoin nés de l'interaction entre l'individu et le milieu.
Le comportement va du simple réflexe jusqu'aux conduites les plus complexes. Quand le sujet développe des comportements inadaptés à la situation, on peut parler de comportement névrotique, mais il s'agit toujours d'un comportement ayant signification de réponse aux stimulations du milieu.

Concession : Faire une concession, dans un débat ou dans un texte argumentatif, c'est admettre un point de vue différent du sien. Un raisonnement par concession commence par reconnaître que la thèse adverse se justifie dans une certaine mesure, mais sans que cela suffise pour l'adopter ; après la concession la thèse à laquelle on adhère est expliquée et argumentée. Un paragraphe, mais aussi un essai, peuvent être organisés en raisonnement par concession.

Conformisme : C'est une attitude de respect scrupuleux des comportements, opinions, mœurs… d'un groupe social auquel on appartient, pour ne courir aucun risque de rejet de la part du groupe.

D

Darwinisme : Cette théorie biologique a été développée par le naturaliste anglais Charles Darwin. Pour lui, les espèces évoluent en s'adaptant au milieu grâce à la sélection naturelle : les individus les plus aptes parviennent à survivre et font évoluer l'espèce en transmettant leurs caractères à leurs descendants, pendant que les individus peu aptes à survivre sont éliminés.

Démocratie : Le terme est formé à partir des mots grecs *démos* (le peuple) et *kratos* (le pouvoir). Il y a démocratie lorsque le pouvoir émane du peuple. On fait la distinction entre la démocratie directe, quand le peuple prend lui-même les décisions, et la démocratie indirecte, quand le peuple délègue ses pouvoirs à des représentants.

Déterminisme : Au sens scientifique, il s'agit d'une conception selon laquelle tout fait est prévisible parce que le monde obéit à des lois qui font s'enchaîner les causes et les conséquences. Au sens philosophique et métaphysique, le déterminisme affirme que la nécessité domine l'existence humaine.

Despotisme : Le terme vient du grec *despotès* (le maître) et désignait à l'origine le pouvoir du maître sur ses esclaves, pouvoir absolu sans contrepartie. Passant du domaine privé au domaine public et politique, le despotisme devient la souveraineté absolue et arbitraire exercée par un homme seul gouvernant suivant son bon plaisir et sans aucun contrôle. Selon la définition du philosophe Kant, « le despotisme est le gouvernement où le chef de l'État exécute arbitrairement les lois qu'il s'est donné lui-même, et où par conséquent il substitue sa volonté particulière à la volonté publique ». Cette définition en fait une autorité illégitime.

Déviance : La déviance est l'état d'un être humain qui s'écarte, par ses valeurs, son comportement et ses opinions, des normes du groupe dont il fait partie. Les actes du déviant peuvent être délictueux, mais il peut s'agir aussi de conduites minoritaires qui ne sortent pas de la légalité. Le groupe peut réagir plus ou moins violemment contre le déviant ; et parfois des comportements à l'origine déviants peuvent devenir à terme des comportements majoritaires. Enfin, ce qui est considéré comme déviance dans un groupe social ne l'est pas forcément dans un autre groupe social.

Digression : C'est un hors-sujet, c'est-à-dire un propos étranger au sujet général d'un discours, d'un débat, d'un écrit.

Dilemme : C'est l'obligation de choisir entre deux partis contradictoires, mais qui tous les deux présentent des inconvénients. Si la décision que l'on doit prendre entraîne de graves conséquences morales, le dilemme devient un cas de conscience. Corneille a souvent mis en scène des dilemmes dans ses pièces : le plus célèbre est celui du Cid, mis en demeure de choisir entre Chimène qu'il aime et la vengeance contre le père de Chimène qui a offensé son propre père.

Dogme : Il peut être employé comme synonyme de doctrine, mais dans son sens strict il signifie les points fondamentaux d'une doctrine. À partir de ce terme, qui n'a pas de connotations négatives *a priori*, est formé un nom à signification péjorative, « dogmatisme ». Le dogmatisme caractérise toute philosophie, tout système de pensée qui prétend atteindre la vérité. Par extension, il caractérise tout ce qui est prise de position catégorique inaccessible aux nuances et à la discussion.

E

Égocentrisme : Il désigne la tendance d'un individu à se considérer comme le centre de l'univers, une disposition d'esprit qui rapporte tout à soi avec impossibilité de se mettre à la place d'autrui. Il ne faut pas confondre l'égocentrisme, comportement intellectuel, avec l'égoïsme, comportement moral. Mais l'égoïsme moral est souvent lié à un égocentrisme intellectuel. L'égocentrisme s'observe aussi comme une phase normale du développement de l'enfant de quatre à six ans.

Élite : Il s'agit d'un groupe de personnes que l'on place, concrètement ou mentalement, au sommet d'une hiérarchie à cause de l'excellence de leur qualité dans le domaine concerné, qui peut être politique, universitaire, sportif…

Empirisme : Le terme vient du grec *empeiria*, qui signifie l'expérience, la sagesse acquise par l'expérience. En sciences, il désigne une approche de la réalité par l'observation pure et simple des faits, sans recours à une hypothèse de départ qui organiserait et dirigerait l'observation. En philosophie, l'empirisme est une doctrine selon laquelle toutes nos connaissances et nos schémas de comportement sont le résultat de l'expérience : aucune donnée antérieure ou extérieure à l'expérience n'existe dans notre esprit.

Épicurisme : C'est, à l'origine, la doctrine du philosophe grec antique Épicure, selon laquelle il faut fuir la douleur et rechercher le plaisir. Mais le plaisir, pour Épicure, n'est pas celui qui mène à la débauche. Il s'agit avant tout des plaisirs de l'esprit, et le sage est celui qui sait se contenter de peu sur le plan matériel. Le but ultime de la sagesse épicurienne est l'ataraxie, c'est-à-dire la paix de l'âme quand plus rien ne peut la troubler.

Épistémologie : Le terme est composé des deux mots grecs *épistèmè* (science) et *logos* (discours). Il s'agit du domaine de la philosophie qui se consacre à l'étude critique des diverses sciences, de leurs principes et hypothèses, de leurs démarches, de leurs résultats, pour déterminer leur origine logique, leur valeur et leur portée objective.

Ésotérisme : C'est le caractère de toute doctrine, tout ouvrage, toute démarche qui se veut réservée aux seuls initiés et se rend volontairement impénétrable à tous les autres.

Éthique : On désigne ainsi la science du bien et du mal. Partie de la philosophie, sa recherche consiste en l'étude des normes morales, des jugements de valeur, et des moyens pour mener une existence morale.

Ethnie : Groupe humain défini par des caractères de civilisation, de langue, de coutumes, de religion.

Ethnocentrisme : C'est le fait de ne pouvoir percevoir les membres des autres groupes ethniques et sociaux qu'à travers les normes et valeurs de son propre groupe. L'ethnocentrisme existe dans toute communauté, mais parfois il peut être exacerbé et conduire à la dépréciation et au mépris de tout ce qui ne ressemble pas à sa propre culture ; ce peut être alors le fondement d'une forme de racisme.

Ethnologie : Le terme vient des deux mots grecs *ethnos* (peuple) et *logos* (discours). L'ethnologie se livre à une analyse comparée des diverses cultures et sociétés humaines, en se spécialisant plutôt dans les recherches concernant les cultures « primitives » ou traditionnelles, ce qui constitue une des différences avec la sociologie dont les sujets et les méthodes sont plutôt centrés sur nos sociétés modernes. Elle s'intéresse surtout aux mythes, aux liens de parenté, aux rapports entre l'homme et la nature.

Lexique

Euphorie : Plaisir extrême, état de surexcitation plaisante. Excès d'optimisme pour quelque chose.

Exotisme : Ce qui est exotique, c'est ce qui est à la fois étranger à son propre pays et original. Le terme d'exotisme s'applique donc à tout ce qui comporte ces deux caractéristiques réunies, et en particulier, pour nous Européens, à tout ce qui concerne la civilisation non occidentale. Mais il désigne aussi le goût pour ce qui est exotique.

Extraversion/Introversion : L'extraversion est la tendance à exprimer facilement ses sentiments, à les extérioriser. De ce fait, l'extraverti apparaît comme très sociable, recherche les contacts affectifs et intellectuels avec les autres, et s'épanouit plus facilement à leur contact que dans la confrontation avec soi-même. À l'opposé, l'introverti a tendance à se désintéresser du monde extérieur et à chercher ses richesses dans son monde intérieur. De ce fait, taciturne et peu liant, il paraît gauche en société.

Exutoire : Dans un barrage, c'est l'ouverture qui libère le trop-plein. Au sens figuré, c'est ce qui permet le défoulement, la libération d'un excès de tension, de passion.

Fétichisme : Un fétiche est un objet religieux auquel sont attribuées des propriétés surnaturelles. Le fétichisme, outre le fait de croire à l'action des fétiches, des amulettes, des gri-gri, désigne une admiration et un respect sans réserve, sans esprit critique, une vénération totale pour quelqu'un ou quelque chose. Par ailleurs, ce terme, utilisé à la suite de Freud par les psychanalystes, caractérise une déviation sexuelle consistant à reporter son désir sur un objet (chaussure, lingerie…) appartenant à la personne convoitée.

Fonctionnel : Ce qui privilégie l'aspect utilitaire, le rôle matériel, concret. S'oppose à *théorique, spéculatif*.

Frustration : Frustrer signifie : priver injustement de quelque chose auquel on a droit. Subir une frustration implique donc le fait de ressentir douloureusement un manque, de ne pouvoir atteindre un but ou réaliser un désir. Les psychanalystes ont par ailleurs considéré qu'on pouvait se complaire inconsciemment dans cet état de manque (de culpabilité, de castration : Lacan) par crainte – sommairement – de la désillusion liée à l'assouvissement du désir. La frustration contrôlée (blocage du transfert sur l'analyste) joue un rôle important dans la conduite d'une cure psychanalytique.

F

Fanatisme : Le mot vient de *fanum* (temple), et a désigné l'action de personnes qui se croient inspirées par une divinité. Il traduit la soumission absolue, le dévouement forcené à une cause ou à une idéologie, la foi ardente et le zèle aveugle qui peuvent pousser au sectarisme, à l'intolérance religieuse ou politique. Le fanatisme des tyrans fut combattu par les philosophes. Plus couramment, le terme est aussi employé pour désigner l'enthousiasme, la passion, l'exaltation pour quelqu'un ou quelque chose.

Fantasme (ou phantasme) : Un fantasme est une vision, une hallucination, une illusion. Ce mot désigne plus précisément une création de l'imagination, une représentation fictive traduisant des velléités, des désirs plus ou moins conscients. Le terme a surtout été employé au XXe siècle dans le lexique de la psychanalyse pour traduire une production de l'esprit qui permet au sujet de concrétiser à l'extérieur de lui-même son propre désir sous un aspect plus ou moins déguisé. Certains fantasmes seraient « originaires », c'est-à-dire transmis par instinct depuis l'origine de l'espèce.

Fatalisme : Chez les Latins, le *fatum* désignait le destin inexorable. Est fatal ce qui doit obligatoirement arriver, qui est inévitable. Le fatalisme désigne l'attitude de celui qui accepte les événements qui surviennent, qui ne cherche pas à leur échapper ou à changer leur cours. Sur le plan philosophique, il s'agit d'une doctrine qui considère que tous les faits qui se produisent (la vie, les maladies, les passions, les cataclysmes, la mort) sont irrévocablement fixés à l'avance par une entité souveraine (un Dieu) ou sont inscrits dans le « Grand Livre ». Le fatalisme est en opposition avec les philosophies qui prônent la liberté et la responsabilité de l'homme.

G

Génétique : La génétique est la partie de la biologie qui étudie ce qui est relatif à l'hérédité, par le canal des gènes, *génos* (origine), c'est-à-dire des segments d'ADN responsables de la transmission des caractères héréditaires. Elle remonte à la découverte des lois de Mendel en 1885, mais devint une science à part entière, avec de nombreux prolongements en médecine, en biochimie, en virologie, en biologie moléculaire après la Seconde Guerre mondiale. Le déchiffrement complet du génome humain permet de spectaculaires avancées dans la connaissance de l'organisme et la prévention des maladies héréditaires. Actuellement la génétique est particulièrement utilisée pour la modification et l'amélioration d'espèces végétales.

Gérontocratie : Il s'agit d'un système politique dans lequel le pouvoir est détenu par des vieillards ou du moins des personnes ayant déjà une longue expérience de la vie. À Sparte, dans l'Antiquité, 28 gérontes, âgés de 60 ans révolus, constituaient la *gérousia* ou Conseil des Anciens. Le Sénat romain était composé de 300 magistrats sortis de charge après une carrière complète : il avait pour fonction de conseiller les hommes politiques mais représenta souvent, pendant la République, le pouvoir principal à Rome.

Graphologie : C'est une technique (et non une science) de l'interprétation de l'écriture manuscrite considérée comme reflet de la personnalité du scripteur. On prend en considération le graphisme des lettres (le corps, la hampe et le jambage), l'espacement des mots et des lignes, le degré d'horizontalité, le cadrage du texte dans la page : chaque élément permet diverses remarques sur le caractère du rédacteur. La graphologie est de plus en plus fréquemment utilisée (sans réelle assurance d'objectivité, d'ailleurs) comme moyen de sélection de postulants à un emploi.

H

Hédonisme : C'est une doctrine philosophique dont les principes de morale visent la recherche personnelle du plaisir, même fugitif. Il convient de la différencier de l'eudémonisme qui implique la quête du bonheur (état durable) à laquelle nous convie Épicure. Les personnages des œuvres de Sade pourchassent, au-delà de toutes les lois morales, une jouissance aussitôt épuisée.

Hégémonie : Ce mot désigne l'autorité, la prépondérance, la suprématie d'une puissance sur d'autres inférieures. Cette domination peut s'exercer sur le plan idéologique, culturel, politique, militaire ou économique. Elle est plus ou moins acceptée par ceux qui la subissent : les villes grecques, quand elles s'alliaient, désignaient la cité qui les dirigerait. Mais cette hégémonie consentie se transforme souvent en un empire imposé.

Hermétisme : L'hermétisme a longtemps caractérisé un ensemble de doctrines ésotériques de l'Antiquité (liées au culte du dieu Hermès), puis les pratiques occultes des alchimistes du Moyen Âge. On emploie désormais ce mot en littérature pour évoquer le caractère difficile, parfois volontairement obscur, de certains textes qui utilisent des allégories (comme dans la *Délie* de Maurice Scève publiée en 1544), de nombreux symboles, ou un niveau de langage très soutenu :

« Une dentelle s'abolit
Dans le doute du Jeu suprême
À n'entr'ouvrir comme un blasphème
Qu'absence éternelle de lit. »
(Stéphane Mallarmé, 1887)

Heuristique (ou Euristique) : Formé à partir du mot grec *heuriskein* : trouver, ce terme définit ce qui sert ou ce qui conduit à la résolution de problèmes, à la découverte, à l'invention. En histoire, en science, on nomme « heuristique » la phase de recherche des documents ou d'établissement des faits à étudier. En pédagogie, la méthode heuristique consiste à faire découvrir à l'élève par lui-même ce qu'on désire lui enseigner : c'est cette pratique que préconise Jean-Jacques Rousseau dans *L'Émile*.

Humanisme : C'est un mouvement de pensée de la Renaissance, qui s'est caractérisé par la volonté de promouvoir l'esprit humain auquel il faisait pleine confiance. Le *David* de Michel-Ange ou les géants créés par Rabelais, symboles des capacités intellectuelles et de la soif de connaissances de l'homme, en offrent des illustrations frappantes.
Par extension, ce terme désigne toute doctrine qui a pour fin l'homme et son épanouissement.

I

Idéalisme : Cette conception philosophique ramène toute réalité, toute existence à la pensée (c'est-à-dire à l'« idée »). On qualifie d'« idéaliste » la réflexion de Platon, mais aussi celle de Descartes (pour lequel tout est gouverné par l'esprit, le *cogito*).
Plus couramment, l'idéalisme définit les formes d'art qui tendent vers l'expression d'une beauté « idéale », exemplaire, ou le caractère de quelqu'un qui croit en des valeurs morales élevées, parfois utopiques. Cette notion a pour antonymes en philosophie « matérialisme », en art « réalisme ».

Identification : Le mot « identification », en psychologie et en psychanalyse, désigne le processus mental par lequel quelqu'un confond ce qui arrive à une autre personne avec ce qui lui arrive en propre, ou se projette inconsciemment dans les sentiments et les réactions de cette autre personne.
En littérature, le phénomène d'identification est bien connu des lecteurs passionnés qui « vivent » intensément les aventures et les passions du héros auquel ils se sont identifiés.

Identité : En psychologie l'identité désigne l'unité de la personnalité qui reste semblable à elle-même dans le temps. La constitution de l'identité est un processus qui se poursuit toute la vie, c'est une construction permanente. La vie familiale et l'éducation participent à l'élaboration de l'identité par l'apprentissage et l'intériorisation de modèles sociaux et de normes, au même titre que l'expérience singulière vécue par l'individu.
Pour l'anthropologue le sentiment identitaire d'un groupe est fondé sur le sentiment qu'ont ses membres d'appartenir à une unité enracinée dans une histoire singulière, dont chacun partage la mémoire et les mêmes valeurs de référence.

Idéologie : Ce terme désigne la façon d'interpréter et d'expliquer le monde, les idées et les valeurs propres à un groupe donné, à une société, et qui sous-tendent plus ou moins consciemment son action. Le XXe siècle fut marqué par le choc, parfois très brutal, d'idéologies antagonistes : libéralisme, fascisme, marxisme…

Inconscient : Ce terme, quoique plus ancien, a surtout été employé en psychanalyse à la suite des travaux de Freud. Il exprime tout ce qui échappe totalement à la conscience c'est-à-dire à la faculté qu'a l'homme de se connaître lui-même. L'inconscient, sorte de mémoire innée de l'espèce, aide l'individu à survivre, le pousse à se reproduire ; il enregistre les traumatismes psychiques (souvent d'ordre sexuel) que subit sans les décrypter le sujet, et lui prescrit des attitudes de défense (qui peuvent se traduire par des névroses). Le psychanalyste sonde l'inconscient d'un patient par l'étude des associations d'idées, des rêves, des lapsus, des actes manqués.

Individualisme : L'individualisme est une théorie qui fait de l'individu la principale valeur, tant sur le plan économique qu'au niveau social ou moral. À l'inverse de la poésie épique qui met en relief l'action de groupes humains, le lyrisme, expression de sentiments personnels, permet la manifestation de l'individualisme. Les romantiques du XIXe siècle, isolés dans leur « tour d'ivoire », glorifièrent l'individu, le héros, le poète, par réaction contre la foule vulgaire des autres mortels. Le mot peut prendre un sens légèrement péjoratif pour désigner la tendance à ne s'intéresser qu'à soi-même.

Inhibition : L'inhibition est le contraire de l'excitation. C'est, physiologiquement, le ralentissement d'une fonction biologique : le froid peut provoquer une relative inhibition du système cardio-vasculaire. Et, psychologiquement, c'est la diminution des réactions normales face à une situation donnée : la timidité entraîne parfois l'inhibition de la parole. Cet état peut être causé par un refoulement inconscient : Rousseau ne parle guère dans ses *Confessions* de l'abandon de ses propres enfants, alors qu'il analyse en détail un menu larcin commis pendant son adolescence.

Instinct : L'instinct est une impulsion innée propre à chaque espèce animale (donc aussi à l'espèce humaine) et transmise génétiquement depuis l'origine de cette espèce. C'est une intuition intérieure – qui n'obéit pas aux normes rationnelles – qui permet d'effectuer, sans expérience préalable, des actes déterminés relatifs aux conditions d'existence ou de survie par rapport au milieu naturel. C'est l'instinct pur qui pousse à l'acte de reproduction, quelles que soient les formes intellectualisées dont on enrobe culturellement le coït. Agir selon son instinct, c'est agir de manière spontanée, non réfléchie, intuitive.

Introspection : Son origine latine fournit sa définition : *intro* (à l'intérieur) ; *spectare* (regarder). Il s'agit de l'observation par un sujet de sa propre conscience afin de se comprendre lui-même, d'analyser les raisons de ses faits et gestes. Les écrivains qui, comme Montaigne, Rousseau, Chateaubriand, Nathalie Sarraute, Marguerite Yourcenar, ont rédigé leur autobiographie, ont pratiqué l'introspection. Le christianisme recommande aux fidèles l'examen de conscience quotidien, qui est une forme d'introspection : lire, à ce propos, le texte de Baudelaire : « À une heure du matin » publié dans les *Petits Poèmes en Prose*.

Intuition : L'intuition est une forme de connaissance, de compréhension directe qui ne recourt pas à l'expérience ou à la déduction rationnelle. Elle n'a certes aucun fondement scientifique, mais a souvent fourni des exemples troublants de sa pertinence. Certains savants reconnaissent son intérêt dans une première phase de la recherche : « C'est par la logique qu'on démontre, c'est par l'intuition qu'on invente. » (Raymond Poincaré). Elle fut longtemps considérée comme une prérogative de la femme (la fameuse « intuition féminine »), tout simplement parce que l'homme se réservait le domaine de la raison…

J

Jargon : Le jargon – ou amphigouri, galimatias, baragouin, charabia, sabir – est une langue incorrecte formée d'éléments de provenances diverses, de mots déformés et altérés. Ce fut au départ un argot parlé par des truands désireux de n'être pas compris des indicateurs de la police (voir les fameuses *Ballades en jargon* attribuées à François Villon et publiées en 1489). Actuellement, le mot désigne plus particulièrement les langages propres à certains spécialistes d'une science ou d'une discipline (jargon médical, informatique…), peu compréhensible du profane. Ce terme revêt souvent une connotation négative, sous-entendant une volonté de s'exprimer de manière peu intelligible.

L

Lapsus : Ce mot désigne une maladresse d'expression orale (*lapsus linguae*) ou écrite (*lapsus calami*) qu'on commet sans s'en rendre compte : en général, le lapsus consiste à remplacer le mot qu'on voudrait dire par un autre qui n'a pas de rapport apparent avec la phrase. La psychanalyse y voit une catégorie d'« acte manqué » qui serait une manifestation discrète de notre inconscient (voir ce mot).

Leitmotiv : Ce mot d'origine allemande désigne un fil conducteur, un thème, une formule, une idée qui se répète dans une œuvre musicale ou littéraire. Il s'agit, par exemple, d'un motif sonore qui revient à intervalles réguliers pour assurer l'unité de la composition, de Wagner ou de Bizet (*Carmen*), entre autres. C'est aussi une expression qui est reprise fréquemment dans un discours, un texte littéraire, une conversation. (Pluriel : leitmotive.)

Libido : La *libido* (« envie, désir » en latin) désigne pour les psychanalystes l'énergie psychique déclenchée par les pulsions sexuelles : c'est elle qui pousse l'individu à désirer physiquement un être de sexe opposé afin de se reproduire avec lui. Certains troubles de la libido peuvent avoir pour conséquence le narcissisme ou amour excessif de sa propre personne. L'adjectif « libidineux » qualifie quelqu'un qui est obnubilé, obsédé par les plaisirs érotiques.

Linguistique : Cette science a pour objet l'étude du langage et des langues sur les plans phonétique, syntaxique, sémantique ou social. Elle fut définie, en 1916, dans le *Cours de Linguistique générale* de F. de Saussure reposant sur la notion de « signe linguistique » (rapport arbitraire entre un concept et sa représentation acoustique ou graphique), et complétée par les théories génératives et transformationnelles de N. Chomski (*Structures syntaxiques*, 1957).

Logique : C'est un terme formé sur *logos* (raison) qui apparaît chez les anciens philosophes grecs, Platon, Aristote, pour désigner la science du raisonnement abstrait, sans référence au contenu matériel de la démonstration. On parle, à la suite de John Stuart Mill (1843) de « logique déductive et inductive » pour qualifier les méthodes permettant d'établir la preuve d'un élément théorique. « Être logique » signifie agir ou penser de manière rationnelle, cohérente, réfléchie.

M

Machinisme : Le machinisme désigne la généralisation de l'emploi d'instruments mécaniques ou de machines en remplacement de la main-d'œuvre humaine. Son but est de permettre une amélioration du rendement, donc un accroissement de la productivité. On a craint, d'abord au XIXe siècle, puis de nos jours avec la mécanisation et l'informatisation de tous les moyens de production, qu'il soit générateur de chômage. Il est en fait reconnu actuellement comme une condition indispensable au développement de l'activité économique d'un pays.

Manichéisme : Cette religion orientale fondée par le Mésopotamien Mani, ou Manès (216-274 ?), repose sur le principe de la coexistence de deux éléments antagonistes et éternels, le Bien, symbolisé par la lumière, et le Mal, représenté par les ténèbres, dont le conflit perpétuel, à armes égales, détermine la marche du monde. En Occident, on assimila au manichéisme l'hérésie cathare (XIIIe siècle). On désigne actuellement par le terme « manichéen » celui qui explique tout par une opposition trop tranchée entre le bien et le mal. On peut parler de manichéisme dans l'œuvre d'un auteur (le manichéisme hugolien dans *Ruy Blas*, par exemple).

Marxisme : C'est la doctrine de Karl Marx (1818-1883) reposant sur la notion de « lutte des classes » et visant à établir, après une phase provisoire de dictature du prolétariat, un système politique et économique de liberté et d'égalité entre les hommes. Ce mouvement philosophique dénonça, lors de la révolution industrielle au XIXe siècle, « l'exploitation de l'homme par l'homme ». Le mouvement connut, au XXe siècle, différents prolongements (léninisme, maoïsme, castrisme...) et des vicissitudes diverses en tant que référence idéologique des démocraties populaires du « bloc de l'Est ».

Masochisme : Tiré du nom de l'auteur autrichien Sacher-Masoch (1836-1895) qui se complaisait dans le récit des souffrances infligées à l'amant par la femme aimée (*La Vénus à la fourrure*, 1870), ce mot a été employé par les psychanalystes pour désigner le sentiment de culpabilité, voire le besoin de punition propre à l'inconscient de certains patients. Plus couramment, il s'agit d'une forme de perversion sexuelle dans laquelle le sujet ne peut parvenir au plaisir qu'en subissant des sévices physiques ou moraux (humiliations).

Matérialisme : Pour cette philosophie, il n'existe qu'une réalité, la matière. L'esprit humain lui-même n'est que le résultat d'une évolution interne de la matière. Cette conception, déjà présente dans l'Antiquité chez certains penseurs grecs (Héraclite), fut surtout développée au XVIIIe siècle par les philosophes athées (d'Holbach, Helvetius) pour lutter contre les croyances et superstitions religieuses. Le marxisme utilise le concept de « matérialisme dialectique ». La philosophie matérialiste rejette toute doctrine idéaliste.

Matriarcat : Ce terme désigne un régime politique théorique où la femme exercerait des pouvoirs prépondérants (était-ce le cas chez les mythiques Amazones ?) ou, plus concrètement, un système social et familial dans lequel la mère joue un rôle fondamental, transmettant son nom aux enfants (par filiation utérine) et possédant les biens matériels du couple. Cette structure est en usage chez certains peuples asiatiques (au Tibet) ou amérindiens (les Iroquois, les Pueblos).

Maturation : C'est le processus interne qui détermine les étapes successives du développement de l'organisme humain vers son état adulte, à différencier de la « croissance » qui désigne uniquement l'évolution des mensurations. On parlera en particulier de la maturation sexuelle d'un adolescent.

Messianisme : Un messie (mot araméen traduit en grec par *khristos*) est un envoyé de Dieu qui a pour mission de libérer les hommes du mal et du péché. Le messianisme est la croyance en la venue, proche ou lointaine, d'un sauveur qui instaurera le royaume de Dieu sur la terre. On rencontre cette foi messianique dans les religions du Livre : le judaïsme (le Messie) et l'islam (le Mahdi), mais aussi dans de nombreuses religions africaines ou amérindiennes.

Métaphysique : C'est la partie de la philosophie qui vise la recherche rationnelle et globale de l'être absolu, c'est-à-dire la connaissance abstraite des fondements de la condition intellectuelle et humaine dans sa totalité. D'Aristote à Merleau-Ponty et Sartre, en passant par Descartes, Kant, Hegel et Heidegger, les définitions de la métaphysique ont varié, en relation avec l'évolution de la pensée philosophique. Dans son sens actuel le plus courant, ce mot désigne une réflexion sur les choses abstraites qui n'a pas pour but premier d'aboutir à des solutions immédiates. Plus péjorativement, il peut qualifier un goût immodéré pour ce type de spéculations.

Mimétisme : Le mimétisme (imitation) permet à certaines espèces soit de se dissimuler dans un décor par l'adaptation de leurs couleurs (caméléon), soit de se faire prendre pour un animal plus dangereux (couleuvres vipérines), soit de se fondre dans un groupe inoffensif pour mieux surprendre sa proie (certains rapaces). Appliqué à l'espèce humaine, le mot désigne la tendance qu'ont certains à reproduire machinalement, inconsciemment, et souvent très fidèlement les gestes et attitudes, paroles parfois, de gens qui les ont particulièrement marqués.

Modèle : En sciences humaines, on appelle modèle l'interprétation ou la représentation symbolique et schématique qui permet de rendre compte d'un ensemble de phénomènes. Ainsi le modèle du repas familial est constitué des traits suivants : rassemblement à la même table, plats cuisinés à la maison, horaires fixes, chaleur affective.

Monothéisme : Ce mot qualifie les religions qui n'admettent que l'existence d'un dieu unique (par opposition au polythéisme). L'Antiquité en connut plusieurs ébauches (le culte du dieu Aton en Égypte, celui du dieu El chez les peuples sémites, certaines conceptions grecques), mais le monothéisme prévalut surtout dans les trois grandes religions méditerranéennes, le judaïsme, le christianisme et l'islam.

Motivation : Les motivations sont les éléments (besoins, raisons, intérêts) qui poussent quelqu'un à agir dans un certain sens. Elles sont soit d'origine génétique, donc innées, comme la faim, la soif, la sexualité (motivations primaires), soit d'origine sociale et culturelle, donc acquises, comme le besoin de réussir telle ou telle tâche, d'acquérir tel ou tel statut (motivations secondaires). On pratique dans le commerce des « études de motivation » pour déterminer le produit qui répond le mieux aux besoins du plus grand nombre.

Mythe : On peut dégager trois sens :
– le mythe est un récit fabuleux anonyme, auquel on peut trouver un sens symbolique, et qui fait partie des traditions d'une communauté humaine (le mythe de Sisyphe) ;
– on appelle également « mythe » la représentation de faits ou de personnages de façon amplifiée et déformée parce que cela exprime les désirs de la communauté qui véhicule ce mythe (le mythe napoléonien) ;
– dans un sens péjoratif, on traite de l'esprit qui ne repose sur rien de réel (« voyager dans le temps, c'est un mythe ! »).

Lexique

N

Narcissisme : Le terme a pour origine la légende de Narcisse, qui s'est noyé dans une source pour avoir contemplé trop intensément sa propre image dont il était devenu amoureux. Le narcissisme est donc le comportement de l'individu qui s'admire et qui est trop attentif à lui-même.

Néologisme : C'est l'invention d'un mot qui n'existait pas précédemment dans le lexique de la langue (« alunir » fut un néologisme), ou l'invention d'un sens nouveau à un mot qui existait déjà sous une autre acception. Le terme de néologisme désigne aussi le mot inventé lui-même. Boris Vian, pour ne citer que lui, inventa le fameux « pianocktail » et fit intervenir parmi les gens d'église le « Chuiche », le « Bedon » et le « Chevêche ».

Névrose : La névrose est une affection psychique (qu'on a longtemps considérée comme une maladie nerveuse, d'où son nom) qui entraîne des troubles de l'attitude sociale du patient, mais, à la différence de la psychose, n'altère pas sa personnalité. On regroupe sous la qualification de « névrose » l'hystérie, la neurasthénie, les obsessions, les phobies, l'angoisse. La cure psychanalytique est employée pour la recherche de l'origine subconsciente de certains troubles névrotiques.

Nihilisme : Ce terme, formé sur mot latin *nihil* (rien), désigne une idéologie révolutionnaire russe apparue vers 1860. Selon cette doctrine qui nie tout absolu, aucune vérité morale, aucune valeur ni hiérarchie ne doit prévaloir pour l'individu : seule compte la conquête de la liberté totale. Les manifestations des nihilistes furent violemment réprimées en Russie, mais leur influence s'exerça sur les courants scientiste et marxiste.

O

Objectivité : L'objectivité désigne la capacité d'exprimer un jugement sans faire intervenir de référence personnelle (subjectivité) ou de préjugé, c'est-à-dire avec impartialité, exactitude, fidélité. La science doit être parfaitement objective. L'objectivité est une des qualités qu'on demande à l'étudiant quand il réalise une « synthèse de documents ».

Objet transitionnel : Cette expression a été forgée par un pédiatre psychanalyste anglais, Donald Winnicot. L'objet transitionnel est un objet, morceau de couverture, peluche, jouet, choisi par un jeune enfant et dont il peut difficilement se passer. En effet, cet objet permet à l'enfant de supporter l'absence temporaire de la mère, dont il est en quelque sorte le symbole. Il lui permet de « faire la transition », en attendant le retour maternel. Sans cet objet transitionnel, l'enfant est écrasé par son angoisse. En principe, l'enfant, en grandissant, abandonne peu à peu cet objet.

Obsolète : Cet adjectif désigne ce qui n'est plus en usage, qui est donc démodé, désuet ou inefficace.

Oligarchie : C'est un système politique dans lequel le pouvoir appartient à un groupe restreint de personnes, du grec *oligo* (peu nombreux), qui constituent soit l'élite intellectuelle (aristocratie : gouvernement par les meilleurs), soit l'élite sociale (ploutocratie : gouvernement par les plus riches) du pays. Ce mot s'emploie aussi pour désigner les quelques élus qui sont à la tête d'un organisme ou d'une grande entreprise.

Onirique : Cet adjectif désigne ce qui a rapport au rêve ou ce qui évoque les rêves (en grec : *oneiros*). On parlera d'un « paysage onirique » pour faire imaginer un décor naturel merveilleux, presque irréel. *Aurélia* de Gérard de Nerval, mais aussi *Les Filles du Feu* du même auteur, où abondent les visions de rêve et de délire, peuvent être qualifiées d'œuvres littéraires oniriques. L'oniromancie est une forme de divination qui prend appui sur l'interprétation des rêves.

P

Panégyrique : Ce terme désigne un discours ou un texte public très élogieux, à la gloire d'un pays (le *Panégyrique d'Athènes* par Isocrate), d'une institution ou, le plus souvent, d'une personne illustre. On appelle « hagiographies » les panégyriques des martyrs et des saints rédigés au Moyen Âge. Il est de coutume lors d'une réception à l'Académie française que le récipiendaire fasse le panégyrique de son prédécesseur.

Panthéisme : C'est une conception philosophique et religieuse selon laquelle Dieu se trouve présent dans la totalité et l'infinité de l'univers : Dieu est tout, et tout est Dieu. On parlera de sensibilité panthéiste à propos des auteurs (Giono, par exemple) qui voient dans les nombreux aspects de la nature des manifestations tangibles du divin.

Paradoxe : Un paradoxe est une idée (qu'elle soit « vraie » ou « fausse » n'importe pas) qui surprend parce qu'elle est en contradiction avec ce qui est habituellement admis. Galilée, affirmant que c'était la Terre qui tournait autour du Soleil et non le contraire, énonçait une vérité paradoxale à son époque. « Manier le paradoxe » signifie plus communément utiliser des arguments singuliers ou déconcertants.

Paranoïa : La paranoïa est une forme de psychose chronique caractérisée à la fois par la persistance d'idées délirantes ayant surtout trait à la persécution imaginaire du sujet, et par le maintien parallèle d'une pensée cohérente et lucide. Le paranoïaque construit un raisonnement logique à partir d'interprétations fausses dictées par sa maladie (ce fut le cas pour Rousseau, atteint à la fin de sa vie d'un certain « délire de la persécution »). Dans le langage courant, le mot prend un sens affaibli : il désigne simplement l'attitude excessive et agressive de personnes trop orgueilleuses ou très susceptibles.

Paraphrase : Elle consiste à récrire un texte avec d'autres mots mais sans rien changer au sens. Faire de la paraphrase quand on commente un texte, c'est répéter le contenu du passage sans expliquer la façon dont il est écrit, sans apporter de précisions pour élucider et interpréter.

Patriarcat : Ce mot désigne toute organisation sociale dans laquelle l'homme en tant que père et époux exerce les pouvoirs politique (loi salique en France), économique (héritage réservé au(x) fils) et religieux (clergé masculin), et possède, dans la famille, le rôle dominant par rapport à la femme. La transmission du « patronyme » reste, dans nos sociétés, une survivance du patriarcat.

Patrimoine : Le patrimoine, c'est « l'héritage du père », c'est-à-dire les possessions que l'on a héritées de sa famille, de ses ascendants. Le mot peut également être utilisé pour désigner ce qui a été transmis par l'Histoire à un groupe donné : par exemple, le patrimoine culturel d'un pays. On parle enfin, en biologie, du patrimoine génétique (ou génotype) d'un individu pour désigner les caractères innés présents dans ses gènes.

Phénoménologie : Employé par les philosophes du XIXe siècle, ce terme, à partir de son sens général de « description d'un ensemble de phénomènes », a désigné une *démarche philosophique* qui consiste à analyser le mécanisme de la conscience humaine, depuis la perception jusqu'à la formation des idées. Les philosophes Husserl et Merleau-Ponty ont défini le champ de cette démarche.

Phobie : La *psychologie* désigne ainsi la peur irraisonnée, la crainte maladive et obsessionnelle pour certains objets, certaines idées. La *psychanalyse* voit dans les phobies les manifestations de névroses liées à une expérience négative refoulée. Elles concernent les lieux fermés (claustrophobie), les espaces ouverts (agoraphobie), les personnes étrangères (xénophobie) et toutes sortes de situations.

Platonisme : Dans un premier sens, il s'agit de la philosophie de Platon. Par extension, on parle de platonisme pour toute philosophie selon laquelle il existe une réalité intelligible distincte dumonde sensible que nous connaissons. Mais le platonisme, en amour, caractérise une union sans relation sexuelle.

Ploutocratie : Il s'agit d'un pouvoir détenu par la richesse, d'un pays où le gouvernement est assuré par les riches.

Polémique : Le terme vient du grec *polémos* qui signifie la guerre. C'est un type de texte qui suppose une attitude fortement critique et qui constitue un débat violent opposant des idées.

Polythéisme : Ce terme désigne une religion admettant l'existence de plusieurs dieux. Les polythéismes sont caractéristiques des civilisations primitives qui divinisent des forces naturelles, des animaux, des morts. Ces dieux s'organisent en un panthéon ; leurs activités et leurs attributs sont décrits par les mythologies, les textes sacrés, les traditions orales. L'évolution des idées religieuses conduit ensuite à diviniser l'ensemble des forces du monde dans une seule divinité : c'est le panthéisme ; puis à séparer le créateur de sa création : ce sont les monothéismes, dont le déisme, forme plus abstraite qui ne s'appuie sur aucune religion révélée .

Positivisme : Au XIXe siècle, les progrès des sciences ont amené à forger une doctrine selon laquelle seule est légitime la connaissance scientifique fondée sur l'observation des faits. Auguste Comte a développé la loi des trois états, théologique, métaphysique et positif. L'état positif se caractérise par le fait qu'on recherche les lois qui régissent le monde naturel et non les causes de sa création, le « comment » et non le « pourquoi ». Cette théorie sous-tend tous les scientismes et tous les matérialismes.

Postulat : C'est une affirmation que l'on pose sans la démontrer. Il se distingue de l'axiome en cela qu'il n'est pas évident et que son caractère d'hypothèse subsiste. Le philosophe Kant fonde la morale sur trois postulats : l'homme est libre, l'âme est immortelle, Dieu existe. Les mathématiques prennent comme point de départ de la géométrie le postulat d'Euclide, selon lequel on ne peut mener qu'une parallèle à une droite par un point extérieur à celle-ci. Mais comme il s'agit d'une proposition non susceptible de démonstration, certains mathématiciens ont construit des géométries partant de postulats différents.

Pragmatisme : Il s'agit d'un mode de connaissance qui procède de l'étude des faits eux-mêmes. C'est aussi le fait de considérer la valeur pratique de quelque chose comme critère d'appréciation. C'est donc une démarche qui privilégie l'action, l'efficacité et les résultats sur la spéculation pure, la théorie abstraite.

Prédication : Ce mot est emprunté au vocabulaire religieux et désigne l'action de prêcher, de prononcer un discours en chaire, dont le contenu mêle doctrine religieuse et morale. Mais le niveau soutenu de langue que requiert cette production a amené à qualifier de prédication, avec une intention moqueuse, des propos moralisateurs et emphatiques.

Préjugé : C'est l'opinion formée *a priori*, le jugement favorable ou défavorable que l'on porte à l'encontre de quelque chose ou quelqu'un, avant d'avoir réfléchi ou d'avoir pris connaissance de tous les éléments. Les préjugés sont souvent le reflet du milieu, de l'éducation.

Privilège : Appartenant au vocabulaire du droit, le mot désigne les dérogations personnelles, les avantages exclusifs d'une personne ou d'un groupe. Les nobles de l'Ancien Régime bénéficiaient d'une série de droits particuliers, abolis sous la Révolution française. Le terme s'emploie aussi dans le langage courant.

Protocole : Ce nom désigne, d'une part, les règles d'organisation de toute cérémonie publique et, d'autre part, l'ensemble des démarches codifiées par un programme.

Psychanalyse : Fondée par Freud au début du XXe siècle, la théorie psychanalytique décrit la structure du psychisme, répertorie les pulsions et reconstitue les stades de l'évolution mentale depuis la petite enfance. Elle attribue les maladies mentales à des perturbations dans le déroulement de ces différents stades et propose comme thérapeutique l'analyse psychanalytique durant laquelle, en revivant ces stades avec l'aide de l'analyste, le patient pourra rectifier les erreurs du déroulement et supprimer les refoulements qui en découlaient.

Psychiatrie : Elle contient l'étude et le traitement des maladies mentales. Autrefois considérées comme des phénomènes surnaturels, il faut attendre la fin du XVIIIe siècle pour que les affections mentales soient perçues comme des maladies et soignées avec des traitements physiques, médicamenteux, psychanalytiques et, plus récemment, par des interventions chirurgicales.

Psychologie : C'est la science qui traite de tous les aspects de la vie psychique. De nombreuses branches différencient les domaines d'application de la psychologie. Elle est d'abord descriptive lorsqu'elle rend compte du fonctionnement de la pensée ou de la vie mentale. Elle se fonde sur l'observation des comporte-

Lexique

ments soit dans leur contexte naturel, soit sous une forme expérimentale ou à travers des tests. Elle est ensuite amenée à construire des modèles et à bâtir des hypothèses explicatives.

Psychose : Le terme désigne de façon générale tous les troubles mentaux, à l'exception de la névrose dont elle se distingue. En effet, dans la névrose, le sujet est conscient de sa perturbation mentale, alors que dans la psychose, le sujet ne doute absolument pas de la réalité de ses pensées, aussi extravagantes qu'elles soient. De façon générale, une psychose peut désigner une préoccupation collective née d'un trouble social grave.

Psychosomatique : Réunissant les deux radicaux grecs qui désignent l'âme et le corps, ce mot trace le lien qui existe dans de nombreuses maladies entre le domaine psychique et le domaine organique, l'un pouvant être parfois cause mais plus souvent facteur aggravant des troubles de l'autre. La médecine tient compte de cette relation et l'utilise dans les deux sens lors de ses traitements.

Psychothérapie : Si la psychiatrie s'occupe des maladies mentales, la psychothérapie se consacre à toutes les maladies, mais en abordant leur thérapeutique par leur aspect psychologique ou en complément d'une autre thérapie. Elle joue sur les facteurs mentaux qui agissent dans le déclenchement ou sur la guérison des troubles. Son domaine privilégié est le champ des troubles psychosomatiques.

Pulsion : Tiré du vocabulaire de la psychanalyse, le terme évoque les différentes forces qui, de l'inconscient, poussent à certains comportements. Freud distingue les pulsions de vie (Éros), comprenant la libido, ou pulsion sexuelle, l'autoconservation, et les pulsions de mort (Thanatos), l'agressivité envers soi et envers les autres. Ces pulsions sont dirigées par le principe de plaisir, mais elles peuvent être contrôlées par le sur-moi, sorte de gendarme interne.

R

Racisme : L'idéologie que l'on appelle le racisme procède de plusieurs erreurs de raisonnement. La biologie, tout d'abord, par le critère de fécondité mutuelle, ne peut isoler plusieurs espèces dans l'humanité. Ensuite, si elle décrit des différences entre des groupes, rien ne permet d'établir scientifiquement une hiérarchie ou une antériorité. Son seul constat est le mélange de la plupart des critères qui a abouti à des variantes que le botaniste appellerait variétés et dont le patrimoine génétique est globalement identique. Une autre erreur de raisonnement du racisme est d'attribuer à un groupe les qualités ou les défauts de quelques individus ; c'est ce qu'on appelle une généralisation abusive. Mais le rejet de tout ce qui semble un peu différent caractérise les comportements primitifs où la survie du groupe apparaissait liée au maintien de ses caractéristiques.

Rationalisme : On appelle rationalisme un mode de pensée fondé exclusivement sur la raison. Il s'oppose aux systèmes métaphysiques dont les dogmes s'appuient sur une révélation. Il s'oppose aussi à l'empirisme qui découle de l'expérience.

Récession : Appartenant au vocabulaire de l'économie, ce mot désigne le ralentissement de l'activité économique d'un pays.

Refoulement : En psychanalyse, le refoulement est le rejet dans l'inconscient des pulsions, des désirs que le sujet ne s'avoue pas. Freud attribue aux refoulements la plupart des perturbations mentales.

Régression : En général, on utilise ce terme pour désigner une diminution ou le retour à une situation antérieure. En psychologie, il s'agit de l'inversion du processus d'évolution, par exemple l'enfant, à la suite d'un choc émotionnel, parlera moins bien ou ne sera plus propre.

Relativisme : C'est une théorie selon laquelle la connaissance est relative : elle dépend de l'idée qu'on s'en fait. Ce qui paraît vrai à un homme ne le sera peut-être pas pour un autre.

Révélation : Au sens large, c'est le fait de rendre public ce qui était caché. Pour les religions, la Révélation est l'acte de Dieu qui donne aux hommes les dogmes, les principes de la religion et de la morale. Moïse, les prophètes, Jésus-Christ, ont été, pour la chrétienté, les vecteurs de cette Révélation. Les philosophes positivistes rejettent les révélations comme mode primitif de connaissance et leur opposent l'approche scientifique.

Rite : Le terme désigne l'ensemble des règles en usage dans une religion. Il désigne ausi une pratique sociale, une coutume, un usage.

Rousseauisme : Fabriqué à partir du nom du philosophe J.-J. Rousseau, ce terme en simplifie la pensée pour n'en retenir que l'excès de confiance dans la nature et dans la bonté innée de l'homme. Il peut ainsi qualifier un peu péjorativement les romans de Bernardin de Saint-Pierre ou de George Sand.

S

Scepticisme : Dans son sens philosophique, c'est une doctrine d'après laquelle l'homme est incapable d'atteindre une quelconque vérité. L'usage courant en fait un synonyme de « doute ».

Sentence : Une sentence est la décision d'un tribunal. Mais comme genre littéraire, il désigne une pensée exprimée de façon dogmatique, formulée avec une certaine recherche stylistique. Son sens est voisin de celui de « maxime » ou de « proverbe », mais sa formulation est dans un registre plus soutenu.

Signalétique : Le nom désigne l'ensemble des signaux qui servent à se repérer.

Sociabilité : Ce mot évoque l'ensemble des qualités que doit posséder une personne pour vivre harmonieusement avec les autres.

Socialisation : Le processus par lequel on rend collectifs des moyens de production, en les rachetant ou en les réquisitionnant, est appelé « socialisation ». On a aussi parlé de nationalisation ou d'étatisation pour le même fait. C'est ce que préconisaient les économistes marxistes.

Société traditionnelle : Cette expression est empruntée à l'ethnologie, elle désigne des sociétés qui ne sont pas, ou qui sont très peu industrialisées, et dont les règles de fonctionnement sont basées surtout sur le respect de la coutume, de la tradition, des rituels. Ces sociétés sont pour la plupart en voie de disparition.

Sociologie : Née au XIXe siècle, la sociologie constitue une branche des sciences humaines et a pour but d'étudier les sociétés avec la même approche que les sciences physiques. Sa méthode reste très empirique et descriptive, même si certains sociologues comme Lévi-Strauss proposent des hypothèses explicatives.

Sondage : Outre ses sens en technologie, le sondage est une solution, en sociologie, à la difficulté de connaître l'état d'une opinion publique. Le sondage utilise la méthode statistique et, à partir de l'examen d'un échantillon représentatif, extrapole les résultats à l'ensemble du groupe. La politique, le marketing, le journalisme ont recours aux sondages pour recueillir les informations nécessaires à leurs activités.

Spiritualisme : Ce terme désigne une doctrine philosophique selon laquelle l'esprit existe comme réalité supérieure à la matière. Il s'oppose au matérialisme. Le philosophe allemand Leibniz a défendu des thèses spiritualistes.

Statut : On entend par ce mot l'ensemble des règles et des dispositions légales qui régissent une communauté, une association. Il désigne aussi la situation d'un individu par rapport à un groupe.

Stoïcisme : Cette doctrine fut fondée par le philosophe grec Zénon qui, sur un support panthéiste et matérialiste, propose une sagesse, une vie sans passion, la maîtrise de soi et le contrôle de la douleur. Le stoïcisme fut repris par de nombreux moralistes, comme Montaigne, pour accepter la maladie, ou Vigny, dans la *Mort du Loup*. L'homme démontre ainsi sa supériorité face à l'adversité.

Stimulus : La notion de *stimulus* se rencontre aussi bien en médecine qu'en psychologie. Elle désigne une information élémentaire reçue par l'être vivant et qui déclenche un mécanisme de réponse. La réponse peut être naturelle ou avoir été préparée par un apprentissage (réflexes conditionnés).

Subjectivité : Ce nom désigne la qualité de ce qui est attaché au sujet et non à une expérience généralisable. La subjectivité s'oppose à l'objectivité qui caractérise une opinion dégagée de toute appréciation et de tout sentiment personnel.

Sublimation : En chimie, la sublimation est le passage direct de l'état solide à l'état gazeux. En psychanalyse, c'est la déviation de certaines pulsions instinctives vers des conduites jugées plus nobles et acceptées par le sur-moi.

Sujet : Ce terme est emprunté à la grammaire. En philosophie, il désigne l'être connaissant et s'oppose à l'objet. Le sujet désigne, en fait, celui qui éprouve véritablement une situation donnée.

Syllogisme : Ce raisonnement consiste à tirer une conclusion à partir de deux propositions. Pour être justes, les syllogismes doivent obéir à des règles très précises qui ont été étudiées dès l'Antiquité par des philosophes comme Aristote. Ce mode de raisonnement a eu toute la faveur de la pensée médiévale, mais on lui a reproché en fait de ne rien découvrir de neuf, la conclusion devant impérativement être contenue dans l'une des propositions initiales. On a alors opposé au syllogisme le raisonnement dialectique.

Symbiose : Ce terme est emprunté à la biologie, il désigne l'association de deux êtres vivants d'espèces différentes. Celle-ci est profitable à chacun d'eux. Par extension, ce terme désigne la relation étroite qui unit deux êtres. Le bébé, à l'aube de son existence, vit en symbiose avec sa mère.

Système : Applicable à tous les domaines, la notion de système implique l'organisation d'éléments rendus cohérents entre eux par des lois, des règles, des principes. On parlera ainsi de système philosophique, de système mécanique, nerveux, etc.

T

Tautologie : On appelle ainsi une variante de la redondance, c'est-à-dire de la répétition de la même idée sous deux formes différentes. Mais dans la tautologie, l'idée répétée semblait différente à celui qui parlait. C'est donc autant une erreur de style qu'une erreur de pensée. Les langues courante et judiciaire utilisent la tautologie dans des formules consacrées : « nul et non avenu ».

Taxinomie (ou taxonomie) : Il s'agit des techniques de classement, tout d'abord des êtres vivants mais aussi de toute autre catégorie d'objets, d'êtres ou d'idées.

Technocratie : Ce mot, réunissant les deux racines grecques « technique et gouvernement », s'applique aux régimes qui donnent une part importante aux données scientifiques et qui négligent les facteurs humains. La complexité croissante de nos sociétés et l'influence grandissante des éléments économiques et technologiques inclinent vivement les gouvernements actuels à devenir technocratiques, ce qui supprime souvent les différences entre les partis politiques, car l'analyse et le traitement scientifiques des problèmes n'offrent alors qu'une seule solution.

Théocratie : On entend par ce mot les gouvernements dans lesquels le pouvoir est exercé au nom de Dieu par ses représentants, les prêtres. Dans beaucoup de civilisations primitives, mais aussi à certains moments de l'histoire de la papauté, les gouvernements ont été théocratiques.

Théologie : Ce terme englobe toutes les démarches d'étude et de réflexion sur la religion.

Lexique

Théorie : C'est la construction logique, l'ensemble des lois et des règles que l'on bâtit pour donner une explication à une série de phénomènes. La théorie peut précéder l'observation des faits. En ce cas, elle est « spéculation pure ». Pour être validée, la théorie doit résister à l'expérimentation. Elle naît souvent de l'intuition lors de l'observation.

Thèse : On appelle « thèse » une opinion que l'on expose et que l'on défend. Par métonymie, c'est aussi un travail de recherche personnelle que l'on présente devant un jury universitaire.

Tradition : On entend par tradition tout ce qui se transmet sur une longue période ; ce sont les légendes, les coutumes, les croyances. La tradition est l'objet en même temps d'attachement, comme valeur du passé, et de rejet, comme frein au progrès.

Transcendance : Le mot s'applique en philosophie à tout ce qui dépasse le monde de l'expérience sensible. La morale est souvent considérée comme transcendantale. Le philosophe Kant privilégie la transcendance à laquelle il rattache tous les principes de la connaissance.

Transcendantal : Le mot est employé pour caractériser ce qui dépasse l'homme et toutes les données de l'expérience.

Transfert : Parmi ses nombreux sens, tous liés à l'idée de déplacement, de transport, la psychologie désigne par « transfert » le report sur un objet des sentiments provoqués par un autre. Elle l'utilise aussi pour caractériser l'influence d'une activité sur une autre. La psychanalyse, enfin, appelle « transfert » la reproduction sur l'analyste des sentiments inconscients que le patient éprouvait à l'égard de ses parents.

Transformisme : Les paléontologues Lamarck et Darwin, ayant observé les différentes lignées d'évolution des êtres vivants, ont abouti, au début du XIXe siècle, à la théorie biologique du transformisme selon laquelle l'évolution est continue et obéit à un principe de progrès linéaire. Cette vue répercute dans les sciences naturelles la vision anthropocentrique ancienne qui part de la matière primitive pour arriver à l'homme et à la forme supérieure de la pensée.

Traumatisme : En médecine, ce sont les lésions provoquées par un choc, par une violence extérieure. Repris par la psychologie, le mot désigne toutes les perturbations entraînées dans le psychisme par des expériences violentes, désagréables.

Truisme : Ce terme désigne de façon péjorative une banalité, une vérité tellement évidente qu'elle ne valait pas la peine d'être dite.

U

Utopie : Ce mot signifie, à l'origine, le pays de nulle part (*u-topia* : le non-lieu). Ce fut le titre d'une œuvre de l'écrivain anglais Thomas More, dans laquelle il imagine une « société idéale ». Ce livre a été le point de départ d'un thème littéraire qui consiste à imaginer une communauté parfaitement organisée, comme « L'abbaye de Thélème » de Rabelais, ou « L'Eldorado », que Voltaire décrit dans *Candide*. Il peut prendre le sens plus large de rêve, de projet irréalisable.

V

Valeurs : Les valeurs sont des idéaux collectifs qui définissent les critères de ce qu'une communauté tient pour désirable ou qu'elle rejette. La beauté et la laideur, le bien et le mal, le juste et l'injuste, ce qui est désirable ou qu'il faut éviter, forment ce qu'on appelle le système des valeurs d'une société donnée. Ces valeurs sont interconnectées et organisent une vision du monde. Partagées par une communauté, elles sont l'un des fondements de la cohésion sociale. Les valeurs sont sensibles aux changements qui se produisent dans le contexte socio-économique. Plutôt que de dire qu'elles reculent ou disparaissent, il est plus juste de dire qu'elles se modifient.

Crédit iconographique

1ère de couv AKG, Paris ; 7 Photothèque R. Magritte -© ADAGP, Paris 2004 ; 8 bas Archives Larbor/Photo Hubert Josse ; 8 ht Archives Larbor/Photo C. Roux ; 9 bas Archives Larbor/Collection du Musée de l'Homme/Photo H. de Lumlev ; 9 ht MAGNUM/Burt Glinn ; 9 m MAGNUM/Peter Marlow ; 10 MAGNUM/David Seymour ; 14 BRIDGEMAN - GIRAUDON/© ADAGP, Paris 2004 ; 15 PHOTO JOSSE/© Salvador Dali, Fondation Gala-Salvador Dali/ADAGP ; 18 d Archives Larbor/Photo Giacomelli, Venise ; 18 g Archives Larbor/Photo Hubert Josse ; 19 bas CORBIS/Alan Schein Photography ; 19 ht Archives Larbor/Photo Nadar ; 29 AKG/© Estate of Roy Lichtenstein, New York/Adagp, Paris 2004 ; 30 bas AKG/Jean Louis Nou ; 30 ht MAGNUM/Stuart Franklin ; 31 bas MAGNUM/Luc Delahaye ; 31 ht REA/Ludovic ; 31 m BRIDGEMAN - GIRAUDON/DR ; 36 bas ROGER-VIOLLET/Françoise de Mulder ; 36 ht AKG ; 37 bas BRIDGEMAN - GIRAUDON ; 37 ht Photothèque R. Magritte- © ADAGP, Paris, 2004 ; 38 www.dessinsavendre.com ; 41 AKG/© ADAGP, Paris 2004 ; 42 BRIDGEMAN - GIRAUDON ; 43 PHOTO JOSSE/© ADAGP, Paris 2004 ; 51 AKG/© ADAGP, Paris 2004 ; 52 bas AKG ; 52 ht Archives Larbor ; 53 bas Archives Larbor ; 53 ht d MAGNUM/Thomas Dworzak ; 53 ht g MAGNUM/Richard Kalvar ; 58 bas GETTY IMAGES France/Image Bank/Nancy Brown ; 58 ht GETTY IMAGES France/National Geographic/Richard T. Nowitz ; 59 bas MAGNUM/Abbas ; 59 ht PHOTONONSTOP/Mauritius ; 59 m PHOTONONSTOP/Jacques Loic ; 64 BRIDGEMAN - GIRAUDON ; 65 SCALA/© ADAGP, Paris 2004 ; 73 AKG/© ADAGP, Paris 2004 ; 74 bas SIPA PRESS/Steffen Schmidt ; 74 ht GETTY IMAGES France/Taxi/Anne Ackermann ; 75 bas GETTY IMAGES France/Taxi/Chris Ryan ; 75 ht GETTY IMAGES France/Image Bank/Stewart Cohen ; 75 m © The Estate of Jean-Michel Basquiat/ADAGP-BANQUE D'IMAGES, Paris 2004 ; 80 © ADAGP-BANQUE D'IMAGES, Paris 2004 ; 81 PHOTO JOSSE/© ADAGP, Paris 2004 ; 82 bas GETTY IMAGES France/Taxi/Bill Losh ; 82 ht CORBIS/Jose Luiz Pelaez, Inc. ; 83 bas CORBIS/Mike Laye ; 83 ht DAGLI ORTI G./© The Estate of Francis Bacon - ADAGP, Paris 2004 ; 95 L&M SERVICES B. V. Amsterdam 20040101 ; 96 bas PHOTONICA/Lenora Gim, © 6472-000049 ; 96 ht DAGLI ORTI G. ; 97 bas BRIDGEMAN - GIRAUDON/Mallett Galery, Londres ; 97 ht AKG/Nimatallah/ © ADAGP, Paris 2004 ; 97 m RMN/Bulloz ; 102 MAGNUM/Erich Lessing ; 103 AKG ; 107 AKG/ADAGP, Paris 2004 ; 108 d Archives Larbor/Ph. Hubert Josse ; 108 g AKG/Erich Lessing ; 109 bas CHRISTOPHE L ; 109 ht Archives Larbor/ © Goethe National Museum ; 117 BRIDGEMAN - GIRAUDON ; 118 bas MAGNUM/PG ; 118 ht REA/Denis ; 119 bas BRIDGEMAN - GIRAUDON ; 119 d REPORTERS SANS FRONTIERES ; 119 ht REA/Pascal Sittler ; 126 bas Archives Larbor/Photo Ph. Parant ; 126 ht BRIDGEMAN - GIRAUDON/ Avec l'aimable autorisation de la Galerie Alain Blondel ; 127 bas KEYSTONE ; 127 ht ROGER-VIOLLET ; 132 MAGNUM/Werner Bischof ; 133 MAGNUM/Robert Capa ; 141 AKG/© ADAGP, Paris 2004 ; 142 bas Archives Larbor/Photo Jeanbor ; 142 ht Archives Larbor ; 143 bas MAGNUM/Abbas ; 143 ht MAGNUM/Eli Reed ; 143 m AKG ; 148 bas BRIDGEMAN - GIRAUDON/© ADAGP, Paris 2004 ; 148 ht BRIDGEMAN - GIRAUDON ; 149 d Archives Larbor/© British Museum ; 149 g BRIDGEMAN - GIRAUDON ; 150 Archives Larbor ; 154 AKG ; 155 MAGNUM/Erich Lessing/© ADAGP, Paris 2004 ; 165 AKG/© ADAGP, Paris 2004 ; 166 bas CORBIS - Sygma/Bensalem ; 166 ht GAMMA / HFP/Aliana ; 167 bas RAPHO/Pierre Michaud ; 167 d RMN/R.G. Ojeda/© ADAGP, Paris 2004 ; 167 ht g REA/Patrick Michaud ; 171 Archives Larbor/© ADAGP, Paris 2004 ; 172 bas BRIDGEMAN - GIRAUDON ; 172 ht BRIDGEMAN - GIRAUDON ; 173 bas SIPA PRESS/Peters Mark ; 173 ht Archives Larbor/Photo Jeanbor ; 178 Amnesty International ; 179 Amnesty International ; 181 AKG/© ADAGP, Paris 2004 ; 182 REA/Richard Damoret ; 184 PLANTU ; 185 Gamma/Gilles Bassignac ; 188 REA/Fanny Tondre ; 189 BRIDGEMAN - GIRAUDON ; 190 bas MAGNUM/Ian Berry ; 190 ht MAGNUM/Martin Parr ; 191 bas RAPHO/Charles Harbutt ; 191 ht Gamma/Romain Villevieille ; 191 m REA/Benoit Decout ; 196 Dagli Orti G. ; 197 AKG/© ADAGP, Paris 2004 ; 198 bas AKG/Rabatti-Domingie ; 198 ht AKG/Pirozzi ; 199 bas Gamma/Mohamed Lounes ; 199 ht Archives Larbor ; 212 VANDYSTADT/Philippe Montigny ; 214 AKG/© Alex Katz/ADAGP, Paris/VAGA, NY, 2004 ; 219 BRIDGEMAN - GIRAUDON/Roy Miles Fine Paintings/DR ; 220 bas AKG ; 220 ht CORBIS/Andrew Brookes ; 221 bas CORBIS/Royalty-Free ; 221 ht d Archives Larbor/Jean-Loup Charmet ; 221 ht g REA/Jean-Claude Thuillier ; 226 bas AKG/Pirozzi ; 226 d Archives Larbor ; 227 bas REA/Pierre Bessard ; 227 d COSMOS/SPL/Adam Hart-Davis ; 227 ht BRIDGEMAN - GIRAUDON/© 2004 Banco de Mexico Diego Rivera ; 231 SIPA PRESS/Oshihara ; 232 DAGLI ORTI G./ © ADAGP, Paris 2004 ; 233 AKG/© Estate of Roy Lichtenstein, New York/ADAGP, Paris 2004 ; 245 BRIDGEMAN - GIRAUDON ; 246 bas MAGNUM/Martine Franck ; 246 ht MASTERFILE France/Ariel Skelley ; 247 d MAGNUM/PG ; 247 g REA/Sébastien Ortola ; 254 g Archives Larbor/Photo H. Josse ; 254 ht DAGLI ORTI G. ; 255 bas d RMN/Hervé Lewandowski ; 255 bas g MAGNUM/Ian Berry ; 255 ht ROGER-VIOLLET ; 259 Gamma/Jean-Louis Quequet ; 260 PHOTO JOSSE ; 261 AKG/© Alex Katz/ADAGP, Paris/VAGA, NY, 2004 ; 272 SIPA PRESS/TF1/Photo Chognard ; 273 AKG/© ADAGP, Paris 2004 ; 274 bas RMN/G. Blot ; 274 ht MAGNUM/Patrick Zachmann ; 275 bas Archives Larbor ; 275 ht RMN/ M. Beck-Coppola/© Succession Picasso 2004 ; 275 m MAGNUM/René Burri ; 276 Gamma/Apesteguy-Deville/© Santiago Calatrava, Architecte et Ingénieur ; 277 © Santiago Calatrava, Architecte et Ingénieur ; 279 PHOTO JOSSE/© Succession Picasso 2004 ; 280 bas RMN/G. Biot ; 280 ht CHRISTOPHE L ; 281 bas MAGNUM/Erich Lessing/© ADAGP, Paris 2004 ; 281 ht d BRIDGEMAN - GIRAUDON ; 282 Photo CNAC/MNAC Dist RMN/© K. Kurokawa ; 285 CHRISTOPHE L ; 286 BRIDGEMAN - GIRAUDON/© ADAGP, Paris 2004 ; 287 BRIDGEMAN - GIRAUDON/Alinari/ © ADAGP, Paris 2004 ; 289 REA/© Tiens Voilà encore autre chose/Vladimir Cruells ; 291 BRIDGEMAN - GIRAUDON/© ADAGP, Paris 2004

Crédit iconographique pour la mise à jour

29 SECURITE ROUTIERE ; 30 Licra ; 71 © Collection of The Norman Rockwell Museum at Stockbridge, Norman Rockwell Art Collection © Printed by permission of the Noman Rockwell family Agency, Copyright © 1960 the Norman Rockwell Family Entities ; 277 MAGNUM/Steve McCurry; 279 REA/Elodie Grégoire ; 280 bas Bloomsbury ; 283 Alex Maclean ; 284 ht CORBIS/Vincent Leloup; 285 bas PLANTU; 292 bas PIEM ; 292 ht HPP/Gamma/Basak Santosh ; 297GETTY IMAGES France/Time Life Pictures ; 299 REA/Mark Peterson ; 306 GETTY IMAGES France/Ann Cutting ; 307 REA/Pascal Sittler ; 309 COURRIER INTERNATIONAL ; 316 GALLIMARD/Collection Folio ; 317 CHRISTOPHE L ; 331 Casseurs de Pub

Crédit textes pour la mise à jour

30 Romain Gary, *La promesse de l'aube,* © Éditions Gallimard ; 61 J.-M. Hombert, *Aux origines des langues et du langage,* © Librairie Arthème Fayard 2005 ; 69 Françoise Dolto, *Quand les parents se séparent,* © Éditions du Seuil, 1988, coll. *Points,* 2004 ; 203 Mark Hunyadi, *Je est un clone,* coll. *La Couleur des idées,* © Éditions du Seuil, 2004 ; 256 Tahar Ben Jelloun, *Les raisins de la galère,* © Librairie Arthème Fayard, 1996 ; 261 Jacques Prévert, « Boris Vian » in *Fatras* © Éditions Gallimard ; 269 Jean Giono, *La chasse au bonheur,* © Éditions Gallimard ; 274 J.-P. Vernant, *Entre mythe et politique,* coll. *Librairie du XXe et du XXIe siècles,* © Éditions du Seuil, 1996, coll. *Points Essais,* 2000 ; 274 Henri Franck, extrait de « Tendresse humaine... » recueilli dans *La danse devant l'arche* © Éditions Gallimard ; 276 J.-P. Digard, *L'homme et les animaux,* © Librairie Arthème Fayard, 1990 ; 293 Édouard Bled, *Mes écoles,* Éditions Robert Laffont, 1977 ; 295 Gandhi, *Résistance non violente,* © 1986, Éditions Buchet Chastel ; 295 André Gide, *Journal, tome II,* Bibliothèque de la Pléiade, © Éditions Gallimard ; 296 Alain Rémond, *Comme une chanson dans la nuit,* © Éditions du Seuil, 2003 ; 299 Catherine Firmin Didot, *Tourisme culturel. Ne suivez pas le guide !,* télérama, 29 juin 2005. 307 Gustave Thibon, *L'Équilibre et l'harmonie,* © Librairie Arthème Fayard, 1976 ; 308 Albert Jacquard, *Abécédaire de l'ambiguïté. De Z à A : des mots, des choses et des concepts,* © Éditions du Seuil, 1989.

Coordination éditoriale : Christine Asin
Édition : Gaël Gauvin
Coordination artistique : Evelyn Audureau
Conception maquette et couverture : Killiwatch
Mise en pages : Nord Compo
Iconographie : Maryse Hubert
Schémas et cartes : Jean-Luc Maniouloux, Bernard Sullerot
Fabrication : Maria Pauliat

N° éditeur : 10185857 - Nord Compo
Dépôt légal : Août 2012
Achevé d'imprimer en Italie par Rotolito Lombarda

Elfes et fées

Publié pour la première fois aux États-Unis en 2005 sous le titre *The Complete Idiot's Guide to Elves & Fairies*

Cette édition est publiée en accord avec Alpha Books, une division de Penguin Grup (États-Unis) Inc.
Traduction et adaptation de l'anglais (États-Unis) : Catherine Ceresne